스프링 부트 시작하기

스프링 부트 시작하기

초판 1쇄 발행 2019년 3월 25일 **3쇄 발행** 2022년 3월 16일 **지은이** 김인우 **펴낸이** 한기성 **펴낸곳** (주)도서출판인사이트 **편집** 문선미 **제작·관리** 이유현, 박미경 **용지** 월드페이퍼 **출력·인쇄** 에스제이피앤비 **후가공** 이지앤비 **제본** 서정바인텍 **등록번호** 제2002-000049호 **등록일자** 2002년 2월 19일 **주소** 서울특별시 마포구 연남로5길 19-5 **전화** 02-322-5143 **팩스** 02-3143-5579 **이메일** insight@insightbook.co.kr **ISBN** 978-89-6626-230-4 책값은 뒤표지에 있습니다. 잘못 만들어진 책은 바꾸어 드립니다. 이 책의 정오표는 http://blog.insightbook.co.kr에서 확인하실 수 있습니다.

프로그래밍 인사이트

스프링 부트 spring boot 시작하기

차근차근 따라 하는 단계별 실습

김인우 지음

인사이트

차례

3장 스프링 프레임워크 이해하기 35

4장 간단한 게시판 구현하기 53

10장 배포하기 233

지은이의 글

스프링은 이제 더 이상 가볍다(light-weight)라는 표현을 사용할 수 없을 만큼 방대한 기능을 제공합니다. 그에 따라 복잡한 설정과 라이브러리, 기본 환경 구성을 하는 데 많은 시간을 쏟아야만 했습니다. 이런 문제를 잘 알고 있는 스프링 프레임워크는 해결책으로 스프링 부트를 소개했습니다. 이 스프링 부트를 이용하면 매우 쉽고 빠르게 실행 가능한 애플리케이션을 만들 수 있습니다. 또한 이제는 가볍지 않은 스프링 프레임워크도 기능별로 잘 분리해서 필요한 기능을 쉽게 가져다 쓸 수 있는 방법을 제공합니다. 덕분에 개발자들은 복잡한 설정 및 구성에 시간을 낭비하지 않고 '개발해야 하는 기능'에만 집중할 수 있게 되었습니다.

책 소개

"스프링을 공부하려면 뭐부터 해야 하나요?"

스프링을 처음 접하거나 아주 간단한 예제만 따라 해 본 사람들이 가장 많이 하는 질문이 아닐까 싶습니다. 이런 질문을 던지면 "스프링 공식 레퍼런스 문서 읽으세요."라든지 "아주 두꺼운 XX책이 스프링을 이해하는 데 최고죠."라는 대답을 듣는 경우가 많습니다. 물론 스프링 프레임워크를 제대로 공부하는 데는 도움이 많이 됩니다. 그렇지만 무엇이든 처음 공부를 시작할 때는 자신이 무엇을 모르는지, 그래서 무엇부터 공부해야 하는지 알기가 어렵습니다. 이런 상황에서 두꺼운 책이나 이론적인 내용은 그 자체만으로도 커다란 진입장벽이 되기 십상입니다.

저 역시도 스프링 프레임워크를 사용하는 프로젝트를 처음 시작했을 때 고생을 많이 했습니다. 지금 생각하면 별것 아닌 기능이나 설정 때문에 많은 시간을 쏟아 부었습니다. 그러다 문득 '내가 겪은 어려움을 다른 누군가도 똑같이 겪으면서 시간을 허비하지 않을까?'라는 생각을 떠올렸습니다. 제가 겪은 어려움이나 깨달음, 그리고 제가 아는 기술과 경험을 공유하면 얼마 되지 않더라도 누군가에게 도움이 될 거라는 생각이 들었습니다. 그래서 이론적인 내용보다는 실무에서 사용할 수 있는 스프링 애플리케이션의 개발을 목표로 하는 블로그 글을 포스팅하기 시작했습니다.

《스프링 부트 시작하기》는 블로그를 시작할 때와 동일한 관점으로 집필한 책입니다. 스프링 프레임워크에 대한 '지식'이 아니라 그 지식을 공부해 나가는 '과정'에 초점을 맞췄습니다. 간단한 기능 하나를 만들더라도 '어떻게'보다는 '왜', '어떤 순서'로 진행해야 하는지 설명하려고 노력했습니다. 이 책의 목적은 스프링을 깊이 이해하는 게 아닙니다. 스프링을 처음 접하거나 잘 모르시는 분들이 스프링을 시작하는 데 도움을 주고자 하는 책입니다. 스프링 프레임워크라는 기술이 아닌 "기술을 공부하기 위해서 어떤 과정으로 진행해야 하는가?"에 대한 참고서가 되었으면 합니다. 이 책이 스프링을 제대로 공부하기 위한 기초 지식을 쌓고 이를 바탕으로 자신에게 필요한 기술을 찾고 공부하는 데 도움이 되기를 바랍니다.

대상 독자

"스프링은 설정이 많아서 시작하기가 어렵다."라는 말을 흔히 합니다. 그래서 이 책에서는 스프링을 처음 접하거나 경험이 많지 않은 초급 개발자들이 하나의 애플리케이션을 만드는 데 필요한 가장 기초적인 내용들로 예제를 구성했습니다. 또한 애플리케이션의 생성부터 실행 및 배포, 문서화까지 한 프로젝트의 흐름을 경험해 볼 수 있도록 작성했습니다. 각 장마다 예제를 만들어 보고 그 결과를 바로 확인해서 지루하지 않게 각 단계를 배울 수 있습니다. 각각의 단계에서 진행한 내용들이 모여서 하나의 그럴싸한 결과물을 만들어 내는 게 이 책의 목표입니다.

예제 코드 다운로드

환경설정이 완료된 이클립스, 이 책과 같은 버전의 설치 파일, 모든 예제 소스코드를 깃허브에서 제공합니다. 가능하면 최신 버전의 프로그램을 설치하고 소스코드를 직접 입력해서 실습하기를 권합니다만, 책과 화면이 달라 따라 하기 버겁다면 이 파일을 이용하세요. 다음 주소에서 다운로드할 수 있습니다.

https://github.com/insightbook/Spring-Boot

깃이 익숙하지 않은 독자라면 위 주소에서 오른쪽 상단의 [Clone or Download] 〉 [Download Zip] 버튼을 클릭하세요. 소스코드 전체를 zip 파일로 받을 수 있습니다.

1장

S p r i n g b o o t

개발환경 설정하기

스프링을 처음 접하는 사람들이 어려워하는 것 중 하나가 개발환경 설정이었습니다. 스프링의 기능이 다양하기 때문에 그만큼 설치하고 설정해야 할 것들이 많았기 때문입니다. 그렇지만 스프링이 발전하고 스프링 부트가 개발되면서 개발환경을 설정하기가 점점 쉬워졌습니다. 또한 스프링에서 제공하는 STS(Spring Tool Suite)를 사용하면 스프링 개발을 바로 진행할 수 있도록 각종 환경 설정이 됩니다. 따라서 스프링을 다루는 글이나 책에서도 개발환경을 설정하는 방법을 따로 이야기하지 않는 경우가 많아지고 있습니다.

그렇지만 이 책에서는 다수의 인원이 참여하는 프로젝트를 고려해서 공통적인 개발환경을 구성하고 이를 쉽고 편하게 설치 및 배포를 하는 방법을 소개합니다. 이렇게 하면 모든 팀원이 같은 환경에서 개발하기 때문에 더욱 빠르고 편하게 개발환경을 배포할 수 있으며, 서로 다른 환경에서 개발할 경우 발생할 수 있는 문제점을 미연에 방지할 수 있습니다.

1.1 프로그램 설치 및 개발환경 구성

가장 먼저 개발에 필요한 프로그램 설치 및 폴더 설정을 진행하겠습니다. JDK 및 이클립스를 설치하는 방법은 특별히 설명을 할 필요가 없을 정도로 쉽습니다. 그래서 이 책에서는 배포하기도 쉽고 개발도 바로 진행할 수 있는 개발환경을 구성하는 것에 초점을 맞추겠습니다.

1.1.1 공통 폴더 만들기

C 드라이브 밑에 study라는 폴더를 만들겠습니다. study 폴더 안에 스프링을 개발하는 데 필요한 모든 프로그램 및 환경을 구성할 예정입니다. 한번 개발환경을 구축해 놓으면 다른 개발자에게 개발환경을 배포하거나 PC 포맷 등으로 개발환경을 다시 구성하고 싶을 경우 편리하게 활용할 수 있습니다. study 폴더만 압축해서 전달하고, 전달받은 개발자는 지정된 위치에 압축만 풀면 개발환경 구성이 끝납니다. 개발환경을 완성하면 study 폴더가 다음과 같이 구성됩니다.

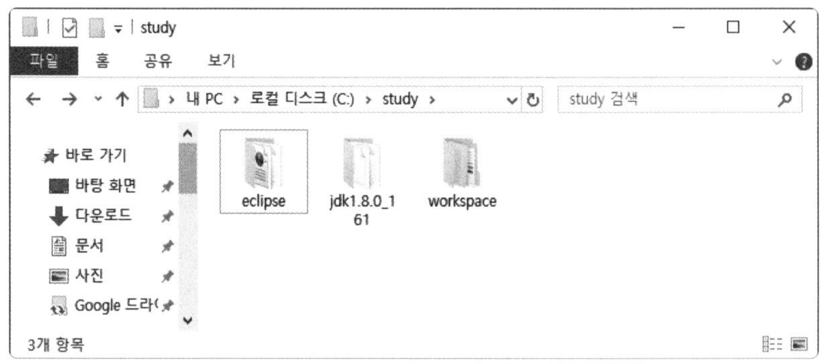

1.1.2 JDK 설치하기

가장 먼저 자바 개발을 위한 개발 도구인 JDK(Java Development Kit)를 설치하겠습니다. 오라클 홈페이지[1]에서 최신 버전의 JDK를 다운로드합니다. 이 책에서는 집필 당시 자바 8의 최신 버전인 Java SE 8u161을 사용합니다.

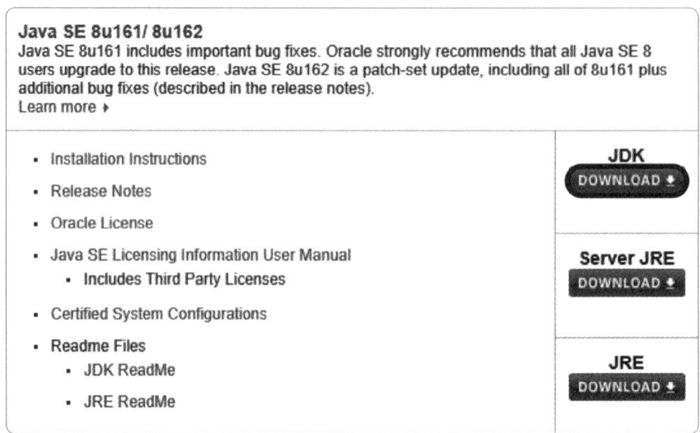

1 *http://www.oracle.com/technetwork/java/javase/downloads/index.html*

다운로드가 완료되면 설치파일을 실행하여 JDK를 설치합니다.

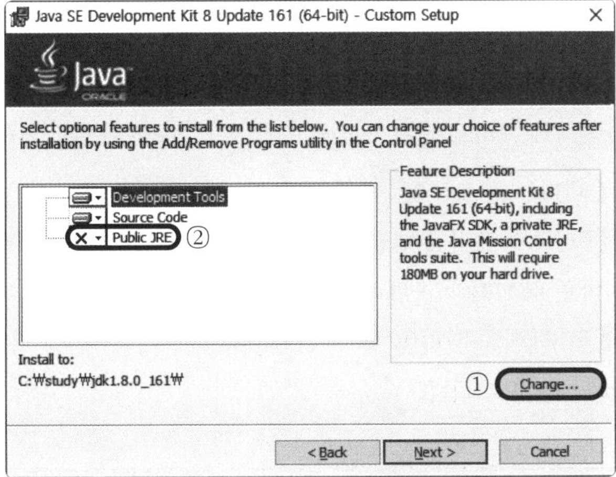

① [Change] 버튼을 눌러 JDK의 설치 위치를 앞에서 만든 `study` 폴더 밑으로 설정합니다. ② 여기서 Public JRE는 사용하지 않기 때문에 설치하지 않습니다. 따라서 Public JRE 왼쪽 아이콘을 선택한 후 'This feature will not be available'를 눌러서 선택을 취소해 줍니다.

1.1.3 이클립스 설치하기

자바 애플리케이션을 개발할 때 사용하는 IDE 중에서는 젯브레인의 인텔리제이(IntelliJ)가 가장 많이 사용됩니다. 인텔리제이에도 무료 버전인 Community Edition이 있습니다만 안타깝게도 스프링 부트를 이용한 웹 개발은 지원하지 않습니다(물론 개발 자체는 가능합니다만 여러 가지 제약이 있습니다). 따라서 유료인 Ultimate Edition을 사용해야 하는데, 상당히 비쌉니다. 학생·교사용 라이선스는 무료지만 그 외에는 1년에 약 $500라는 어마무시한(!!!) 라이선스 가격을 지불해야 합니다(3년 라이선스는 조금 더 저렴합니다). 인텔리제이가 충분한 값어치를 하는 IDE지만 스프링을 처음 접하는 입장에서는 부담되는 가격입니다. 따라서 여기서는 무료로 사용할 수 있는 이클립스를 사용하겠습니다. 이클립스는 2017년을 기점으로 인텔리제이보다 점유율이 떨어졌지만 아직까지 많이 사용되는 IDE입니다.

이클립스 홈페이지[2]에 접속하여 이클립스를 다운로드합니다. 여기서 Eclipse IDE for Java EE Developers를 다운로드해야 한다는 걸 명심합시다.

일반적으로 다운로드하는 Eclipse IDE for Java Developers는 웹 개발을 위한 IDE가 아닙니다. 이는 JavaSE(Java Platform, Standard Edition)라고 하여, 일반적인 자바 프로그램 개발을 위한 IDE로 Swing이나 AWT와 같은 GUI 도구 등을 포함하고 있습니다.

이에 반해 우리는 스프링 프레임워크를 사용하여 웹 개발을 진행하는데, 이러한 용도의 자바를 JavaEE(Java Platform, Enterprise Edition)라고 합니다. JavaEE 환경은 웹 애플리케이션 서버(WAS; Web Application Server)를 이용하는 프로그램을 개발할 때 사용됩니다.

`study` 폴더 밑에 다운로드한 이클립스 압축 파일을 풀면 이클립스의 설치가 완료됩니다.

1.2 개발환경 경로 설정하기

이클립스를 설치했으니 다음은 이클립스와 관련된 몇 가지 환경을 설정할 차례입니다. 이클립스 및 JDK를 설치한 그대로 사용하면 추가 설정을 할 필요는 없습니다. 그렇지만 여기서는 이클립스 및 JDK를 기본설정 그대로 사용하지 않기 때문에 이와 관련해서 몇 가지 설정할 사항이 있습니다. 먼저 프로젝트의 코드가 놓일 워크스페이스(workspace)를 생성하고 JDK의 위치 설정, JVM의 메모리 옵션을 변경하겠습니다.

2 *http://www.eclipse.org/downloads/packages*

1.2.1 이클립스 워크스페이스 생성하기

study 폴더 밑에 workspace라는 이름의 폴더를 생성합니다. workspace 폴더는 이름 그대로 작업 공간을 의미하며 이클립스에서 개발할 프로젝트들이 모여 있는 공간입니다. 여기서는 단순히 폴더만 만들어둡니다. 나중에 이클립스를 실행할 때 경로를 workspace로 지정하게 됩니다.

1.2.2 이클립스 환경 설정하기

JDK를 기본 위치에 설치하고 이클립스를 실행하면 이클립스는 JDK 위치를 자동으로 파악합니다. 그렇지만 이 책에서는 관리를 편하게 하기 위해서 JDK를 study 폴더에 설치했습니다. 따라서 변경된 JDK의 위치를 이클립스 설정 파일에 명시해 줘야 합니다.

이클립스 설치 폴더 안에 있는 eclipse.ini 파일을 열면 다음과 같이 설정되어 있는 것을 확인할 수 있습니다.

코드 1-1 eclipse.ini

```
-startup
plugins/org.eclipse.equinox.launcher_1.3.201.v20161025-1711.jar
...중략...
-vmargs
-Dosgi.requiredJavaVersion=1.8
-XX:+UseG1GC
-XX:+UseStringDeduplication
-Dosgi.requiredJavaVersion=1.8
-Xms256m
-Xmx1024m
```

이 설정 파일에 다음 내용을 입력합니다. 앞에서 설치한 JDK의 버전에 따라서 상세 경로가 달라지니 자신의 JDK 버전 및 폴더 주소를 확인하고 입력하세요.

```
-vm
C:/study/jdk1.8.0_161/bin/javaw.exe
```

이 옵션은 설정 파일의 -vmargs 옵션 위쪽 아무 곳에나 입력하시면 됩니다. 책에서는 -vmargs 옵션 바로 위에 입력하도록 하겠습니다.

이클립스에서 개발을 진행하다 보면 힙 메모리(Heap Memory)가 부족해서 실행할 수 없다는 에러 메시지를 만나기도 합니다. 이클립스에 설정된 메모리가 작거나 여러 가지 작업을 동시에 수행하는 경우에 발생하는 문제입니다. 이클립스는 다양한 플러그인을 내장하고 있기 때문에 기본적으로 메모리를 많이 사용합니다. 메모리가 부족하면 이클립스 자체의 속도도 느려지기 때문에 힙 메모리를 충분하게 설정해 주는 게 좋습니다.

설정 파일의 맨 마지막 줄에 -Xms256m, -Xmx1024m이라는 옵션을 볼 수 있습니다. 이는 JVM이 사용하는 힙(Heap) 메모리 영역을 의미합니다. Xms는 힙 메모리의 시작 크기를 의미하고 Xmx는 최대 크기를 의미합니다. 필자의 경우 메모리가 8GB입니다. 이러한 환경에서는 보통 -Xms1024m, -Xmx2048m로 설정합니다. 최소, 최대 메모리를 늘리면 이클립스를 실행하는 동안 최솟값 이상, 최댓값 이하의 메모리를 점유하기 때문에 컴퓨터 사양에 따라서 적절하게 설정합니다.

여기까지 완료한 설정 파일은 다음과 같습니다.

코드 1-2 최종 eclipse.ini

```
-startup
plugins/org.eclipse.equinox.launcher_1.3.201.v20161025-1711.jar
...중략...
-vm
C:/study/jdk1.8.0_161/bin/javaw.exe
-vmargs
...중략...
-Xms1024m
-Xmx2048m
```

1.2.3 이클립스 실행하기

이제 이클립스를 실행해 정상적으로 설정이 적용되었는지 확인해 볼 차례입니다.

최초로 이클립스를 실행하면 다음과 같은 창이 나옵니다.

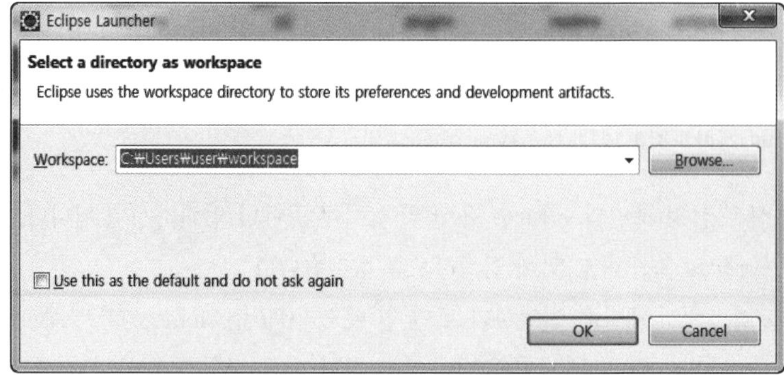

우리는 앞에서 study 폴더 밑에 workspace라는 폴더를 만들었습니다. 이 폴더를 기본적인 폴더로 계속 사용하기 위해서 앞에서 생성한 워크스페이스의 경로를 해당 폴더로 변경합니다. 설정한 워크스페이스를 변경하지 않고 계속 사용할 예정이기 때문에 Use this as the default and do not ask again을 체크하고 [OK] 버튼을 클릭합니다. 정상적으로 시작된다면 이클립스에 관한 설정은 완료된 것입니다.

> 이클립스의 workspace를 변경하고 싶다면 File > Switch Workspace > Other… 메뉴를 이용하면 됩니다.

1.3 플러그인 설치하기

이클립스의 기본적인 동작을 확인했으니 다음은 플러그인[3]을 설치할 차례입니다. STS와 같이 스프링 애플리케이션 개발에 필수적인 플러그인을 설치합니다. 그리고 필수는 아니지만 좀 더 편하게 개발할 수 있도록 도와주는 몇 가지 플러그인을 설치하겠습니다.

1.3.1 STS 플러그인 설치하기

STS(Spring Tool Suite)[4]는 스프링 애플리케이션 개발을 위한 이클립스 기반의 개발환경입니다. STS에는 스프링 애플리케이션의 개발에 필요한 이클립스, 깃(Git), 메이븐(Maven), AspectJ 등의 개발 도구뿐만 아니라 톰캣을 따로 설치하지 않고도 바로 스프링 애플리케이션을 실행시킬 수 있도록 내장 톰캣을 포함하는 등 여러 가지 기능이 내장되어 있습니다. 이러한 기능들은 스프링 애플리케이션을 개발할 때 유용합니다.

스프링 공식 홈페이지에서 STS를 다운받아 설치한다면 개발에 필요한 플러그인 및 개발 도구가 이미 설치되어 있기 때문에 별도의 플러그인을 설치할 필요가 없습니다. 그렇지만 우리는 이클립스부터 직접 개발환경을 구성하고 있기 때문에 마켓플레이스에서 STS 플러그인을 설치해야 합니다.

3 이클립스 자체에서 지원하지 않는 기능을 사용할 수 있도록 하는 외부 프로그램
4 *https://spring.io/tools*

이클립스의 상단 메뉴 중 Help 〉 Eclipse Marketplace…를 선택합니다. Find 창에서 STS를 검색합니다.

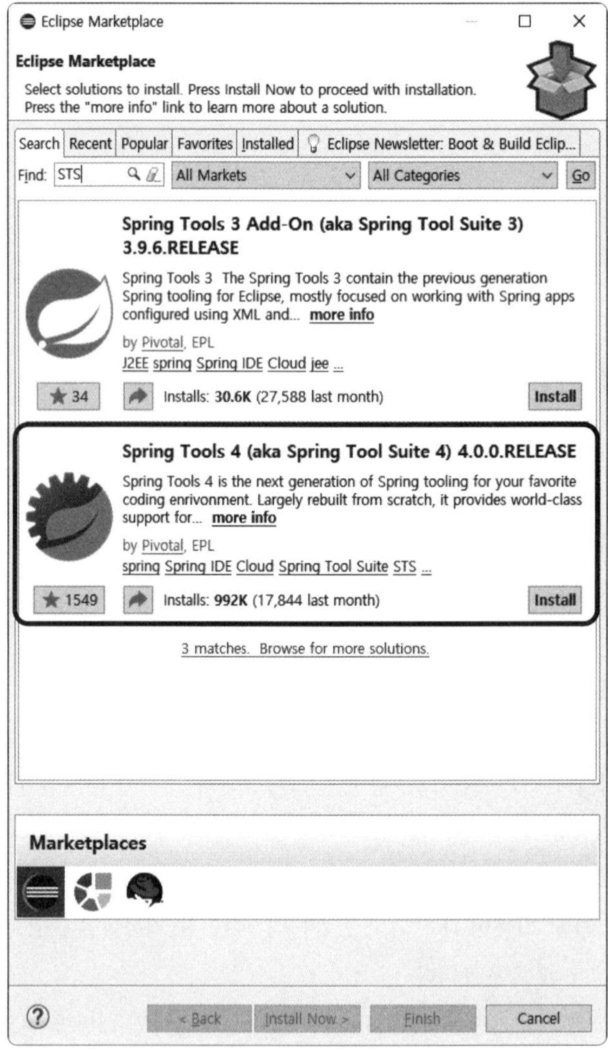

마켓플레이스 목록에서 최신 버전의 STS를 설치합니다. 여기서는 4.0.0을 설치합니다. 실행 시 이보다 더 높은 버전이 있을 경우 그 버전으로 사용하면 됩니다.

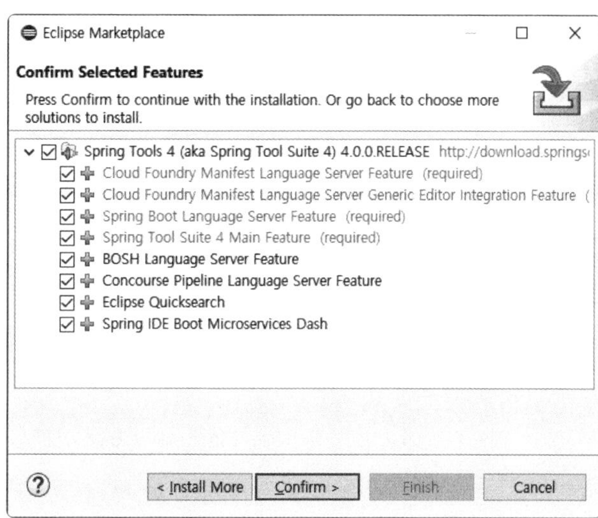

STS에는 스프링을 개발하는 데 필요한 각종 기능들이 포함되어 있는 것을 확인할 수 있습니다. 여기서는 일단 모든 기능을 설치하고 넘어가겠습니다. 설치 후 이클립스가 재시작되면 STS의 설치는 끝난 것입니다.

여기서 설치한 모든 기능을 사용하는 것은 아닙니다. 자신의 사용 환경에 따라서 사용하지 않는 플러그인은 제외해도 무방합니다.

1.3.2 그레이들 설치하기

최신 버전의 STS에는 기본적으로 메이븐이 내장되어 있습니다. 그렇지만 이 책에서는 메이븐이 아닌 그레이들(Gradle)을 사용합니다.

메이븐 대신 그레이들을 사용하는 이유

필자의 경우 과거에는 메이븐을 사용했지만 최근 들어 다음과 같은 이유로 그레이들로 바꾸고 있습니다.

메이븐은 XML을 기반으로 의존성(dependency) 및 디렉터리 구조 관리 등의 기능을 제공하며 한동안 많이 사용되었습니다. 그렇지만 라이브러리가 추가되거나 각각의 라이브러리가 서로 다른 버전의 러이브러리를 참조하는 종속성을 가지고 있을 경우에는 관리가 어려워지는 문제가 있습니다. 또한 XML의 특징인 구조화는 사람이 알아보기에는 쉽지만 XML 문서의 양이 방대해지는 단점이 있습니다.

이에 대한 대안으로 그레이들이 각광받고 있습니다. 그레이들은 JVM 기반의 빌드 도구(build tool)이며 메이븐 등과 호환됩니다. 그 외에도 설정이 간편하고, 프로젝트별로 유연하

> 게 설정할 수 있는 등 여러 가지 장점이 있습니다.
>
> 깃과 같은 오픈소스 라이브러리들도 대부분 그레이들을 사용하며, 안드로이드의 경우에도 기본 빌드 도구로 그레이들을 사용하는 등 전 세계적으로 그레이들이 많이 사용되고 있습니다.

이클립스에서는 두 종류의 그레이들 플러그인을 가장 많이 사용합니다. 하나는 STS에서 만든 플러그인이고 다른 하나는 Gradle Inc.에서 만든 Buildship이라는 이름의 플러그인입니다. Buildship 프로젝트가 이클립스 프로젝트로 변경된 후로 STS의 그레이들 플러그인은 개발이 중단되었습니다.[5] 이러한 이유로 이 책에서는 Buildship 플러그인을 설치합니다.

이클립스의 상단 메뉴에서 Help 〉 Eclipse Marketplace를 선택합니다. Find 창에서 Buildship을 검색한 후 설치합니다.

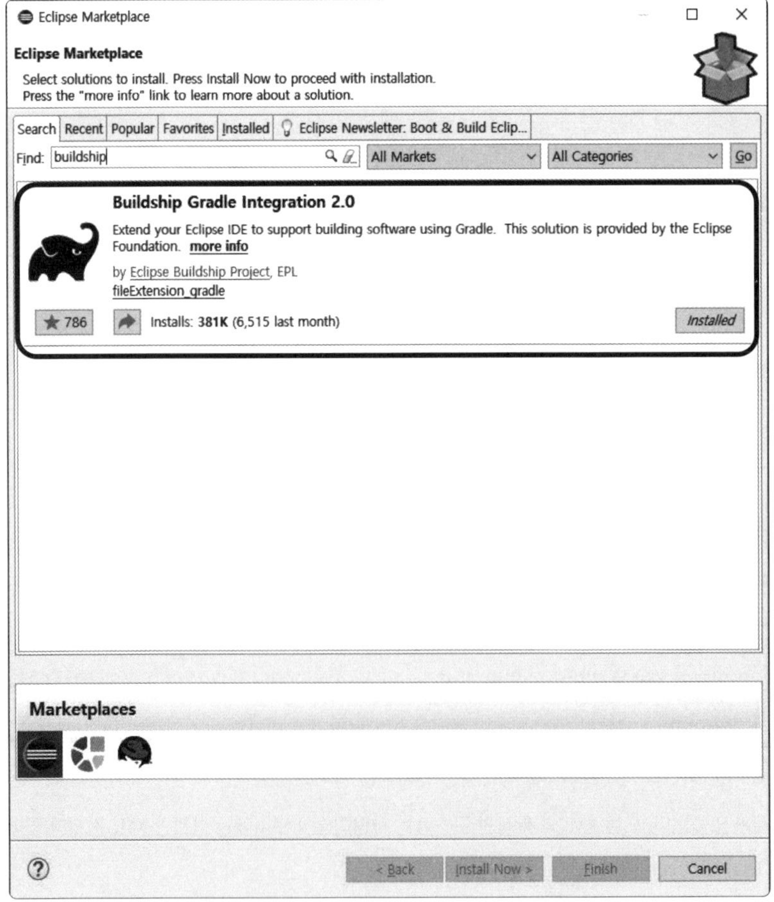

5 *https://github.com/eclipse/buildship/wiki/Migration-guide-from-STS-Gradle-to-Buildship*

이클립스를 재시작하면 Buildship 플러그인의 설치가 완료됩니다.[6]

최신 버전의 이클립스에는 Buildship 플러그인이 이미 설치되어 있습니다. 이클립스 마켓 플레이스에서 Buildship을 검색했는데 이미 설치되어 있다면, 다시 설치하지 않아도 됩니다.

1.3.3 그레이들 에디터 설치하기

앞에서 빌드 관리 도구로 그레이들을 사용하기로 했습니다. 따라서 프로젝트를 생성하면 gradle.build라는 그레이들 설정 파일이 만들어집니다. 그렇지만 이클립스에는 적절한 그레이들 에디터가 설치되어 있지 않기 때문에 그레이들 파일이 일반 텍스트 파일로 열리고 자동완성 기능도 지원되지 않습니다.

build.gradle

```
buildscript {
    ext {
        springBootVersion = '2.0.0.BUILD-SNAPSHOT'
    }
    repositories {
        mavenCentral()
        maven { url "https://repo.spring.io/snapshot" }
        maven { url "https://repo.spring.io/milestone" }
    }
    dependencies {
        classpath("org.springframework.boot:spring-boot-gradle-plugin:${springBootVersion}")
    }
}

apply plugin: 'java'
apply plugin: 'eclipse'
apply plugin: 'org.springframework.boot'

jar {
    baseName = 'study'
    version = '0.0.1-SNAPSHOT'
}

sourceCompatibility = 1.8

repositories {
    mavenCentral()
    maven { url "https://repo.spring.io/snapshot" }
    maven { url "https://repo.spring.io/milestone" }
}


dependencies {
    compile('org.springframework.boot:spring-boot-starter-web')
    runtime('org.springframework.boot:spring-boot-devtools')
    testCompile('org.springframework.boot:spring-boot-starter-test')
}
```

따라서 그레이들 에디터를 설치하여 *.gradle 파일도 일반적인 소스코드 파일처럼 색상을 적용하고 자동완성을 지원하는 것이 필요합니다.

6 Buildship 2.0.x 초반 버전에는 스프링 부트 2.0.0과 호환이 되지 않는 버그가 있었지만 현재는 수정되었습니다.

Minimalist Gradle Editor 설치하기

마켓플레이스에서 그레이들 에디터의 한 종류인 Minimalist Gradle Editor를 검색하고 설치를 진행합니다.

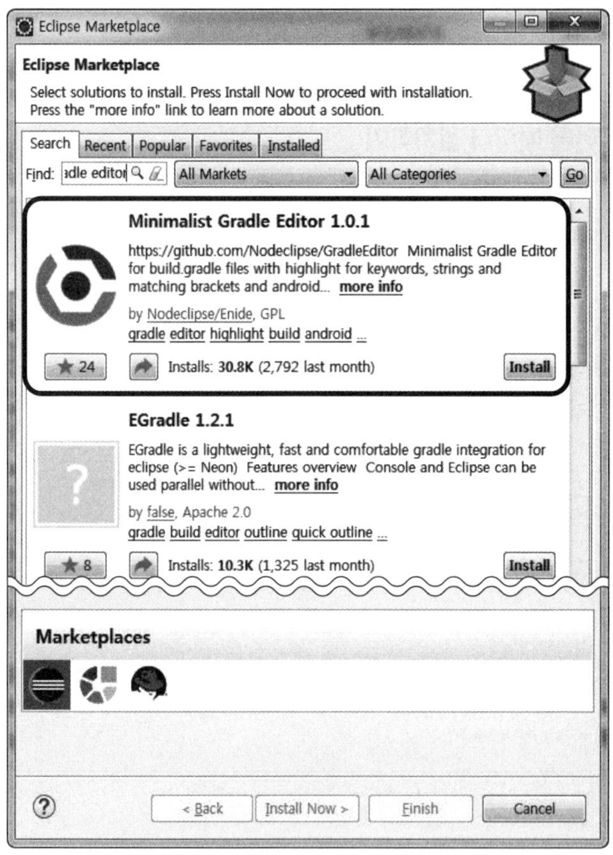

> 최신 버전의 이클립스에서는 이 에디터가 검색되지 않는 것으로 보아 더 이상 호환되지 않는 듯합니다. 다행히 앞서 설치한 Buildship이 색상 적용까지는 지원해 주니, 마켓플레이스에서 검색되지 않는다면 그레이들 에디터 설치 과정을 건너뛰어도 별다른 지장이 없습니다.

그레이들 파일에 연결하기

화면 상단의 Window 〉 Preferences를 선택하고 General 〉 Editors 〉 File Associations 메뉴에서 `*.gradle`을 찾아서 Minimalist Gradle Editor를 기본 에디터로 설정합니다. ① Associated editors에서 Minimalist Gradle Editor를 선택하고 ② 오른쪽의 [Default] 버튼을 클릭하면 됩니다.

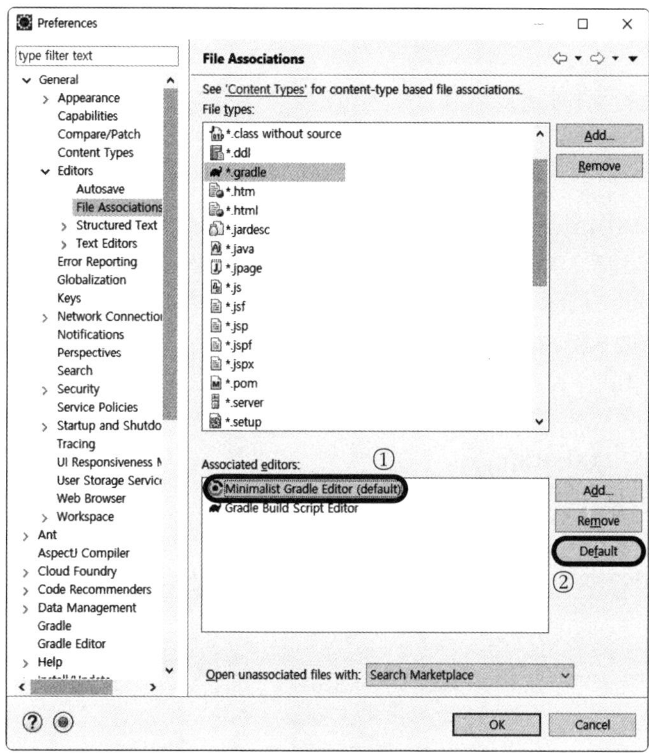

에디터를 설정하고 build.gradle 파일을 다시 열어 보면 글자에 색상이 입혀진 것을 확인할 수 있습니다. 물론 자동완성 기능도 지원이 됩니다.

build.gradle

```
buildscript {
    ext {
        springBootVersion = '2.0.0.BUILD-SNAPSHOT'
    }
    repositories {
        mavenCentral()
        maven { url "https://repo.spring.io/snapshot" }
        maven { url "https://repo.spring.io/milestone" }
    }
    dependencies {
        classpath("org.springframework.boot:spring-boot-gradle-plugin:${springBootVersion}")
    }
}

apply plugin: 'java'
apply plugin: 'eclipse'
apply plugin: 'org.springframework.boot'

jar {
    baseName = 'study'
    version = '0.0.1-SNAPSHOT'
}

sourceCompatibility = 1.8

repositories {
    mavenCentral()
    maven { url "https://repo.spring.io/snapshot" }
    maven { url "https://repo.spring.io/milestone" }
}


dependencies {
    compile('org.springframework.boot:spring-boot-starter-web')
    runtime('org.springframework.boot:spring-boot-devtools')
    testCompile('org.springframework.boot:spring-boot-starter-test')
}

```

1.4 이클립스 메뉴 및 Perspective 변경하기

이클립스를 사용하다 보면 툴바나 메뉴, 숏컷 등의 구성이 자신에게 맞지 않을 때가 있습니다. 이러한 경우 메뉴를 다시 배치하는 게 좋습니다.

> 이번 절의 변경사항은 필자의 개발 습관에 맞춘 것이므로 참고만 하셔도 됩니다. 다만, 이 책의 내용은 필자의 구성을 기준으로 설명하므로 이번 절을 뛰어넘을 경우 실습 환경이 달라질 수 있습니다. 그러니 이클립스에 익숙하지 않다면 필자의 구성과 비슷하게 맞춘 후 시작하길 권합니다.

1.4.1 메뉴 구성 변경하기

Window 〉 Perspective 〉 Customize Perspective...를 선택합니다.

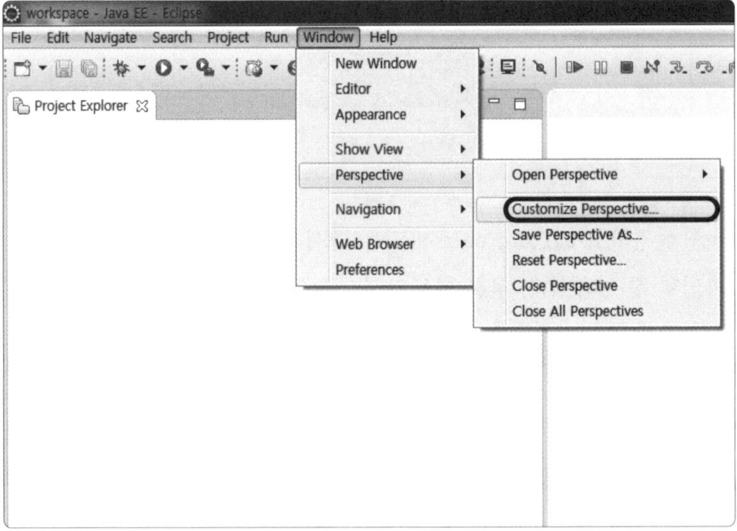

① Shortcuts 탭을 선택한 후 필요한 메뉴만 선택하여 자신의 개발환경에 맞도록 변경합니다. 스프링 프레임워크를 이용한 웹 애플리케이션을 개발할 때에는 Java, JavaScript, Spring, Web, XML이 가장 많이 사용됩니다. ② 먼저 Java 영역의 숏컷 구성입니다. 가장 많이 사용되는 Class, Interface, Package 등을 포함해 Annotation, Java Project, Source Folder도 선택합니다.

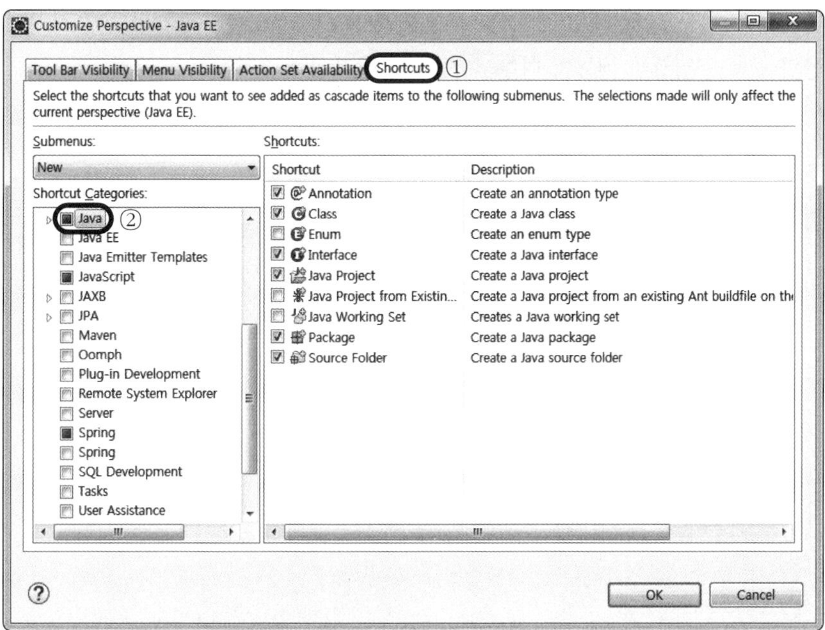

그 다음은 Web 영역의 숏컷 구성입니다. CSS File, HTML File, JSP File을 선택했습니다.

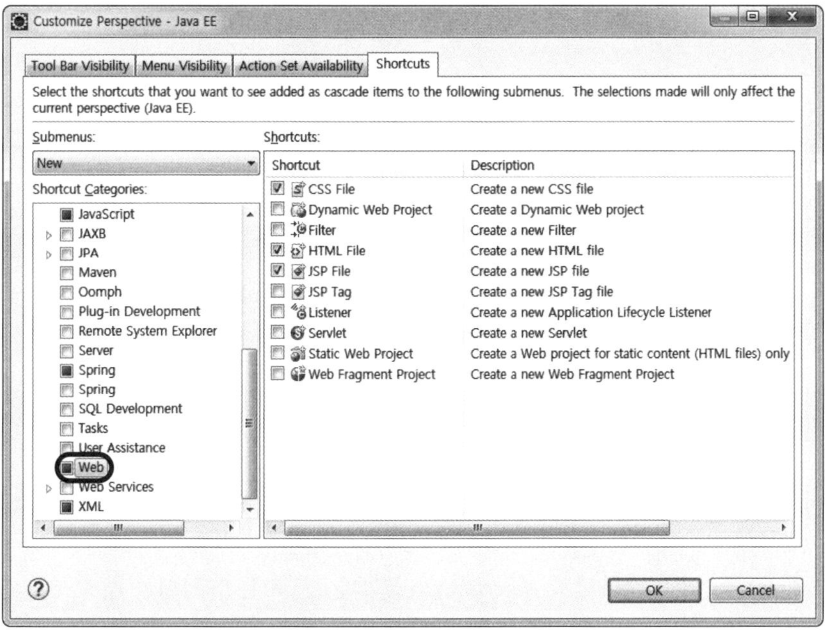

여기서는 필자가 웹 개발을 하면서 가장 많이 사용하는 메뉴만 선택했습니다. 상황에 따라 필요한 메뉴가 다를 수 있으니 적절히 가감하여 쓰세요.

앞에서 설정한 숏컷을 확인합니다. File 〉 New를 선택하여 앞에서 설정한 메뉴들이 나오는지 확인합니다.

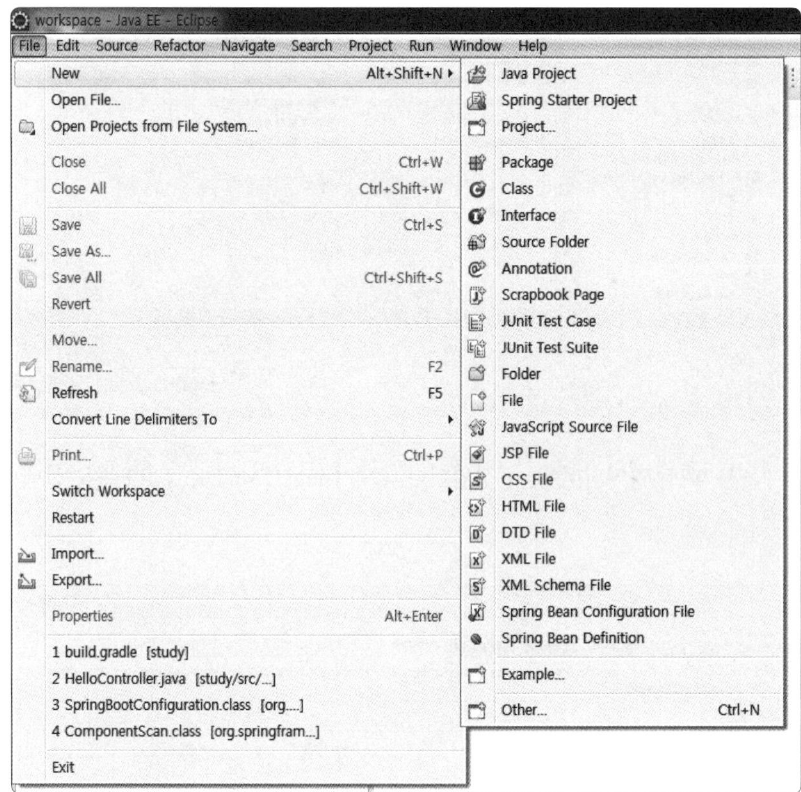

1.4.2 패키지 보여 주기(Package Presentation) 변경하기

하나의 프로젝트에는 수많은 패키지와 클래스들이 존재합니다. 특히 웹을 개발할 때는 MVC 패턴에 맞춰서 개발을 진행하는데, 이에 따라 하나의 기능에도 여러 개의 패키지를 생성합니다. 이러한 경우 패키지의 계층 구조를 한눈에 파악하기 힘들어집니다. 따라서 이클립스 내의 패키지를 계층형으로 구성하도록 하겠습니다.

이클립스 좌측 상단의 Project Explorer 옆의 [▽] 버튼을 선택한 후 Package Presentation 〉 Hierarchical을 선택합니다.

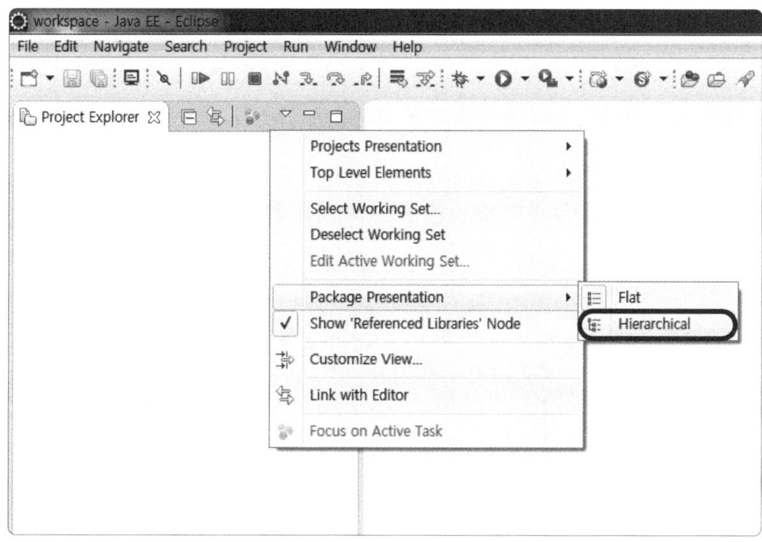

1.4.3 이클립스 뷰(View) 변경하기

개발을 진행하다 보면 소스코드 외에도 필요한 정보들이 더 있습니다. 이러한 내용들을 쉽게 볼 수 있도록 이클립스 화면 구성을 변경하겠습니다. Window 〉 Show View 〉 Other...를 선택합니다.

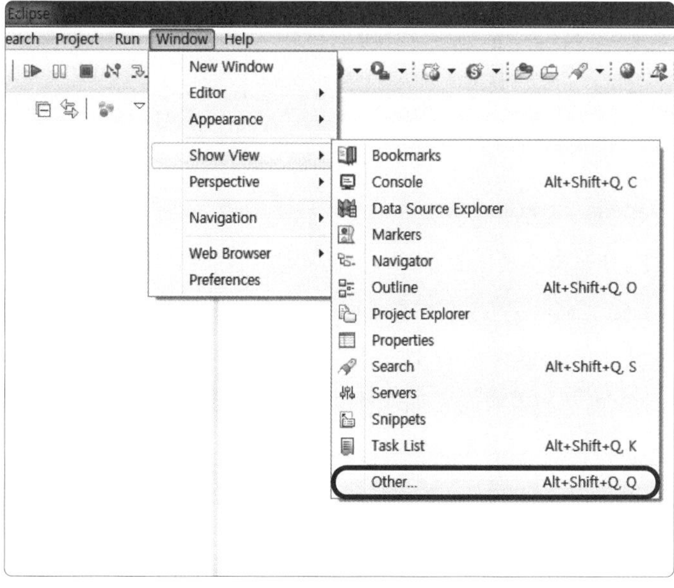

① Console, Search, Problems, Progress, Package Explorer를 추가하고, 잘 사용하지 않는 Markers, Properties, Data Source Explorer, Snippets 뷰는 화면의 하단에서 삭제합니다. ② 앞에서 추가한 Package Explorer는 Project Explorer 뷰 옆으로 이동시킵니다.

여기까지 설정을 완료하면 다음과 같은 화면을 볼 수 있습니다.

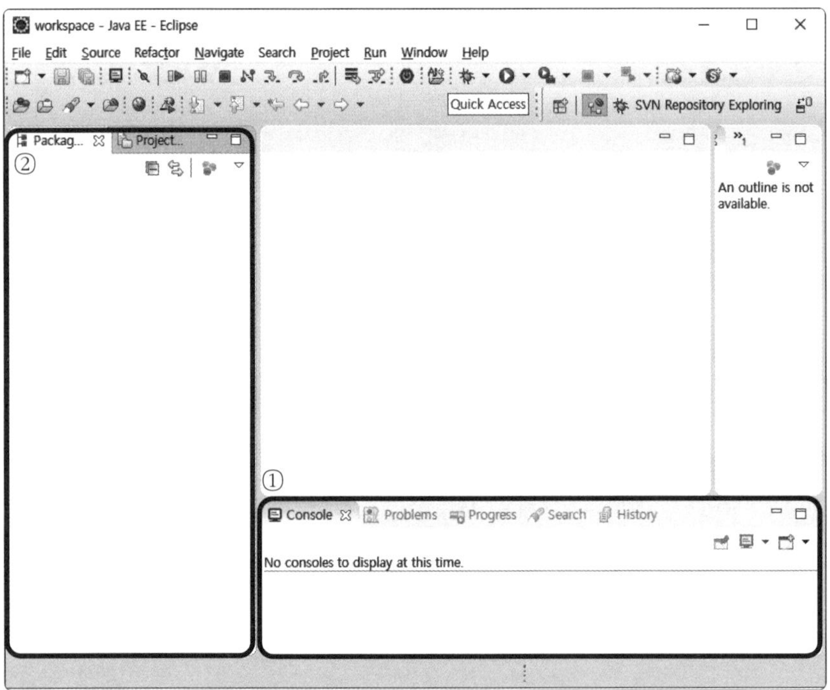

1.4.4 프로젝트 인코딩 설정하기

이클립스는 기본적으로 MS949나 EUC-KR로 인코딩이 설정되어 있습니다. MS949나 EUC-KR은 사용하는 환경에 따라서 한글이 정상적으로 보이지 않는 문제가 발생합니다. 따라서 다국어 처리를 하거나 공동으로 작업하는 환경에서는 반드시 UTF-8로 인코딩을 설정해야 합니다.

상단 메뉴에서 Window 〉 Preferences를 선택한 후 ① General 〉 Workspace를 선택합니다. ② Text file encoding을 UTF-8로 변경한 후 [OK]를 누릅니다.

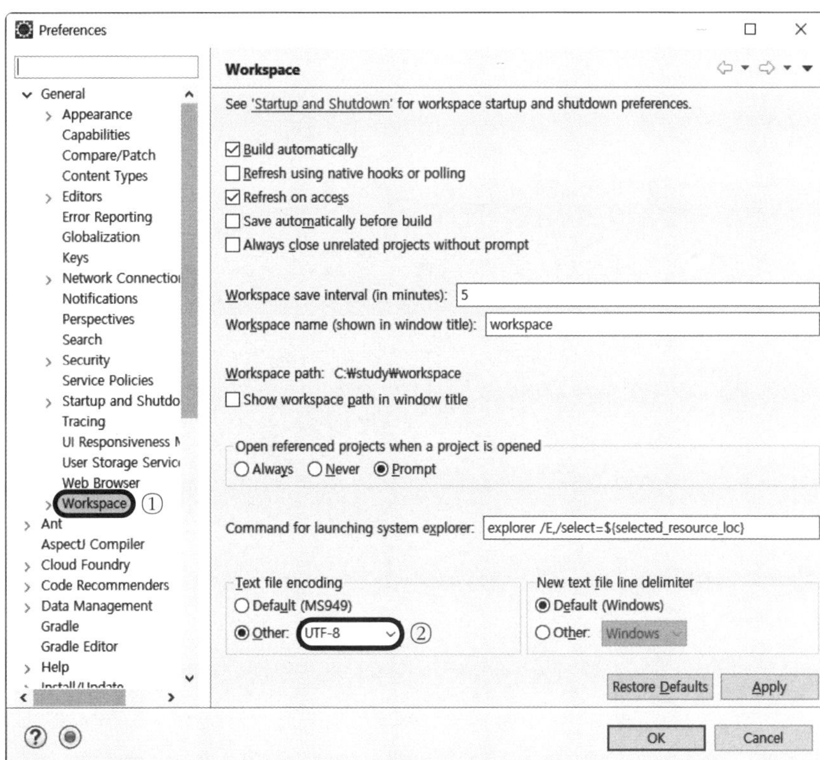
Preferences
Workspace
See 'Startup and Shutdown' for workspace startup and shutdown preferences.
Build automatically
Refresh using native hooks or polling
Refresh on access
Save automatically before build
Always close unrelated projects without prompt
Workspace save interval (in minutes): 5
Workspace name (shown in window title): workspace
Workspace path: C:₩study₩workspace
Show workspace path in window title
Open referenced projects when a project is opened
Always Never Prompt
Command for launching system explorer: explorer /E,/select=${selected_resource_loc}
Text file encoding
Default (MS949)
Other: UTF-8 ②
New text file line delimiter
Default (Windows)
Other: Windows
Restore Defaults
Apply
OK
Cancel
General
Appearance
Capabilities
Compare/Patch
Content Types
Editors
Error Reporting
Globalization
Keys
Network Connectio
Notifications
Perspectives
Search
Security
Service Policies
Startup and Shutdo
Tracing
UI Responsiveness
User Storage Servic
Web Browser
Workspace ①
Ant
AspectJ Compiler
Cloud Foundry
Code Recommenders
Data Management
Gradle
Gradle Editor
Help

2장

S p r i n g b o o t

스프링 프로젝트 만들어 보기

1장에서는 스프링을 개발하기 위한 개발환경을 구성하였습니다. 이번 장에서는 스프링 부트를 이용하여 실행 가능한 애플리케이션을 일단 만들어 보고 스프링 부트 프로젝트의 구조에 대해서 간략히 알아보겠습니다.

스프링이 처음으로 세상에 공개된 후부터 최근까지도 스프링으로 애플리케이션을 개발하려면 사전에 많은 작업을 해야 했습니다. 스프링 프레임워크가 웹 애플리케이션에서 사용되는 많은 기능을 제공하는 것은 사실이지만, 이를 제대로 사용하기 위해서는 여러 가지 작업이 필요했습니다. 라이브러리 추가 및 의존성 관리 그리고 스프링 프레임워크가 처리할 작업을 알려 주고 이를 위한 여러 가지 구성 및 설정 파일을 작성하는 것은 모두 개발자가 해야 할 작업이었습니다. 이러한 이유로 스프링 프로젝트를 생성하는 것은 상당히 어려웠고, 해야 할 일도 많았습니다. 프로젝트의 비즈니스 로직을 고민해야 할 시간에 개발환경 구성 및 스프링의 기능 구성에 시간을 쏟게 되었던 것입니다.

이러한 문제점을 해결하기 위한 것이 스프링 부트입니다. 스프링 부트에는 다음과 같은 주요 장점이 있습니다.

- 프로젝트에 따라 자주 사용되는 라이브러리들이 미리 조합되어 있습니다.
- 복잡한 설정을 자동으로 처리해 줍니다.
- 내장 서버를 포함해서 톰캣과 같은 서버를 추가로 설치하지 않아도 바로 개발이 가능합니다.
- 톰캣이나 제티(Jetty)와 같은 웹 애플리케이션 서버(WAS; Web Application Server)에 배포하지 않고도 실행할 수 있는 JAR 파일로 웹 애플리케이션을 개

발할 수 있습니다.

이러한 장점 덕분에 과거에 비해 훨씬 쉽고 빠르게 개발환경을 구축하고 개발할 수 있습니다. 이 책에서 사용하는 스프링 부트의 버전은 이 책의 출간일을 기준으로 최신 버전인 2.1.1입니다.

2.1 스프링 부트로 프로젝트 생성하기

이제 스프링 프레임워크의 역사 및 개념, 이론적인 내용 등을 다룰 타이밍이 되었지만, 일단 첫 번째 스프링 프로젝트를 먼저 만들어 보겠습니다. 개발자들은 이론적인 내용보다 실제로 동작하는 코드를 먼저 찾게 되니까요.

먼저 File > New > Spring Starter Project를 선택하여 새 스프링 부트 프로젝트를 생성합니다.

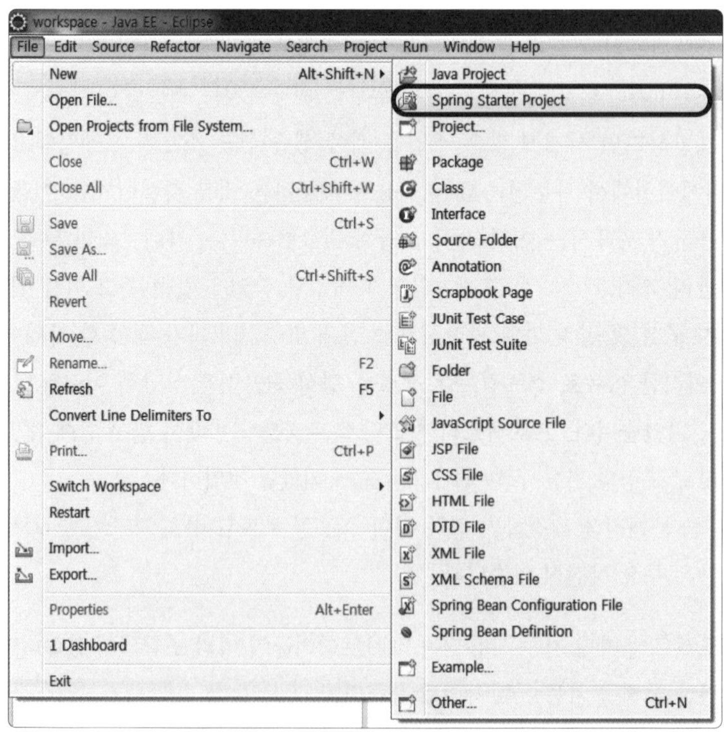

기존의 스프링 개발과는 다르게 스프링 스타터 프로젝트(Spring Starter Project)는 윈도우의 설치 마법사와 같이 손쉽게 스프링 부트 기반의 프로젝트를 생성합니다.

그리고 프로젝트 이름 및 패키지를 설정합니다. 여기에서는 프로젝트의 이름, 빌드 관리 도구 및 아티팩트, 자바 버전, 패키지 등 프로젝트의 기본적인 사항들을 설정할 수 있습니다. 앞에서 Buildship Gradle Integration을 설치했기 때문에 빌드 관리 도구를 Gradle로 선택합니다. 그 외의 프로젝트 이름(Name), 그룹(Group), 패키지명(Package) 등은 자유롭게 지정해도 됩니다. 여기에서는 프로젝트 이름을 Sample로 하겠습니다.

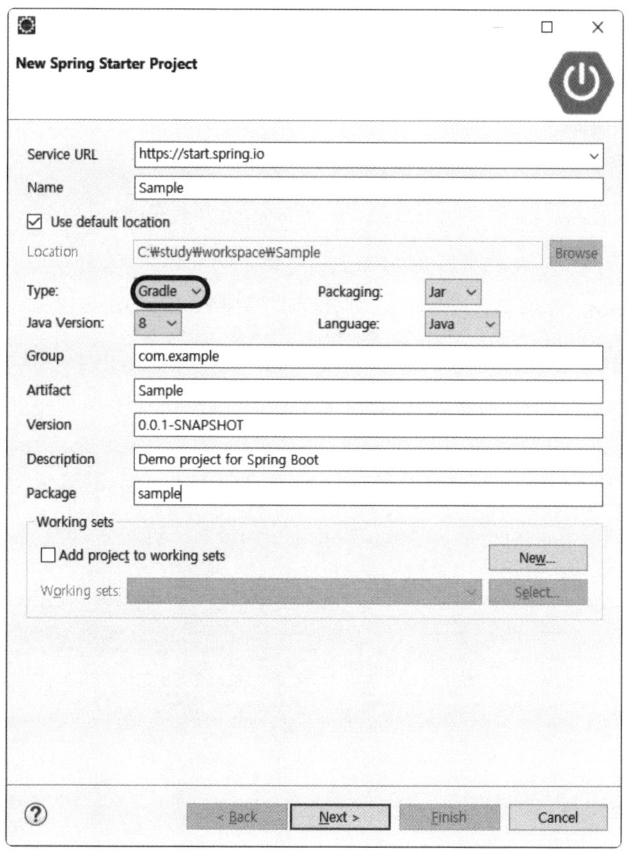

[Next]를 클릭하면 스프링 부트 버전 및 의존성을 설정할 수 있습니다.

웹 프로젝트를 만들려면 스프링 프레임워크의 다양한 라이브러리들을 추가해야 했습니다. 스프링 부트를 사용하기 전에는 개발자가 해당 프로젝트에 필요한 의존성을 일일이 찾아서 추가해야 했지만, 이제는 기능별로 잘 정리된 의존성 중에서 애플리케이션에 필요한 의존성을 선택하기만 하면 됩니다. 물론 프로젝트를 진행하면서 의존성을 추가할 수도 있습니다.

우리는 웹 프로젝트를 생성하고 있으니 Web 그룹의 Web 의존성을 추가해 줍니다. 그리고 Core 그룹의 DevTools도 같이 추가해 줍니다. DevTools은 스프링 부트 1.3에서 추가된 기능으로 개발 생산성 향상을 목표로 합니다. 이 외에도 다양한 기능이 더 있는데, 뒤에서 간단히 살펴봅니다.

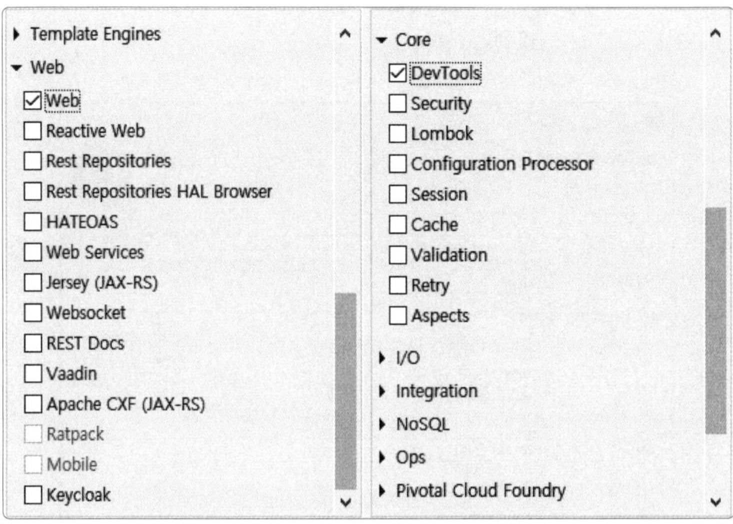

프로젝트에 필요한 의존성을 추가하면 그레이들을 이용하여 여러 가지 라이브러리들을 자동으로 다운로드하고, 그 내역이 이클립스의 콘솔창에 표시됩니다.

그레이들이나 메이븐과 같은 빌드 관리 도구가 없던 시절에는 프로젝트에 필요한 라이브러리들을 각각 찾아서 일일이 프로젝트에 포함시켜 줘야 했습니다. 그런데 이제는 단순히 의존성만 추가함으로써 쉽게 의존성 관리 및 라이브러리의 다운이 가능합니다. 이렇게 프로젝트에 필요한 라이브러리가 다운되면 생성된 스프링 부트 프로젝트를 Package Explorer 탭에서 확인할 수 있습니다.

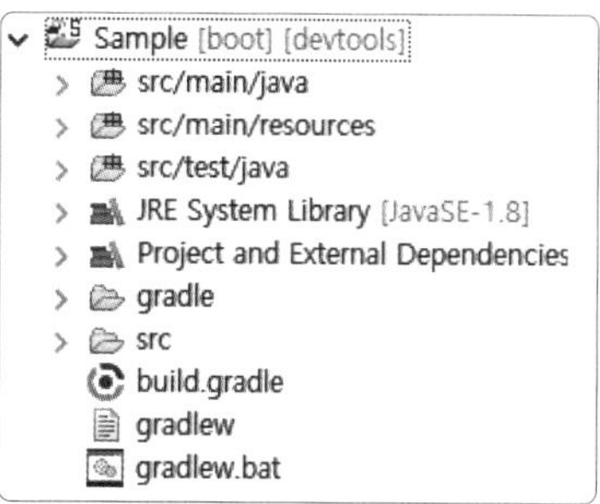

스프링 부트로 프로젝트를 생성하면 기존의 일반적인 JSP 프로젝트와는 구조가 다릅니다. 기본적으로 생성되는 몇 개의 패키지와 폴더, 그리고 파일들을 볼 수 있습니다. 이는 일반적인 그레이들 프로젝트의 구조로, 자세한 설명은 뒤에서 하겠습니다.

이제 앞에서 만든 프로젝트가 정상적으로 생성되었는지 확인할 차례입니다. 프로젝트를 우클릭하고 Run As 〉 Spring Boot App을 선택합니다.

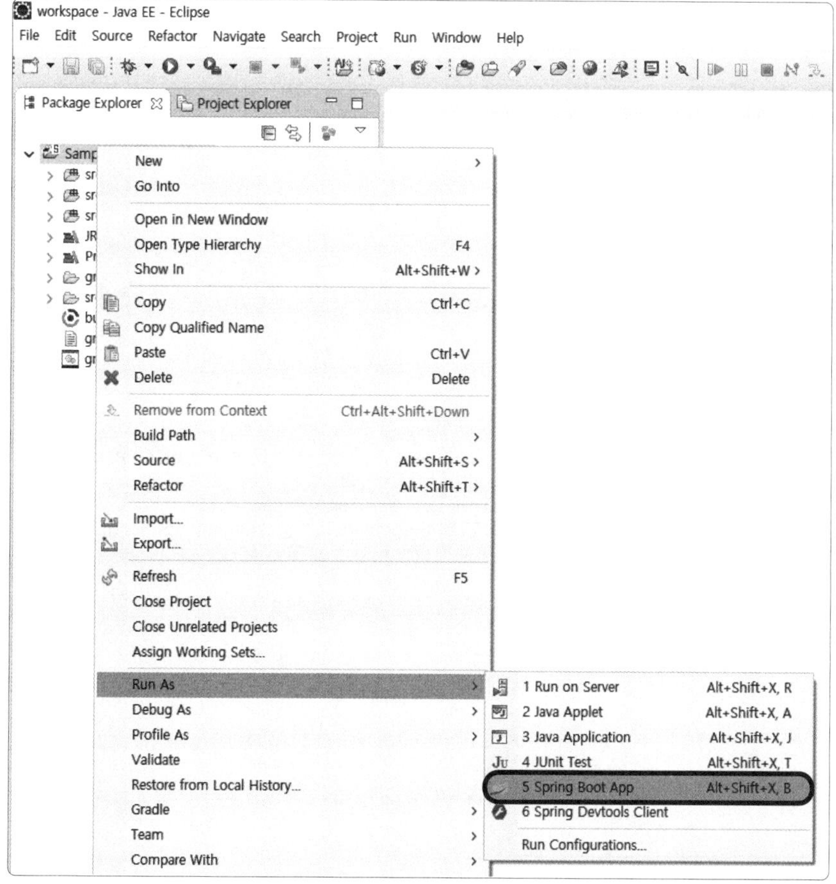

애플리케이션을 처음 생성했으므로 이와 같이 실행합니다. 두 번째부터는 이클립스 상단 툴바의 실행 버튼을 클릭하면 애플리케이션이 바로 실행됩니다.

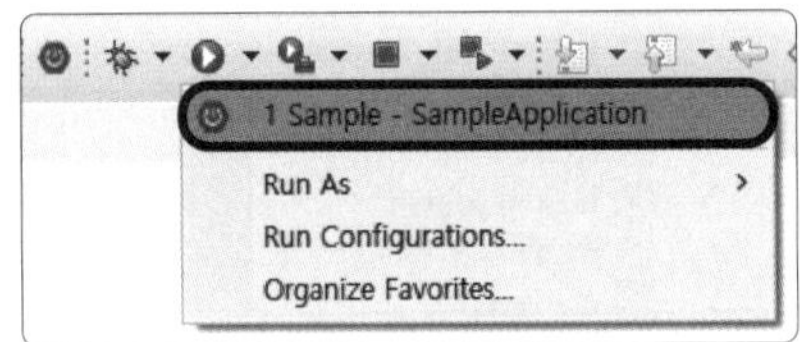

이클립스의 콘솔창에 로그가 출력되면 정상적으로 프로젝트가 생성된 것입니다.

실행 로그 살펴보기

애플리케이션이 실행되기 위해서 필요한 여러 가지 작업들의 결과 및 정보가 실행 로그에 출력됩니다. 애플리케이션이 정상적으로 실행되었는지 확인하기 위해서 로그의 끝 부분을 살펴보겠습니다.

```
INFO 1516 --- [  restartedMain] s.b.c.e.t.TomcatEmbeddedServletContainer :
    Tomcat started on port(s): 8080 (http)  ❶
INFO 1516 --- [  restartedMain] com.insight.SampleApplication            :
    Started SampleApplication in 2.014 seconds (JVM running for 2.831)  ❷
```

❶ `TomcatEmbeddedServletContainer : Tomcat started on port(s): 8080 (http)` 로그에서 sample 프로젝트가 톰캣으로 실행되었으며 8080 포트를 사용한다는 것을 알 수 있습니다. 앞에서 개발환경을 설정할 때 톰캣을 설치하고 설정한 적이 없습니다. 스프링 부트는 톰캣 서버를 내장하고 있기 때문에 따로 톰캣을 설정할 필요가 없습니다.

❷ SampleApplication이 정상적으로 시작되었으며, 실행되는 데 총 2.014초가 걸렸음을 보여 주고 있습니다. 실행 시간은 사용하는 컴퓨터 환경마다 다릅니다. 만약 위와 같은 로그가 나오지 않는다면, 프로젝트가 정상적으로 실행되지 않았음을 의미합니다.

브라우저에서 결과 확인하기

이제 브라우저에서도 정상적으로 실행되는지 살펴볼 차례입니다. 주소창에 localhost:8080을 입력합니다.

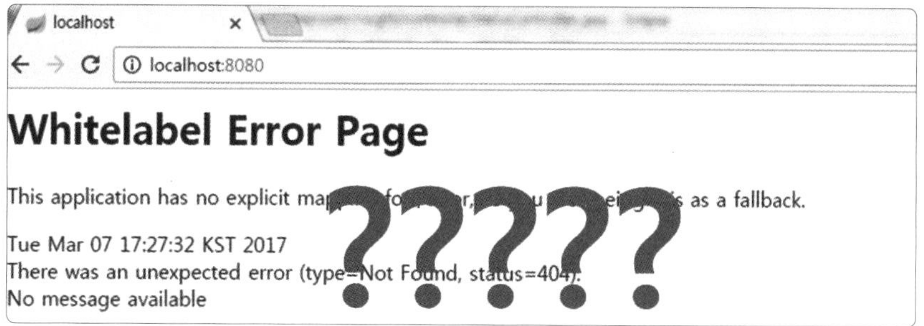

뭔가 잘못되었나 하는 생각이 들 수도 있겠지만 정상적인 결과입니다. 스프링 부트로 프로젝트를 생성하면 프로젝트의 실행에 관련된 기능이 자동으로 설정됩니다. 그렇지만 화면에 보이는 부분은 자동으로 만들어지지 않기 때문에 에러 화면이 나옵니다.

다음에는 어떤 책에서도 한 번씩은 꼭 소개하는 Hello World!를 출력하는 예제를 만들어 보겠습니다.

2.2 Hello World 만나 보기

앞에서 생성한 프로젝트의 경우 정상적으로 실행된 것을 로그를 통해 확인할 수 있었습니다. 그렇지만 눈에 보이는 결과 화면이 없기 때문에 정상적으로 실행됐는지 의심이 될 수도 있습니다. 따라서 눈에 보이는 결과를 만들어 보겠습니다.

우선 sample 패키지 밑으로 controller 패키지를 생성합시다. sample 패키지에서 우클릭 후 New 〉 Package를 선택합니다.

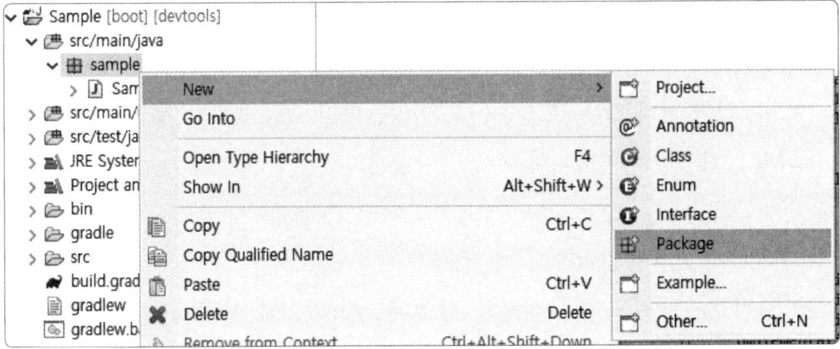

다음과 같은 창이 뜨면 Name에 `sample.controller`를 입력합니다.

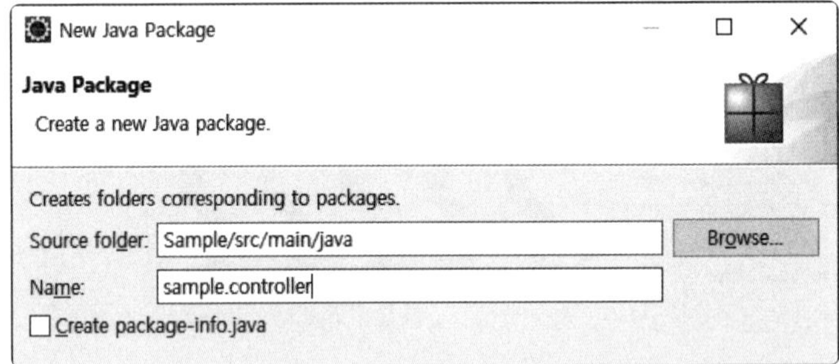

그런 다음 `controller` 패키지 밑에 `HelloController` 클래스를 생성합니다.

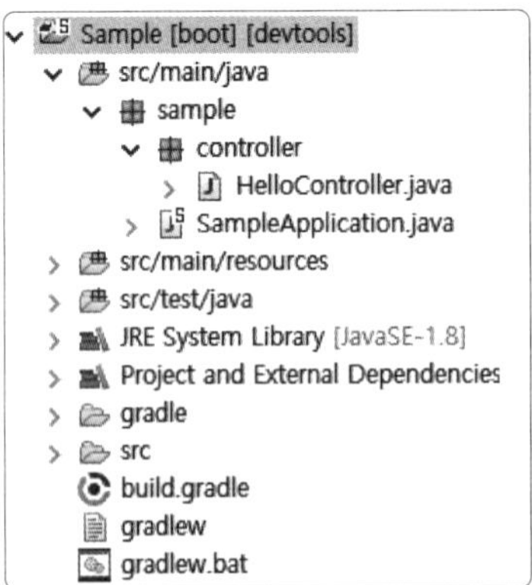

`Hello World!`를 출력하기 위해 `HelloController` 클래스에 다음과 같은 코드를 작성합니다.

코드 2-1 HelloController.java

```
package sample.controller;

import org.springframework.web.bind.annotation.RequestMapping;
import org.springframework.web.bind.annotation.RestController;

@RestController ❶
public class HelloController {

    @RequestMapping("/") ❷
    public String hello(){ ❸
        return "Hello World!";
    }
}
```

❶ @RestController 어노테이션을 이용하여 해당 클래스가 REST 컨트롤러 기능을 수행하도록 합니다. REST는 7장에서 자세히 다룹니다.

❷ @RequestMapping 어노테이션은 해당 메서드를 실행할 수 있는 주소를 설정합니다. 여기서는 애플리케이션의 기본 주소를 /로 지정했습니다. 이는 특별한 주소를 입력하지 않을 때 실행되는 주소를 의미합니다. 자세한 내용은 실행 결과를 보면서 설명하겠습니다.

❸ Hello World!라는 메시지를 화면에 전달해 주는 역할을 합니다. 바로 위에서 @RequstMapping 어노테이션에서 설정한 주소가 호출되면 해당 주소와 연관된 메서드가 실행됩니다. 위에서는 기본 주소가 호출되면 hello 메서드가 실행되는 것을 알 수 있습니다.

여기까지 작성을 완료하고 프로젝트를 다시 실행하고 브라우저의 주소창에 http://localhost:8080/를 입력하면 이클립스의 실행 로그와 Hello World!가 출력된 화면을 확인할 수 있습니다.

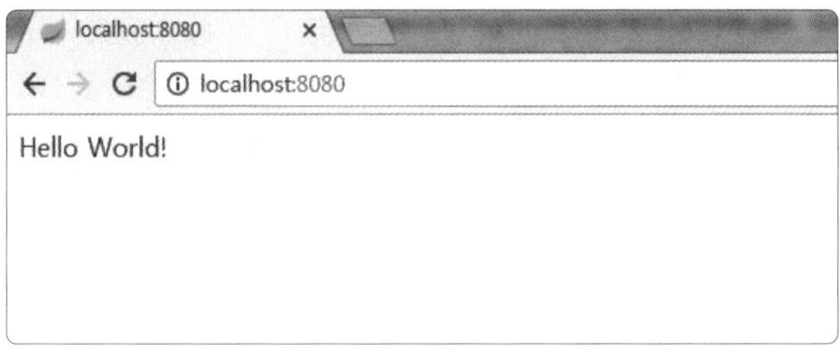

2.3 스프링 부트 프로젝트 살펴보기

앞에서 만든 프로젝트의 구조를 간단히 살펴보겠습니다. 그레이들을 사용하여 스프링 부트 프로젝트를 생성하면 다음과 같은 구조를 가집니다.

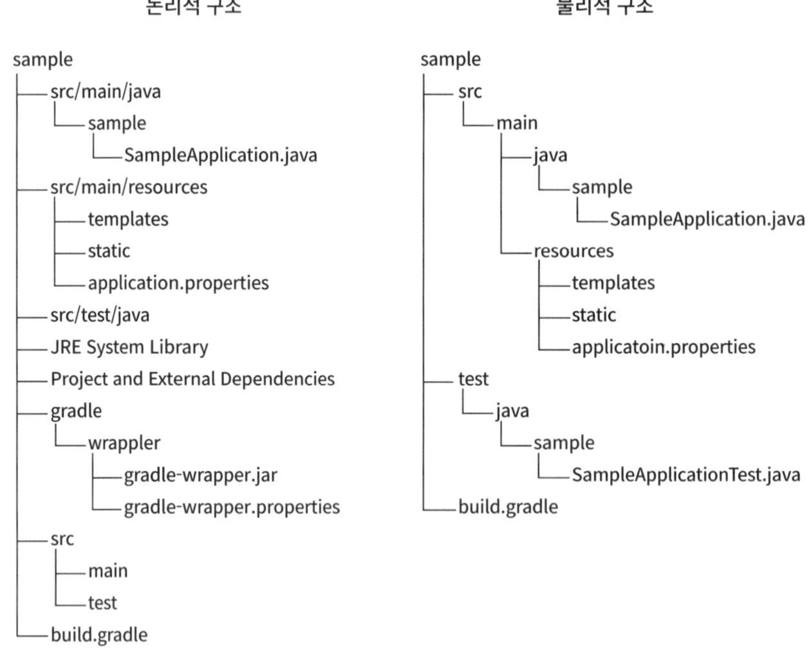

그림 2-1 프로젝트의 논리적 구조와 물리적 구조

논리적 구조는 이클립스에서 보여지는 프로젝트의 구조를 의미하고, 물리적 구조는 운영체제(Windows)에서의 실제적인 폴더 구조를 의미합니다. 프로젝트의 주요 파일 및 구조를 살펴보도록 하겠습니다.

프로젝트의 주요 파일 및 구조	의미
src/main/java	자바 소스 디렉터리
SampleApplication	애플리케이션을 시작할 수 있는 main 메서드가 존재하는 스프링 구성 메인 클래스
templates	스프링 부트에서 사용 가능한 여러 가지 뷰 템플릿(Thymeleaf, Velocity, FreeMarker 등등) 파일 위치
static	스타일 시트, 자바스크립트, 이미지 등의 정적 리소스 디렉터리
application.properties	애플리케이션 및 스프링의 설정 등에서 사용할 여러 가지 프로퍼티(property) 정의
Project and External Dependencies	그레이들에 명시한 프로젝트의 필수 라이브러리 모음
src	JSP 등 리소스 디렉터리
build.gradle	그레이들 빌드 명세, 프로젝트에 필요한 라이브러리 관리, 빌드 및 배포 설정

스프링 부트 애플리케이션에는 이 외에도 몇 가지 폴더와 파일이 더 있습니다. test 폴더에는 JUnit을 이용한 테스트 클래스가 있으며 gradle 폴더 및 gradlew, gradlew.bat은 그레이들 설정 및 실행 관련 스크립트 정보를 가지고 있습니다. 그렇지만 그레이들 관련 파일을 변경할 일이 거의 없기 때문에 따로 설명하지는 않겠습니다.

2.3.1 SampleApplication 클래스

SampleApplication은 스프링 부트 애플리케이션의 구성과 실행을 담당하는 중요한 클래스입니다. 스프링 부트의 장점 중 하나는 자동구성으로 기존의 복잡하고 다양한 스프링 설정을 제거하고 최소한의 설정으로 바로 실행할 수 있는 애플리케이션을 만들어 준다는 점입니다. 스프링 부트를 사용하기 전에는 스프링 프레임워크를 이용해서 하나의 프로젝트를 생성하는 게 상당히 복잡하고 시간이 많이 걸리는 작업이었습니다. 그런 점에서 생각해 보면 스프링 부트의 발전이 고마울 따름입니다.

SampleApplication 클래스를 자세히 살펴보도록 하겠습니다.

코드 2-2 SampleApplication.java

```
package sample;

import org.springframework.boot.SpringApplication;
import org.springframework.boot.autoconfigure.SpringBootApplication;

@SpringBootApplication  ❶
```

```
public class SampleApplication {

    public static void main(String[] args) {  ❷
        SpringApplication.run(SampleApplication.class, args);
    }
}
```

❶ @SpringBootApplication 어노테이션은 스프링 부트 애플리케이션의 핵심 어노테이션이라해도 무방할 정도로 다양한 기능을 합니다. 이 어노테이션은 스프링의 어노테이션 세 개로 구성되어 있습니다.

@EnableAutoConfiguration

앞에서 스프링 부트의 장점 중 하나는 자동구성이라고 이야기를 했습니다. @EnableAutoConfiguration 어노테이션을 사용하기만 하면 스프링의 다양한 설정이 자동으로 완료됩니다.

@ComponentScan

기존의 스프링은 빈(bean) 클래스를 사용하기 위해서 XML에 일일이 빈을 선언해 줘야 했습니다. 그렇지만 @ComponentScan 어노테이션은 컴포넌트 검색 기능을 활성화해서 자동으로 여러 가지 컴포넌트 클래스를 검색하고 검색된 컴포넌트 및 빈 클래스를 스프링 애플리케이션 컨텍스트에 등록하는 역할을 합니다. 앞에서 "Hello World!"를 출력하기 위한 컨트롤러를 작성할 때 @RestController라는 어노테이션을 사용하여 스프링 MVC 컨트롤러를 만들었습니다. 이는 컴포넌트 자동 검색 및 구성에 의해서 그 컨트롤러를 사용할 수 있도록 한 것입니다.

@Configuration

@SpringBootApplication 어노테이션에는 엄밀히 말을 해서 @Configuration이라는 어노테이션을 직접적으로 포함하지 않습니다. 대신 @SpringBootConfiguration이라는 어노테이션이 포함되어 있는데, 이 어노테이션에 @Configuration이 포함되어 있습니다.

@Configuration이 붙은 자바 클래스는 자바 기반 설정 파일임을 의미합니다. 스프링 3.x 버전까지는 자바 기반의 설정이 불가능하였습니다. 따라서 개발자들은 소위 XML 지옥이라고도 불리는 XML 기반의 설정에 오랜 시간을 투자해야 했습니다. 그렇지만 스프링 4.x 버전이 출시되면서 자바 기반의 설정이 가능하게 되었습니다. 자바 기반의 설정은 @Configuration 어

노테이션이 붙은 클래스가 설정 파일임을 스프링 프레임워크에 알려줍니다. 앞으로 기능을 추가하면서 자바 기반의 설정이 필요한 경우에는 항상 @Configuration 어노테이션을 사용할 겁니다.

❷ 앞에서 스프링 부트 프로젝트의 장점으로 톰캣이나 제티와 같은 웹 애플리케이션 서버에 배포하지 않고도 실행할 수 있는 JAR 파일로 웹 애플리케이션을 개발할 수 있다는 말을 하였습니다. main 메서드는 스프링 부트의 SampleApplication.run() 메서드를 사용하여 스프링 부트 애플리케이션을 실행할 수 있게 합니다. 스프링 부트 프로젝트를 생성하면서 단 하나의 XML 설정 파일도 사용하지 않았습니다. 심지어 웹 애플리케이션에는 꼭 있어야만 했던 web.xml도 사용하지 않았습니다. 이렇게 스프링 부트로 생성된 애플리케이션은 순수 자바만을 이용해서 개발을 할 수 있도록 합니다(단 일부 라이브러리는 XML 기반의 설정이 필요할 수도 있습니다).

2.3.2 build.gradle

앞에서 프로젝트를 생성할 때 빌드 관리 도구로 그레이들을 선택했습니다. build.gradle은 그 이름에서 알 수 있듯이 그레이들로 생성된 프로젝트의 빌드를 관리하는 파일입니다. build.gradle은 다음과 같이 구성되어 있습니다.

코드 2-3 build.gradle

```
buildscript {
    ext {
        springBootVersion = '2.1.1.RELEASE'  ❶
    }
    repositories {
        mavenCentral()
        maven { url "https://repo.spring.io/snapshot" }
        maven { url "https://repo.spring.io/milestone" }
    }
    dependencies {
      classpath("org.springframework.boot:spring-boot-gradle-plugin:
                ${springBootVersion}")  ❷
    }
}

apply plugin: 'java'
apply plugin: 'eclipse'
apply plugin: 'org.springframework.boot'  ❸
apply plugin: 'io.spring.dependency-management'

group = 'com.insight'
version = '0.0.1-SNAPSHOT'
sourceCompatibility = 1.8  ❹
```

```
repositories {
    mavenCentral()
    maven { url "https://repo.spring.io/snapshot" }
    maven { url "https://repo.spring.io/milestone" }
}                                                        ❺

dependencies {
    compile('org.springframework.boot:spring-boot-starter-web')
    runtime('org.springframework.boot:spring-boot-devtools')
    testCompile('org.springframework.boot:spring-boot-starter-test')
}                                                        ❻
```

❶ 스프링 부트의 버전을 설정합니다. 여기서 설정한 스프링 부트의 버전은 ❷에서 ${springBootVersion} 형식으로 사용됩니다.

❸ 스프링 부트 플러그인을 적용하는 것을 의미합니다.

❹ 자바 8을 사용하도록 설정합니다.

❺ 스프링 부트 프로젝트에서 사용하는 라이브러리들을 받아오는 저장소를 설정합니다. 가장 기본이 되는 저장소인 메이븐 리포지터리(Maven Repository)는 mavenCentral()로 설정하기만 하면 됩니다.

외부 저장소의 라이브러리도 사용할 수 있습니다. maven { url "https://repo.spring.io/snapshot" }와 같이 외부 저장소의 주소를 설정해 주면, 기본 저장소에 없는 라이브러리들도 이용할 수 있습니다. 여기에서는 여러 개의 maven{}을 사용하여 외부 저장소를 필요한 만큼 설정했습니다.

❻ 프로젝트에 필요한 라이브러리 의존성을 설정하는 부분입니다. ❶~❺번은 일반적으로 수정할 일이 거의 없습니다. 그렇지만 ❻ dependencies는 필요한 라이브러리를 추가할 때마다 변경합니다.

최초 프로젝트를 생성할 때 Web과 DevTools 의존성을 선택했습니다. 이 의존성은 각각 'org.springframework.boot:spring-boot-starter-web'과 'org.springframework.boot:spring-boot-devtools'의 형식인 것을 확인할 수 있습니다. 프로젝트를 진행하면서 필요한 라이브러리들을 이와 같이 추가해 주면 그레이들이 알아서 필요한 라이브러리들을 다운로드합니다.

예를 들어 첨부파일 관련 기능을 추가하려면 아파치(Apache) 오픈소스인 Apache Commons IO 라이브러리가 필요합니다. 그레이들과 같은 빌드 관리 도구를 사용하지 않았다면 인터넷에서 Apache Commons IO 라이브러리를 다운받아서 프로젝트에 추가한 후 라이브러리를 설정해야 했습니다. 그렇지만 그레이들에서는 build.gradle 파일에 의존성만 추가하면 됩니다.

3장

S p r i n g b o o t

스프링 프레임워크 이해하기

하나의 정리된 애플리케이션을 만들기 위해서는 여러 가지를 설정하고 구성해야 합니다. 하지만 처음부터 다 갖추고 시작하기에는 설정 과정이 어렵고 복잡할뿐만 아니라 그 설정이 왜 필요한지 이해하기 힘들 수 있습니다. 따라서 이번 장에서는 먼저 스프링 프레임워크 및 MVC 패턴에 대해서 간단히 알아보고 애플리케이션을 개발하는 데 필요한 기본적인 설정들을 진행하겠습니다. 이 내용을 바탕으로 4장에서 게시판을 만들어 보면서 MVC 패턴이 실제로 어떻게 구현이 되는지도 살펴보고 5장에서 스프링의 여러 가지 기능에 대해서도 알아보겠습니다.

3.1 스프링 프레임워크란?

웹 애플리케이션 개발을 위한 다양한 프레임워크가 존재하지만 가장 많이 사용되고 있는 프레임워크를 하나 꼽자면 스프링 MVC 프레임워크를 들 수 있습니다. 스프링 프레임워크는 일반적인 사용자를 위한 웹 애플리케이션부터 기업 환경의 애플리케이션까지 다양한 범위에서 사용되는 프레임워크입니다. 또한 우리나라에서는 전자 정부 표준 프레임워크로 채택되면서 자바 개발자들이 알아야 할 사실상의 표준(de-facto standard)이 되었습니다.

이 외에도 스프링 개발사 피보탈(Pivotal)은 스프링 프레임워크(Spring Framework)를 중심으로 스프링 부트(Spring Boot), 스프링 데이터(Spring Data), 스프링 클라우드(Spring Cloud), 스프링 시큐리티(Spring Security), 스프링 소셜(Spring Social) 등 다양한 프로젝트를 진행해서 개발자들이 이러한 기능을 쉽고 편리하게 사용할 수 있도록 하고 있습니다.

프로젝트 이름	설명
스프링 프레임워크	현대 자바 기반의 애플리케이션을 개발하는 데 기반이 되는 프레임워크. 스프링의 핵심은 애플리케이션의 기반을 제공함으로써 개발자들은 애플리케이션의 비즈니스 로직 개발에만 집중할 수 있게 하는 데 있습니다.
스프링 부트	스프링 프레임워크를 기반으로 바로 실행가능한 애플리케이션을 쉽게 만들도록 도와줍니다. 대부분의 복잡한 스프링 관련 설정을 자동으로 처리하고 개발자는 최소한의 설정만 진행하면 됩니다.
스프링 데이터	스프링 애플리케이션에서 다양한 데이터베이스, JPA 등의 데이터 접근 기술을 쉽게 사용할 수 있도록 도와준다. 스프링 데이터는 하나의 상위 프로젝트로 세부적으로는 데이터베이스 종류에 따라서 수많은 하위 프로젝트가 존재합니다.
스프링 시큐리티	자바 애플리케이션에 인증(Authentication) 및 권한(Authorization)에 특화된 프레임워크.
스프링 소셜	페이스북, 트위터, 링크드인과 같은 소셜 서비스 API와 쉽게 연동할 수 있게 도와줍니다.

이 표는 스프링의 주요 프로젝트를 보여 줍니다. 이 외에도 스프링 클라우드, 스프링 배치, 스프링 모바일 등 다양한 프로젝트가 있습니다. 스프링 홈페이지의 프로젝트 목록 페이지[1]에서 살펴볼 수 있으니 한번쯤 둘러보기 바랍니다. 목록에 있는 스프링 프로젝트를 한번에 모두 알아야 할 필요는 없습니다. 스프링의 프로젝트는 하나의 모듈과 같기 때문에 애플리케이션에 필요한 것부터 시작해서 상황에 따라 하나씩 추가하면 됩니다.

3.2 MVC 패턴 및 스프링 MVC 알아보기

웹 애플리케이션의 아키텍처, 즉 구조를 이야기하면 빠지지 않는 것이 MVC 패턴입니다. MVC는 Model, View, Controller의 약자로 소프트웨어 디자인 패턴의 하나입니다. MVC 패턴도 모델 1, 모델 2가 있지만 최근 웹 개발은 대부분 모델 2를 사용합니다. 따라서 MVC라고 이야기하면 모델 2를 의미합니다. MVC 패턴을 사용하면 사용자 인터페이스와 비즈니스 로직을 분리하여 개발할 수 있습니다. 서로 영향을 최소화하여 개발 및 변경이 쉬운 애플리케이션을 만들 수 있습니다. 즉, 화면과 데이터 처리를 분리해서 재사용이 가능하게 합니다.

MVC의 Model, View, Controller는 각각 다음과 같은 역할을 합니다.

1 *https://spring.io/projects*

MVC	역할
Model	애플리케이션의 정보, 즉 데이터를 의미합니다.
View	사용자 인터페이스, 즉 사용자가 보고 사용하는 화면 등을 의미합니다.
Controller	모델과 뷰의 중계 역할을 합니다. 사용자의 요청을 파악하고 그에 맞는 결과를 사용자에게 돌려줍니다.

3.2.1 스프링 웹 MVC의 구조

MVC 패턴으로 개발자와 디자이너의 분업이 가능해졌지만 각 컨트롤러에는 요청을 처리하기 위해 항상 필요한 코드도 포함되기 때문에 어쩔 수 없이 일부 코드가 중복되는 등의 문제가 있습니다. 이런 문제를 해결하기 위한 방식이 프론트 컨트롤러(Front Controller) 방식입니다. 프론트 컨트롤러는 컨트롤러 앞에 존재하는 컨트롤러로 모든 흐름의 제어를 담당합니다. 스프링 역시 다른 웹 프레임워크와 마찬가지로 프론트 컨트롤러 패턴을 가집니다.

스프링 웹 MVC의 디스패처 서블릿은 다음과 같습니다. 스프링 공식 홈페이지[2]에서 참조한 이미지입니다.

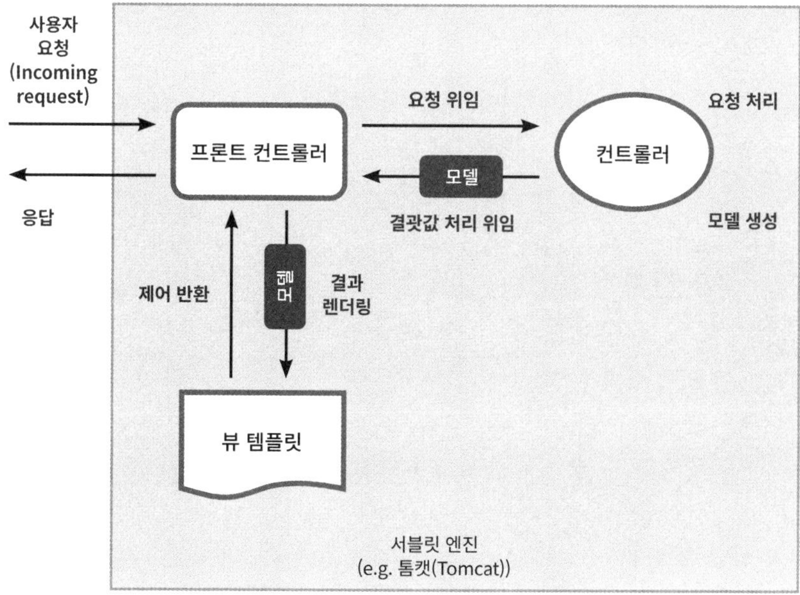

그림 3-1 스프링 웹 MVC의 요청 처리 시 흐름

2 *https://docs.spring.io/spring/docs/4.3.15.BUILD-SNAPSHOT/spring-framework-reference/htmlsingle/#mvcservlet*

스프링 MVC에서는 디스패처 서블릿이 프론트 컨트롤러의 역할을 수행합니다. 여기서 중요한 단어 하나가 나오는데, 'delegate(위임하다)'입니다. 전체 로직 중 일부를 컨트롤러에 위임하고 앞의 프론트 컨트롤러는 흐름의 제어를 담당합니다. 또한 컨트롤러에서는 결괏값의 반환을 프론트 컨트롤러에 위임합니다. 이 경우 사용자 요청을 처리할 수 있는 컨트롤러의 호출은 프론트 컨트롤러가 담당하고 개발자는 요청에 대한 적절한 처리만 하면 되므로 작성할 코드가 적어집니다.

스프링 프레임워크는 코어, MVC, 데이터 접근 테스트 등 웹 애플리케이션 개발에 필요한 여러 가지 기능을 가지고 있습니다. 그렇지만 앞에서 이야기한 것처럼 스프링에는 여러 종류의 프로젝트가 존재합니다. 스프링 프레임워크는 일반적으로 MVC를 의미하지만 사람에 따라서 어떤 프레임워크를 지칭하는지 명확하게 받아들여지지 않을 수도 있습니다. 이러한 혼동을 방지하기 위해서 웹 애플리케이션을 개발할 때 사용하는 스프링 프레임워크를 스프링 MVC 프레임워크라고 하기도 합니다.

3.2.1 일반적으로 사용하는 스프링 MVC의 구조

다음으로 일반적으로 사용하는 스프링 MVC 구조에 대해서 알아보겠습니다.

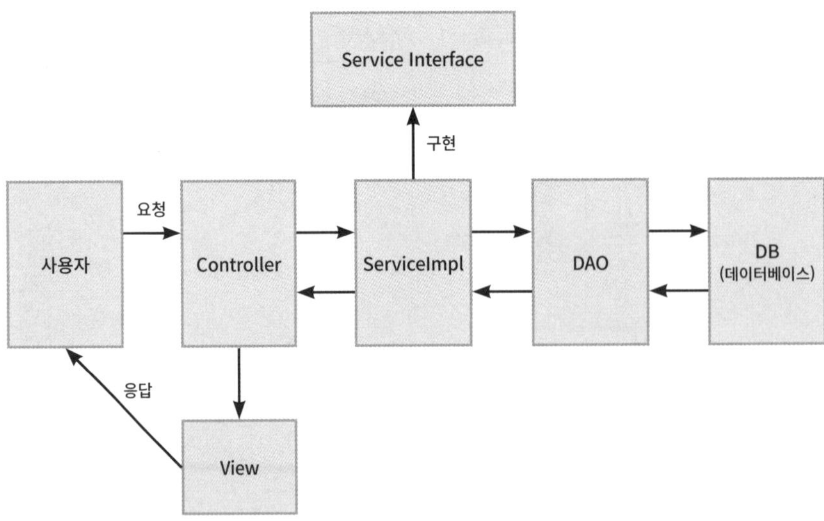

그림 3-2 스프링 MVC의 일반적인 구조

각 영역은 다음과 같은 역할을 수행합니다.

영역	역할
View	사용자가 보는 화면 또는 결과를 의미합니다.
Controller	사용자가 웹브라우저를 통해서 어떠한 요청을 하면 그 요청을 처리할 컨트롤러를 호출하게 됩니다. 컨트롤러는 사용자의 요청을 처리하기 위한 비즈니스 로직을 호출하고 그 결괏값을 사용자에게 전달해 주는 역할을 합니다.
Service	사용자의 요청을 처리하기 위한 비즈니스 로직이 수행됩니다. 일반적으로 서비스 영역은 서비스 인터페이스와 이 인터페이스의 구현체로 나뉩니다.
DAO	Data Access Object의 약자로 데이터베이스에 접속해서 비즈니스 로직 실행에 필요한 쿼리를 호출합니다.
DB	데이터베이스(Database)를 의미합니다. 데이터베이스에는 애플리케이션에서 발생한 모든 정보가 저장되어 있습니다.

이론적인 내용만 가지고 MVC 구조가 어떻게 적용되고 어떤 역할을 수행하는지 한번에 이해하기는 쉽지 않습니다. 적어도 지금 시점에서는 그럴 필요도 없고요. MVC 구조는 직접 애플리케이션을 개발해 봐야 이해할 수 있습니다. 따라서 3장에서 웹 애플리케이션 개발에 필요한 기본적인 설정을 진행하고 4장에서 게시판을 만들어 보면서 MVC에 대한 내용을 좀 더 자세히 살펴보겠습니다.

3.3 게시판 개발을 위한 프로젝트 새로 생성하기

앞에서 생성한 Sample 프로젝트는 스프링 부트의 기본적인 내용을 알아보기 위해 만든 것이었습니다. 라이브러리가 필요할 때마다 Sample 프로젝트에 하나씩 추가할 수도 있지만, STS에서 제공하는 스프링 프로젝트 생성 도구를 이용하면 웹 애플리케이션에 사용되는 다양한 라이브러리들을 한번에 추가할 수 있습니다. 여기서는 앞으로 진행할 애플리케이션의 개발에만 좀 더 집중할 수 있도록 새로 프로젝트를 생성하면서 라이브러리를 미리 추가하겠습니다.

3.3.1 스프링 스타터 프로젝트 생성하기

앞에서와 같은 방식으로 프로젝트를 생성합니다. 이번에는 게시판을 만들기 때문에 프로젝트의 이름(Name)을 board로 짓겠습니다.

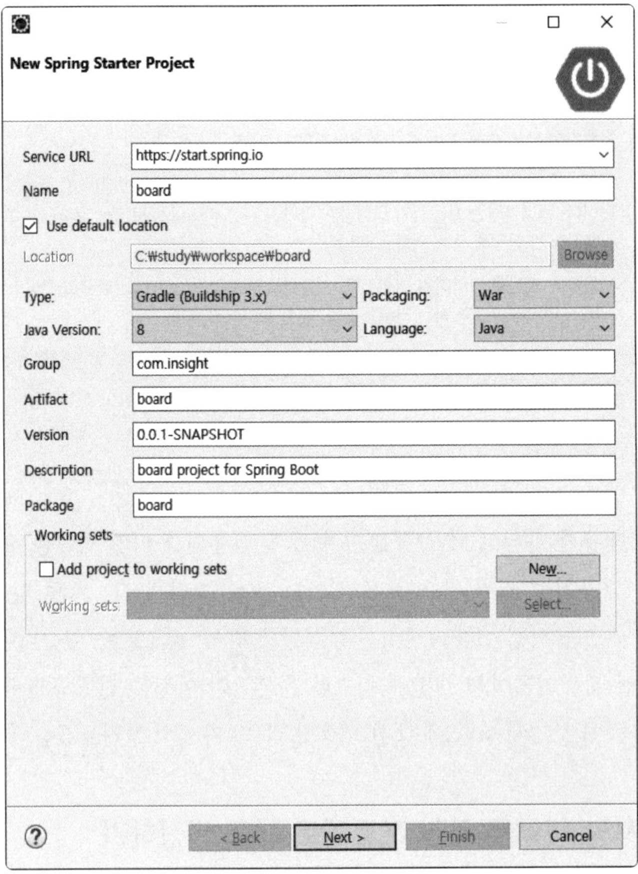

패키지 이름(Package)을 board로 지정하고 빌드 관리 도구(Type)를 그레이들로 지정합니다. JDK 8을 설치했기 때문에 Java Version도 8로 맞춰줍니다. 이 책을 집필할 당시 JDK 11이 공개되었습니다. 다만 Oracle JDK의 여러 가지 논란과 안정성 등의 문제로 이 책에서는 가장 널리 사용되는 JDK 8을 사용합니다. 독자분들이 최신 버전의 JDK를 설치했다면 Java Version도 그에 맞게 설정하면 됩니다.

3.3.2 스프링 부트 버전 및 의존성 설정

다음으로 스프링 부트 버전 및 애플리케이션을 개발하는 데 필요한 여러 가지 라이브러리들을 추가합니다.

기능에 따라 그룹으로 구분되어 있기 때문에 그룹 내에서 애플리케이션에 필요한 라이브러리를 선택하면 됩니다. 처음에는 라이브러리를 모두 받는 데 시간이 조금 걸릴 수 있습니다. 다음은 각각 Core, SQL, Template Engines, Web 그룹에서 애플리케이션에 필요한 라이브러리를 선택하는 것을 보여 줍니다.

Core	SQL	Template Engines	Web
☑ DevTools	☑ JPA	☑ Thymeleaf	☑ Web
☐ Security	☑ MySQL	☐ Freemarker	☐ Reactive Web
☑ Lombok	☐ H2	☐ Mustache	☐ Rest Repositories
☑ Configuration Processor	☑ JDBC	☐ Groovy Templates	☐ Rest Repositories HAL Browser
☐ Session	☑ MyBatis		☐ HATEOAS
☐ Cache	☐ PostgreSQL		☐ Web Services
☐ Validation	☐ SQL Server		☐ Jersey (JAX-RS)
☐ Retry	☐ HSQLDB		☐ Websocket
☐ JTA (Atomikos)	☐ Apache Derby		☐ REST Docs
☐ JTA (Bitronix)	☐ Liquibase		☐ Vaadin
☐ JTA (Narayana)	☐ Flyway		
☑ Aspects	☐ JOOQ		

앞 장에서 추가했던 DevTools를 포함하여 웹 애플리케이션 개발에 필요한 의존성을 선택했습니다(스프링 부트 버전에 따라 약간씩 다를 수 있습니다).

> 스프링 부트로 프로젝트를 생성하면 애플리케이션 개발에 필요한 라이브러리를 쉽게 사용할 수 있게 됩니다. 기본적인 웹 MVC뿐만이 아닌 대용량 분산서비스를 위한 스프링 클라우드(Spring Cloud), 페이스북이나 링크드인과 같은 SNS 관련 라이브러리, 여러 가지 템플릿 엔진 등 다양한 환경과 요구사항에 맞는 애플리케이션의 개발을 도와줍니다. 덕분에 초기 환경 설정에 오랜 시간을 쏟지 않고 빠르게 개발할 수 있는 환경을 갖출 수 있습니다.

라이브러리의 다운로드가 완료되고 board 프로젝트가 생성된 후 `build.gradle` 파일을 열어 보면 앞에서 선택한 라이브러리들이 추가되어 있는 것을 확인할 수 있습니다.

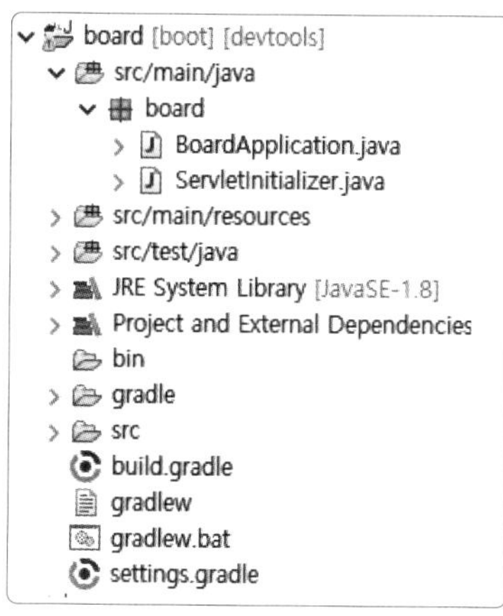

코드 3-1 build.gradle

```
dependencies {
    implementation('org.springframework.boot:spring-boot-starter-aop')
    implementation('org.springframework.boot:spring-boot-starter-jdbc')
    implementation('org.springframework.boot:spring-boot-starter-thymeleaf')
    implementation('org.springframework.boot:spring-boot-starter-web')
    implementation('org.mybatis.spring.boot:mybatis-spring-boot-starter:1.3.2')
    runtimeOnly('org.springframework.boot:spring-boot-devtools')
    runtimeOnly('mysql:mysql-connector-java')
    compileOnly('org.springframework.boot:spring-boot-configuration-processor')
    compileOnly('org.projectlombok:lombok')
    testImplementation('org.springframework.boot:spring-boot-starter-test')
}
```

여기서 기본적으로 추가된 의존성(dependency)이 스프링 프레임워크가 아니라 스프링 부트 스타터(spring-boot-starter)에 속해 있는 것을 살펴봐야 합니다. 스프링 부트를 사용하기 전에는 웹 애플리케이션에 필요한 라이브러리와 그 라이브러리에 종속된 라이브러리들을 개발자가 일일이 추가해야만 했습니다. 이렇게 하면 각각의 라이브러리마다 요구하는 추가 라이브러리의 버전이 다르거나 충돌이 나는 경우도 있어서 개발환경을 구성하는 데 어려움이 있었습니다.

스프링 부트는 이러한 문제를 해결하기 위해서 웹 애플리케이션의 기능에 따라서 스프링 부트 스타터 의존성 그룹을 만들고 각각의 그룹에 맞는 의존성이 자동으로 포함되도록 하였습니다. 덕분에 개발자들은 기능별로 잘 정리된 스프링 부트 스타터 의존성만 추가함으로써 손쉽게 개발환경을 구성할 수 있습니다.

그레이들을 이용한 라이브러리 다운로드하기

스프링 부트 스타터를 이용해서 애플리케이션을 생성하면 처음에 선택했던 라이브러리들을 자동으로 다운로드합니다. 그런데 라이브러리 다운로드 중 에러가 발생하면 어떻게 해야 할까요. 애플리케이션 개발을 진행하면서 여러 가지 라이브러리를 추가해야 하는 경우에는요? 이때는 build.gradle에 라이브러리를 추가하고 그레이들을 이용해서 라이브러리를 다운로드하면 됩니다.

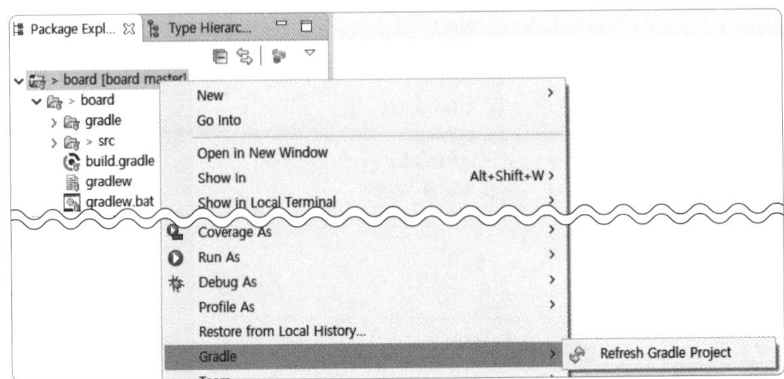

프로젝트 우클릭 후 Gradle > Refresh Gradle Project를 선택합니다. 그러면 build.gradle에 정의되어 있는 라이브러리 중 새로 추가되거나 다운로드 도중 에러가 발생했던 라이브러리를 다운로드합니다.

3.4 데이터베이스 연결하기

웹 애플리케이션에 데이터베이스는 빠지지 않는 요소입니다. 여기서는 데이터베이스를 사용하기 위한 기본적인 설정을 하겠습니다. 일반적으로 프로젝트에서는 개발 서버에 데이터베이스를 설치하고 사용합니다. 만약 학습용으로 사용할 수 있는 데이터베이스가 있다면 그것을 사용하면 됩니다. 서버가 없다면 로컬 환경에 데이터베이스를 설치하고 진행해야 합니다. 로컬 환경에 데이터베이스를 설치하는 방법은 '부록 A. MySQL 설치하기'에서 확인하세요.

3.4.1 데이터 소스 설정하기

스프링 부트 프로젝트의 경우 데이터 소스(DataSource)를 처리하기 위해서는 크게 두 가지 방식을 사용합니다.

1. `application.properties`를 이용하여 데이터 소스를 설정합니다.
2. `@Bean` 어노테이션을 이용하여 데이터 소스를 설정합니다.

어떤 방식을 사용해도 무방하지만 개발환경과 운영환경에서 다르게 적용될 수 있는 설정들은 `applicatoin.properties`에 정의하는 것이 좋습니다. 이는 각 환경에 따른 프로퍼티 파일을 만들고 그에 따른 설정을 다르게 정의한 후, 애플리케이션이 실행되는 환경에 따라서 자동적으로 원하는 설정을 선택하기 위함입니다. 이에 대한 자세한 내용은 '10장 배포하기'에서 다룹니다.

application.properties에 데이터 소스 설정하기

`src/main/resources` 폴더에 있는 `application.properties` 파일에 다음 내용을 작성합니다.

코드 3-2 application.properties

```
spring.datasource.hikari.driver-class-name=com.mysql.cj.jdbc.Driver
spring.datasource.hikari.jdbc-url=jdbc:mysql://localhost:3306/insight?
    useUnicode=true&characterEncoding=utf-8&serverTimezone=UTC ❶
spring.datasource.hikari.username=아이디  ┐
spring.datasource.hikari.password=비밀번호 ┘ ❷
spring.datasource.hikari.connection-test-query=SELECT 1 ❸
```

❶ 연결할 데이터베이스의 주소를 설정합니다. 주소에 유니코드 설정과 UTF-8 문자열 인코딩, 그리고 서버의 타임존 설정을 추가했습니다.

❷ 데이터베이스의 아이디와 비밀번호를 설정합니다. 여러분이 MySQL을 설치할 때 사용한 아이디와 비밀번호를 입력하세요.

❸ 데이터베이스와 정상적으로 연결되는지 확인하기 위한 테스트 쿼리입니다.

여기서는 데이터베이스를 연결하는 데 필요한 몇 가지만 설정했습니다. 이 외에도 여러 가지 설정이 있는데, 자세히 알고 싶다면 히카리CP의 깃허브[3]에서 확인할 수 있습니다.

> **히카리CP란?**
>
> 스프링 부트 2.0.0 M2 버전부터 기본적으로 사용되는 커넥션 풀이 톰캣에서 히카리CP(Hikari CP)로 변경되었습니다. 자세한 내용은 스프링 부트 릴리스 노트[4]에서 확인할 수 있습니다.
>
> 커넥션 풀이란 애플리케이션과 데이터베이스를 연결할 때 이를 효과적으로 관리하기 위해 사용되는 라이브러리입니다. 상용 웹 애플리케이션 서버(WAS)를 사용한다면 일반적으로는 제조사에서 제공되는 커넥션 풀을 사용합니다. 그 외에 오픈소스로는 Common DBCP, Tomcat JDBC, BoneCP, C3P0 등의 라이브러리가 있습니다.
>
> 히카리CP는 최근 몇 년 사이에 급격히 사용량이 많아진 커넥션 풀 라이브러리로 빠른 속도가 장점입니다. 또한 히카리CP 개발자들에 따르면 다른 커넥션 풀 라이브러리와 비교해서 안정성 부분에서도 만족스러운 결과를 보여준다고 합니다. 히카리CP의 깃허브에서는 다른 커넥션 풀 라이브러리와 성능을 비교한 벤치마크 결과를 확인할 수 있습니다.[5]

DatabaseConfiguration 클래스 만들기

다음으로 `src/main/java/board` 패키지 밑에 `configuration` 패키지를 생성하고 `DatabaseConfiguration` 클래스를 만듭니다.

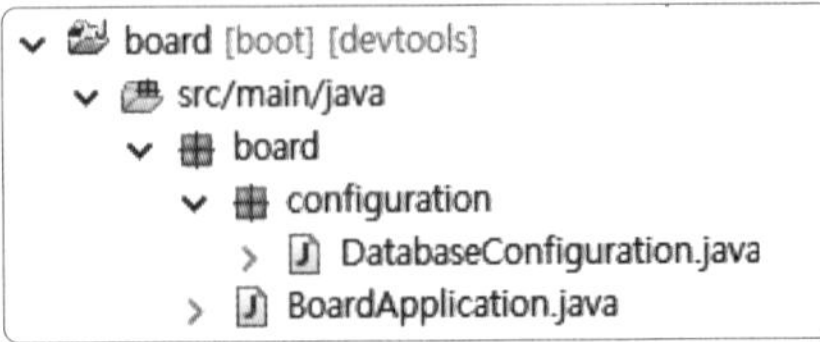

3 *https://github.com/brettwooldridge/HikariCP#configuration-knobs-baby*
4 *https://github.com/spring-projects/spring-boot/wiki/Spring-Boot-2.0.0-M2-Release-Notes*
5 *https://github.com/brettwooldridge/HikariCP#jmh-benchmarks-checkered_flag*

DatabaseConfiguration 클래스를 코드 3-3과 같이 작성하고 애플리케이션을 실행합니다.

코드 3-3 DatabaseConfiguration.java

```
package board.configuration;
import javax.sql.DataSource;

import org.springframework.boot.context.properties.ConfigurationProperties;
import org.springframework.context.annotation.Bean;
import org.springframework.context.annotation.Configuration;
import org.springframework.context.annotation.PropertySource;

import com.zaxxer.hikari.HikariConfig;
import com.zaxxer.hikari.HikariDataSource;

@Configuration
@PropertySource("classpath:/application.properties")  ❶
public class DatabaseConfiguration {

    @Bean
    @ConfigurationProperties(prefix="spring.datasource.hikari")
    public HikariConfig hikariConfig(){                          ❷
        return new HikariConfig();
    }

    @Bean
    public DataSource dataSource() throws Exception{
        DataSource dataSource = new HikariDataSource(hikariConfig());
        System.out.println(dataSource.toString());                ❸
        return dataSource;
    }
}
```

❶ application.properties를 사용할 수 있도록 설정 파일의 위치를 지정해 줍니다. 여기서는 기본으로 제공되는 application.properties 하나만 지정했는데, @PropertySource 어노테이션을 추가해서 다른 설정 파일도 사용할 수 있습니다.

❷ application.properties에 설정했던 데이터베이스 관련 정보를 사용하도록 지정합니다. @ConfigurationProperties 어노테이션에 prefix가 spring.datasource.hikari로 설정되어 있기 때문에 spring.datasource.hikari로 시작하는 설정을 이용해서 히카리CP의 설정 파일을 만듭니다.

❸ 앞에서 만든 히카리CP의 설정 파일을 이용해서 데이터베이스와 연결하는 데이터 소스를 생성합니다. 여기서는 데이터 소스가 정상적으로 생성되었는지 확인하기 위해서 데이터 소스를 출력했습니다.

실행 결과 로그 확인하기

애플리케이션이 정상적으로 실행되면 다음과 같은 실행 결과 로그가 출력됩니다. 여기서는 로그 중 일부만 확인하겠습니다.

```
INFO  [board.BoardApplication] Starting BoardApplication on ND560 with PID
    8824 (C:\study\board\bin started by addio in C:\study\board)
DEBUG [board.BoardApplication] Running with Spring Boot v2.0.0.M5, Spring
    v5.0.0.RELEASE
INFO  [board.BoardApplication] No active profile set, falling back to
    default profiles: default
INFO  [jdbc.sqlonly] SELECT 1 ❶

HikariDataSource (HikariPool-1)  ❷
INFO  [board.BoardApplication] Started BoardApplication in 11.969 seconds
    (JVM running for 13.706)
```

❶ application.properties에 설정한 테스트 쿼리가 실행되었습니다. 만약 데이터베이스와 정상적으로 연결이 되지 않을 경우 여기서 에러가 발생합니다.

❷ 연결된 히카리 커넥션 풀의 정보가 출력됩니다. 히카리CP는 HikariPool-숫자 형식으로 커넥션 풀의 이름이 생성됩니다.

3.4.2 마이바티스 연동하기

마이바티스(MyBatis)는 쿼리 기반 웹 애플리케이션을 개발할 때 가장 많이 사용되는 SQL 매퍼(Mapper) 프레임워크입니다. 마이바티스를 사용하지 않고 직접 JDBC를 이용할 경우 개발자가 반복적으로 작성해야 할 코드가 많고, 서비스 로직 코드와 쿼리를 분리하기가 어렵습니다. 또한 커넥션 풀의 설정 등 개발자가 신경 써야 할 부분이 많아 여러 가지 어려움이 있었습니다. 따라서 JDBC를 이용해서 직접 개발하기보다는 마이바티스와 같은 프레임워크를 사용하는 게 일반적입니다. 여기서는 마이바티스에 관해 알아보겠습니다.

마이바티스의 정의

마이바티스는 홈페이지[6]에서 다음과 같이 정의하고 있습니다.

> *MyBatis is a first class persistence framework with support for custom SQL, stored procedures and advanced mappings. MyBatis eliminates almost all of the JDBC code and manual setting of parameters and retrieval of results. MyBatis can use simple XML or Annotations for configuration and map primitives, Map interfaces*

6 *http://www.mybatis.org/mybatis-3/*

> *and Java POJOs (Plain Old Java Objects) to database records.*
>
> 마이바티스의 정의 및 역할에 대해서 잘 설명되어 있습니다. 이 정도 영어는 다들 문제없이 읽을 수 있잖아요?(멱살)
>
> 
>
> 마이바티스 홈페이지는 한글도 지원합니다. 다음은 한국어 페이지[7]에서 가져온 내용입니다.
>
> *마이바티스는 개발자가 지정한 SQL, 저장프로시저 그리고 몇 가지 고급 매핑을 지원하는 퍼시스턴스 프레임워크이다. 마이바티스는 JDBC로 처리하는 상당부분의 코드와 파라미터 설정 및 결과 매핑을 대신해 준다. 마이바티스는 데이터베이스 레코드에 원시타입과 Map 인터페이스 그리고 자바 POJO를 설정해서 매핑하기 위해 XML과 애노테이션을 사용할 수 있다.*
>
> 네, 영어나 한글이나 이해하기 힘든 건 마찬가지네요.

마이바티스란?

마이바티스는 기존의 JDBC를 이용하여 개발하는 방식에 비해 개발자의 부담을 덜어 주고 생산성을 향상시켜 줍니다. JDBC를 이용하여 프로그래밍을 하는 방식은 클래스나 JSP와 같은 코드 안에 SQL문을 작성하는 방식이었습니다. 따라서 SQL의 변경 등이 발생할 경우 프로그램을 수정해야 하기 때문에 유연성이 좋지 못하고 여러 가지 코드가 복잡하게 섞여 있어서 가독성이 매우 떨어졌습니다. 마이바티스에서는 SQL을 XML 파일에 작성하기 때문에, SQL의 변환이 자유롭고 가독성도 좋다는 장점이 있습니다.

마이바티스 설정하기

앞에서 만들었던 `DatabaseConfiguration` 클래스를 다음과 같이 수정합니다. 굵게 표시된 부분을 추가하면 됩니다.

7 *http://www.mybatis.org/mybatis-3/ko/*

코드 3-4 DatabaseConfiguration.java

```
import javax.sql.DataSource;

import org.apache.ibatis.session.SqlSessionFactory;
import org.mybatis.spring.SqlSessionFactoryBean;
import org.mybatis.spring.SqlSessionTemplate;
import org.springframework.beans.factory.annotation.Autowired;
import org.springframework.boot.context.properties.ConfigurationProperties;
import org.springframework.context.ApplicationContext;
import org.springframework.context.annotation.Bean;
import org.springframework.context.annotation.Configuration;
import org.springframework.context.annotation.PropertySource;

import com.zaxxer.hikari.HikariConfig;
import com.zaxxer.hikari.HikariDataSource;

@Configuration
@PropertySource("classpath:/application.properties")
public class DatabaseConfiguration {

    @Autowired
    private ApplicationContext applicationContext;

    @Bean
    @ConfigurationProperties(prefix="spring.datasource.hikari")
    public HikariConfig hikariConfig(){
        return new HikariConfig();
    }

    @Bean
    public DataSource dataSource() throws Exception{
        return new HikariDataSource(hikariConfig());
    }

    @Bean
    public SqlSessionFactory sqlSessionFactory(DataSource dataSource) throws Exception{
        SqlSessionFactoryBean sqlSessionFactoryBean = new SqlSessionFactoryBean(); ❶
        sqlSessionFactoryBean.setDataSource(dataSource); ❷
        sqlSessionFactoryBean.setMapperLocations(applicationContext.
                                        getResources("classpath:/mapper/**/sql-*.xml")); ❸

        return sqlSessionFactoryBean.getObject();
    }
    @Bean

    public SqlSessionTemplate sqlSessionTemplate(SqlSessionFactory sqlSessionFactory){
        return new SqlSessionTemplate(sqlSessionFactory);
    }
}
```

❶ 스프링-마이바티스에서는 SqlSessionFactory를 생성하기 위해서 SqlSessionFactoryBean을 사용합니다. 만약 스프링이 아닌 마이바티스 단독으로 사용할 경우에는 SqlSessionFactoryBuilder를 사용합니다.

❷ 앞에서 만든 데이터 소스를 설정합니다.

❸ 마이바티스 매퍼(Mapper) 파일의 위치를 설정합니다. 아직 매퍼 폴더를 만들지 않았지만, 뒤에서 매퍼 폴더를 만들기 때문에 먼저 매퍼 파일의 위치를 설

정합니다. 매퍼는 애플리케이션에서 사용할 SQL을 담고 있는 XML 파일을 의미합니다. 매퍼를 등록할 때에는 매퍼 파일을 하나씩 따로 등록할 수도 있지만 하나의 애플리케이션에는 일반적으로 많은 수의 매퍼 파일이 존재하고, 이를 하나씩 등록하기 어렵습니다. 그러므로 패턴을 기반으로 한번에 등록하는 것이 좋습니다. 패턴에 대한 내용은 매퍼 폴더를 생성하면서 설명하겠습니다.

매퍼 폴더 생성하기

다음으로 매퍼 폴더를 생성합니다. 매퍼 폴더에는 애플리케이션에서 사용할 쿼리를 담고 있는 XML 파일을 저장합니다. `src/main/resources` 폴더 밑에 `mapper` 폴더를 생성합니다.

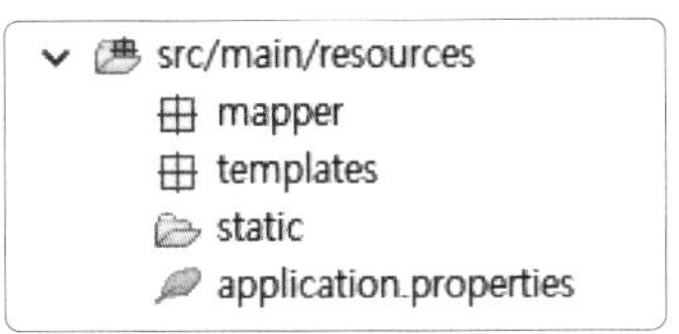

`mapper` 폴더를 생성하려면 `src/main/resources` 폴더에서 마우스 우클릭 후 Other를 선택합니다. General에서 Folder를 클릭하고 이름을 지정하면 됩니다.

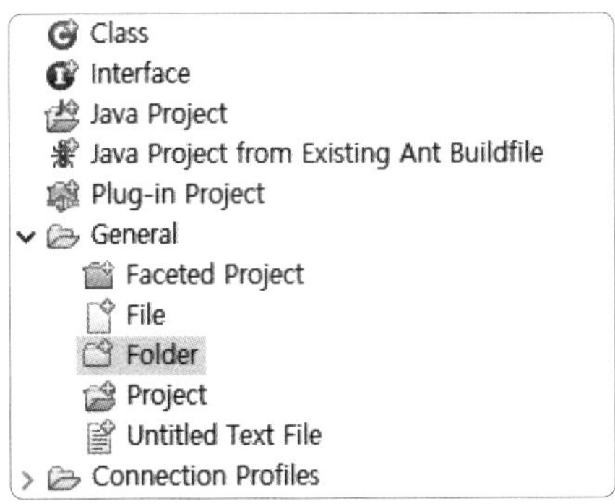

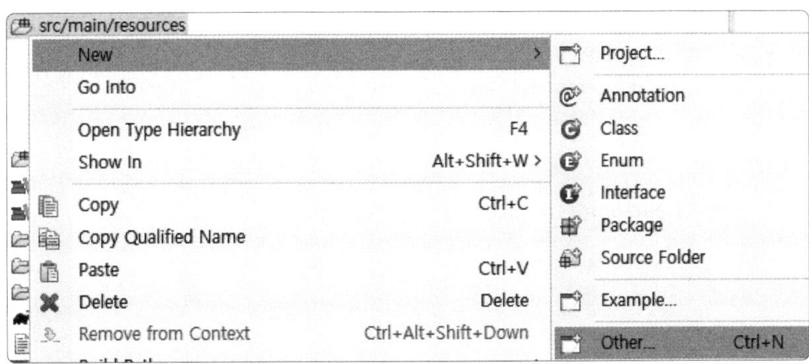

앞에서 매퍼 파일의 위치를 classpath:/mapper/**/sql-*.xml로 지정했습니다. 이 패턴은 다음과 같은 의미가 있습니다.

패턴	의미
classpath	resources 폴더를 의미합니다.
/mapper/**/	mapper 폴더 밑의 모든 폴더를 의미합니다. 프로젝트의 크기와 구조에 따라서 여러 개의 매퍼 파일이 있을 수도 있고 매퍼 폴더 밑에 다시 여러 개의 폴더를 가진 구조가 있을 수도 있습니다. 예를 들어서 게시판이라는 기능 밑에 공지사항, FAQ 등을 구분하는 경우입니다. 따라서 mapper 폴더 밑에 많은 폴더가 생성되더라도 모두 지정될 수 있도록 ** 패턴(모든 폴더를 의미)으로 위치를 지정합니다.
/sql-*.xml	이름이 sql-로 시작하고 확장자가 xml인 모든 파일을 의미합니다.

마이바티스 연결 확인하기

마지막으로 마이바티스가 정상적으로 연결이 되었는지 확인할 차례입니다.

src/test/java 밑의 board 패키지에는 BoardApplicationTests.java가 있습니다. 이 패키지는 이름에서 알 수 있듯이 테스트를 위한 패키지입니다. JUnit 등의 테스트 도구를 이용할 때 이 패키지에서 테스트 코드를 작성하고 개발된 애플리케이션을 테스트하게 됩니다.

BoardApplicationTests 클래스를 열고 다음과 같이 작성합니다.

코드 3-5 BoardApplicationTests.java

```
import org.junit.Test;
import org.junit.runner.RunWith;
import org.mybatis.spring.SqlSessionTemplate;
import org.springframework.beans.factory.annotation.Autowired;
import org.springframework.boot.test.context.SpringBootTest;
import org.springframework.test.context.junit4.SpringRunner;

@RunWith(SpringRunner.class)
@SpringBootTest
public class BoardApplicationTests {

    @Autowired
    private SqlSessionTemplate sqlSession;

    @Test
    public void contextLoads() {
    }

    @Test
    public void testSqlSession() throws Exception{
        System.out.println(sqlSession.toString());
    }
}
```

코드의 작성이 완료되면 테스트 애플리케이션을 통해 정상적으로 연결되었는지 확인합니다. 기존에는 BoardApplcation을 실행했지만 이번에는 BoardApplicationTests를 실행합니다.

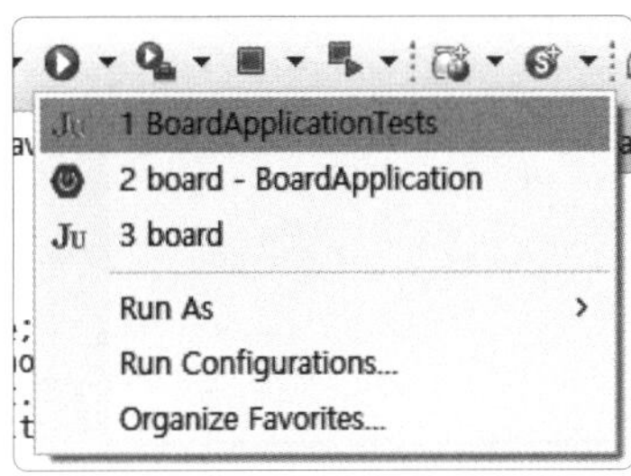

정상적으로 실행이 되면 다음과 같이 SqlSessionTemplate 클래스가 출력됩니다.

```
[           main] board.BoardApplicationTests              :
    Started BoardApplicationTests in 2.197 seconds (JVM running for 2.84)
org.mybatis.spring.SqlSessionTemplate@103082dd
[       Thread-3] o.s.w.c.s.GenericWebApplicationContext   :
```

환경에 따라서 실행 로그는 달라질 수 있습니다. 여기서는 org.mybatis.spring.SqlSessionTemplate이 출력되는 것을 확인하면 됩니다.

4장

S p r i n g b o o t

간단한 게시판 구현하기

이번 장에서는 간단한 게시판을 구현합니다. 많은 프로그래밍 기초 서적이나 블로그에서 게시판을 구현하는 예제를 사용하기 때문에 식상하다고 생각할 수도 있습니다. 그렇지만 게시판은 일반적인 웹 개발에서 필요한 기본적인 내용들이 대부분 들어 있습니다. 데이터의 조회, 입력, 수정, 삭제뿐만 아니라 파일 업로드 및 다운로드 등 웹 프로젝트에서 필요한 다양한 기능을 포함하기 때문에 스프링 MVC 구조를 이해하고 이를 토대로 프로젝트를 진행하기에 적합한 예제입니다. 실제 프로젝트에서 개발하게 되는 여러 가지 복잡한 기능들도 기본적으로는 게시판을 만드는 데 필요한 기능을 조합해서 개발하는 경우가 많습니다. 물론 요구사항 및 업무에 따라서 그 복잡도와 필요한 기술들이 달라지지만, 그 모든 것의 기본은 이 장에서 다룰 조회, 입력, 수정, 삭제의 연장선입니다.

4.1 게시판을 만들기 위한 기본 설정

본격적인 게시판을 만들기에 앞서 몇 가지 설정을 하겠습니다. 먼저 웹 애플리케이션에 필수인 데이터베이스를 구성하고, 화면을 보기 좋게 꾸미는 스타일 시트를 추가하겠습니다.

4.1.1 데이터베이스 구성하기

데이터를 저장하는 데이터베이스는 웹 애플리케이션에서 가장 중요한 요소 중 하나입니다. 따라서 게시판을 만들기 위한 과정으로 가장 먼저 SQLYog를 실행하여 데이터베이스를 생성하겠습니다. MySQL과 SQLYog 설치에 관한 내용은 '부록 A. MySQL 설치하기'를 참고하세요. 먼저 다음과 같이 insight라는 이름으로 데이터베이스를 생성합니다.

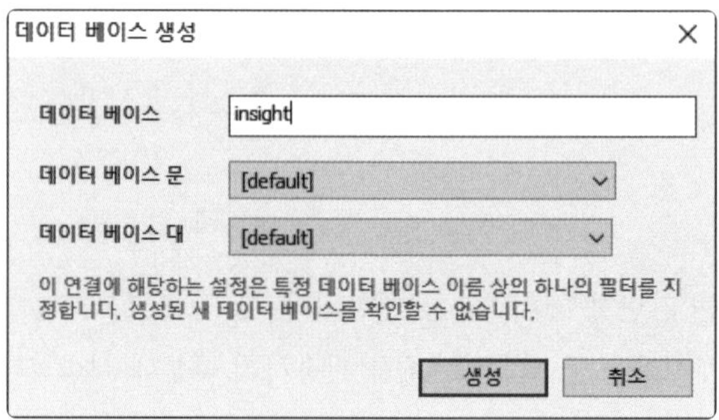

최근 많이 사용되는 JPA를 사용할 경우에는 전통적인 웹 애플리케이션 개발과 달리 데이터베이스를 먼저 생성할 필요가 없습니다. JPA가 사용되는 엔티티(entity)에 맞는 테이블을 알아서 생성해 주기 때문입니다. 즉, 웹 애플리케이션을 개발할 때 데이터를 중심으로 생각하는 게 아니라 객체를 중심으로 생각하고 개발하게 됩니다. 그렇지만 여기서는 먼저 전통적인 웹 애플리케이션을 개발하고 추후 JPA를 사용하도록 변경할 예정이기 때문에 데이터베이스 구성부터 시작하겠습니다.

데이터베이스를 생성한 후에는 데이터가 저장될 테이블을 만들어야 합니다. 다음의 쿼리를 이용해서 게시글을 저장할 테이블을 생성합니다.

코드 4-1 게시판 테이블 생성 쿼리

```
CREATE TABLE t_board (
    board_idx INT(11) NOT NULL AUTO_INCREMENT COMMENT '글 번호',
    title VARCHAR(300) NOT NULL COMMENT '제목',
    contents TEXT NOT NULL COMMENT '내용',
    hit_cnt SMALLINT(10) NOT NULL DEFAULT '0' COMMENT '조회수',
    created_datetime DATETIME NOT NULL COMMENT '작성시간',
    creator_id VARCHAR(50) NOT NULL COMMENT '작성자',
    updated_datetime DATETIME DEFAULT NULL COMMENT '수정시간',
    updater_id VARCHAR(50) DEFAULT NULL COMMENT '수정자',
    deleted_yn CHAR(1) NOT NULL DEFAULT 'N' COMMENT '삭제 여부',
    PRIMARY KEY (board_idx)
);
```

SQLYog와 같은 GUI 툴에서도 테이블을 생성할 수 있습니다.

테이블 이름 t_board　엔진 InnoDB
데이터베이스 insight　문자 인코딩 utf8
콜레이션 utf8_general_ci

1 세로 행　2 인덱스　3 외래 키　4 고급　5 SQL 미리 보기

컬 이름	데이터 타입	길이	디폴트(초기화)	PK?	Null이 아님?	부호 없이?	자동 증가?	Zerofill?	업데이트	주석
board_idx	int	10		☑	☑	☑	☑	☐	☐	글 번호
title	varchar	300		☐	☑	☐	☐	☐	☐	제목
contents	longtext			☐	☑	☐	☐	☐	☐	내용
hit_cnt	int	10	0	☐	☑	☐	☐	☐	☐	조회수
created_datetime	datetime			☐	☑	☐	☐	☐	☐	작성시간
creator_id	varchar	50		☐	☑	☐	☐	☐	☐	작성자
updated_datetime	datetime			☐	☐	☐	☐	☐	☐	수정시간
updater_id	varchar	50		☐	☐	☐	☐	☐	☐	수정자
deleted_yn	char	1	N	☐	☑	☐	☐	☐	☐	삭제 여부

4.1.2 스타일 시트 추가하기

스타일 시트는 사용자에게 보여지는 화면을 깔끔하게 해주는 기능을 합니다. 스타일을 지정하지 않아도 기능에는 아무런 영향을 미치지 않기 때문에 지금 당장 추가하지 않아도 됩니다. 그렇지만 스타일이 적용되지 않은 결과를 보면 개발을 마쳤다는 느낌이 들지 않기도 합니다. 따라서 게시판에서 사용할 간단한 스타일을 적용해 화면을 좀 더 깔끔하게 만들어 보겠습니다.

src/main/resources 폴더 밑의 static 폴더에 css 폴더를 생성하고 style.css 파일을 생성합니다. 스타일 시트의 경우 오타가 날 위험이 많고, 책에 싣기에는 양이 너무 많습니다. 그러니 스타일 시트는 예제 코드를 복사해서 작성하세요.

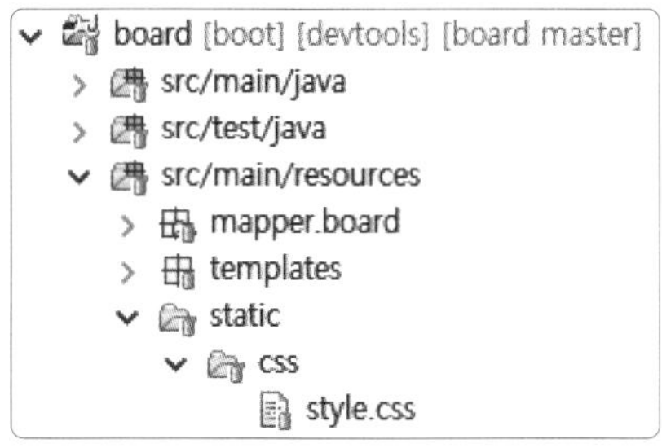

코드 4-2 style.css

```
@CHARSET "UTF-8";

@import url(http://fonts.googleapis.com/earlyaccess/nanumgothic.css);
@import url(http://cdn.jsdelivr.net/font-nanum/1.0/nanumbarungothic/
            nanumbarungothic.css);

html{overflow:scroll;}
html, body, div, h1, h2, a, form, table, caption, thead, tbody, tr, th, td, submit {
    margin:0; outline:0; border:0; padding:0; font-size:100%;
    vertical-align:baseline; background:transparent;

}
```

```
body {
    font-size:0.875em; line-height:1.5; color:#666;
    -webkit-text-size-adjust:none; min-width:320px;
    font-family:'NanumGothic','나눔고딕',dotum, "Helvetica Neue", Helvetica,
                Verdana, Arial, Sans-Serief;
...중략...
```

'2.3 스프링 부트 프로젝트 살펴보기'에서 스프링 부트의 프로젝트 구조를 설명할 때 스타일 시트나 자바스크립트, 이미지 등 정적 리소스가 static 폴더에 있다고 이야기했습니다. 스프링 부트를 사용하기 전에는 이런 리소스들이 /META-INF/resources 폴더 안에 있었지만 스프링 부트 프로젝트에서는 이 리소스들을 static 폴더 안에 넣으면 됩니다.

물론 기존에 사용하던 /public, /resources, /META-INF/resources와 같은 경로도 그대로 사용할 수 있습니다. 그렇지만 src/main/webapp 폴더 밑에 정적 리소스를 놓는 것은 지양해야 합니다. war로 패키징이 되었을 경우에만 정적 리소스를 정상적으로 사용할 수 있기 때문입니다.

4.1.3 롬복 추가하기

자바 개발자들에게 getter/setter 메서드나 toString 메서드를 만드는 일은 일상이 되었습니다. 이클립스 같은 IDE에서는 이 메서드들을 자동으로 만들어 주는 기능도 제공합니다. 하지만 수없이 많은 클래스마다 IDE 자동 생성 기능을 적용하기도 귀찮기는 마찬가지입니다. 반복적인 작업을 참지 못하는 개발자들은 역시나 답을 찾아냅니다. 늘 그랬듯이.

롬복이란?

롬복(Lombok)은 자바 클래스를 만들 때 흔히 만드는 코드들을 어노테이션을 이용해서 자동으로 만들어 주는 라이브러리입니다. 흔히 만드는 코드란 DTO와 같은 모델에서 항상 만들게 되는 getter, setter 메서드나 상황에 따라 자주 만드는 toString, equals, hashCode와 같은 메서드를 의미합니다. DTO를 만들 때 이클립스와 같은 IDE에서 getter, setter를 자동으로 만들어 주는 기능을 제공하지만 소스가 쓸데없이 길어지는 단점이 있습니다. 또한 클래스가 변경되면 관련된 메서드를 수정해야 하기도 합니다.

롬복은 단순히 어노테이션만 붙여줌으로써 어노테이션에 맞는 코드를 자동으로 생성해 줍니다. 자동 생성되는 코드는 소스 파일에서는 확인할 수 없지만 이클립스의 Outline과 같이 메서드 리스트를 확인할 수 있는 곳에서는 자동으로 생성된 메서드를 볼 수 있습니다(이러한 화면은 잠시 후 게시판을 만들 때 다시 확인할 수 있습니다).

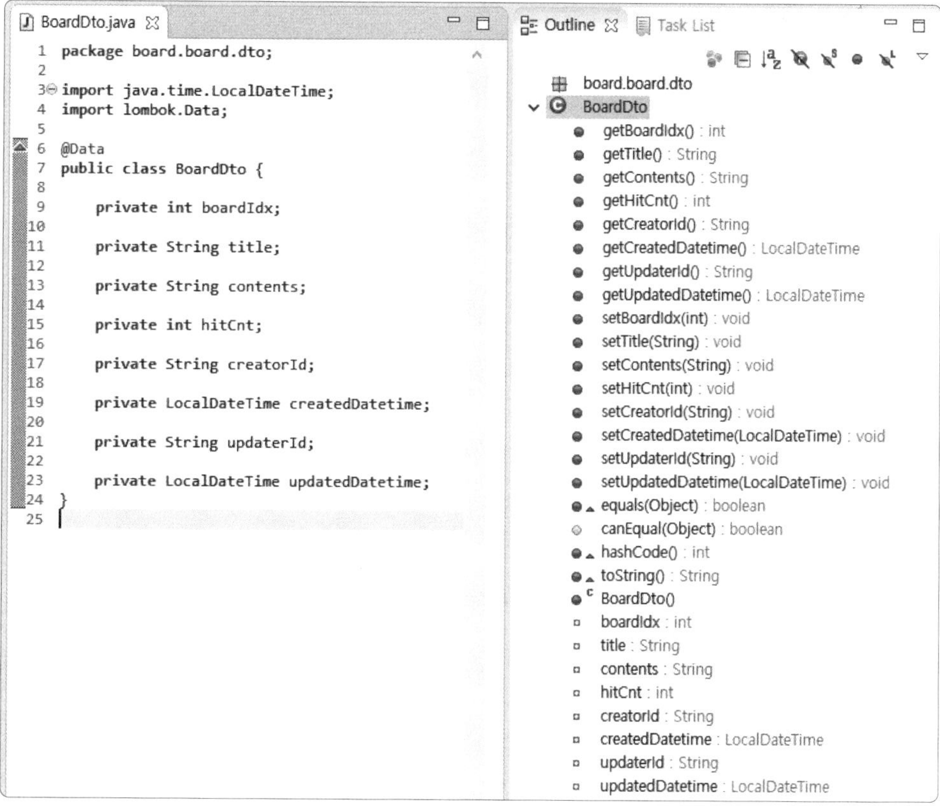

롬복 설치하기

앞에서 Board 프로젝트를 생성할 때 롬복 의존성을 추가했습니다. 그렇지만 롬복 의존성만 추가해서는 롬복이 동작하지 않습니다. 이클립스에 롬복 플러그인을 적용해야만 롬복이 정상적으로 코드를 만들어 줍니다. 롬복 플로그인은 이클립스의 마켓 플레이스에서 설치할 수 없습니다. 직접 플러그인을 다운로드해서 설정해야 합니다.

롬복 홈페이지[1]에서 롬복 플러그인을 다운로드합니다.

1 *https://projectlombok.org/download*

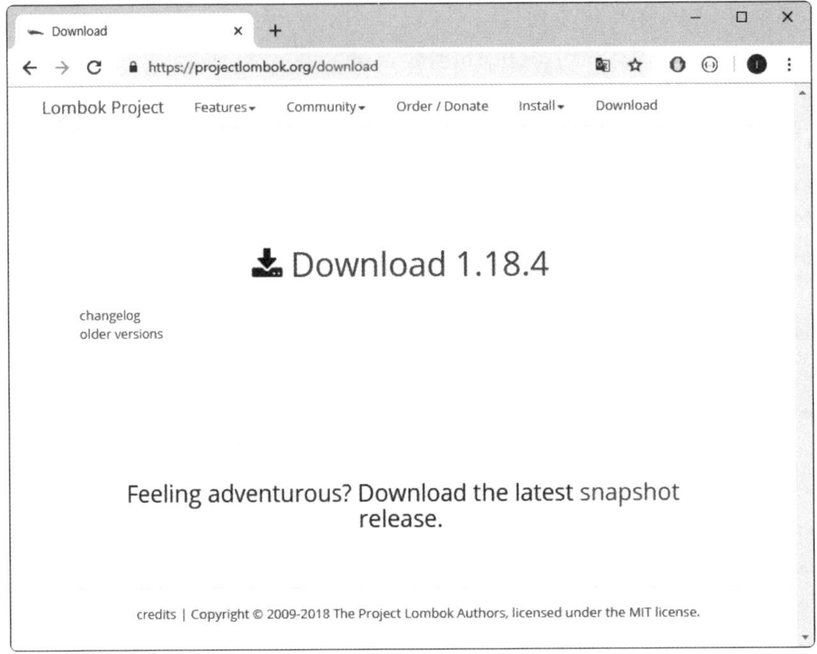

플러그인은 아무 곳에나 다운로드해도 괜찮습니다. 여기서는 쉽게 접근할 수 있도록 이클립스 폴더 안에 저장하겠습니다.

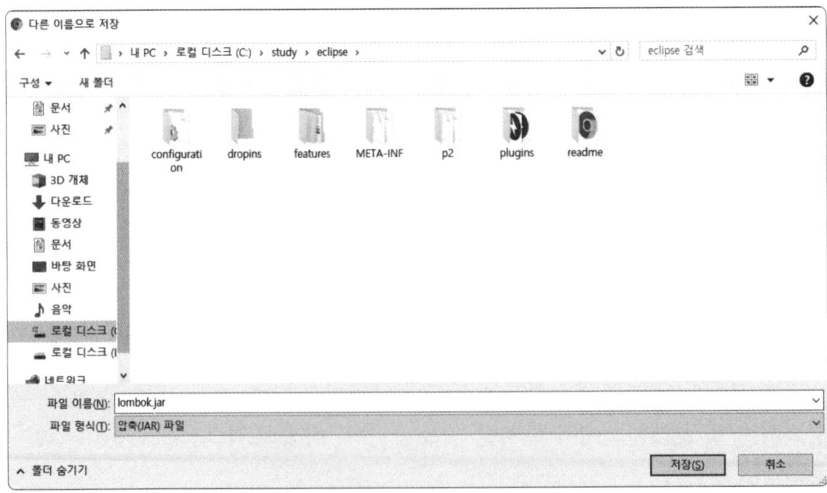

lombok.jar를 더블클릭해서 롬복 인스톨러를 실행합니다.

> **롬복 인스톨러가 실행되지 않을 경우**
>
> 만약 롬복 인스톨러가 실행되지 않는다면 다음 과정을 따라 하세요.

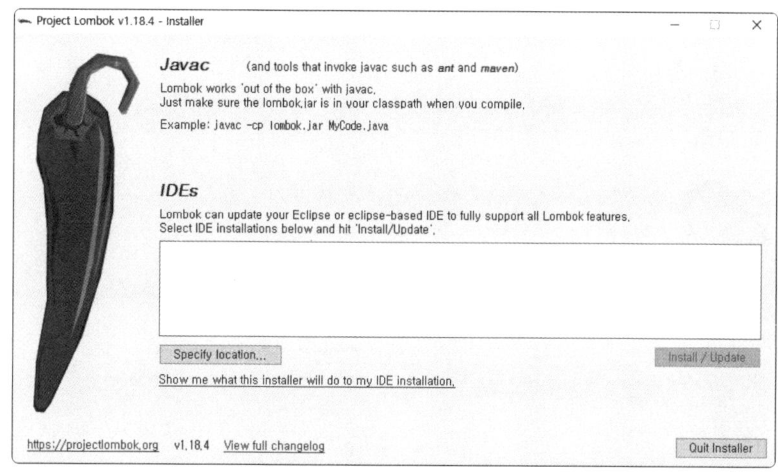

윈도우의 커맨드창을 실행하고 다음 명령어를 실행해서 JDK가 설치된 폴더로 이동합니다. 앞에서 JDK는 C드라이브의 study 폴더 밑에 jdk1.8.0_161이라는 이름으로 설치했습니다(설치한 위치 및 JDK 버전에 따라서 경로는 다를 수 있습니다. 독자분들이 설치한 경로를 입력하세요).

```
cd\
cd study/jdk1.8.0_161/bin
```

다음 명령어를 실행해서 롬복 인스톨러를 실행합니다.

```
java -jar c:\study\eclipse\lombok.jar
```

정상적으로 명령어가 실행되면 롬복 인스톨러가 실행됩니다.

[Specify location…]을 클릭해서 설치된 이클립스 폴더를 선택합니다.

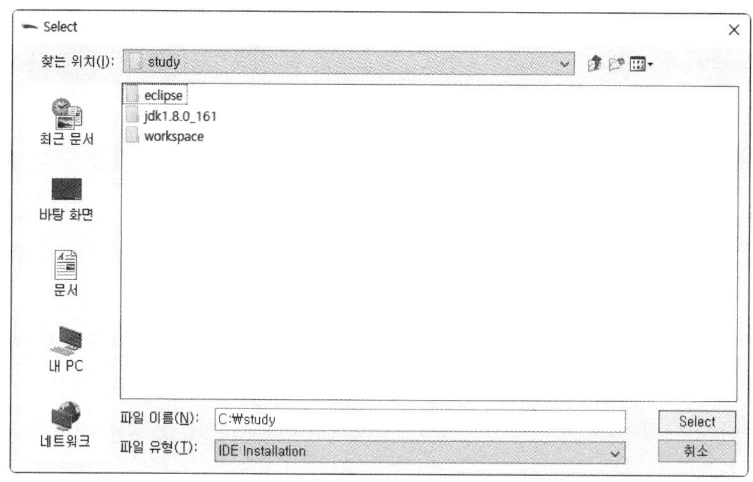

IDE 폴더가 선택된 것을 확인할 수 있습니다. [Install / Update] 버튼을 클릭해서 롬복을 설치합니다.

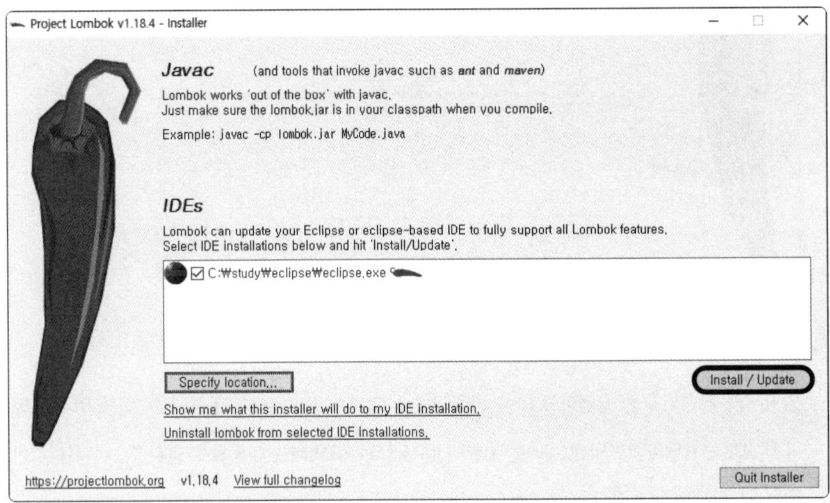

다음과 같은 화면이 보인다면 롬복이 정상적으로 설치된 것입니다. [Quit Installer]를 클릭해서 롬복 인스톨러를 종료합니다.

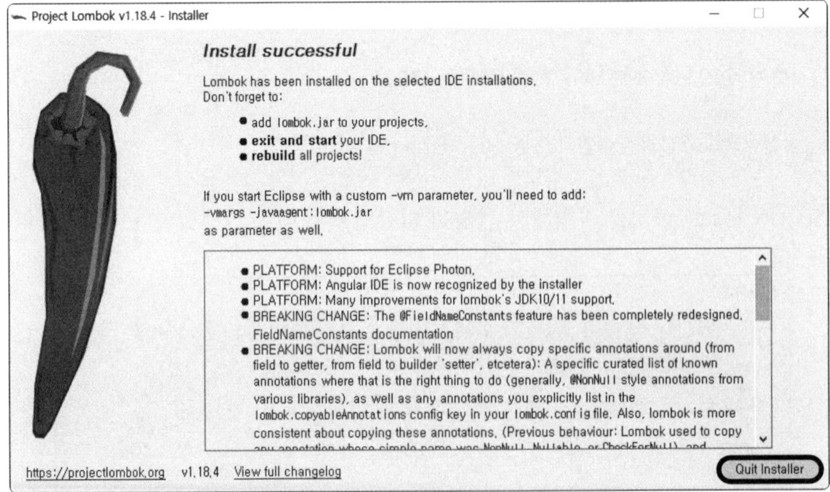

4.2 게시글 목록 만들기

'3.2 MVC 패턴 및 스프링 MVC 알아보기'에서 스프링 MVC 구조 및 역할에 대해서 간단히 살펴봤습니다. 이번 절에서는 앞에서 이론적으로 살펴본 내용을 바탕으로 게시판을 만듭니다. 각각의 구조가 어떠한 역할을 하고 어떻게 구현이 되는지 살펴보면서 따라 하세요.

4.2.1 DTO 만들기

가장 먼저 DTO를 만들겠습니다. DTO(Data Transfer Object)는 애플리케이션 내의 각 계층 간 데이터를 주고받는 데 사용되는 객체입니다. 각 계층이란 3장에서 잠시 살펴본 뷰, 컨트롤러, 서비스, DAO 그리고 데이터베이스 등을 의미합니다.

DTO(VO)와 맵(Map)

데이터 전송 객체로 DTO 또는 VO(Value Object, DTO와 VO는 다른 개념이지만 많은 사람들이 동일한 의미로 사용하고 있습니다. 여기서는 DTO와 VO가 어떻게 다른지는 설명하지 않습니다)와 맵(Map) 중 어떤 것을 사용해야 하는지에 대한 논쟁은 오래전부터 이어져 왔습니다. 인터넷에서 “dto vs. map”으로 검색하면 이와 관련된 논쟁을 국내외를 막론하고 심심치 않게 찾아 볼 수 있습니다. 각각의 방식이 모두 장점과 단점을 가지고 있기 때문에 한때는 프로젝트마다 각자 편한 방식을 사용했지만, 요즘에는 맵은 잘 사용하지 않습니다. 따라서 이 책에서는 맵을 사용하는 방법은 소개하지 않고 DTO만 사용하겠습니다.

최상위 패키지인 `board` 패키지 밑에 `board.dto` 폴더를 생성하고 `BoardDto` 클래스를 생성합니다.

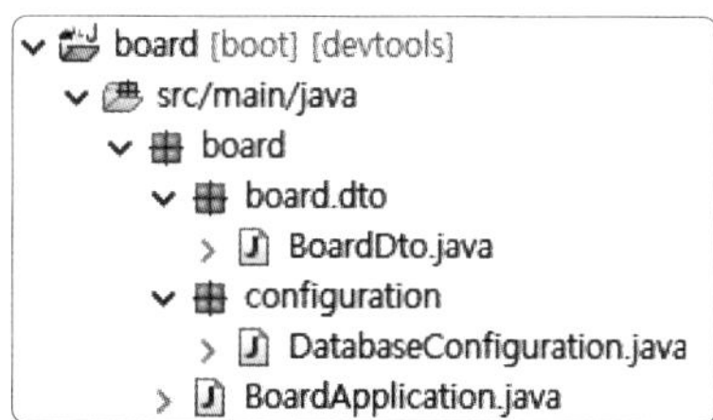

`BoardDto` 클래스에 다음 코드를 작성합니다.

코드 4-3 BoardDto.java

```
package com.insight.board.board.dto;
import java.time.LocalDateTime;
import lombok.Data;
@Data ❶
public class BoardDto {
    private int boardIdx;
    private String title;
    private String contents;
    private int hitCnt;             ❷
    private String creatorId;
```

```
    private LocalDateTime createdDatetime;
    private String updaterId;
    private LocalDateTime updatedDatetime;
}
```

❶ 롬복의 어노테이션으로 모든 필드의 getter와 setter를 생성하고 toString, hashCode, equals 메서드도 생성합니다. 단, setter의 경우 final이 선언되지 않은 필드에만 적용됩니다.

❷ 데이터베이스의 게시판 테이블 컬럼과 매칭됩니다. 일반적으로 자바는 카멜 표기법을 사용하지만 데이터베이스는 _(underscore)를 사용하는 스네이크(snake_case) 표기법을 사용합니다. 따라서 표기법과 관련된 설정도 필요합니다. 이 설정은 잠시 후 알아보겠습니다.

카멜 표기법이란?

카멜케이스(Camelcase)라고도 불립니다. 각 단어의 첫 글자만 대문자로 표기해 낙타 등처럼 보이기에 이러한 명칭이 붙었습니다. 자바는 클래스 이름은 대문자로 시작하고 변수나 메서드 이름은 클래스의 이름과 구분하기 위해서 소문자로 시작합니다.

4.2.2 마이바티스 설정하기

앞에서 BoardDto 클래스를 만들 때 자바는 카멜 표기법을 사용하지만 데이터베이스는 스네이크 표기법을 사용하기 때문에 이를 위한 설정이 필요하다고 이야기했습니다.

데이터베이스에서 데이터를 조회하면 board_idx라는 이름으로 조회되지만 DTO의 변수는 boardIdx라는 이름을 가지고 있기 때문에 양측의 데이터를 매핑해 줄 필요가 있습니다. 물론 데이터베이스에서 SELECT board_idx AS boardIdx와 같이 조회할 수도 있지만 수많은 쿼리를 모두 이렇게 작성할 수는 없습니다. 마이바티스는 이러한 문제를 해결할 수 있는 기능을 제공합니다.

application.properties에 설정 추가하기

application.properties 파일에 다음 설정을 추가합니다.

코드 4-4 application.properties

```
mybatis.configuration.map-underscore-to-camel-case=true
```

마이바티스가 제공하는 설정 중 mapUnderscoreToCamelCase는 전통적인 데이터베이스의 컬럼과 자바 변수를 매핑해 주는 기능을 합니다. 기본적으로 false로 설정되어 있는데, 이 설정값을 true로 변경합니다.

빈 등록하기

이제 앞에서 설정한 mapUnderscoreToCamelCase 설정값을 적용할 차례입니다. 먼저 DatabaseConfiguration 클래스를 열고 다음 코드를 추가합니다.

코드 4-5 DatabaseConfiguration.java

```
@Bean
@ConfigurationProperties(prefix="mybatis.configuration")  ❶
public org.apache.ibatis.session.Configuration mybatisConfig(){
    return new org.apache.ibatis.session.Configuration();  ❷
}
```

❶ application.properties의 설정 중 마이바티스에 관련된 설정을 가져옵니다.

❷ 가져온 마이바티스 설정을 자바 클래스로 만들어서 반환합니다.

그 다음 sqlSessionFactory 메서드에 다음과 같이 설정 파일을 추가합니다.

코드 4-6 DatabaseConfiguration.java - sqlSessionFactory 메서드

```
SqlSessionFactoryBean sqlSessionFactoryBean = new SqlSessionFactoryBean();
sqlSessionFactoryBean.setDataSource(dataSource);
sqlSessionFactoryBean.setMapperLocations(applicationContext.
    getResources("classpath:/mapper/**/sql-*.xml"));
sqlSessionFactoryBean.setConfiguration(mybatisConfig());
```

4.2.3 컨트롤러 영역

컨트롤러는 클라이언트의 요청을 받아서 해당 요청을 수행하는 데 필요한 비즈니스 로직을 호출하고 그 결과를 포함하여 응답을 해 주는 디스패처(Dispatcher) 역할을 합니다. 컨트롤러는 다음의 과정을 거쳐 구현합니다.

1. 컨트롤러 클래스에 @Controller 어노테이션을 적용합니다.
2. @RequsetMapping 어노테이션을 이용하여 요청에 대한 주소를 지정합니다.
3. 요청에 필요한 비즈니스 로직을 호출합니다(비즈니스 로직이 필요한 경우에만).
4. 실행된 비즈니스 로직의 결과를 뷰로 리턴합니다.

먼저 board 패키지 밑에 board.controller 패키지를 생성합니다. 그 후 controller 패키지 안에 BoardController 클래스를 생성합니다.

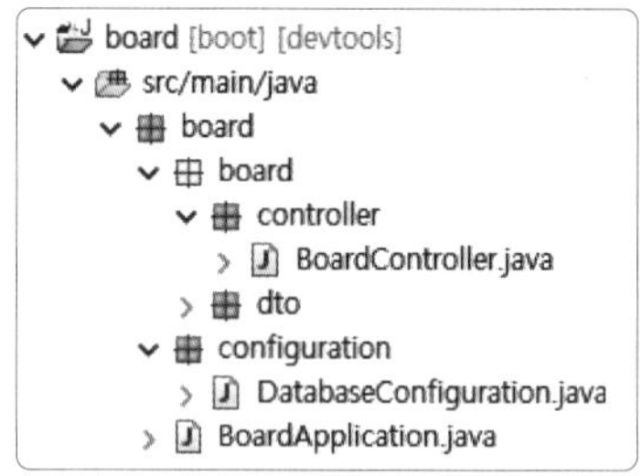

BoardController 클래스에 다음 내용을 작성합니다.

코드 4-7 BoardController.java

```
package board.board.controller;

import java.util.List;

import board.board.dto.BoardDto;
import org.springframework.beans.factory.annotation.Autowired;
import org.springframework.stereotype.Controller;
import org.springframework.web.bind.annotation.RequestMapping;
import org.springframework.web.servlet.ModelAndView;

@Controller ❶
public class BoardController {

    @Autowired
    private BoardService boardService; ❷

    @RequestMapping("/board/openBoardList.do") ❸
    public ModelAndView openBoardList() throws Exception{
        ModelAndView mv = new ModelAndView("/board/boardList"); ❹

        List<BoardDto> list = boardService.selectBoardList(); ❺
        mv.addObject("list", list); ❻

        return mv;
    }
}
```

❷, ❹에서는 에러가 발생합니다. BoardService 클래스가 아직 만들어지지 않아 발생하는 에러로, 바로 이어서 진행할 BoardService 관련 클래스를 생성한 후 BoardService를 추가(import)하면 에러는 사라집니다.

❶ 스프링 MVC의 컨트롤러를 의미합니다. @Controller 어노테이션을 붙여줌으로써 해당 클래스를 컨트롤러로 동작하게 합니다.

❷ 비즈니스 로직을 처리하는 서비스 빈을 연결합니다. 이 서비스는 잠시 후 서

비스 영역을 설명할 때 다시 설명하겠습니다.

❸ @RequestMapping 어노테이션의 값으로 주소를 지정합니다. @RequestMapping의 값으로 /board/openBoardList.do가 지정되어 있는데 웹브라우저에서 /board/openBoardList.do라는 주소를 호출하면 스프링 디스패처는 호출된 주소와 @RequestMapping 어노테이션의 값이 동일한 메서드를 찾아서 실행합니다. 즉, 클라이언트에서 호출한 주소와 그것을 수행할 메서드를 연결합니다.

❹ 호출된 요청의 결과를 보여 줄 뷰를 지정합니다. 여기서는 /board/boardList로 지정했는데 이는 templates 폴더 아래에 있는 board/boardList.html을 의미합니다. boardList.html은 잠시 후 '4.2.7 뷰 작성하기'에서 만들고 좀 더 자세히 살펴보겠습니다. Thymeleaf와 같은 템플릿을 사용할 경우 스프링 부트의 자동 설정 기능으로 .html과 같은 접미사를 생략할 수 있습니다.

❺ 게시글 목록을 조회합니다. "게시글 목록을 조회한다"는 비즈니스 로직을 수행하기 위해서 BoardService 클래스의 selectBoardList 메서드를 호출합니다. 게시글 목록을 저장하기 위해서 List 인터페이스를 사용하였습니다.

❻ 실행된 비즈니스 로직의 결과 값을 뷰에 list라는 이름으로 저장합니다. 뷰에서 사용할 경우 list라는 이름으로 조회 결과를 사용할 수 있습니다. 이 부분은 뒤에서 뷰 영역을 설명하면서 다시 확인해 보겠습니다.

4.2.4 서비스 영역

서비스 영역은 일반적으로 두 개의 파일로 구성됩니다. Service 인터페이스와 이를 구현한 ServiceImpl 클래스입니다. 이와 같이 인터페이스와 인터페이스의 구현 클래스로 분리할 경우 여러 가지 장점이 있습니다.

- 느슨한 결합(loose coupling)을 유지하여 각 기능 간의 의존관계를 최소화합니다.
- 의존관계의 최소화로 인해 기능의 변화에도 최소한의 수정으로 개발할 수 있는 유연함을 가질 수 있습니다.
- 모듈화를 통해 어디서든 사용할 수 있도록 하여 재사용성을 높입니다.
- 스프링의 IoC/DI(Inversion of Control / Dependency Injection) 기능을 이용한 빈 관리 기능을 사용할 수 있습니다.

그렇지만 개발하는 시스템의 환경에 따라서 서비스 영역을 굳이 나눌 필요가 없을 수도 있습니다. 또한 서비스 영역뿐만 아니라 리포지터리 영역도 나눌 수 있습니다. 따라서 인터페이스와 구현체의 필요성에 따라서 적절히 사용하면 됩니다.

board/board 패키지 밑에 service 패키지를 생성합니다. 그 후 service 패키지 안에 BoardService 인터페이스와 BoardServiceImpl 클래스를 생성합니다.

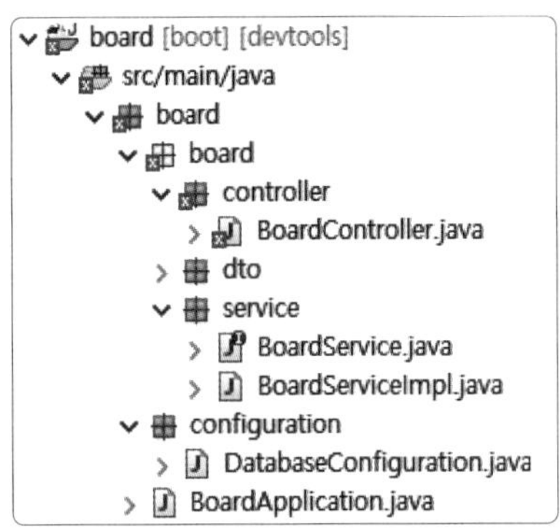

BoardService 인터페이스에 다음 내용을 작성합니다.

코드 4-8 BoardService.java

```
package board.board.service;

import board.board.dto.BoardDto;
import java.util.List;

public interface BoardService {

    List<BoardDto> selectBoardList() throws Exception;
}
```

서비스 영역의 인터페이스이기 때문에 특별히 살펴볼 내용은 없습니다.

BoardServiceImpl에 다음 내용을 작성합니다.

코드 4-9 BoardServiceImpl.java

```
package board.board.service;

import board.board.dto.BoardDto;
import org.springframework.beans.factory.annotation.Autowired;
import org.springframework.stereotype.Service;

import java.util.List;

@Service ❶
public class BoardServiceImpl implements BoardService{

    @Autowired
    private BoardMapper boardMapper; ❷

    @Override
    public List<BoardDto> selectBoardList() throws Exception {
```

```
        return boardMapper.selectBoardList(); ❸
    }
}
```

BoardService 인터페이스에는 비즈니스 로직을 수행하기 위한 메서드를 정의합니다. 그리고 BoardServiceImpl 클래스는 BoardService 인터페이스를 사용하여 실제 기능을 구현합니다.

❶ 비즈니스 로직을 처리하는 서비스 클래스를 나타내는 어노테이션입니다. 앞에서 컨트롤러 클래스에는 @Controller 어노테이션을 이용해서 해당 클래스가 스프링 MVC의 컨트롤러임을 나타냈습니다. 서비스 클래스에도 @Service 어노테이션을 이용해서 해당 클래스가 스프링 MVC의 서비스임을 나타냅니다.

❷ 데이터베이스에 접근하는 DAO 빈을 선언합니다. 아직 BoardMapper를 만들지 않았기 때문에 에러가 발생합니다. 이는 BoardController에서 BoardService를 생성하기 전이었기 때문에 에러가 발생한 것과 마찬가지로 아직 BoardMapper 인터페이스를 생성하기 전이기 때문에 에러가 발생합니다. 뒤에서 BoardMapper 인터페이스를 생성한 후 추가하면 에러는 사라집니다.

❸ 사용자 요청을 처리하기 위한 비즈니스 로직을 구현합니다. 여기서는 데이터를 조회하도록 BoardMapper 클래스의 selectBoardList 메서드를 호출합니다. 게시글 목록을 조회할 때에는 별다른 비즈니스 로직이 없기 때문에 조회 메서드만 호출하였지만 일반적으로는 결과 조회 및 데이터 가공을 위해 좀 더 복잡한 로직을 처리하게 됩니다.

4.2.5 매퍼 영역

마이바티스는 데이터 접근 객체인 DAO(Data Access Object)를 만드는 것보다 SqlSessionDaoSupport나 SqlSessionTemplate을 사용하기를 권장합니다. 이렇게 함으로써 마이바티스 스프링 연동 모듈은 다른 빈에 직접 주입할 수 있는 매퍼를 생성할 수 있습니다. 또한 매퍼를 사용하면 일일이 DAO를 만들지 않고 인터페이스만을 이용해서 좀 더 편하게 개발할 수 있습니다.

board/board 패키지 밑에 mapper 패키지를 생성합니다. 그 후 mapper 패키지에 BoardMapper 인터페이스를 생성합니다.

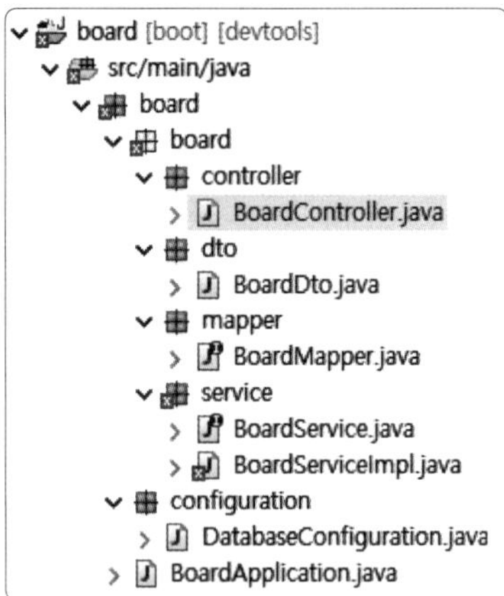

BoardMapper에 다음 내용을 작성합니다.

코드 4-10 BoardMapper.java

```
package board.board.mapper;

import java.util.List;

import org.apache.ibatis.annotations.Mapper;

import board.board.dto.BoardDto;

@Mapper  ❶
public interface BoardMapper {
    List<BoardDto> selectBoardList() throws Exception;  ❷
}
```

❶ 마이바티스의 매퍼 인터페이스임을 선언합니다.

❷ 인터페이스이기 때문에 메서드의 이름과 반환 형식만 지정합니다. 여기서 지정한 메서드의 이름은 잠시 후 나올 SQL의 이름과 동일해야 합니다.

BoardMapper에서 볼 수 있듯이 매퍼 인터페이스에서 작성할 내용은 거의 없습니다. 단지 메서드의 이름과 쿼리의 이름만 동일하면 됩니다.

4.2.6 SQL 작성하기

마이바티스는 쿼리를 XML에 작성하고 아이디를 이용하여 매핑합니다. XML 파일의 경우 src/main/java 폴더가 아닌 src/main/resources에 놓이게 됩니다.

src/main/resources 폴더 밑에 mapper.board 폴더를 생성합니다. 그리고 mapper.board 폴더 안에 sql-board.xml 파일을 생성합니다.

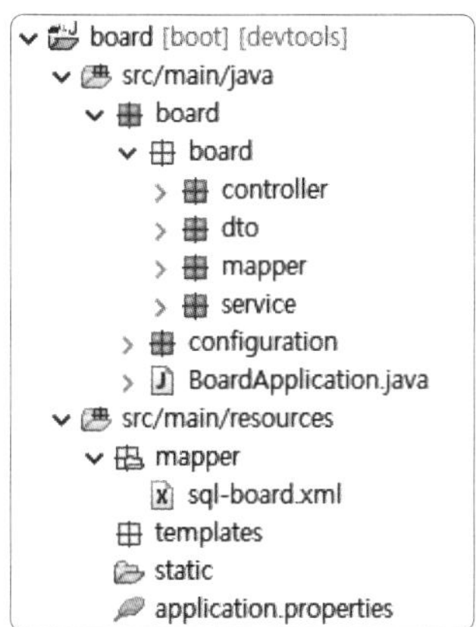

board.xml 파일에 다음 내용을 작성합니다. 게시글 목록에 필요한 내용인 글 번호, 제목, 조회 수, 작성일을 조회합니다.

코드 4-11 sql-board.xml

```
<?xml version="1.0" encoding="UTF-8"?>
<!DOCTYPE mapper PUBLIC "-//mybatis.org//DTD Mapper 3.0//EN"
    "http://mybatis.org/dtd/mybatis-3-mapper.dtd">

<mapper namespace="board.board.mapper.BoardMapper">  ❶
    <select id="selectBoardList" resultType="board.board.dto.BoardDto">  ❷
        <![CDATA[
            SELECT
                board_idx,
                title,
                hit_cnt,
                created_datetime
            FROM
                t_board
            WHERE
                deleted_yn = 'N'
            ORDER BY board_idx DESC
        ]]>
    </select>
</mapper>
```

❶ 매퍼의 네임스페이스(namespace)를 지정합니다. 매퍼와 XML의 쿼리를 매칭해서 사용하려면 매퍼 인터페이스의 경로와 메서드의 이름과 쿼리의 이름이 같아야 합니다. 즉, BoardMapper 인터페이스에 있는 selectBoardList에서 selectBoardList라는 이름의 쿼리와 매핑하기 위해서는 그 전체 경로인 board.board.mapper.BoardMapper.selectBoardList가 필요합니다. 쿼리의 아이디를 지정할 때 각각의 쿼리에 전체 경로를 일일이 명시하는 것은 중복된 작업입니다. 네임스페이스에서 공통적으로 사용되는 경로를 지정해서 네임스페이스와 쿼리 아이디가 합쳐져서 호출되게끔 합니다.

❷ <select> 태그를 이용하여 select 쿼리임을 나타냅니다. id는 해당 쿼리의 아이디를 지정해 줍니다. 여기서는 selectBoardList라는 아이디를 사용하고 있습니다.

resultType은 이 쿼리의 실행 결과가 앞에서 만든 DTO인 BoardDto 형식으로 반환되는 것을 의미합니다. 여기서는 아직 사용되지 않았지만 parameterType이라는 속성도 있습니다. 이 속성은 입력되는 파라미터의 형식을 지정해 줍니다. 그런데 parameterType과 resultType을 명시할 때는 해당 클래스의 패키지를 포함하여 지정해야 됩니다. 여기서 BoardDto를 사용하기 위해서 전체 경로인 board.board.dto.BoardDto를 명시했습니다.

만약 DTO와 같이 개발자가 생성한 클래스가 아닌 자바의 클래스를 사용할 경우 마이바티스의 타입 별칭 기능을 사용할 수 있습니다. 예를 들어 parameterType이나 resultType에 HashMap을 사용할 경우에는 HashMap의 전체 패키지 경로인 java.util.HashMap으로 지정해야 합니다. 하지만 마이바티스의 타입 별칭 기능 덕분에 단순히 hashmap이라고만 해도 HashMap을 사용할 수 있습니다. 타입 별칭(type alias)은 특정 클래스나 자주 사용되는 자바 형식을 간단히 사용할 수 있도록 지원합니다.

대표적인 자바 클래스의 타입 별칭

대표적인 자바 클래스의 타입 별칭은 다음과 같습니다.

별칭	매핑된 타입
int	Integer
float	Float
double	Double
string	String
boolean	Boolean
map	Map
hashmap	HashMap
list	List
arraylist	ArrayList

이 외에 마이바티스가 지원하는 다양한 별칭은 마이바티스 홈페이지[2]에서 확인할 수 있습니다.

2 *http://www.mybatis.org/mybatis-3/ko/configuration.html#typeAliases*

4.2.7 뷰 작성하기

마지막으로 사용자에게 보여 줄 화면을 작성할 차례입니다.

src/main/resources/templates 폴더 밑에 board 폴더를 생성합니다. 그 후 board 폴더 안에 boardList.html 파일을 생성합니다.

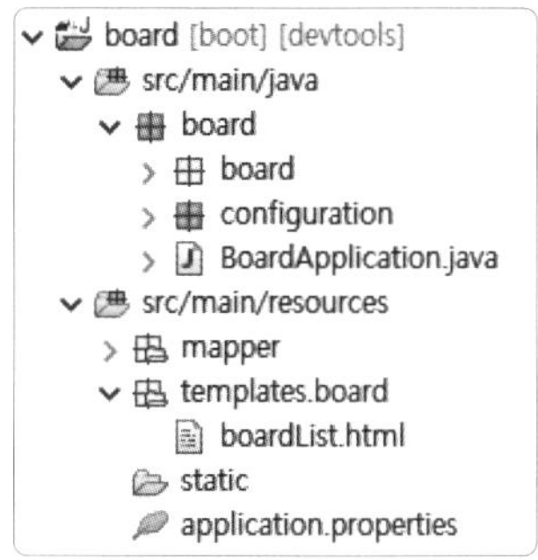

boardList.html 파일에 다음 내용을 작성합니다.

코드 4-12 boardList.html

```
<!DOCTYPE html>
<html lang="ko" xmlns:th="http://www.thymeleaf.org"> ❶
<head>
    <title>board</title>
    <link rel="stylesheet" th:href="@{/css/style.css}"></link>
</head>
<body>
    <div class="container">
        <h2>게시판 목록</h2>
        <table class="board_list">
            <colgroup>
                <col width="15%"/>
                <col width="*"/>
                <col width="15%"/>
                <col width="20%"/>
            </colgroup>
            <thead>
                <tr>
                    <th scope="col">글번호</th>
                    <th scope="col">제목</th>
                    <th scope="col">조회수</th>
                    <th scope="col">작성일</th>
                </tr>
            </thead>
            <tbody>
                <tr th:if="${#lists.size(list)} > 0" th:each="list : ${list}"> ❷
                    <td th:text="${list.boardIdx}"></td>
                    <td class="title" th:text="${list.title}"></td>
                    <td th:text="${list.hitCnt}"></td>                         ❸
                    <td th:text="${#temporals.format(list.createdDatetime,
                        'yyyy-MM-dd HH:mm:ss')}"></td>                ❹
                </tr>
                <tr th:unless="${#lists.size(list)} > 0"> ❺
                    <td colspan="4">조회된 결과가 없습니다.</td>
                </tr>
```

```
            </tbody>
        </table>
        <a href="/board/openBoardWrite.do" class="btn">글 쓰기</a>
    </div>
</body>
</html>
```

❶ Thymeleaf의 th 속성을 사용하기 위한 네임스페이스를 선언해줍니다.

❷❺ 조회된 데이터, 즉 게시글이 한 개 이상 있을 경우 목록으로 보여 줍니다. 데이터가 없을 경우에는 "조회된 결과가 없습니다"는 메시지를 보여 줍니다.

Thymeleaf의 th:each를 사용해서 목록을 표시합니다. th:each는 목록과 같이 반복되는 데이터를 화면에 표시하는 데 사용됩니다. Thymeleaf에서는 컨트롤러에서 전달받은 데이터를 ${변수} 형식으로 사용할 수 있습니다. 컨트롤러에서 뷰로 데이터를 전달하기 위해서 addObject 메서드를 사용했습니다. 이때 list라는 이름으로 데이터를 저장했습니다. 컨트롤러에서 전달된 list라는 데이터를 뷰에서는 ${list}로 이용할 수 있습니다. 그리고 list : ${list}에서 앞의 list라는 이름으로 반복되는 데이터에 접근할 수 있습니다. 이 list 변수는 each가 선언된 <tr> 태그 내에서만 접근할 수 있습니다.

❸ list 변수를 통해서 서버에서 전달된 데이터에 접근해서 화면에 표시합니다. 쿼리에서 게시글에 필요한 board_idx, title, hit_cnt, created_datetime이라는 컬럼을 조회하고 이는 BoardDto 클래스의 boardIdx, title, hitCnt, createdDatetime이라는 변수에 저장되어 있습니다. 뷰에서는 서버로부터 전달된 게시글 목록을 list라는 변수를 통해서 접근할 수 있습니다.

❹ Thymeleaf에서는 날짜를 처리하기 위해 dates 객체를 제공합니다. 그렇지만 dates 객체는 LocalDateTime과 같은 자바 8에서 추가된 날짜 관련 클래스를 처리할 수 없습니다. 따라서 Thymeleaf는 자바 8의 날짜 API를 지원하기 위해서 temporals 객체를 추가했습니다. temporals는 날짜와 관련된 여러 가지 기능을 제공하지만 여기서는 원하는 날짜 형식으로 표시하기 위해서 포매팅 기능만 사용합니다. 포매팅 기능은 ${#temporals.format(날짜 데이터, '날짜 형식')}으로 사용할 수 있습니다. temporals에 대한 다양한 사용법은 공식 문서 (*https://github.com/thymeleaf/thymeleaf-extras-java8time*)에서 확인할 수 있습니다.

4.2.8 실행 결과 확인하기

이제 결과를 확인해 볼 차례입니다. board 애플리케이션을 실행하고 웹브라우저에서 게시판 목록 호출주소인 "localhost:8080/board/openBoardList.do"를 입력하면 다음과 같은 결과를 볼 수 있습니다.

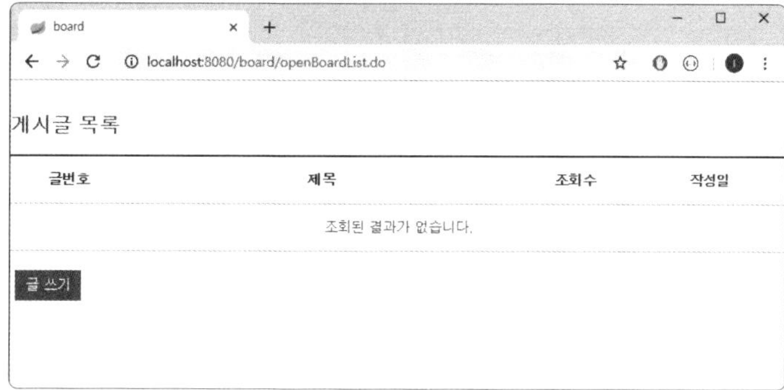

데이터베이스에는 테이블만 생성하고 게시글은 아직 등록하지 않았습니다. 따라서 조회된 목록이 없을 경우에 보여주는 "조회된 결과가 없습니다."라는 메시지가 정상적으로 나타납니다.

다음으로 게시글을 하나 등록하고 정상적으로 목록을 조회하는지 살펴보겠습니다. 다음의 쿼리를 실행합니다. SQLYog 등의 GUI 툴을 사용할 경우 툴에서 바로 데이터를 입력할 수도 있습니다.

코드 4-13 게시글 등록 쿼리

```
INSERT INTO t_board
(
    title,
    contents,
    creator_id,
    created_datetime
)
VALUES
(
    'first title',
    'first contents',
    'admin',
    NOW()
)
```

간단히 게시글을 등록하는 쿼리입니다. 아직 한글 관련 설정을 안 했기 때문에 한글을 사용할 경우 문자가 깨지는 현상이 발생할 수 있습니다. 그래서 제목과 내용을 영어로 작성했습니다.

데이터를 입력하고 다시 게시글 목록을 조회하면 방금 등록한 게시글이 보이는 것을 확인할 수 있습니다.

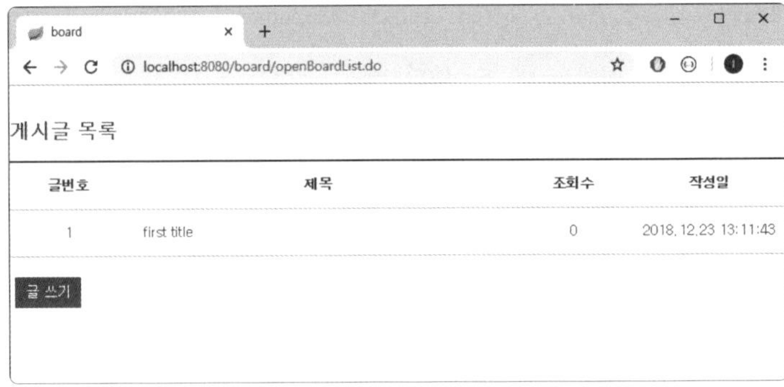

여기서는 하나의 게시글만 작성했기 때문에 하나의 목록만 나타나지만 여러 건의 데이터를 입력하면 등록된 모든 게시글의 목록이 나타납니다.

4.3 게시글 등록 기능 만들기

4.3.1 게시글 등록 화면 만들기

게시글 등록은 사용자가 입력한 내용이 서버에 저장되는 순서로 진행되기 때문에 목록을 만들 때와는 다르게 화면부터 만들도록 하겠습니다. `templates/board` 폴더 안에 `boardWrite.html` 파일을 생성하고 다음과 같이 작성합니다.

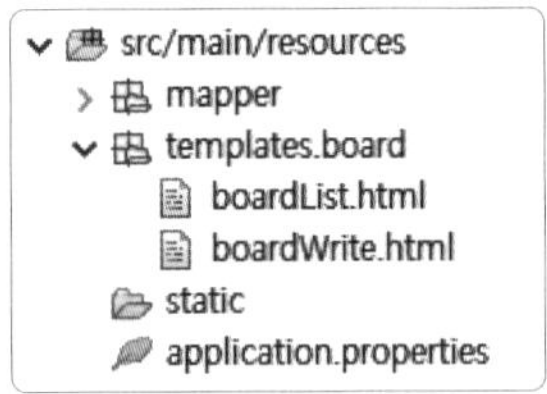

코드 4-14 boardWrite.html

```
<!DOCTYPE html>
<html lang="ko" xmlns:th="http://www.thymeleaf.org">
<head>
    <meta charset="UTF-8">
    <title>board</title>
    <link rel="stylesheet" th:href="@{/css/style.css}"
          href="../../css/style.css"></link>
</head>
<body>
    <div class="container">
        <h2>게시판 등록</h2>
        <form id="frm" name="frm" method="post" action="/board/insertBoard.do"> ❶
            <table class="board_detail">
                <tr>
                    <td>제목</td>
                    <td><input type="text" id="title" name="title"></td>
                </tr>
```

```
                <tr>
                    <td colspan="2">
                        <textarea id="contents" name="contents"></textarea>
                    </td>
                </tr>
            </table>
            <input type="submit" id="submit" value="저장" class="btn">  ❸
        </form>
    </div>
</body>
</html>
```

❶ 사용자로부터 입력된 값을 서버로 전달하기 위해서 <form>을 이용합니다. action 속성에는 요청을 수행할 서버의 주소를 입력합니다. 이 단계에서는 아직 /board/insertBoard.do라는 주소가 없지만 이후 컨트롤러를 개발하면서 해당 주소도 추가됩니다.

❷ 사용자로부터 게시글의 제목과 내용을 입력받습니다. 입력된 값은 각 태그의 name을 키로 사용하여 서버로 전송됩니다. 즉, 게시글 제목은 title이라는 이름으로, 게시글 내용은 contents라는 이름으로 서버로 전송됩니다.

❸ <input>의 타입을 submit으로 하여 폼에 있는 데이터를 지정된 주소로 전달합니다.

4.3.2 컨트롤러 영역

컨트롤러에는 두 개의 메서드가 추가됩니다. 첫 번째는 게시글 등록 화면을 호출하고 두 번째는 게시글을 등록하는 기능을 합니다. BoardController 클래스에 다음의 내용을 추가합니다.

코드 4-15 BoardController.java

```
@RequestMapping("/board/openBoardWrite.do")  ❶
public String openBoardWrite() throws Exception{
    return "/board/boardWrite";
}

@RequestMapping("/board/insertBoard.do")  ❷
public String insertBoard(BoardDto board) throws Exception{
    boardService.insertBoard(board);  ❸
    return "redirect:/board/openBoardList.do";  ❹
}
```

❶ 게시글 작성 화면을 호출하는 주소입니다.

❷ 작성된 게시글을 등록하는 주소입니다. 앞에서 <form>의 action 속성에 지정된 insertBoard.do를 확인할 수 있습니다.

❸ 사용자가 작성한 게시글을 저장하는 service 영역의 메서드를 호출합니다.

❹ 앞에서 특정한 뷰를 호출하기 위해서 return/board/boardList와 같이 뷰 이름을 지정했습니다. 여기서는 이와 다르게 게시글 목록을 조회하는 /board/openBoardList.do라는 주소를 호출합니다. 일반적으로 게시글을 작성한 후에는 작성된 게시글 상세 화면이나 게시글 목록으로 이동합니다. 여기서는 게시글 목록 화면의 주소를 호출해서 게시글이 등록된 후 게시글 목록 화면으로 이동하도록 하였습니다.

4.3.3 서비스 및 매퍼 영역

아직 특별한 비즈니스 로직이 없기 때문에 서비스 영역에서 작성할 내용은 간단합니다.

BoardService 인터페이스에 다음 내용을 추가합니다.

코드 4-16 BoardService.java

```
void insertBoard(BoardDto board) throws Exception;
```

BoardServiceImpl 클래스에 다음 메서드를 추가합니다.

코드 4-17 BoardServiceImpl.java

```
@Override
public void insertBoard(BoardDto board) throws Exception {
    boardMapper.insertBoard(board);
}
```

BoardMapper 인터페이스에 다음 코드를 추가합니다.

코드 4-18 BoardMapper.java

```
void insertBoard(BoardDto board) throws Exception;
```

4.3.4 SQL 작성하기

마지막으로 SQL을 작성할 차례입니다. sql-board.xml의 <mapper> 안에 다음 쿼리를 추가합니다.

코드 4-19 sql-board.xml

```
<insert id="insertBoard" parameterType="board.board.dto.BoardDto">
    <![CDATA[
        INSERT INTO t_board
        (
            title,
            contents,
```

```
            created_datetime,
            creator_id
        )
        VALUES
        (
            #{title},      ┐ ❶
            #{contents},   ┘
            NOW(),  ❷
            'admin'  ❸
        )
    ]]>
</insert>
```

❶ 화면에서 전달된 데이터입니다. 마이바티스는 **#{변수명}**의 형식으로 전달된 데이터를 이용합니다. 이 쿼리의 파라미터는 앞에서 만든 `BoardDto` 클래스입니다. **#{변수}**를 사용하면 DTO의 **get변수** 메서드로 해당하는 변수값을 가져옵니다.

❷ 게시글 등록시간을 저장하기 위해서 MySQL의 `NOW()` 함수를 사용합니다. `NOW()` 함수의 경우 MySQL 5.5 이상에서만 사용할 수 있습니다.

❸ 일반적으로 작성자의 아이디는 사용자의 아이디이기 때문에 변수로 처리해야 합니다. 그렇지만 아직 로그인 기능을 추가하지 않았기 때문에 임시로 `admin`을 작성자 아이디로 사용하겠습니다.

4.3.5 실행 결과 확인하기

이제 게시글 등록 기능이 정상적으로 개발되었는지 확인해 보겠습니다.

게시글 등록 화면을 호출합니다.

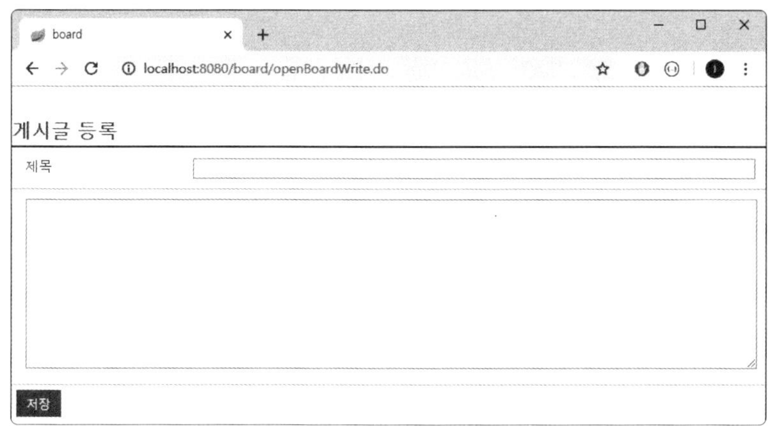

제목과 내용을 작성하고 [저장] 버튼을 클릭합니다. 제목과 내용을 한글로 입력하면 정상적으로 입력되지 않기 때문에 영어나 숫자 등으로 입력합니다.

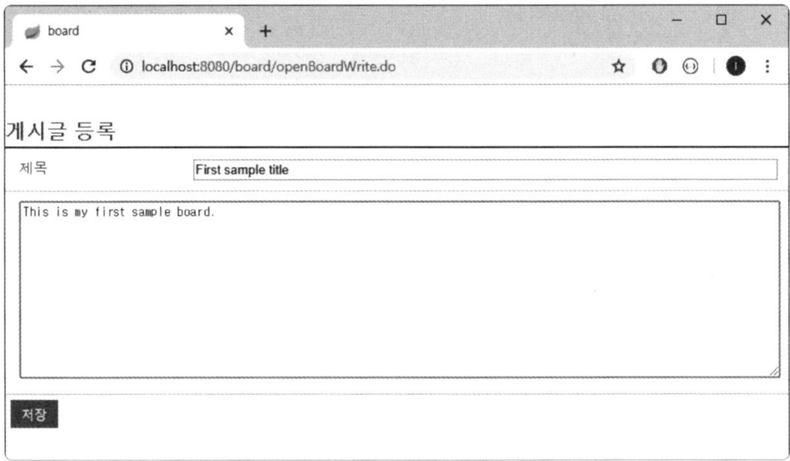

게시글이 저장되면 게시글 목록으로 이동됩니다. 방금 작성한 게시글이 목록에 표시되는지 확인합니다.

4.4 게시글 상세 화면 만들기

이제 앞에서 등록한 게시글을 확인할 수 있는 상세 화면을 만들어 보겠습니다. 게시글 상세 화면을 실제로 만들기 전에 조회 로직은 어떠한 흐름으로 진행되는지 먼저 살펴보고 진행하겠습니다.

1. 목록 화면에서 상세 내용을 확인하고 싶은 글을 선택합니다. 즉, 목록 화면에서 선택된 글의 상세 화면을 호출하는 기능을 추가합니다.
2. 선택된 글의 상세 내용을 조회하고 조회수를 증가시킵니다. 상세 내용을 조회할 때의 비즈니스 로직은 목록 조회와 다르게 두 가지인 것을 알 수 있습니

다. 따라서 비즈니스 로직을 처리하는 서비스 영역에 두 가지 작업, 즉 게시글 조회와 조회수 증가 작업을 진행합니다.

3. 조회된 글 내용을 화면에 표시합니다.

그럼 이 순서에 맞춰서 하나씩 진행해 보겠습니다.

4.4.1 목록 화면 수정하기

목록을 선택하고 선택된 목록의 상세내용을 조회하는 주소를 호출하도록 게시글 목록 화면을 수정해야 합니다. boardList.html 파일의 <table> 내의 목록을 보여 주는 부분을 다음과 같이 수정합니다.

코드 4-20 boardList.html

```
<tr th:if="${#lists.size(list)} > 0" th:each="list : ${list}">
    <td th:text="${list.board_idx}"></td>
    <td class="title">
        <a href="/board/openBoardDetail.do?board_idx="
           th:attrappend="href=${list.board_idx}"
           th:text="${list.title}"></a></td>  ❶
    <td th:text="${list.hit_cnt}"></td>
    <td th:text="${#temporals.format(
        list.createdDatetime, 'yyyy-MM-dd HH:mm:ss')}"></td>
</tr>
```

❶ <a> 태그를 이용해서 게시글 상세 화면으로 링크를 연결합니다. 상세 화면의 주소를 호출할 때에는 선택된 게시글 번호를 파라미터로 추가합니다.

4.4.2 컨트롤러 영역

BoardController 클래스에 상세 화면의 호출 주소를 추가하고 글 상세 내용을 조회하는 로직을 호출합니다. 다음 내용을 BoardController 클래스에 추가합니다.

코드 4-21 BoardController.java

```
import org.springframework.web.bind.annotation.RequestParam;
...중략...

@RequestMapping("/board/openBoardDetail.do")
public ModelAndView openBoardDetail(@RequestParam int boardIdx) throws Exception{
    ModelAndView mv = new ModelAndView("/board/boardDetail");

    BoardDto board = boardService.selectBoardDetail(boardIdx);
    mv.addObject("board", board);

    return mv;
}
```

4.4.3 서비스 및 매퍼 영역

앞에서 상세 내용 조회 로직을 간단히 설명할 때, 서비스 영역에서는 글 조회와 조회수 증가 두 가지의 로직이 필요하다고 이야기를 했습니다. 따라서 서비스 영역에서 두 가지의 로직을 처리하게 됩니다.

BoardService 인터페이스에 다음 내용을 추가합니다.

코드 4-22 BoardService.java

```
BoardDto selectBoardDetail(int boardIdx) throws Exception;
```

BoardServiceImpl 클래스에 다음 내용을 추가합니다.

코드 4-23 BoardServiceImpl.java

```
@Override
public BoardDto selectBoardDetail(int boardIdx) throws Exception {
    boardMapper.updateHitCount(boardIdx); ❶

    BoardDto board = boardMapper.selectBoardDetail(boardIdx); ❷

    return board;
}
```

❶ 선택된 게시글의 조회수를 증가시킵니다.

❷ 선택된 게시글의 내용을 조회합니다.

앞에서 이야기한 두 가지 로직을 처리하기 위해서 각각의 매퍼를 호출하는 것을 볼 수 있습니다. 실제 애플리케이션에서는 매퍼를 호출할 뿐만 아니라 결괏값을 변경하거나 이를 이용한 추가적인 로직을 호출하는 등 다양한 비즈니스 관련 처리 로직을 작성합니다.

매퍼의 코드는 다음과 같습니다.

코드 4-24 BoardMapper.java

```
void updateHitCount(int boardIdx) throws Exception;

BoardDto selectBoardDetail(int boardIdx) throws Exception;
```

4.4.4 SQL 작성하기

sql-board.xml에 조회수 증가와 게시글 상세 내용을 조회하는 쿼리를 작성합니다.

코드 4-25 sql-board.xml

```
<update id="updateHitCount" parameterType="int"> ❶
    <![CDATA[
        UPDATE
            t_board
        SET
            hit_cnt = hit_cnt + 1
        WHERE
            board_idx = #{boardIdx}
    ]]>
</update>

<select id="selectBoardDetail" parameterType="int"
        resultType="board.board.dto.BoardDto"> ❷
    <![CDATA[
        SELECT
            board_idx, title, contents, hit_cnt,
            created_datetime,
            creator_id
        FROM
            t_board
        WHERE
            board_idx = #{boardIdx} AND deleted_yn = 'N'
    ]]>
</select>
```

❶ 조회수를 증가시키는 쿼리입니다. 현재 조회수에서 1을 증가시킵니다.

❷ 선택된 게시글의 내용을 조회하는 쿼리입니다. 앞의 게시글 목록에서 글을 선택할 때 선택된 글 번호를 추가했었습니다. 그 글 번호에 해당하는 내용을 조회합니다.

4.4.5 뷰 작성하기

마지막으로 사용자에게 보여 줄 화면을 만들 차례입니다. boardDetail.html 파일을 만들고 다음 내용을 작성합니다.

코드 4-26 boardDetail.html

```
...중략...
    <h2>게시판 상세 화면</h2>
        ...중략...
            <tbody>
                <tr>
                    <th scope="row">글 번호</th>
                    <td th:text="${board.boardIdx}"></td>
                    <th scope="row">조회수</th>
                    <td th:text="${board.hitCnt}"></td>
                </tr>
                <tr>
                    <th scope="row">작성자</th>
                    <td th:text="${board.creatorId }"><td>
                    <th scope="row">작성일</th>
                    <td th:text=" ${#temporals.format(
                        board.createdDatetime, 'yyyy-MM-dd HH:mm:ss')}"></td>   ❶
                </tr>
```

```
                <tr>
                    <th scope="row">제목</th>
                        <td colspan="3">
                            <input type="text" id="title" name="title"
                                   th:value="${board.title}">
                            </input></td>
                </tr>
                <tr>
                    <td colspan="4" class="view_text">
                        <textarea title="내용" id="contents" name="contents"
                                  th:text="${board.contents}"></textarea>
                    </td>
                </tr>
            </tbody>
        </table>
</body>
</html>
```

❶ 게시글 상세 화면을 호출하면 게시글의 상세 내용을 조회하고 그 결과를 board라는 키로 뷰에 넘겨 줬습니다. 이를 통해 전달받은 데이터 중에서 사용자가 변경하면 안 되는 정보, 즉 조회용 정보인 글 번호, 조회수, 작성자, 작성일은 화면에 보여 주기만 합니다.

❷ 사용자가 변경할 수 있는 제목 및 내용은 <input> 태그와 <textarea>를 이용하여 수정할 수 있도록 합니다.

게시판을 만들 때 상세 화면에서 글의 내용만 보여 주고 수정 기능은 다른 화면에서 구현할 수도 있고, 로그인 여부나 비밀번호를 이용해서 하나의 화면에서 모두 처리하도록 할 수 있습니다. 여기서는 수정 및 삭제 기능을 알아보는 중이기 때문에 로그인과 같은 부가적인 기능을 고려하지 않고 하나의 화면에서 처리합니다. 실제 프로젝트에서는 애플리케이션의 성격 및 요구사항, 화면의 성격 등의 상황에 맞게 개발하면 됩니다.

4.4.6 실행 결과 확인하기

이제 실행 결과를 확인할 차례입니다. 먼저 게시글 목록 화면을 열고 목록 중 하나의 글을 선택합니다.

다음 그림은 2번 글 제목에 마우스를 올려놓은 상황입니다. 자세히 보면 브라우저의 하단에 제목의 링크 주소가 표시되고 있다는 걸 알 수 있습니다. 게시글 상세 화면의 주소인 openBoardDetail.do에 선택된 글 번호 boardIdx=2를 파라미터로 추가해서 호출합니다.

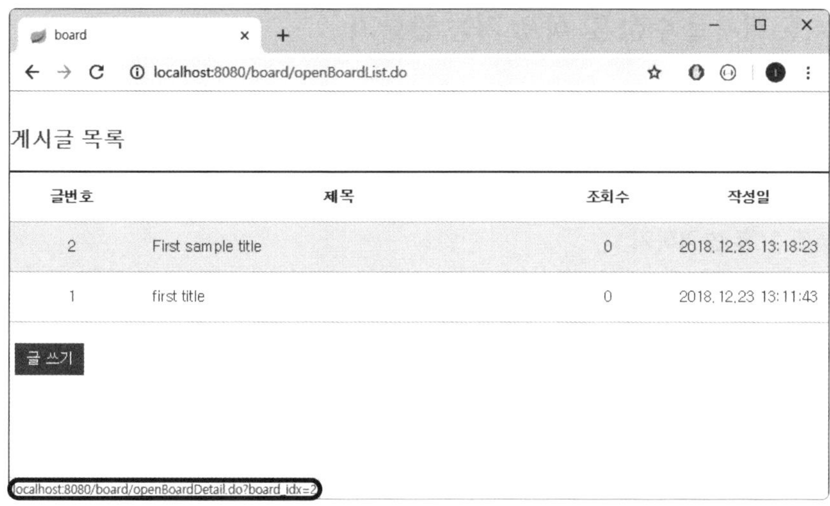

이 상태에서 제목을 클릭하면 상세 화면으로 이동합니다.

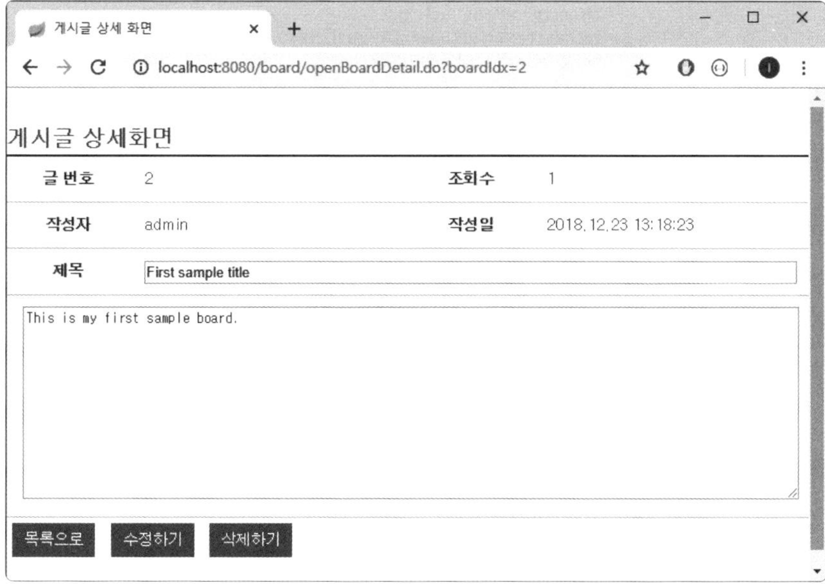

2번 글의 내용이 정상적으로 조회되는 것을 볼 수 있습니다. 앞의 목록에서는 2번 글의 조회수가 0이었는데, 상세 화면을 호출하면서 조회수가 1로 증가했습니다. 글 번호, 작성자, 작성일, 제목 및 내용 등 게시글에 관련된 정보들이 모두 정상적으로 조회된 것을 확인할 수 있습니다.

4.5 게시글 수정 및 삭제 기능 만들기

마지막으로 게시글의 수정 및 삭제 기능을 만들어 보겠습니다. 수정 및 삭제 기능은 기본적으로 로직이 비슷하기 때문에 한번에 같이 진행하겠습니다.

4.5.1 뷰 변경하기

앞에서 만든 상세 화면을 약간 변형해서 수정 및 삭제 기능을 추가하겠습니다.

boardDetail.html을 다음과 같이 수정합니다.

코드 4-27 boardDetail.html

```
...중략...
<body>
    <h2>게시판 상세 화면</h2>
    <form id="frm" method="post">
        <table>
            ...중략...
            <tbody>
                <tr>
                    <th scope="row">글 번호</th>
                    <td th:text="${board.boardIdx}"></td>
                    <th scope="row">조회수</th>
                    <td th:text=" ${board.hitCnt}"></td>
                </tr>
...중략...
        </table>
        <input type="hidden" name="boardIdx" th:value="${board.boardIdx }"> ❷
    </form>                                                                  ❶

    <input type="button" id="list" value="목록으로">
    <input type="button" id="edit" value="수정하기">    ❸
    <input type="button" id="delete" value="삭제하기">

    <script src="https://ajax.googleapis.com/ajax/libs/jquery/3.2.1/
                jquery.min.js"></script> ❹
    <script type="text/javascript">
        $(document).ready(function(){
            $("#list").on("click", function(){ ❺
                location.href = "openBoardList.do";
            });

            $("#edit").on("click", function(){ ❻
                var frm = $("#frm")[0];
                frm.action = "updateBoard.do";
                frm.submit();
            });

            $("#delete").on("click", function(){ ❼
                var frm = $("#frm")[0];
                frm.action = "deleteBoard.do"
                frm.submit();
            });
        });
    </script>
</body>
</html>
```

❶ 데이터 전송을 위해 <form>을 추가합니다.

❷ 폼을 이용해서 데이터를 전송할 때 입력창(<input>, <textarea> 등)의 내용만 전달됩니다. 기존 화면에서는 글을 수정하거나 삭제할 때 꼭 필요한 글 번호를 "hidden" 속성의 <input>에 저장해서 화면의 데이터가 전송될 때 글 번호도 같이 전달되도록 했습니다.

❸ 목록, 수정, 삭제 버튼을 추가합니다.

❹ jQuery를 사용하기 위해서 jQuery 라이브러리를 추가합니다. jQuery를 추가하는 방법은 두 가지가 있습니다. 첫 번째는 jQuery 홈페이지에서 라이브러리를 다운로드해서 자신의 프로젝트에 추가하는 방법입니다. 이 경우 원하는 버전의 jQuery 라이브러리를 다운로드해서 사용할 수 있는 장점이 있지만, 페이지를 호출할 때마다 서버에서 jQuery를 다운로드하는 데 필요한 트래픽이 계속적으로 발생합니다. 두 번째는 CDN을 이용하는 방법입니다. jQuery나 Google 등에서 제공하는 주소만 추가해 주면 됩니다. 여기서는 구글에서 제공하는 jQuery를 추가했습니다. 구글에서 제공하는 여러 가지 라이브러리 CDN은 *https://developers.google.com/speed/libraries/#jquery*에서 확인할 수 있습니다. 단, jQuery 3.x 버전의 경우 IE9, 사파리 7 이상, 안드로이드 4.0 이상만 지원합니다. 이 이하의 브라우저에서는 1.x 버전의 jQuery를 사용해야 합니다.[3]

❺ [목록으로] 버튼을 클릭할 경우 게시판 목록 화면으로 이동합니다.

❻ [수정하기] 버튼을 클릭할 경우 frm이라는 이름의 <form>을 이용하여 "updateBoard.do"라는 주소로 데이터를 전송합니다.

❼ [삭제하기] 버튼을 클릭할 경우 frm이라는 이름의 <form>을 이용하여 "deleteBoard.do"라는 주소로 데이터를 전송합니다.

> **2018년 자바스크립트의 동향**
>
> 자바스크립트(JavaScript)에도 여러 가지 라이브러리와 프레임워크가 있습니다. 전통적으로 많이 사용되던 jQuery부터 React나 Angular와 같은 프레임워크가 그것입니다. jQuery는 React나 Angular와 같은 강력한 자바스크립트 프레임워크가 등장하기 전까지 사실상의 표준(de-facto standard)이었습니다. 그렇지만 브라우저의 자바스크립트 표준 지원율이 향상되고 다양한 프레임워크가 나옴에 따라서 그 영향력이 많이 줄어들었습니다. 그에 비례해 React, Angular, Vue에 대한 관심도는 많이 증가했습니다. 이러한 점은 구글 트렌드에서

3 *https://jquery.com/upgrade-guide/3.0/#browser-support*

jQuery, React, Angular, Vue의 관심도를 비교해 보면 명확히 나타나고 있습니다.

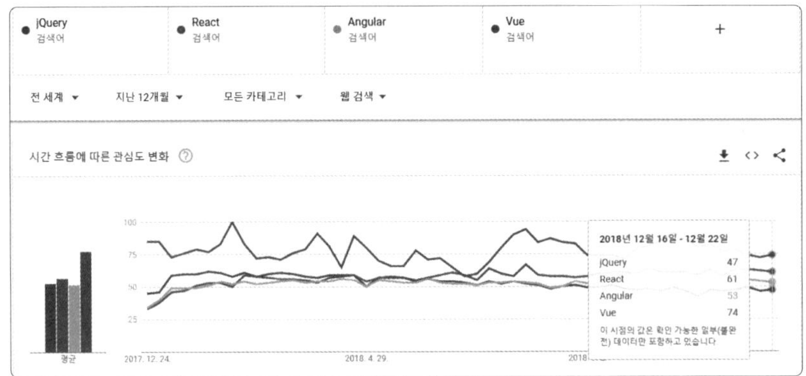

그림 4-1 자바스크립트 프레임워크의 구글 트렌드

2018년 12월 기준으로 Vue, React, Angular, jQuery의 관심도 순서입니다. jQuery의 관심도는 갈수록 떨어지고 순수 자바스크립트 프레임워크인 Vue의 관심도가 상당히 높아진 것을 볼 수 있습니다.

그러면서 jQuery를 사용하는 게 과연 적절한지에 대한 논쟁도 많이 일어났습니다. 많은 개발자가 jQuery를 사용하는 것을 유행에 뒤떨어지는 것으로 여기고, 심지어 잘못된 개발 방식이라고 이야기하기도 합니다. 그러나 다운로드 통계를 확인할 수 있는 npm-stat[4]에서 jQuery 패키지의 다운로드 통계[5]를 보면 jQuery의 사용률은 현재까지 완만하지만 지속적으로 증가하고 있다는 걸 알 수 있습니다.

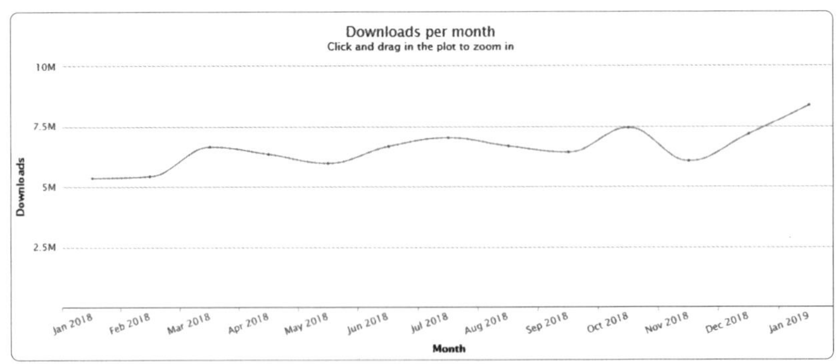

그림 4-2 jQuery 다운로드 현황

구글 트렌드에서 볼 수 있듯이 아직까지 jQuery에 대한 관심은 다른 자바스크립트 프레임워

4 *https://npm-stat.com/charts.html?package=jquery&from=2018-1-31&to=2019-1-31*
5 *https://npm-stat.com*

크와 비교해도 낮지는 않습니다. 그리고 몇 년동안 사용되며 쌓아온 안정성, 다양한 플러그인, 잘 정리된 문서, 많은 사람들의 사용 경험들은 무시할 수 없는 장점입니다. 또한 초반의 학습 곡선이 큰 편인 React나 Angular에 비해 jQuery는 배우기도 쉽습니다. Angular의 경우 지속적으로 새로운 버전이 빠르게 나오기 때문에 따라가기 어려운 것도 사실입니다.

물론 Vue, React, Angular가 강력한 기능을 제공하고 많이 사용되는 프레임워크라는 사실은 부정할 수 없습니다. 현재의 웹 페이지는 예전의 정적인 페이지에서 벗어나서 UI/UX가 중요한, 사용자의 행동에 따라 변화하는 동적인 페이지로 진화하고 있습니다. 이러한 기능들을 프레임워크를 사용하지 않고 개발한다는 것은 생각하기 어려운 일입니다. 이 책에 실린 프로젝트는 REST API와 프런트엔드로 나누어진 형태가 아니기 때문에 쉽게 시작할 수 있는 jQuery를 사용하겠습니다.

4.5.2 컨트롤러 영역

BoardController 클래스에 다음과 같이 게시글의 수정 및 삭제 코드를 추가합니다.

코드 4-28 BoardController.java

```
@RequestMapping("/board/updateBoard.do")
public String updateBoard(BoardDto board) throws Exception{
    boardService.updateBoard(board);
    return "redirect:/board/openBoardList.do";  ❶
}

@RequestMapping("/board/deleteBoard.do")
public String deleteBoard(int boardIdx) throws Exception{
    boardService.deleteBoard(boardIdx);
    return "redirect:/board/openBoardList.do";  ❷
}
```

❶❷ 글이 수정 또는 삭제되면 게시글 목록 화면으로 이동합니다.

4.5.3 서비스 및 매퍼 영역

먼저 BoardService 인터페이스에 다음 코드를 추가합니다.

코드 4-29 BoardService.java

```
void updateBoard(BoardDto board) throws Exception;

void deleteBoard(int boardIdx) throws Exception;
```

BoardServiceImpl 클래스에는 다음 코드를 추가합니다.

코드 4-30 BoardServiceImpl.java

```
@Override
public void updateBoard(BoardDto board) throws Exception {
    boardMapper.updateBoard(board);
}

@Override
public void deleteBoard(int boardIdx) throws Exception {
    boardMapper.deleteBoard(boardIdx);
}
```

BoardMapper 인터페이스에는 다음 코드를 추가합니다.

코드 4-31 BoardMapper.java

```
void updateBoard(BoardDto board) throws Exception;

void deleteBoard(int boardIdx) throws Exception;
```

4.5.4 SQL 작성하기

sql-board.xml에 다음 쿼리를 추가합니다.

코드 4-32 sql-board.xml

```
<update id="updateBoard" parameterType="board.board.dto.BoardDto">     ❶
    <![CDATA[
        UPDATE t_board SET
            title = #{title},
            contents = #{contents},
            updated_datetime = NOW(),
            updater_id = 'admin'
        WHERE
            board_idx = #{boardIdx}
    ]]>
</update>

<update id="deleteBoard" parameterType="int">     ❷
    <![CDATA[
        UPDATE t_board SET
            deleted_yn = 'Y',
            updated_datetime = NOW(),
            updater_id = 'admin'
        WHERE
            board_idx = #{boardIdx}
    ]]>
</update>
```

❶ 글 수정 쿼리입니다. 제목 및 내용, 수정된 시간, 수정한 사람의 아이디를 변경합니다. 수정한 사람의 아이디는 임시로 admin으로 지정했습니다.

❷ 글 삭제 쿼리입니다. DB에서 삭제를 하지 않고 삭제 구분 컬럼의 값만 변경합니다. 수정 쿼리와 마찬가지로 수정된 시간과 수정한 사람의 아이디도 변경했습니다.

4.5.5 실행 결과 확인하기

먼저 수정 기능부터 살펴보겠습니다. 게시글 상세 화면으로 이동해서 제목을 변경하고 [수정하기] 버튼을 클릭하여 제목이 정상적으로 수정되고 목록 화면으로 이동하는지 확인합니다.

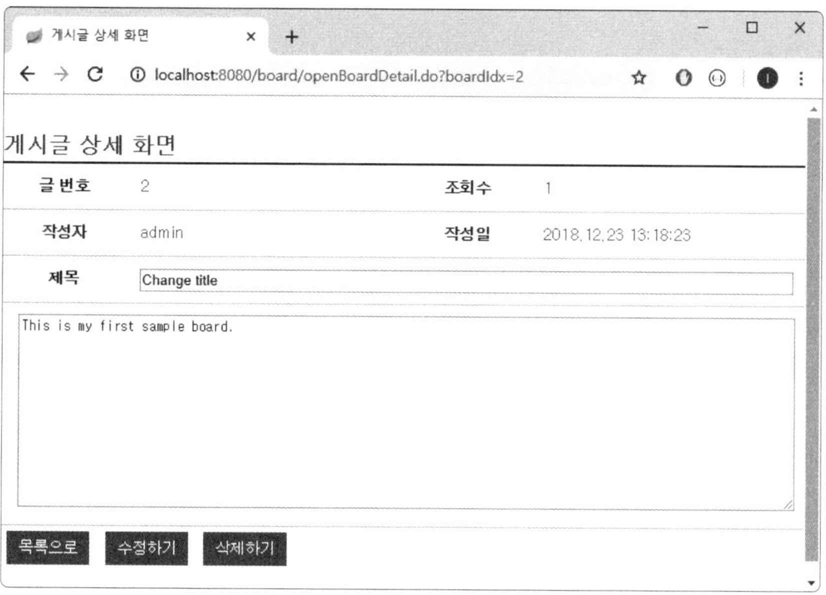

2번 글의 제목이 변경된 것을 확인할 수 있습니다. 여기서는 지면상 제목을 수정한 것만 보여 주었지만, 여러분들은 글, 수정 시간 등이 정상적으로 수정되는지 모두 확인하기 바랍니다.

이번에는 상세 화면에서 [삭제하기] 버튼을 클릭해 봅니다. 목록 화면으로 이동하고 1번 글만 남아 있는 것을 확인할 수 있습니다.

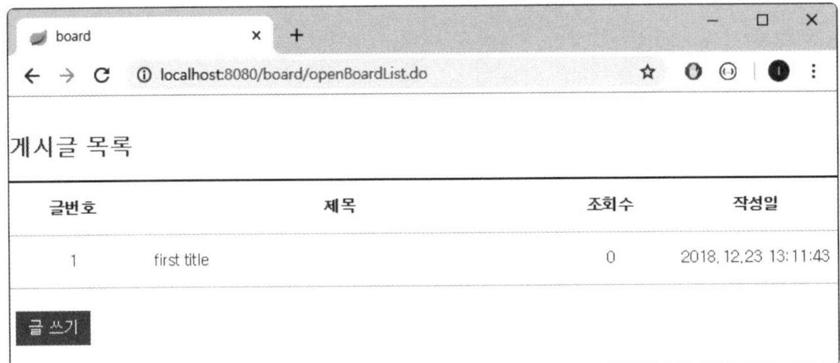

5장

S p r i n g b o o t

스프링의 다양한 기능 살펴보기

앞에서 간단한 게시판을 만들면서 스프링 MVC 구조에 대해서 간단히 알아보았습니다. 이번 장에서는 스프링의 다양한 설정 및 기능, 로그, 인터셉터, AOP, 트랜잭션, 예외처리 등에 대해서 살펴보겠습니다. 앞에서 진행했던 내용들은 스프링의 기능을 거의 사용하지 않았기 때문에 스프링의 특성을 살펴보기 힘들었을 겁니다. 이번 장에서는 스프링의 여러 가지 기능 및 장점을 살펴보고 이를 애플리케이션에 어떻게 적용할지 살펴보겠습니다.

5.1 Logback 사용하기

가장 먼저 로그부터 이야기해 봅시다. 로그가 스프링 프레임워크와 직접적인 연관이 있는 것은 아니지만 앞으로 다룰 내용에서 필요한 개념이기 때문에 가장 먼저 소개합니다. 우리가 만들거나 사용하는 프로그램들은 다양한 로그를 남기고 있습니다. 이런 로그는 시스템의 로그 파일에 남기 때문에 사용자가 직접 볼 수는 없습니다. 그렇지만 이러한 시스템의 로그는 프로그램의 개발 및 유지보수, 에러확인 등 애플리케이션 전반에 걸쳐 사용됩니다. 스프링 부트도 다양한 로그 프레임워크를 쉽게 적용할 수 있도록 지원합니다. 스프링의 기능을 살펴보기에 앞서 개발에 필요한 로그를 설정하는 것부터 시작하겠습니다.

5.1.1 Logback이란?

몇 년 전까지 자바 프로젝트에서 가장 많이 사용되는 로그 라이브러리는 Log4j였습니다. 지금은 개발이 종료되기는 했지만 Log4j는 자바의 예외를 처리하기 위해 시작된 프로젝트였습니다. Log4j의 성공에 힘입어 Log4j의 개발자는 로거에 대해 좀 더 깊은 프로젝트를 시작했고, 그 결과 Log4j를 토대로 Logback을 만들게 되었습니다.

Logback은 다음과 같은 장점을 가지고 있습니다. Logback의 공식 홈페이지[1]에 나와 있는 내용 중 중요한 장점 몇 가지만 살펴보겠습니다.

- 오랫동안 널리 사용되고 검증된 Log4j를 기반으로 다시 작성되었습니다. Log4j와 비교해서 성능은 약 10배 정도 빠르고 메모리 사용량도 적습니다.
- Log4j부터 진행한 테스트 경험을 토대로 더욱 광범위한 테스트를 통해 검증되었습니다.
- 로그 설정이 변경될 경우 서버를 재시작하지 않더라도 바로 반영됩니다. Log4j와 같은 로그 라이브러리는 로그 설정을 변경할 경우 서버를 재시작해야 반영되었습니다. 그렇지만 Logback은 로그 설정이 변경될 경우 내부에 설정 변화를 감지하는 별도의 스레드가 존재하기 때문에 서버의 재시작 없이 바로 반영됩니다. 이러한 스레드는 서버에 초당 100만 번이 넘는 요청을 하더라도 애플리케이션의 성능에 큰 영향을 끼치지 않습니다.

이러한 장점들을 가진 Logback은 로깅 구현체 중 하나로 slf4j(Simple Logging Facade for Java)를 함께 사용합니다. slf4j는 자바의 다양한 로그 모듈들의 추상체라고 할 수 있습니다. 엄밀히 말하면 자바의 인터페이스(interface)와 비슷한 역할을 한다고 할 수 있습니다. slf4j의 API를 이용할 경우 실제 로깅을 담당하는 로깅 구현체의 종류와 상관없이 일관된 로그 코드를 작성할 수 있습니다. 로그 출력 등 로깅 코드는 slf4j를 이용하면 내부적으로는 Logback이나 log4j2와 같은 로깅 구현체가 그 기능을 구현합니다.

스프링 부트로 프로젝트를 생성하면 Logback을 기본으로 사용합니다. 물론 그 외의 다른 로그 라이브러리도 최소한의 설정만 변경하면 바로 사용할 수 있습니다. 로그를 사용하는 코드에서는 특정 로깅 구현체의 패키지를 사용하지 않기 때문에 그저 새로운 로깅 구현체만 추가하면 됩니다. 이는 잠시 후에 설명하겠습니다. 여기서는 Logback을 사용하기 때문에 다른 로깅 구현체로 변경하는 내용은 다루지 않습니다.

1 *https://logback.qos.ch/reasonsToSwitch.html*

5.1.2 Logback 설정하기

먼저 src/main/resources 폴더 밑에 logback-spring.xml 파일을 생성하고 다음의 내용을 작성합니다.

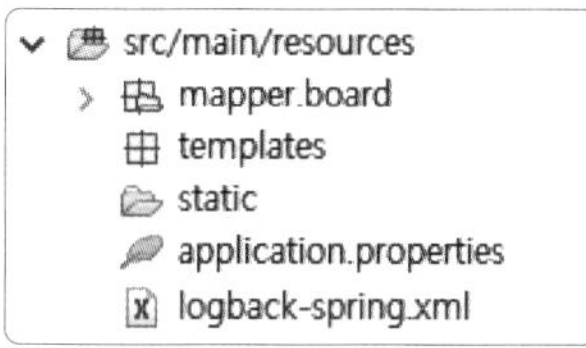

코드 5-1 logback-spring.xml

```
<?xml version="1.0" encoding="UTF-8"?>
<configuration debug="true">
    <!-- Appenders -->
    <appender name="console" class="ch.qos.logback.core.ConsoleAppender">
        <encoder>
            <Pattern>%d %5p [%c] %m%n</Pattern>        ❷
        </encoder>
    </appender>
                                                                        ❶
    <appender name="console-infolog" class="ch.qos.logback.core.ConsoleAppender">
        <encoder>
            <Pattern>%d %5p %m%n</Pattern>    ❸
        </encoder>
    </appender>

    <!-- 로거 -->
    <logger name="board" level="DEBUG" appender-ref="console"/>   ❹

    <!-- 루트 로거 -->
    <root level="off">
        <appender-ref ref="console"/>
    </root>
</configuration>
```

Logback의 주요 구성요소는 다음과 같습니다.

❶ appender는 로그를 어디에 출력할지(콘솔, 파일 기록, DB 저장 등) 결정하는 역할을 합니다.

❷❸ encoder는 appender에 포함되어 출력할 로그를 지정한 형식으로 변환하는 역할을 합니다. 2번은 debug용으로 사용하고 3번은 info 레벨로 사용할 예정입니다.

❹ logger는 로그를 출력하는 요소로 Level 속성을 통해서 출력할 로그의 레벨을 조절하여 appender에 전달합니다. debug 레벨의 로그를 출력하는 형식은 1번 console이라는 이름의 appender를 사용합니다.

Logback에서 사용되는 로그의 레벨은 다음과 같습니다.

로그 레벨	설명
trace	모든 로그를 출력합니다.
debug	개발할 때 디버그 용도로 사용합니다.
info	상태 변경 등과 같은 정보성 메시지를 나타냅니다.
warn	프로그램의 실행에는 문제가 없지만 추후 시스템 에러의 원인이 될 수 있다는 경고성 메시지를 의미합니다.
error	요청을 처리하던 중 문제가 발생한 것을 의미합니다.

표에서 가장 윗줄이 가장 낮은 레벨입니다. 아래로 갈수록 레벨이 높아지며 설정한 로그 레벨 이상의 로그만 출력됩니다. 예를 들어 설정 레벨을 info로 했을 경우 info 레벨과, info 레벨보다 높은 warn, error 로그가 출력됩니다.

5.1.3 Logback 사용하기

이제 앞에서 설정한 Logback을 사용하는 방법을 알아보겠습니다. Logback을 사용하는 방법은 간단합니다. 먼저 로그를 사용하려는 클래스에서 다음과 같이 로거를 생성합니다.

코드 5-2 로거 생성

```
import org.slf4j.Logger;
import org.slf4j.LoggerFactory;    ❶

Logger log = LoggerFactory.getLogger(this.getClass());  ❷
```

❶ 로그를 사용하는 코드에서는 특정 로깅 구현체의 패키지를 사용하지 않는다는 이야기를 앞에서 했습니다. 코드에서 사용되는 로거는 slf4j 패키지입니다. 즉, 로거로 Logback을 사용하더라도 코드 내에서는 slf4j의 의존성만 사용합니다. 따라서 로깅 구현체를 Logback이 아닌 다른 라이브러리(예를 들어 log4j2와 같은)로 쉽게 변경할 수 있습니다. Logback의 의존성이 없기 때문에 코드 내에서 추가적으로 변경할 부분이 없기 때문입니다.

❷ `getLogger()` 메서드의 파라미터는 로거의 이름입니다. 모든 로거는 이름을 기반으로 생성됩니다. 만약 `getLogger("NAME")`으로 생성하면 `NAME`이라는 이름을 가진 로거 인스턴스 하나를 반환합니다. 일반적으로는 특별한 이름을 넘겨 주는 것보다는 클래스 객체를 넘겨 주는 방식을 더 많이 사용합니다. 위의 코드처럼 클래스 객체를 넘겨 주면 로거의 이름은 "패키지 이름 + 클래스 이름"으로 구성됩니다. 이 부분은 잠시 후 실행 결과에서 다시 한번 살펴보겠습니다.

코드 5-3은 로그를 출력하는 코드입니다. 로그를 출력하는 메서드는 로그 레벨과 동일합니다. 즉, debug 레벨의 로그를 출력하려면 `.debug` 메서드를 호출하면 됩니다.

코드 5-3 로그 출력

```
log.trace("trace level log");
log.debug("debug level log");
log.info("info level log");
log.warn("warn level log");
log.error("error level log");
```

Logback에서 사용되는 로그 레벨은 다섯 개 있다고 앞에서 이야기를 했습니다. 로그를 출력할 때는 원하는 레벨의 로그를 호출하면 됩니다.

이제 앞 장에서 만들었던 `BoardController` 클래스에 로거를 적용해 보겠습니다. `BoardController`에 ❶과 ❷를 추가합니다.

코드 5-4 BoardController.java

```
@Controller
public class BoardController {
    private Logger log = LoggerFactory.getLogger(this.getClass());  ❶
    ...중략...
    @RequestMapping("/board/openBoardList.do")
    public String openBoardList(ModelMap model) throws Exception{
        log.debug("openBoardList");  ❷

        List<Map<String, Object>> list = boardService.selectBoardList();
        ...중략...
    }
```

❶ 로거를 생성합니다. 로거의 이름에는 앞에서 설명한 것처럼 클래스 객체를 넘겨줬습니다.

❷ debug 레벨의 로그를 출력합니다. 테스트를 위해 `openBoardList`라는 문자열을 출력합니다.

이제 로그가 정상적으로 출력되는지 확인할 차례입니다. 애플리케이션을 실행하고 `/board/openBoardList.do`를 호출해서 이클립스 콘솔창에 정상적으로 로그가 출력되는지 확인합니다.

```
2017-08-01 16:42:01,906  INFO [board.BoardApplication] Starting BoardApplication on DESKT
2017-08-01 16:42:01,906 DEBUG [board.BoardApplication] Running with Spring Boot v2.0.0.M1
2017-08-01 16:42:01,906  INFO [board.BoardApplication] No active profile set, falling bac
2017-08-01 16:42:02,468  INFO [board.BoardApplication] Started BoardApplication in 0.585
2017-08-01 16:42:06,349 DEBUG [board.board.controller.BoardController] openBoardList
2017-08-01 16:42:06,893 DEBUG [board.selectBoardList] ==>  Preparing: SELECT board_sn, ti
2017-08-01 16:42:06,894 DEBUG [board.selectBoardList] ==> Parameters:
2017-08-01 16:42:06,993 DEBUG [board.selectBoardList] <==      Total: 1
```

콘솔창에 debug 레벨로 `openBoardList`가 출력되면 로그가 정상적으로 설정된 것입니다.

> 롬복을 사용할 경우 @Slf4j 어노테이션을 사용하면 로거를 따로 생성할 필요가 없습니다.
>
> ```
> import lombok.extern.slf4j.Slf4j;
>
> @Slf4j
> public class BoardController { ...중략...
> ```

5.2 Log4JDBC로 쿼리 로그 정렬하기

스프링 부트는 자체적으로 log4j2나 Logback 등의 로깅 API를 제공합니다. 따라서 특별한 설정을 하지 않더라도 기본적으로 여러 가지 로그가 출력됩니다. 쿼리 로그 역시 출력됩니다.

그렇지만 이러한 로그에는 개발하는 데 당장 필요하지 않은 정보가 많습니다. 그리고 정렬이 되어 있지 않기 때문에 로그를 한눈에 알아보기 힘들 수 있습니다. 쿼리에서 사용되는 파라미터 역시 보이지 않기 때문에 쿼리를 한눈에 알아보기도 어렵습니다. 예를 들어 게시판 상세 화면을 호출하면 다음과 같이 로그가 정렬되지 않은 상태로 출력됩니다. 지면 관계상 출력된 로그 중 일부만 편집했습니다. 전체 로그는 콘솔창에서 확인하세요.

```
Preparing: UPDATE t_board SET hit_cnt = hit_cnt + 1 WHERE board_idx = ?
Parameters: 3(Integer)
Updates: 1
board.board.mapper.BoardMapper.selectBoardDetail()
Preparing: SELECT board_idx, title, contents, hit_cnt, created_datetime,
    creator_id FROM t_board WHERE board_idx = ? AND deleted_yn = 'N'
Parameters: 3(Integer)
Total: 1
```

한눈에 알아보기 쉽지 않은 로그가 출력됩니다. 쿼리가 한 줄로 출력되고 파라미터는 ?로 표시되기 때문에 전체적인 쿼리 구조나 사용된 파라미터의 값, 쿼리의 수행시간이나 실행 결과와 같은 부가적인 정보들도 알 수 없습니다.

`updateHitCount` 쿼리는 길이가 짧기 때문에 쿼리 로그가 정렬되지 않더라도 쿼리를 알아보는 데 큰 문제는 없습니다. 하지만 게시글 내용을 조회하는 `selectBoardDetail`과 같이 길이가 긴 쿼리들은 한눈에 파악하기 어렵습니다. 이러한 문제들을 해결하기 위해서 로그가 정렬되어 출력되고 쿼리에 대한 추가적인 정보도 제공하는 Log4JDBC 라이브러리를 이용해 보겠습니다.

5.2.1 라이브러리 추가하기

먼저 build.gradle 파일에 다음과 같이 라이브러리를 추가합니다.

코드 5-5 build.gradle

```
compile group: 'org.bgee.log4jdbc-log4j2', name: 'log4jdbc-log4j2-jdbc4.1',
    version: '1.16'
```

예전에 사용되던 log4jdbc-remix라는 라이브러리는 개발이 종료되었습니다. 후속으로 log4jdbc-log4j2가 개발되었습니다. 따라서 여기에서는 log4jdbc-log4j2의 최신 버전을 사용합니다.

5.2.2 log4jdbc 설정하기

log4jdbc-log4j2를 사용해서 쿼리를 정렬하려면 설정할 것이 몇 가지 있습니다. 직접 타이핑을 해야 하므로 오타가 나기 쉬우니 천천히 진행해 주세요.

log4jdbc.log4j2.properties 설정

src/main/resources 폴더 밑에 log4jdbc.log4j2.properties 파일을 생성하고 다음의 내용을 작성합니다. *.properties 파일은 이클립스 내에서 미리 정의되어 있는 확장자가 아니기 때문에 New 〉 File을 이용해서 파일 이름 및 확장자까지 모두 입력해서 만들어야 합니다. 파일 이름이 다를 경우 정상적으로 동작하지 않습니다. 반드시 log4jdbc.log4j2.properties로 생성합니다.

코드 5-6 log4jdbc.log4j2.properties

```
log4jdbc.spylogdelegator.name = net.sf.log4jdbc.log.slf4j.Slf4jSpyLogDelegator
log4jdbc.dump.sql.maxlinelength = 0
```

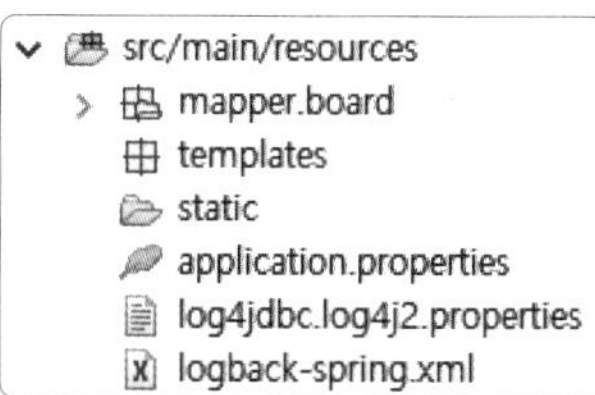

코드를 작성할 때 대소문자를 꼭 구분해서 작성해 주세요.

application.properties 설정

다음으로 application.properties 파일의 설정을 변경할 차례입니다. driver-class-name과 URL을 변경합니다. 코드 5-7처럼 설정되어 있는 기존의 값을 코드 5-8과 같이 변경합니다.

코드 5-7 application.properties - 변경 전

```
spring.datasource.hikari.driver-class-name=com.mysql.cj.jdbc.Driver
spring.datasource.hikari.jdbcurl=
    jdbc:mysql://localhost:3306/insight?useUnicode=true&characterEncoding=utf-8
```

코드 5-8 application.properties - 변경 후

```
spring.datasource.hikari.driver-class-name=net.sf.log4jdbc.sql.jdbcapi.DriverSpy
spring.datasource.hikari.jdbc-url=
    jdbc:log4jdbc:mysql://localhost:3306/insight?useUnicode=true&characterEncoding=utf-8
```

logback-spring.xml 설정

마지막으로 logback-spring.xml 파일에 설정을 추가할 차례입니다. 쿼리 및 실행 결과를 보여 주는 로거를 추가하겠습니다. "board" 로거 밑에 다음의 로거를 추가합니다.

코드 5-9 logback-spring.xml

```
<logger name="jdbc.sqlonly" level="INFO" appender-ref="console-infolog"/>
<logger name="jdbc.resultsettable" level="INFO" appender-ref="console-infolog"/>
```

각각 쿼리와 실행 결과를 보여 주는 로거입니다. log4jdbc는 다음과 같은 로거를 제공합니다.

로거	설명
jdbc.sqlonly	SQL을 보여 줍니다. Prepared statement의 경우 관련된 파라미터는 자동으로 변경되어 출력됩니다.
jdbc.sqltiming	SQL문과 해당 SQL문의 실행 시간을 밀리초(millisecond) 단위로 보여 줍니다.
jdbc.audit	ResultSets를 제외한 모든 JDBC 호출 정보를 보여 줍니다. 매우 많은 로그가 발생되기 때문에 JDBC 관련 문제를 추적하기 위한 것이 아니라면 일반적으로 사용하지 않습니다.
jdbc.resultset	ResultSets를 포함한 모든 JDBC 호출 정보를 보여 주기 때문에 jdbc.audit보다 더 많은 로그가 생성됩니다.
jdbc.resulttable	SQL의 조회 결과를 테이블로 보여 줍니다.
jdbc.connection	Connection의 연결과 종료에 관련된 로그를 보여 줍니다. Connection 누수(leak) 문제를 해결하는 데 도움이 됩니다.

여기서는 sqlonly와 resulttable 로거를 사용했습니다. 잠시 후 실행 결과에서 각 로거가 어떠한 역할을 하는지 볼 수 있습니다. 그 외 옵션들은 직접 하나씩 확인하시면 됩니다.

이제 결과를 다시 확인해 볼 차례입니다. 이번에는 게시글을 조회하면서 로그가 어떻게 다르게 출력되는지 확인해 보겠습니다. 게시글 상세 화면을 호출하고 로그를 확인하면 다음과 같은 결과를 볼 수 있습니다. 지면 관계상 일부분만 보여드리니 꼭 콘솔창에서 전체 로그를 확인하세요.

```
2018-04-17 15:38:54,330  INFO [jdbc.sqlonly] UPDATE
                                 t_board
                          SET
                                 hit_cnt = hit_cnt + 1
                          WHERE
                                 board_idx = '3'

2018-04-17 15:38:54,334 DEBUG [board.board.mapper.BoardMapper.updateHitCount] <==    Updates: 1
2018-04-17 15:38:54,335 DEBUG [board.aop.LoggerAspect] Mapper            :  board.board.mapper.B
2018-04-17 15:38:54,335 DEBUG [board.board.mapper.BoardMapper.selectBoardDetail] ==>  Preparing
2018-04-17 15:38:54,335 DEBUG [board.board.mapper.BoardMapper.selectBoardDetail] ==> Parameters
2018-04-17 15:38:54,335  INFO [jdbc.sqlonly] SELECT
                                 board_idx,
                                 title,
                                 contents,
                                 hit_cnt,
                                 created_datetime,
                                 creator_id
                          FROM
                                 t_board
                          WHERE
                                 board_idx = '3'
                                 AND deleted_yn = 'N'

2018-04-17 15:38:54,342  INFO [jdbc.resultsettable]
|----------|----------|---------|--------|-------------------|-----------|
|board_idx |title     |contents |hit_cnt |created_datetime   |creator_id |
|----------|----------|---------|--------|-------------------|-----------|
|3         |한글 등록 테스트 |[unread] |32      |2017.08.30 17:44:08 |admin      |
|----------|----------|---------|--------|-------------------|-----------|
```

기존에 한 줄로 나오던 쿼리가 정렬이 되고 ?로 표시되던 파라미터들도 모두 값으로 출력됩니다. 앞에서 설정한 쿼리 아이디도 같이 나오니 쿼리를 한눈에 확인할 수 있습니다. 또한 select 쿼리의 실행 결과도 나오기 때문에 쿼리의 결과를 바로 확인할 수 있어 개발하는 데 많은 도움이 됩니다.

5.3 인터셉터 사용하기

스프링의 인터셉터는 어떠한 URI를 호출했을 때 해당 요청의 컨트롤러가 처리되기 전 또는 후에 작업을 하기 위해서 사용됩니다. 이러한 역할은 필터(Filter)와 인터셉터(Interceptor)로 수행할 수 있습니다. 기능적인 면에서는 필터와 인터셉터가 상당히 비슷해 보입니다. 필터로 할 수 있는 일을 인터셉터로 할 수 있고 반대로 인터셉터로 할 수 있는 일을 필터로도 할 수 있습니다. 그렇다면 이 둘의 차이는 무엇일까요? 그림을 통해 알아보겠습니다. 다음 그림은 스프링 MVC 요청의 라이프사이클을 나타냅니다.

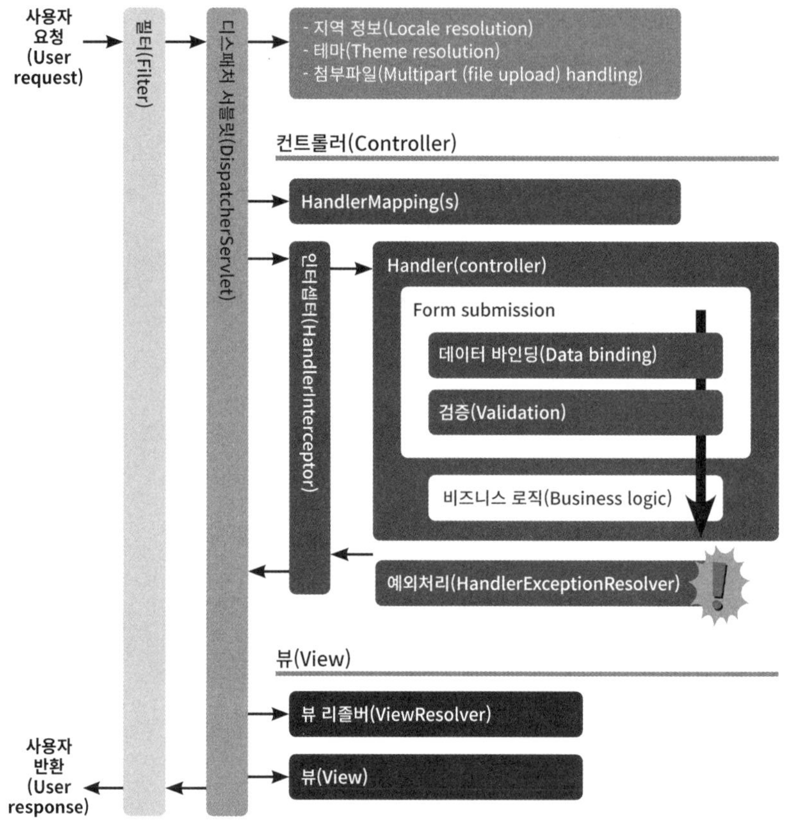

그림 5-1 스프링 MVC 요청의 라이프사이클

필터와 인터셉터의 차이점은 다음과 같습니다.

- 필터는 디스패처 서블릿 앞 단에서 동작하지만 인터셉터는 디스패처 서블릿에서 컨트롤러로 가기 전에 동작합니다.
- 필터는 J2EE 표준 스펙에 있는 서블릿의 기능 중 일부이지만 인터셉터는 스프링 프레임워크에서 제공되는 기능입니다. 따라서 필터와 달리 인터셉터에서는 스프링 빈을 사용할 수 있습니다.

정확히 언제 필터와 인터셉터를 사용하는지에 대해서는 여러 가지 의견이 있습니다. 일반적으로 문자열 인코딩과 같은 웹 전반에서 사용되는 기능은 필터로 구현을 하고, 클라이언트의 요청과 관련이 있는 여러 가지 처리(예를 들어 로그인이나 인증, 권한 등)는 인터셉터로 처리합니다.

이 책에서 필터는 문자열 인코딩과 7장에서 설명할 RESTful 게시판을 만들 때 사용합니다.

5.3.1 HandlerInterceptorAdapter로 인터셉터 구현하기

스프링에서 인터셉터는 HandlerInterceptorAdapter 클래스를 상속받아서 구현할 수 있습니다. HandlerInterceptorAdapter는 다음의 세 가지 메서드를 제공합니다.

메서드	역할
preHandle	컨트롤러 실행 전에 수행됩니다.
postHandle	컨트롤러 수행 후 결과를 뷰로 보내기 전에 수행됩니다.
afterCompletion	뷰의 작업까지 완료된 후 수행됩니다.

인터셉터로 원하는 기능을 만들려면 필요한 메서드를 사용해서 인터셉터를 등록하면 됩니다. 여기서는 각 요청의 시작과 끝을 보여 주는 로그를 출력해 주는 인터셉터를 작성해 보겠습니다.

다음 그림의 경로대로 interceptor 패키지를 생성하고 LoggerInterceptor 클래스를 생성합니다.

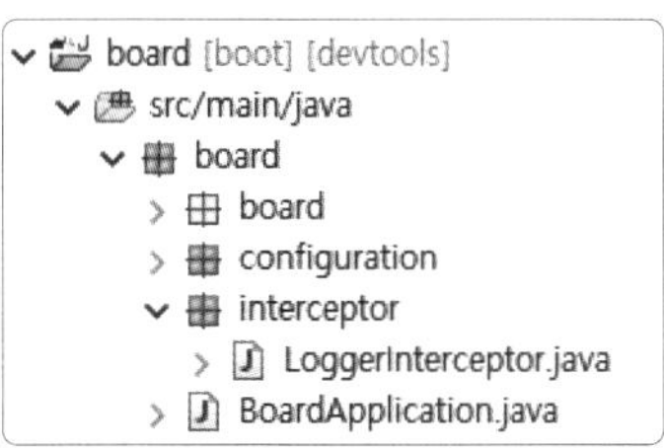

LoggerInterceptor.java에 다음과 같이 코드를 작성합니다.

코드 5-10 LoggerInterceptor.java

```
package board.interceptor;

import javax.servlet.http.HttpServletRequest;
import javax.servlet.http.HttpServletResponse;

import lombok.extern.slf4j.Slf4j;
import org.springframework.web.servlet.ModelAndView;
import org.springframework.web.servlet.handler.HandlerInterceptorAdapter;

public class LoggerInterceptor extends HandlerInterceptorAdapter{  ❶

    @Override
    public boolean preHandle(HttpServletRequest request, HttpServletResponse response,
                             Object handler) throws Exception {
```

```
        log.debug("========================== START ===========================");  ❷
        log.debug(" Request URI \t:  " + request.getRequestURI());
        return super.preHandle(request, response, handler);
    }

    @Override
    public void postHandle(HttpServletRequest request, HttpServletResponse response,
                           Object handler, ModelAndView modelAndView) throws Exception {
        log.debug("=========================== END ============================\n");  ❸
    }
}
```

❶ HandlerInterceptorAdapter를 상속받아서 LoggerInterceptor를 구현합니다.

❷ 컨트롤러가 실행되기 전 수행됩니다. 여기서는 컨트롤러의 시작을 표시하기 위해서 "START"라는 메시지와 호출된 URI를 출력합니다.

❸ 컨트롤러가 정상적으로 실행된 후 수행됩니다. 여기서는 컨트롤러의 끝을 표시하기 위해서 "END"라는 메시지를 출력합니다.

5.3.2 Interceptor 등록하기

이제 앞에서 만든 LoggerInterceptor를 스프링 빈으로 등록하겠습니다. 스프링 3.x 버전에서는 스프링에 관련된 설정을 XML 파일에 했지만 스프링 4.0 이상에서는 자바 기반의 설정을 지원하기 때문에 복잡한 XML을 사용하지 않고 자바 설정을 이용해서 인터셉터를 쉽게 등록할 수 있습니다. configuration 패키지 안에 WebMvcConfiguration 클래스를 생성하고 다음의 코드를 작성합니다.

코드 5-11 WebMvcConfiguration.java

```
@Configuration
public class WebMvcConfiguration implements WebMvcConfigurer{

    @Override
    public void addInterceptors(InterceptorRegistry registry){
        registry.addInterceptor(new LoggerInterceptor());  ❶
    }
}
```

❶ 인터셉터를 등록합니다. addPathPatterns() 메서드와 excludePathPatterns() 메서드를 이용하여 요청 주소의 패턴과 제외할 요청 주소의 패턴을 지정하여 선택적으로 적용할 수 있습니다. 여기서는 모든 요청에 대해서 인터셉터를 적용하기 때문에 특별한 패턴은 지정하지 않았습니다.

이제 프로그램을 실행하고 게시판 목록을 호출해서 컨트롤러 호출의 앞뒤에 로그가 찍히는지 확인합니다.

```
DEBUG [board.interceptor.LoggerInterceptor] ======================================          START          ======================================
DEBUG [board.interceptor.LoggerInterceptor]  Request URI        :  /board/openBoardList.do
 INFO [board.board.dao.BoardMapper]             Query id        :  board.selectBoardList
DEBUG [board.selectBoardList] ==>  Preparing: SELECT board_sn, title, hit_cnt, DATE_FORMAT(created_datetime, '%Y.%m.%d %H:%i:%s') AS created_date
DEBUG [board.selectBoardList] ==> Parameters:
 INFO [jdbc.sqlonly] SELECT
        board_sn,
        title,
        hit_cnt,
        created_datetime
FROM
        t_board
WHERE
        deleted_yn = 'N'
ORDER BY board_sn DESC

 INFO [jdbc.resultsettable]
|--------|-------------------|
|hit_cnt |created_datetime   |
|--------|-------------------|
|8       |2017.06.07 20:25:52|
|--------|-------------------|

DEBUG [board.selectBoardList] <==      Total: 1
DEBUG [board.interceptor.LoggerInterceptor] ======================================          END          ======================================
```

컨트롤러의 호출이 일어나기 전 인터셉터의 START 로그와 호출된 URI가 표시되고 사용자 요청에 필요한 모든 로직이 정상적으로 수행된 후 인터셉터의 END 로그가 출력된 것을 확인할 수 있습니다.

5.4 AOP 사용하기

스프링 프레임워크를 이야기할 때 빠지지 않고 등장하는 단어 중 하나가 AOP입니다. AOP는 IoC/DI[2]와 함께 스프링 프레임워크에서 중요한 내용입니다. AOP는 Aspect Oriented Programming의 약자로 관점지향 프로그래밍이라고 합니다. 관점(또는 관심)이란 단어가 잘 와닿지 않기 때문에 AOP를 이해하기도 어려울 수 있는데요. 따라서 이번 절에서는 관점지향이 무엇인지 알아보고 이 새로운 개념이 어떻게 프로그래밍에 적용되는지 알아보겠습니다.

5.4.1 AOP란?

스프링의 여러 가지 장점 및 특징을 이야기할 때 빠지지 않고 등장하는 것이 바로 AOP입니다. AOP를 OOP(Object Oriented Programming; 객체지향 프로그래밍)를 대체하는 개념으로 오해하는 경우도 있습니다. 사실 AOP는 OOP를 더욱 OOP답게 사용하도록 도와 주는 개념으로 AOP를 이해하기 위해서는 우선 OOP의 이해가 필요합니다. 따라서 OOP에 대해서 잠시 이야기를 해 보겠습니다.

현대의 프로그래밍은 대부분 객체지향이라는 개념을 가지고 구현됩니다. 객체지향이란 관심사가 같은 기능과 데이터를 모아서 재사용이 가능한 객체로 캡슐화를 하는 것을 의미합니다. 객체지향 개념을 잘 모르는 분도 자바를 이용해 애플리케이션을 개발하면서 수많은 클래스를 생성해 본 적이 있을 겁니다. 또한

2 Inversion of Control: 제어역전, Dependency Injection: 의존관계 주입

이미 만들어져 있는 클래스를 사용하고 또 새로운 클래스를 직접 만들어서 사용합니다. 이러한 클래스들은 프로젝트 내의 여러 곳에서 반복적으로 재사용되면서 생산성이 높아졌습니다.

그런데 실제로 애플리케이션을 개발하다 보면 객체의 핵심코드 외에도 여러 가지 기능이 들어갑니다. 메서드 호출 전후의 로그, 데이터 검증 및 확인 로그, 예외처리 등 핵심 기능과 관계는 없지만 그렇다고 없어서도 안 되는 코드들이 삽입되면서 객체의 모듈화가 어려워지곤 합니다. 반복적인 코드를 삽입하지 않기 위해 만든 클래스도, 그 클래스를 반복적으로 사용하면서 코드의 재사용성이 떨어지고 생산성이 낮아지는 문제가 나타납니다.

AOP는 애플리케이션 전반에서 사용되는 기능을 여러 코드에 쉽게 적용할 수 있도록 합니다. 예를 들어 로그, 권한 체크, 인증, 예외처리 등은 애플리케이션의 대부분에 적용되어야 하는 기능입니다. 기존의 프로그래밍에서는 공통적으로 사용하는 기능을 하나의 클래스로 만들어 놓더라도 해당 기능이 필요한 모든 부분에서 클래스를 생성하고 필요한 메서드를 호출해야만 했습니다. 즉, 어떠한 공통 기능을 사용해야 할 부분이 백 군데라고 하면, 백 군데의 코드에 직접 공통 기능을 추가해야 했던 것입니다. 이를 그림으로 표현하면 그림 5-2와 같습니다.

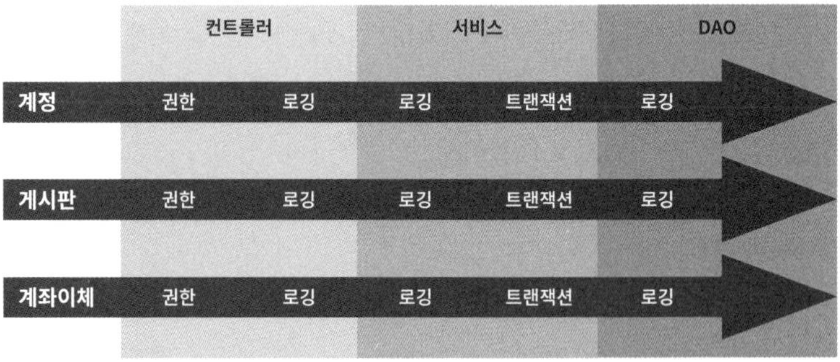

그림 5-2 OOP

화살표는 하나의 기능을 구현하기 위해 필요한 작업을 나타냅니다. 하나의 기능이 동작하기 위해서는 컨트롤러, 서비스, DAO 및 데이터베이스를 모두 거쳐야 합니다. 이는 어떠한 기능을 구현하더라도 동일합니다. 이러한 기능에 공통적으로 들어가야 할 기능이 있습니다. 바로 권한 체크, 로그, 트랜잭션 등입니다. 계정이나 게시판, 계좌이체와 같은 기능을 개발하면서 직접 공통 기능을 넣어 줘야 합니다.

AOP는 이러한 문제를 관점(또는 관심)이라는 개념을 통해서 해결합니다. 일상행활에서 "자신의 관점이 아니라 제3자의 관점에서 바라보다"라는 말을 합니다. 3자의 관점이란 내가 나를 바라보는 게 아닌 외부에서 나를 바라보는 걸 뜻합니다. 즉, 대상을 바라보는 방향을 바꾸자는 이야기입니다. 계정, 게시판, 계좌이체라는 핵심 기능의 관점에서는 권한, 로깅, 트랜잭션 등의 부가 기능 사이에 공통점이 없습니다. 이걸 바라보는 시점을 바꿔서 부가 기능의 관점에서 바라보면 이야기가 달라집니다. 부가 기능의 관점에서는 핵심 로직이 어떤 역할을 하는지는 몰라도 됩니다. 단지 부가 기능이 적용될 시점, 즉 핵심 로직의 시작이나 종료 시점에 그곳에서 필요한 부가 기능이 적용되기만 하면 됩니다. 이를 그림으로 표현해 보면 그림 5-3과 같습니다.

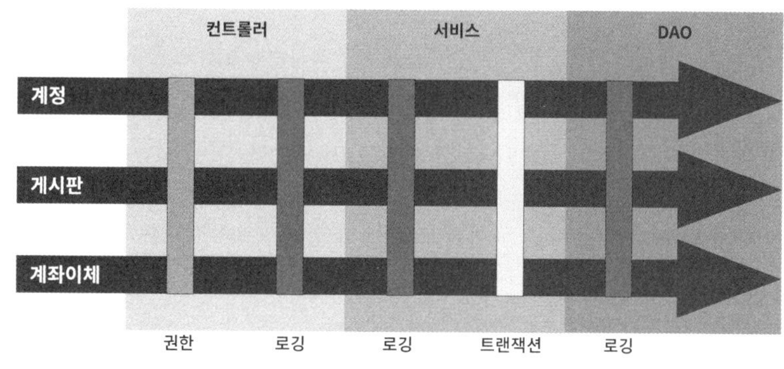

그림 5-3 AOP

OOP와 비교해서 권한, 로깅, 트랜잭션과 같은 부가 기능이 비즈니스 로직에 직접적으로 삽입된 것이 아니라 외부에 있는 것을 볼 수 있습니다. 각각의 부가 기능의 입장에서는 해당 기능이 들어갈 시점만 확인하면 됩니다. 비즈니스 로직은 신경 쓰지 않아도 됩니다. 비즈니스 로직이 몇 개가 추가되더라도 컨트롤러나 서비스와 같은 영역의 실행시점에만 삽입되면 됩니다. 비즈니스 로직의 관점에서는 핵심적인 로직만 신경 쓰고 부가적인 기능을 신경 쓰지 않아도 됩니다. 반대로 부가 기능의 관점에서는 각각의 가로 영역(핵심 로직)에서 공통된 부분을 잘라내고 그 사이에 삽입됩니다.

OOP를 더욱 OOP적으로 만들어주는 AOP

앞에서 AOP는 OOP를 더욱 OOP적으로 사용할 수 있게 도와주는 개념이라고 이야기를 했습니다. AOP는 결국 공통된 기능을 재사용하는 것입니다. 물론 OOP도 공통된 기능을 하나의 객체로 만들고 이를 다른 객체에서 호출하는 식으로 구현됩니다. 하지만 공통 기능을 구현하기 위해 다시 다른 객체의 기능이 필요하다거나, 객체에서 다른 객체를 계속 호출해야 하는 등 객체 간 종속성이 강한 경우가 있습니다. 그러면 모듈화를 깔끔하게 하기가 어렵습니다.

AOP를 이용하면 다른 객체의 호출과 상관없이 각각의 기능에만 집중해서 모듈로 만들 수 있습니다. 필요한 지점에서 기능을 직접 삽입하면 됩니다. 즉, AOP는 비즈니스 로직을 구현한 코드에서 공통 기능 코드를 직접 호출하지 않습니다.

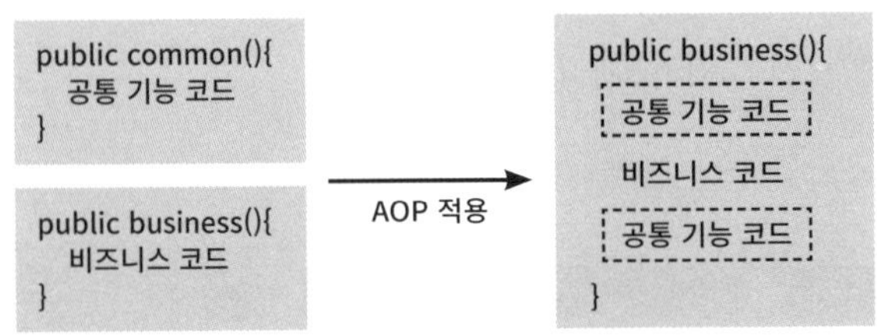

그림 5-4 AOP가 적용된 코드의 실행 모습

즉, AOP는 비즈니스 로직을 구현한 코드에서 공통 기능 코드를 직접 호출하지 않습니다. AOP를 적용하면 공통 기능과 비즈니스 기능을 따로 개발한 후 컴파일하거나 컴파일된 클래스를 로딩하는 시점 등에 AOP가 적용되어 비즈니스 로직 코드 사이에 공통 기능 코드가 삽입됩니다. 기존의 프로그래밍에서는 각 객체별로 적용했던 기능을 AOP에서는 각각의 관심별로 외부에서 추가하는 것이 핵심입니다. 이렇게 글로만 설명하면 아무래도 개념을 이해하기가 어려우니 잠시 후 코드를 통해서 살펴보겠습니다.

AOP는 새로운 개념인 만큼 새로운 용어들을 만나게 될 겁니다. AOP에 대한 예제 및 설명에 앞서 꼭 알아두어야 할 용어를 표에 정리했으니 살펴보기 바랍니다. 자세한 내용은 예제를 통해서 하나씩 살펴보겠습니다.

용어	의미
관점(Aspect)	공통적으로 적용될 기능을 의미합니다. 횡단 관심사의 기능이라고도 할 수 있으며 한 개 이상의 포인트컷과 어드바이스의 조합으로 만들어집니다.
어드바이스(Advice)	관점의 구현체로 조인포인트에 삽입되어 동작하는 것을 의미합니다. 스프링에서 사용하는 어드바이스는 동작하는 시점에 따라 다섯 종류로 구분됩니다.
조인포인트(Joinpoint)	어드바이스를 적용하는 지점을 의미합니다. 스프링 프레임워크에서 조인포인트는 항상 메서드 실행 단계만 가능합니다.
포인트컷(Pointcut)	어드바이스를 적용할 조인포인트를 선별하는 과정이나 그 기능을 정의한 모듈을 의미합니다. 정규표현식이나 AspectJ의 문법을 이용해서 어떤 조인포인트를 사용할 것인지 결정합니다.

타깃(Target)	어드바이스를 받을 대상을 의미합니다.
위빙(Weaving)	어드바이스를 적용하는 것을 의미합니다. 즉, 공통 코드를 원하는 대상에 삽입하는 것을 뜻합니다.

5.4.2 AOP 적용하기

코드 전체에 적용될 기능은 여러 가지가 있습니다만 여기에서는 로그 출력에 AOP를 적용해 보겠습니다. 출력할 로그는 컨트롤러, 서비스, 매퍼의 메서드가 실행될 때 각 메서드의 경로 및 이름입니다.

board 패키지에 aop라는 패키지를 생성합니다.

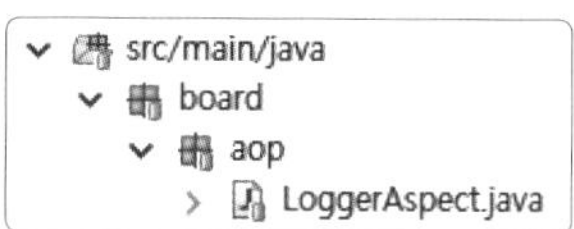

LoggerAspect.java에 LoggerAspect 클래스를 작성합니다.

코드 5-12 LoggerAspect.java

```
package board.aop;

import org.aspectj.lang.ProceedingJoinPoint;
import org.aspectj.lang.annotation.Around;
import org.aspectj.lang.annotation.Aspect;
import org.slf4j.Logger;
import org.slf4j.LoggerFactory;
import org.springframework.stereotype.Component;

@Component
@Aspect ❶
public class LoggerAspect {
    private Logger log = LoggerFactory.getLogger(this.getClass());

    @Around("execution(* board..controller.*Controller.*(..)) or     ❷
             execution(* board..service.*Impl.*(..)) or
             execution(* board..dao.*Mapper.*(..))")
    public Object logPrint(ProceedingJoinPoint joinPoint) throws Throwable {
        String type = "";
        String name = joinPoint.getSignature().getDeclaringTypeName();     ❸
        if(name.indexOf("Controller") > -1) {
            type = "Controller  \t:  ";
        }
        else if(name.indexOf("Service") > -1) {
            type = "ServiceImpl  \t:  ";
        }
        else if(name.indexOf("Mapper") > -1) {
            type = "Mapper  \t\t:  ";
        }
        log.debug(type + name + "." + joinPoint.getSignature().getName() + "()");
        return joinPoint.proceed();
    }
}
```

이 코드는 한 줄 한 줄에 많은 의미를 담고 있습니다. 또한 AOP에서 사용되는 여러 가지 개념도 포함하고 있습니다. 우선 코드가 어떤 의미인지 간단히 살펴봅시다.

❶ @Aspect 어노테이션을 이용해서 자바 코드에서 AOP를 설정합니다.

❷ 먼저 @Around 어노테이션으로 해당 기능이 실행될 시점, 즉 어드바이스를 정의합니다. 어드바이스는 다섯 종류가 있지만 여기서는 대상 메서드의 실행 전후 또는 예외 발생 시점에 사용할 수 있는 Around 어드바이스를 적용했습니다. execution은 포인트컷 표현식으로 적용할 메서드를 명시할 때 사용됩니다. 포인트컷을 다룰 때 자세히 설명하겠습니다.

❸ 실행되는 메서드의 이름을 이용해서 컨트롤러, 서비스, 매퍼를 구분한 후 실행되는 메서드의 이름을 출력합니다.

이제 LoggerAspect를 적용한 결과를 확인해 보겠습니다. 애플리케이션을 실행한 후 게시판 목록 화면을 호출하고 이클립스의 실행 로그를 확인합니다.

```
DEBUG [board.interceptor.LoggerInterceptor] ==============      START      ====
DEBUG [board.interceptor.LoggerInterceptor]  Request URI :
    /board/openBoardList.do
DEBUG [board.aop.LoggerAspect] Controller      :
    board.board.controller.BoardController.openBoardList()
 INFO [jdbc.sqlonly] SELECT 1
DEBUG [board.aop.LoggerAspect] ServiceImpl     :
    board.board.service.BoardServiceImpl.selectBoardList()
DEBUG [board.aop.LoggerAspect] Mapper          :
    board.board.mapper.BoardMapper.selectBoardList()
DEBUG [board.board.mapper.BoardMapper.selectBoardList] ==> Parameters:
 INFO [jdbc.sqlonly] SELECT
        board_idx,
...중략...
DEBUG [board.interceptor.LoggerInterceptor] ==============      END      =====
```

AOP를 설정하기 전에 비해 로그가 추가된 걸 확인할 수 있습니다. 앞에서 설정했던 LoggerInterceptor가 출력하는 Request URI를 시작으로 LoggerAspect에서 설정한 Controller, ServiceImpl, Mapper가 각각 출력됩니다. 따라서 사용자의 요청을 처리하기 위해서 수행되는 메서드의 흐름을 한번에 확인할 수 있습니다.

AOP에 대해서 설명할 때 모든 로직에 적용되는 공통 기능을 외부에서 삽입할 수 있다고 이야기했습니다. 공통적으로 적용할 로그 기능을 LoggerAspect라는 외부 클래스에 정의하고 애플리케이션의 실행 시점에 기능이 삽입되어 실행되었습니다. 이렇게 AOP를 이용해서 각각의 관심을 분리하고 기존 로직의 변화 없이 원하는 시점에 코드를 삽입할 수 있습니다.

5.4.3 AOP의 주요 개념

AOP 관련 코드를 실행하고 그 결과를 확인해 봤으니 이제 그 개념을 살펴볼 차례입니다.

어드바이스

어드바이스는 관점의 구현체로 조인포인트에 삽입되어 동작하는 것을 의미합니다. 스프링에서 사용하는 어드바이스는 동작하는 시점에 따라 다섯 종류로 구분됩니다.

종류	어노테이션	설명
Before Advice	`@Before`	대상 메서드가 실행되기 전에 적용할 어드바이스를 정의합니다.
After returning Advice	`@AfterReturning`	대상 메서드가 성공적으로 실행되고 결괏값을 반환한 후 적용할 어드바이스를 정의합니다.
After throwing Advice	`@AfterThrowing`	대상 메서드에서 예외가 발생했을 때 적용할 어드바이스를 정의합니다. `try/catch` 문의 `catch`와 비슷한 역할을 합니다.
After Advice	`@After`	대상 메서드의 정상적인 수행 여부와 상관없이 무조건 실행되는 어드바이스를 정의합니다. 즉 예외가 발생하더라도 실행되기 때문에 자바의 `finally`와 비슷한 역할을 합니다.
Around Advice	`@Around`	대상 메서드의 호출 전후, 예외 발생 등 모든 시점에 적용할 수 있는 어드바이스를 정의합니다. 가장 범용적으로 사용할 수 있는 어드바이스입니다.

포인트컷

어드바이스를 적용할 조인포인트를 선별하는 과정이나 그 기능을 정의한 모듈을 의미합니다. 정규표현식이나 `AspectJ`의 문법을 이용해서 어떤 조인포인트를 사용할 것인지 결정합니다. 포인트컷을 표현할 수 있는 명시자에는 여러 종류가 있지만 일반적으로 가장 많이 사용하는 명시자는 `execution`입니다. 여기서는 `execution`, `within`, `bean` 명시자에 대해서 살펴보겠습니다.

execution

가장 대표적이고 강력한 지시자로 접근 제어자, 리턴 타입, 타입 패턴, 메서드, 파라미터 타입, 예외 타입 등을 조합해서 가장 정교한 포인트컷을 만들 수 있습니다.

`execution`을 이용해서 포인트컷 표현식을 설정할 때 사용하는 표현이 있습니다. `*`는 모든 값이라는 의미를 표현합니다. 예를 들어 메서드 이름을 `select*`로 표현하면 `select`로 시작하는 모든 메서드가 선택됩니다. `..`은 0개 이상이라는

의미를 표현합니다. 0개 이상은 파라미터, 메서드, 패키지 등 모든 것을 의미합니다. 패키지 구조를 표현하면 하위의 모든 패키지를 의미하고 파라미터를 표현할 때에는 파라미터 개수와 관계없이 모든 파라미터를 의미합니다. 다음은 사용 예입니다.

코드 5-13 execution 사용 예

```
execution(void select*(..))  ❶
execution(* board.controller.*())  ❷
execution(* board.controller.*(..))  ❸
execution(* board..select*(*))  ❹
execution(* board..select*(*, *))  ❺
```

❶ 리턴 타입이 void이고 메서드 이름이 select로 시작하며, 파라미터가 0개 이상인 모든 메서드가 호출될 때

❷ board.controller 패키지 밑에 파라미터가 없는 모든 메서드가 호출될 때

❸ board.controller 패키지 밑에 파라미터가 0개 이상인 모든 메서드가 호출될 때

❹ board 패키지의 모든 하위 패키지에 있는 select로 시작하고 파라미터가 한 개인 모든 메서드가 호출될 때

❺ board 패키지의 모든 하위 패키지에 있는 select로 시작하고 파라미터가 두 개인 모든 메서드가 호출될 때

이를 바탕으로 LoggerAspect 클래스에서 설정한 포인트컷을 한번 살펴보겠습니다.

코드 5-14 LoggerAspect.java

```
execution(* board..controller.*Controller.*(..)) or execution(* board..service.*Impl.*(..))
    or execution(* board..mapper.*Mapper.*(..))
```

포인트컷 표현식은 and와 or를 조합해서 표현식을 조합할 수 있습니다. and와 or는 각각 &&와 ||로 표현할 수도 있습니다. 코드 5-14의 포인트컷 표현식은 or를 기준으로 * board..controller.*Controller.*(..), * board..service.*Impl.*(..), * board..mapper.*Mapper.*(..) 세 가지로 조합되어 있습니다.

* board..controller.*Controller.*(..) 표현식은 board 패키지 하위의 모든 패키지(..) 중 controller 패키지의 Controller라는 이름으로 끝나는 클래스의 파라미터가 0개 이상인 모든 메서드를 의미합니다. 다른 표현식은 컨트롤러와 동일한 구조를 가지고 있고 각각 서비스 영역과 매퍼 영역을 의미합니다.

LoggerAspect 클래스를 적용한 결과를 다시 한번 확인하면서 포인트컷 표현식을 보시면 됩니다. execution 포인트컷 표현식은 AOP의 핵심입니다. 뒤에서 AOP를 이용한 트랜잭션을 설정할 때에도 이러한 표현식을 사용합니다. AOP를 적용하는 대부분의 기능은 표현식을 사용하니 꼭 이해하고 넘어가세요.

within

특정 타입에 속하는 메서드를 포인트컷으로 설정합니다. 다음은 사용 예입니다.

코드 5-15 within 사용 예

```
within(board.service.boardServiceImpl)  ❶
within(board.service.*ServiceImpl)  ❷
```

❶ board.service 패키지 밑에 있는 boardServiceImpl 클래스의 메서드가 호출될 때

❷ board.service 패키지 밑에 있는 ServiceImpl이라는 이름으로 끝나는 메서드가 호출될 때

bean

스프링의 빈 이름의 패턴으로 포인트컷을 설정합니다. 다음은 사용 예입니다.

코드 5-16 bean 사용 예

```
bean(boardServiceImpl)  ❶
bean(*ServiceImpl)  ❷
```

❶ boardServiceImpl이라는 이름을 가진 빈의 메서드가 호출될 때

❷ ServiceImpl이라는 이름으로 끝나는 빈의 메서드가 호출될 때

5.5 트랜잭션 적용하기

최근 들어 대용량 데이터 및 빅데이터를 처리하기 위해 많이 사용되는 NoSQL에서는 전통적인 RDBMS(Relational DataBase Management System, 관계형 데이터베이스)만큼 엄격한 트랜잭션(Transaction)을 적용하지 않습니다. 좀 더 느슨한 트랜잭션 처리를 적용하지요. 그렇지만 전통적인 RDBMS에서 트랜잭션은 굉장히 중요한 요소입니다. 우리가 일반적으로 사용하는 시스템에서 데이터의 일관성 및 정합성이 유지되지 않으면 그 시스템은 신뢰할 수 없습니다.

스프링에서 트랜잭션을 처리하는 방식은 XML 설정과 어노테이션을 이용하는 방식, 그리고 AOP를 이용하는 방식으로 나눌 수 있습니다. 여기서는 어노테이

션과 AOP를 이용하여 트랜잭션을 처리하는 방법에 대해서 알아봅니다.

5.5.1 트랜잭션이란?

적은 돈이라도 송금을 해 본 적이 있을 겁니다. 돈을 송금하는 과정을 예로 들어서 트랜잭션의 개념을 간단히 살펴보겠습니다. 돈을 송금할 때 다음과 같은 과정을 거칩니다.

1. 송금하고자 하는 계좌와 금액을 선택합니다.
2. 이체하는 계좌에서 돈이 출금됩니다.
3. 이체 받는 계좌에 돈이 입금됩니다.
4. 거래가 정상적으로 완료됩니다.

거래가 정상적으로 처리되면 아무런 문제가 없겠지만, 불행하게도 이 과정에서 어떠한 문제가 발생할 수 있습니다. 2번과 3번의 단계 사이에서 문제가 발생했다고 가정해 보겠습니다.

이체하는 계좌에서는 돈이 출금이 되었는데 이체 받아야 하는 사람의 계좌에 돈이 들어오지 않는 일이 벌어진다면 어떻게 할까요? 돈이 사라지면 이체하는 사람이나 이체 받는 사람 모두 손해가 발생합니다. 돈을 송금하는 여러 단계 중에서 문제가 발생하면 이와 관련된 모든 과정이 취소되고 원래 상태로 돌아와야 합니다.

트랜잭션이란 데이터베이스의 상태를 변화시킬 때 더 이상 분리할 수 없는 작업의 단위를 의미합니다. 여기서 예를 들은 금융거래의 경우 돈을 송금하고 받는 일련의 과정들이 분리되면 안 됩니다. 즉, 하나의 트랜잭션에서 일련의 작업이 처리되어야 합니다. 트랜잭션을 설명할 때 빠지지 않는 것이 ACID 속성입니다. ACID란 다음과 같습니다.

ACID	설명
원자성(Atomicity)	트랜잭션은 하나 이상의 관련된 동작을 하나의 작업 단위로 처리합니다. 트랜잭션이 처리하는 하나의 작업 단위는 그 결과가 성공 또는 실패할 경우 관련된 동작은 모두 동일한 결과가 나옵니다. 작업 중 하나라도 실패한다면 관련된 트랜잭션 내에서 먼저 처리한 동작들도 모두 처음 상태로 돌아갑니다.
일관성(Consistency)	트랜잭션이 성공적으로 처리되면 데이터베이스의 관련된 모든 데이터는 일관성을 유지해야 합니다.
고립성(Isolation)	트랜잭션은 독립적으로 처리되며, 처리되는 중간에 외부에서의 간섭은 없어야 합니다. 서로 다른 트랜잭션이 동일한 데이터에 동시에 접근할 경우 적절한 동시 접근 제어를 해야 합니다.
지속성(Durability)	트랜잭션이 성공적으로 처리되면 그 결과는 지속적으로 유지되어야 합니다.

이 속성 중 트랜잭션을 가장 잘 표현하는 것은 원자성입니다. 원자성은 한마디로 "되려면 모두 다 되어야 하고, 하나라도 안 된다면 모두 안 되어야 한다."고 이야기할 수 있습니다. 트랜잭션 내의 다양한 과정 중 하나라도 실패할 경우 전체 과정을 모두 취소하고 트랜잭션이 시작하기 전의 상태로 되돌립니다. 이것을 롤백(Rollback)이라고 합니다.

5.5.2 @Transaction 어노테이션을 이용해 트랜잭션 설정하기

스프링은 데이터베이스 연동뿐 아니라 코드 기반 트랜잭션과 선언적 트랜잭션 처리를 지원합니다. 이 중 선언적 트랜잭션 처리는 설정 파일이나 어노테이션을 이용해서 트랜잭션을 처리하는 것을 의미합니다. 이번에는 어노테이션을 이용해서 트랜잭션을 처리하는 방법을 살펴보겠습니다. 먼저 `DatabaseConfiguration` 클래스에 다음 코드를 추가합니다.

코드 5-17 DatabaseConfiguration.java

```
@Configuration
@PropertySource("classpath:/application.properties")
@EnableTransactionManagement  ❶
public class DatabaseConfiguration {
    ...중략...
    @Bean
    public PlatformTransactionManager transactionManager() throws Exception {
        return new DataSourceTransactionManager(dataSource());
    }                                                                          ❷
}
```

❶ 스프링에서 제공하는 어노테이션 기반 트랜잭션을 활성화합니다.

❷ 스프링이 제공하는 트랜잭션 매니저를 등록합니다.

다음으로 트랜잭션을 처리하기 원하는 곳에 다음과 같이 `@Transactional` 어노테이션만 추가하면 됩니다.

코드 5-18 @Transactional 사용 예

```
@Service
@Transactional  ❶
public class BoardServiceImpl implements BoardService{ ...중략...
```

❶ `@Transactional` 어노테이션은 인터페이스나 클래스, 메서드에 사용할 수 있습니다. 어노테이션이 적용된 대상은 설정된 트랜잭션 빈에 의해서 트랜잭션이 처리됩니다.

5.5.3 AOP를 이용해 트랜잭션 설정하기

앞 장에서 @Transactional 어노테이션을 이용한 트랜잭션은 단순히 어노테이션만 사용하면 되기 때문에 쉽게 설정할 수 있습니다. 또한 원하는 클래스 또는 메서드 단위로 트랜잭션을 설정할 수 있는 장점이 있습니다. 하지만 어노테이션을 이용한 트랙잭션은 새로운 클래스 또는 메서드 등을 만들 때마다 @Transactional 어노테이션을 붙여 줘야 합니다. 사용할 대상이 적을 경우에는 큰 문제가 되지 않지만 그 숫자가 많아지면 어노테이션이 누락되거나 일관되지 않게 적용될 수도 있습니다. 그리고 외부 라이브러리를 사용하면 해당 라이브러리의 코드를 편집할 수 없기 때문에 트랜잭션이 적절하게 처리되지 않을 수 있습니다. 따라서 이번에는 이러한 문제를 해결할 수 있는 스프링의 AOP 기능을 이용해서 트랜잭션을 설정해 보겠습니다.

aop 패키지에 TransactionAspect 클래스를 생성합니다.

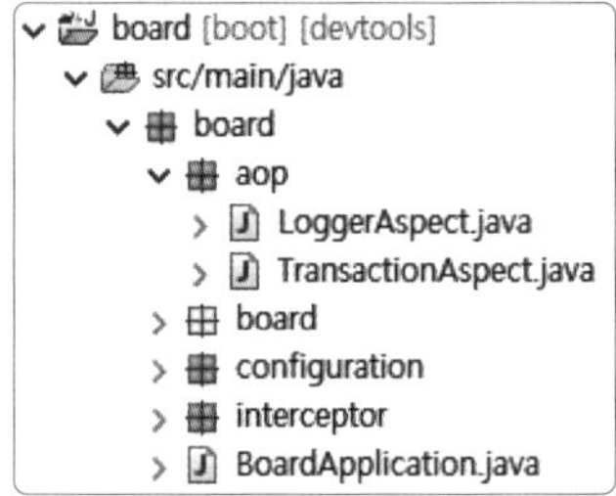

TransactionAspect.java에 다음 내용을 작성합니다.

코드 5-19 TransactionAspect.java

```
package board.aop;

import java.util.Collections;

import org.springframework.aop.Advisor;
import org.springframework.aop.aspectj.AspectJExpressionPointcut;
import org.springframework.aop.support.DefaultPointcutAdvisor;
import org.springframework.beans.factory.annotation.Autowired;
import org.springframework.context.annotation.Bean;
import org.springframework.context.annotation.Configuration;
import org.springframework.transaction.PlatformTransactionManager;
import org.springframework.transaction.interceptor.
    MatchAlwaysTransactionAttributeSource;
import org.springframework.transaction.interceptor.RollbackRuleAttribute;
import org.springframework.transaction.interceptor.
    RuleBasedTransactionAttribute;
import org.springframework.transaction.interceptor.TransactionInterceptor;

@Configuration
public class TransactionAspect {
```

```
    private static final String AOP_TRANSACTION_METHOD_NAME = "*";      ❶
    private static final String AOP_TRANSACTION_EXPRESSION =
        "execution(* board..service.*Impl.*(..))";

    @Autowired
    private PlatformTransactionManager transactionManager;

    @Bean
    public TransactionInterceptor transactionAdvice(){
        MatchAlwaysTransactionAttributeSource source =
            new MatchAlwaysTransactionAttributeSource();
        RuleBasedTransactionAttribute transactionAttribute =
            new RuleBasedTransactionAttribute();
        transactionAttribute.setName(AOP_TRANSACTION_METHOD_NAME);  ❷
        transactionAttribute.setRollbackRules(Collections.singletonList
            (new RollbackRuleAttribute(Exception.class)));  ❸
        source.setTransactionAttribute(transactionAttribute);

        return new TransactionInterceptor(transactionManager, source);
    }

    @Bean
    public Advisor transactionAdviceAdvisor(){
        AspectJExpressionPointcut pointcut =
            new AspectJExpressionPointcut();
        pointcut.setExpression(AOP_TRANSACTION_EXPRESSION);  ❹
        return new DefaultPointcutAdvisor(pointcut, transactionAdvice());
    }
}
```

❶ 트랜잭션을 설정할 때 사용되는 설정값을 상수로 선언합니다.

❷ 트랜잭션의 이름을 설정합니다. 트랜잭션 모니터에서 트랜잭션의 이름으로 확인할 수 있습니다.

❸ 트랜잭션에서 롤백을 하는 룰(rule)을 설정합니다. 여기서는 예외가 일어나면 롤백이 수행되도록 지정했습니다. `Exception.class`를 롤백의 룰로 등록하면 자바의 모든 예외는 `Exception` 클래스를 상속받기 때문에 어떠한 예외가 발생해도 롤백이 수행됩니다.

❹ AOP의 포인트컷을 설정합니다. 여기서는 비즈니스 로직이 수행되는 모든 `ServiceImpl` 클래스의 모든 메서드를 지정했습니다.

AOP를 이용해서 트랜잭션을 설정하면 새로운 클래스나 메서드가 추가될 때 따로 어노테이션을 붙이지 않아도 자동적으로 트랜잭션 처리가 됩니다. 따라서 어노테이션의 누락이나 잘못된 사용에 따른 문제를 미연에 방지할 수 있습니다. 또한 표현식을 이용하기 때문에 외부 라이브러리를 사용하더라도 코드의 수정 없이 트랜잭션을 적용할 수 있습니다.

5.5.4 트랜잭션 결과 확인하기

이제 트랜잭션이 정상적으로 수행되는지 확인할 차례입니다. 먼저 트랜잭션이 설정되지 않았을 때의 결과를 살펴보고 그 후에 트랜잭션을 설정한 결과와 비교해 봅니다.

트랜잭션 설정 전

앞에서 만든 `TransactionAspect` 클래스에서 `@Configuration` 어노테이션을 삭제하고 애플리케이션을 실행한 후 게시판 목록을 조회해 보겠습니다.

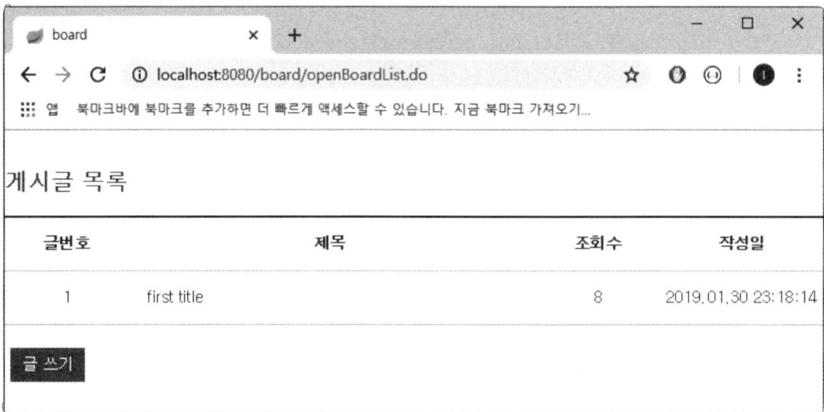

첫 번째 게시글의 조회수는 8인 것을 볼 수 있습니다(조회수는 독자분들이 조회한 횟수에 따라 다르게 나옵니다).

다음으로 `BoardServiceImpl` 클래스의 `selectBoardDetail`에 강제로 예외를 발생시키겠습니다. 다음과 같이 1을 추가합니다.

코드 5-20 BoardServiceImpl.java

```
@Override
public BoardDto selectBoardDetail(int boardIdx) throws Exception {
    boardMapper.updateHitCount(map);
    int i = 10 / 0; ❶
    return boardMapper.selectBoardDetail(map);
}
```

❶ 게시글의 조회수를 증가시킨 후 예외를 발생시킵니다. 숫자는 0으로 나눌 수 없기 때문에 에러가 납니다.

다음으로 게시글 상세 화면을 호출하면 다음과 같이 에러가 발생한 화면을 볼 수 있습니다.

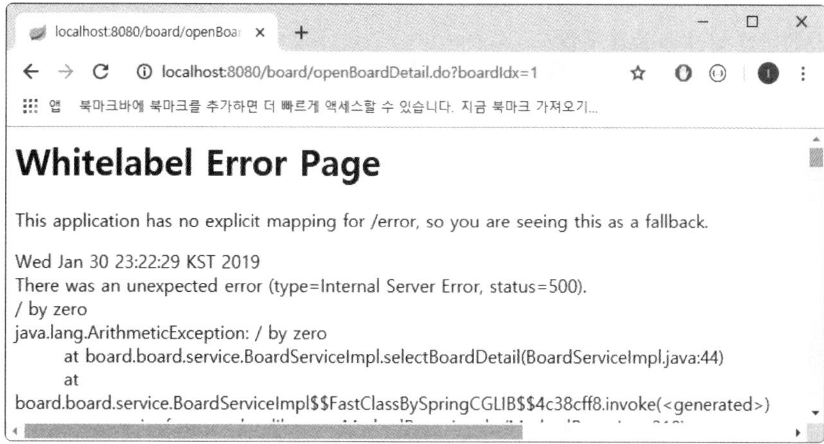

상세 화면을 호출하던 중 10을 0으로 나눴기 때문에 에러가 났습니다. 여기서 다시 게시글 목록으로 이동합니다. 정상적으로 조회가 완료되지 않았음에도 불구하고 조회수가 9로 증가된 것을 볼 수 있습니다.

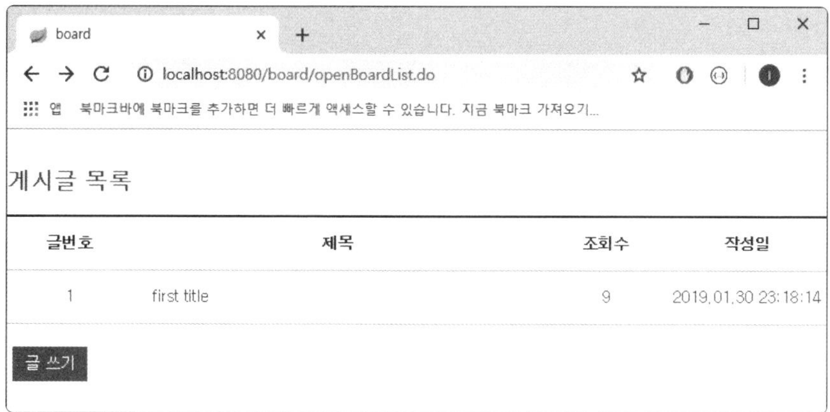

앞에서 이야기한 은행 송금에 대입해서 보겠습니다.

1. 본인 계좌에서 돈을 출금한다(게시글의 조회수를 증가시킨다).
2. 상대방 계좌에 돈을 입금한다(게시글의 상세내용을 조회한다).

지금 에러는 1과 2 사이에서 발생한 것입니다. 그런데 돈이 출금된 상태에서 에러가 발생했기 때문에 출금된 돈은 다시 들어와야 합니다(게시글의 조회수가 증가하지 않는다). 그렇지만 에러가 발생하기 전에 수행된 로직이 그대로 반영되었습니다. 트랜잭션이 설정되지 않았기 때문입니다.

트랜잭션 설정 후 결과 확인

이제 트랜잭션을 설정하면 어떻게 되는지 확인해 보겠습니다. 앞에서 만든 `TransactionAspect` 클래스에서 `@Configuration` 어노테이션을 다시 추가하고 동일하게 진행하겠습니다.

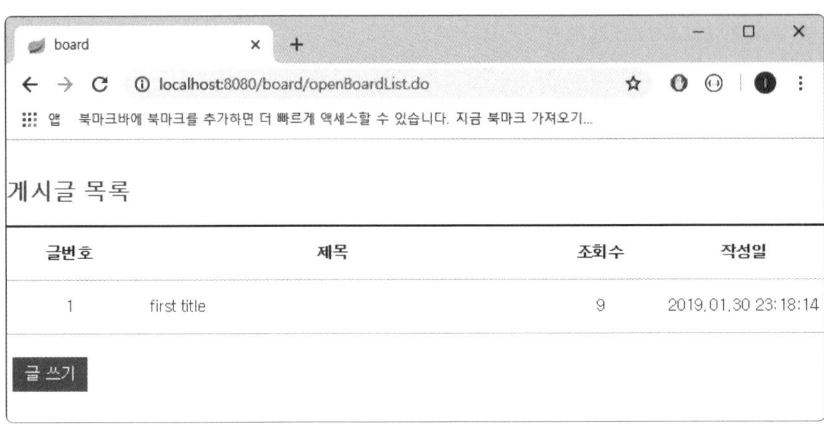

앞에서 조회수가 증가했기 때문에 지금은 조회수가 9입니다. 여기서 게시글 상세 화면을 호출하면 트랜잭션을 설정하기 전과 마찬가지로 에러 화면이 나옵니다.

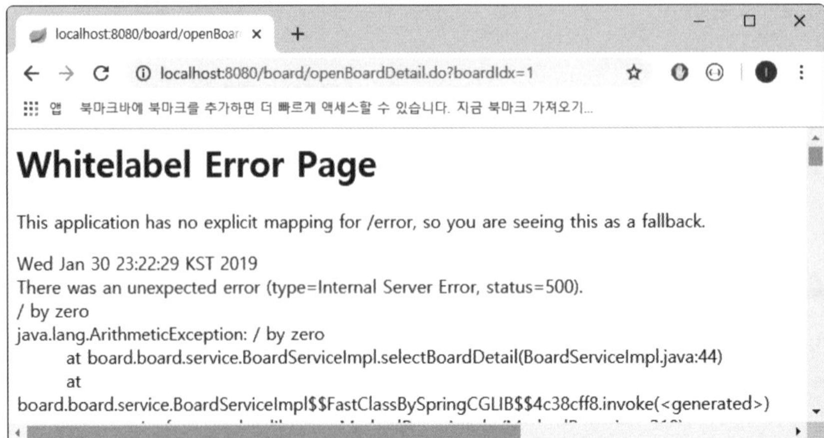

앞에서처럼 다시 게시글 목록을 조회합니다.

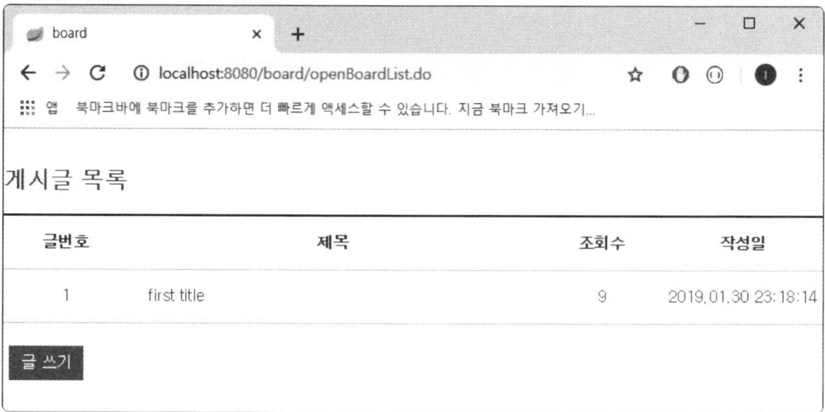

이번에는 설정한 트랜잭션이 정상적으로 동작해서 조회수가 증가하지 않았습니다. 조회수를 증가시키는 로직이 수행되었지만 트랜잭션 설정에 의해서 수행결과가 롤백되었기 때문입니다.

지금까지 `@Transaction` 어노테이션과 AOP를 이용하여 트랜잭션을 처리하는 방법을 알아봤습니다. 두 방식의 장단점은 다음과 같습니다.

	@Transaction 어노테이션을 이용한 트랜잭션	AOP를 이용한 트랜잭션
장점	• 특별한 설정 없이 쉽게 사용할 수 있습니다. • 원하는 곳에만 트랜잭션을 설정함으로써 성능에 대한 영향을 최소화 할 수 있습니다.	• 공통으로 트랜잭션이 적용되기 때문에 트랜잭션이 누락될 일이 없습니다. • 외부 라이브러리에도 적용 가능합니다.
단점	• 어노테이션이 누락되거나 여러 메서드에 걸쳐서 사용될 경우 트랜잭션이 적용되지 않을 수 있습니다. • 외부 라이브러리에는 적용이 불가능합니다.	• 트랜잭션이 필요 없는 곳까지 적용되어서 성능에 영향을 미칩니다. • 원하는 곳에만 트랜잭션을 적용하기 어렵습니다. 애플리케이션을 개발하다 보면 비즈니스 로직 처리 중 에러가 발생한 시점까지의 데이터만 저장되어야 할 경우도 있는데 트랜잭션이 적용되어 있으면 모두 롤백이 되어 버립니다.

각각의 장단점을 참고하여 적절한 방법을 사용하세요. 다만 두 방법을 동시에 하나의 애플리케이션에 적용하는 것은 불가능합니다. 하나의 트랜잭션이 설정된 상태에서 다른 트랜잭션을 설정하려고 하면 에러가 발생하니 조심하세요.

5.6 예외처리하기

이번 절에서는 스프링에서 예외를 처리하는 방법에 대해서 알아보겠습니다. 스프링에서 예외를 처리하는 방법은 크게 세 가지가 있습니다.

1. try/catch를 이용한 예외처리
2. 각각의 컨트롤러단에서 @ExceptionHandler를 이용한 예외처리
3. @ControllerAdvice를 이용한 전역 예외처리

try/catch를 사용한 예외처리는 스프링이 아닌 자바의 예외처리 방법이기 때문에 이 책에서는 다루지 않습니다. @ExceptionHandler의 경우는 컨트롤러별로 동일한 예외처리를 추가해야 하기 때문에 코드가 많이 중복됩니다. 따라서 여기서는 @ControllerAdvice를 사용해서 전역으로 예외처리를 하는 방법에 대해서 알아봅니다.

5.6.1 @ControllerAdvice 추가하기

@ControllerAdvice는 스프링 3.2에서 추가된 어노테이션입니다. 이것을 사용하면 예외 발생 시 간단하게 처리할 수 있습니다. 스프링 부트 2.0에서는 @ControllerAdvice 어노테이션만 사용하면 추가적인 설정 없이 쉽게 예외처리를 할 수 있습니다.

XML 기반에서 @ControllerAdvice를 설정하기 위해서는 스프링 프레임워크의 Root Application Context와 Servlet Context에 대한 지식이 필요했습니다. 또한 XML에 몇 가지 설정도 필요해서 사용하기가 쉽지 않았습니다. 그렇지만 스프링 부트에서는 단순히 어노테이션만 추가하면 쉽게 사용할 수 있습니다.

common 패키지 밑에 ExceptionHandler 클래스를 생성하고 다음 코드를 작성합니다.

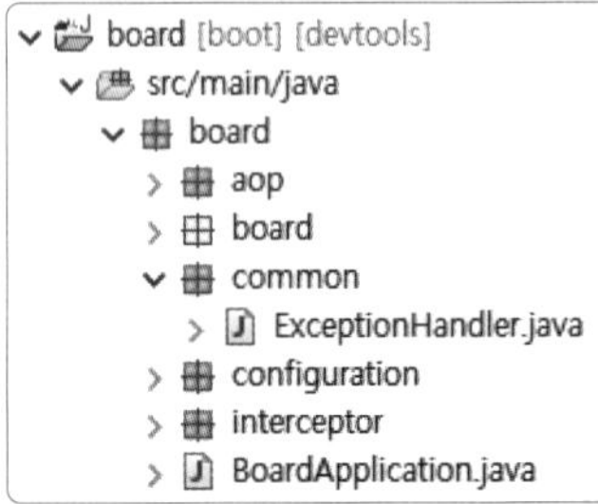

코드 5-21 ExceptionHandler.java

```
package board.common;

import javax.servlet.http.HttpServletRequest;

import org.slf4j.Logger;
import org.slf4j.LoggerFactory;
import org.springframework.web.bind.annotation.ControllerAdvice;
import org.springframework.web.servlet.ModelAndView;

@ControllerAdvice ❶
public class ExceptionHandler {
    private Logger log = LoggerFactory.getLogger(this.getClass());

    @org.springframework.web.bind.annotation.ExceptionHandler(Exception.class) ❷
    public ModelAndView defaultExceptionHandler(HttpServletRequest request,
                                                Exception exception){
        ModelAndView mv = new ModelAndView("/error/error_default"); ❸
        mv.addObject("exception", exception);

        log.error("exception", exception); ❹

        return mv;
    }
}
```

❶ @ControllerAdvice 어노테이션을 사용해서 해당 클래스가 예외처리 클래스임을 알려줍니다.

❷ 해당 메서드에서 처리할 예외를 지정합니다. 여기서는 기능을 확인하기 위해 간단히 Exception.class로 설정해서 모든 예외를 처리했습니다. 그렇지만 실제 프로젝트에서는 다양한 예외를 처리하기 위한 각각의 예외처리가 필요합니다. 즉, NullPointerException, NumberFormatException 등 자바의 기본 예외 및 프로젝트에 필요한 커스텀 예외를 포함해서 각각의 예외에 맞는 적절한 예외처리가 필요한 것입니다. 절대로 Exception 클래스를 이용해서 한번에 모든 예외를 처리하지 않도록 합니다. 여러 개의 예외처리 메서드를 추가할 때 자바의 모든 예외는 Exception 클래스를 상속받는다는 것을 생각해야 합니다. 따라서 코드상에서 Exception.class를 처리하는 메서드보다 위쪽에 있어야 예외를 정상적으로 처리할 수 있습니다. 즉, Exception.class를 처리하는 메서드는 가장 마지막에 있어야 합니다.

❸ 예외 발생 시 보여 줄 화면을 지정합니다. 애플리케이션이 실행되는 중 에러가 발생하면 그 에러에 따라 적절한 예외처리 화면을 사용자에게 보여 주는 것이 좋습니다.

❹ 에러 로그를 출력합니다.

5.6.2 에러처리 화면 추가하기

예외가 발생하면 사용자에게 적합한 화면을 보여 주는 것도 매우 중요합니다. 여기서는 간단히 에러 로그를 출력하는 화면을 추가해 보겠습니다. 추후 사용 애플리케이션에서는 처리하는 예외 종류에 따라서 다양한 예외처리 화면을 작성해야 합니다. `template` 폴더 밑에 `error` 폴더를 생성하고 `error_default.html` 파일을 추가하고 코드 5-22와 같이 작성합니다.

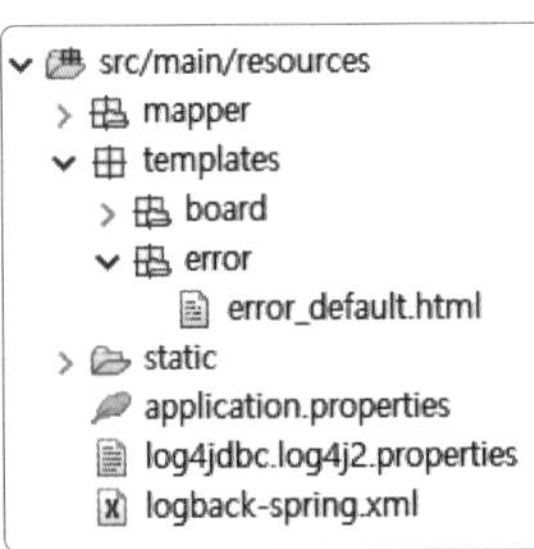

코드 5-22 error_default.html

```
<!DOCTYPE html>
<html lang="ko" xmlns:th="http://www.thymeleaf.org">
<head>
    <meta charset="UTF-8">
    <title>공통 에러 페이지</title>
    <link rel="stylesheet" th:href="@{/css/style.css}"/>
</head>
<body>
    <p>공통 에러 페이지</p>
    <p th:text="${exception}"></p>  ❶
    <ul th:each="list : ${exception.getStackTrace()}"
        th:text="${list.toString()}"></ul>  ❷
</body>
</html>
```

❶ 에러의 종류를 출력합니다.

❷ 에러의 상세한 내용을 출력합니다.

다음으로 서버에서 에러를 발생시켜 정상적으로 에러 로그가 출력되는지 확인할 차례입니다. 앞에서 트랜잭션에서 에러를 발생할 때 사용했던 `int i = 10 / 0;`을 컨트롤러에 추가하고 실행합니다. 필자는 게시판 목록 조회인 `/board/openBoardList.do`에서 에러를 발생시켰습니다.

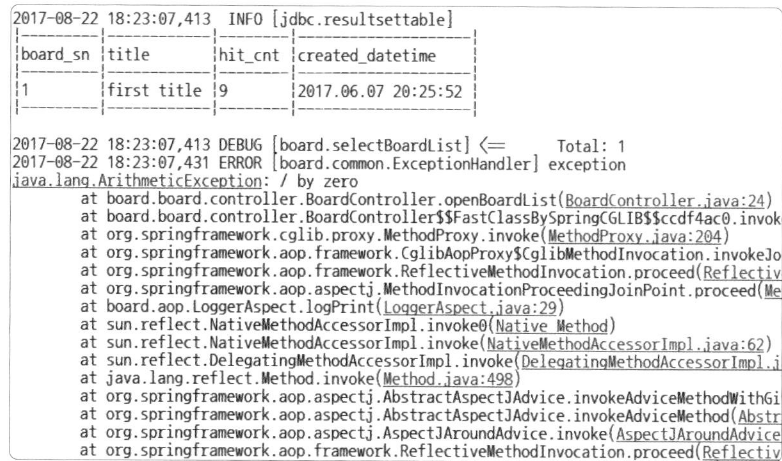

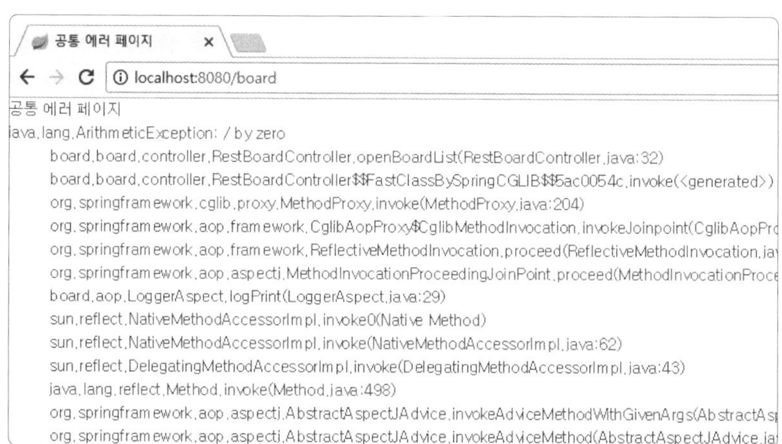

`ArithmeticException`이 발생하고 이 에러와 관련된 로그가 출력되는 것을 볼 수 있습니다. 또한 예외처리 화면으로 이동하고 이클립스의 콘솔에서 출력된 에러 로그와 동일한 에러 로그가 화면에서도 출력됩니다.

이 예제에서는 예외 발생 시 예외처리 화면으로 이동할 수 있다는 것과 예외처리 화면으로 에러 정보도 전달할 수 있다는 것을 보여 주기 위해 화면에서 모든 에러 로그를 출력했습니다. 하지만 실제 프로젝트에서는 이렇게 에러 로그를 화면에 직접 보여 주면 안 됩니다. 이러한 로그가 외부로 노출될 경우 프로그램의 취약점이 드러나 공격 받을 수 있기 때문입니다. 여기서는 단순히 `Exception`이라는 한 종류의 예외만 처리하고 있지만 실제 프로젝트에서는 다양한 에러를 처리해야 합니다. 그러한 경우 앞에서 설명한 것처럼 `Exception.class`를 처리하는 메서드 외에 예외별 처리 메서드를 추가하고 각각의 예외별로 적절한 예외처리를 하면 됩니다.

5.7 한글 처리를 위한 인코딩 설정하기

웹 개발을 하면서 한 번쯤은 겪게 되는 문제 중 하나가 한글 처리입니다. 웹에서 한글 이름으로 된 파일을 다운로드했는데 그 파일이 알 수 없는 이상한 이름으로 저장되어 있는 경험이 있을 것입니다. 이는 컴퓨터에서 한글을 표현하는 방식의 차이로 생기는 문제입니다.

컴퓨터에서 한글을 표현하는 방식은 다양합니다. 한글의 문자집합을 컴퓨터가 인식할 수 있도록 표현하는 것을 인코딩이라고 하는데 이 방식이 서로 맞지 않을 때 이러한 현상이 발생합니다. 특히 웹에서는 사용자의 환경이 서로 많이 다르기 때문에 한글 처리가 더욱 까다롭습니다. 또한 웹은 그 구조상 다양한 인코딩 환경을 가지고 있습니다. 운영체제, 브라우저, 데이터베이스, 소스코드, 뷰 등 다양한 환경의 인코딩을 모두 신경 써야 합니다. 따라서 이번에는 한글 문자 집합을 UTF-8로 인코딩하는 방법을 살펴보겠습니다.

> 스프링 부트 2.1.x 버전에는 이미 인코딩 필터가 적용되어 있습니다. 따라서 다음의 내용은 2.1.x보다 아래 버전을 쓰거나 다른 인코딩 필터를 추가해야 하는 경우에만 따라 하시기 바랍니다.

WebMvcConfiguration 클래스에 다음 코드를 추가합니다.

코드 5-23 WebMvcConfiguration.java

```
@Bean
public Filter characterEncodingFilter(){
    CharacterEncodingFilter characterEncodingFilter = new CharacterEncodingFilter();  ❶
    characterEncodingFilter.setEncoding("UTF-8");
    characterEncodingFilter.setForceEncoding(true);  ❷

    return characterEncodingFilter;
}

@Bean
public HttpMessageConverter<String> responseBodyConverter(){
    return new StringHttpMessageConverter(Charset.forName("UTF-8"));  ❸
}
```

❶ CharacterEncodingFilter는 스프링이 제공하는 클래스로 웹에서 주고받는 데이터의 헤더값을 UTF-8로 인코딩해 줍니다.

❷ CharacterEncodingFilter 기본값은 false로 설정되어 있습니다. characterEncoding이 false로 설정되어 있으면 HttpServletRequest의 getCharacter

Encoding 메서드의 반환값이 null이 아닌 경우에만 인코딩을 변경하지 않습니다. 여기서 null이 아니라는 것은 특정한 인코딩이 설정되어 있다는 의미입니다. 즉, 특정한 인코딩이 지정되지 않을 때만 인코딩을 변경합니다.

반대로 반환값이 null인 경우에는 설정된 인코딩으로 변경합니다. getCharacterEncoding 메서드는 해당 요청에 사용된 인코딩 정보를 가져오는데, 특정한 인코딩 값이 지정되어 있지 않을 경우 null을 반환합니다. forceEncoding이 true이면 입력값(HttpServletRequest)과 결괏값(HttpServletResponse) 모두에 강제적으로 설정된 인코딩으로 변경합니다. 즉, HttpServletRequest에 특정한 인코딩이 설정되어 있는 경우에는 인코딩을 변경하지 않고, 설정되어 있지 않은 경우에만 지정한 인코딩으로 변경합니다.

❸ StringHttpMessageConverter는 @ResponseBody를 이용하여 결과를 출력할 때 그 결과를 UTF-8로 설정합니다.

이제 게시글의 제목과 내용을 한글로 작성해서 정상적으로 표시되는지 결과를 확인해 보겠습니다.

게시글을 등록하고 등록된 게시글의 상세 화면으로 이동하면 한글로 쓴 내용이 정상적으로 저장되고 화면에도 잘 출력되는 것을 볼 수 있습니다.

문자 인코딩 설정은 개발하는 환경 및 사용환경에 따라서 필요하지 않을 수 있습니다. 실제로 필자의 컴퓨터에서는 UTF-8 인코딩을 설정하지 않더라도 정상적으로 한글을 사용할 수 있었습니다. 그렇지만 웹에서는 다양한 환경을 마주하기 때문에 어떤 상황이 벌어질지 모릅니다. 따라서 인코딩을 미리 설정해 두어서 예상치 못한 문제가 발생하지 않도록 대비하는 것이 좋습니다.

6장

Spring boot

파일 업로드와 다운로드

웹 애플리케이션에서 파일 관련 기능은 굉장히 중요합니다. 일반적인 게시판만 살펴보더라도 파일을 첨부할 수 있고 대다수의 SNS는 이미지와 함께 글을 작성합니다. 이러한 파일 관련 기능은 최근에는 모바일 환경에서도 워낙 쉽게 접하기 때문에 간단한 기능이라고 생각하기 쉽습니다. 그렇지만 내부적으로는 고민하고 구현해야 할 기능이 많아서 여러 가지를 한꺼번에 생각해야 합니다. 예를 들어 사용자 편의를 위한 드래그 앤 드롭 기능부터 첨부파일의 유효성 검사, 파일 전송의 진행률이나 예외처리 등 고려할 내용이 많습니다.

이 장에서는 파일 기능을 알아봅니다. 모든 기능을 설명하기엔 지면이 부족하니 파일 업로드 및 다운로드를 하는 데 필요한 핵심적인 부분만 설명합니다. 나중에 실제 애플리케이션을 개발할 때는 핵심적인 내용을 기본으로 하고, 예외처리를 포함한 다양한 기능을 추가해야 합니다.

6.1 파일 첨부를 위한 기본 설정

파일 업로드와 다운로드 기능을 구현하기 전에 이를 실습하기 위한 환경을 구축할 것입니다. 파일 정보를 저장할 테이블을 생성하고 기본적인 설정을 먼저 진행합니다. 파일 관련 기능은 스프링 프레임워크가 제공하는 기능을 사용할 수도 있지만 좀 더 편리하게 사용할 수 있는 아파치(Apache)의 파일 관련 라이브러리를 사용하겠습니다. 관련된 라이브러리를 추가하고 설정한 후 스프링 부트의 자동구성 기능 중 파일 관련 부분을 제거하는 순서로 진행합니다.

6.1.1 파일 테이블 생성하기

가장 먼저 파일 정보를 저장하는 테이블을 생성하겠습니다. 다음 쿼리를 실행합니다.

코드 6-1 첨부파일 테이블 생성 쿼리

```
CREATE TABLE t_file (
    idx int(10) unsigned NOT NULL AUTO_INCREMENT COMMENT '일련번호',
    board_idx int(10) unsigned NOT NULL COMMENT '게시글 번호',
    original_file_name varchar(255) NOT NULL COMMENT '원본 파일 이름',
    stored_file_path varchar(500) NOT NULL COMMENT '파일 저장 경로',
    file_size int(15) unsigned NOT NULL COMMENT '파일 크기',
    creator_id varchar(50) NOT NULL COMMENT '작성자 아이디',
    created_datetime datetime NOT NULL COMMENT '작성시간',
    updator_id varchar(50) DEFAULT NULL COMMENT '수정자 아이디',
    updated_datetime datetime DEFAULT NULL COMMENT '수정시간',
    deleted_yn char(1) NOT NULL DEFAULT 'N' COMMENT '삭제 여부',
    PRIMARY KEY (idx));
```

SQLYog와 같은 GUI 툴에서 생성할 경우 다음과 같이 테이블을 생성할 수 있습니다.

럼 이름	데이터 타입	길이	디폴트(초기화)	PK?	Null이 아님?	부호 없이?	자동 증가?	Zerofill?	업데이트	주석
idx	int	10		☑	☑	☑	☑	☐	☐	일련번호
board_idx	int	10		☐	☑	☑	☐	☐	☐	게시글 번호
original_file_nam	varchar	255		☐	☑	☐	☐	☐	☐	원본 파일 이름
stored_file_path	varchar	50		☐	☑	☐	☐	☐	☐	파일 저장 경로
file_size	int	15		☐	☑	☑	☐	☐	☐	파일 크기
creator_id	varchar	50		☐	☑	☐	☐	☐	☐	작성자 아이디
created_datetime	datetime			☐	☑	☐	☐	☐	☐	작성시간
updator_id	varchar	50		☐	☐	☐	☐	☐	☐	수정자 아이디
updated_datetime	datetime			☐	☐	☐	☐	☐	☐	수정시간
deleted_yn	char	1	N	☐	☑	☐	☐	☐	☐	삭제 여부

각 컬럼의 의미는 다음과 같습니다. 작성자 정보 등 컬럼 이름만으로 그 의미를 바로 알 수 있는 컬럼은 설명을 생략하겠습니다.

컬럼	의미
board_idx	해당 첨부파일이 어떤 게시글에 포함된 것인지 나타내는 컬럼입니다. 해당 첨부파일이 올라온 게시글 번호가 저장되며 이는 t_board 테이블의 idx 컬럼과 매칭됩니다.
original_file_name, stored_file_path	각각 원본 파일 이름과 서버에 저장된 파일 경로를 의미합니다. 동일한 이름을 가진 파일이 업로드될 경우 사용 중인 운영체제에 따라서 저장되지 않거나 파일명이 바뀝니다. 예를 들어 윈도우에서 동일한 파일 이름으로 저장하려고 하면 파일 이름 뒤에 (1), (2)와 같은 숫자가 붙습니다. 번호가 붙어 저장될 경우 파일 이름이 변경되었기 때문에 원하는 파일을 찾을 수 없습니다. 이러한 문제를 해결하기 위해서 파일을 저장할 때는 각 프로젝트에서 정한 규칙에 따라서 새로운 파일 이름으로 저장하고 데이터베이스에는 저장된 파일 이름과 원본 파일 이름을 같이 저장합니다.
deleted_yn	파일의 삭제 여부를 저장합니다. 기본값은 N으로 지정되어 있습니다. 이는 삭제가 되지 않았다는 것을 의미합니다. 파일을 삭제하면 컬럼값이 Y로 변경됩니다.

6.1.2 라이브러리 추가하기

스프링 프레임워크에는 파일 업로드를 위한 `MultipartResolver` 인터페이스가 정의되어 있습니다. 따라서 파일 업로드 기능을 구현할 때 이 인터페이스를 이용하면 됩니다. 일반적으로 스프링에서 사용되는 구현체는 다음과 같습니다.

1. 아파치의 Common Fileupload를 이용한 `CommonsMultipartResolver`
2. 서블릿 3.0 이상의 API를 이용한 `StandardServletMultipartResolver`

여기서는 파일 업로드에 관련된 여러 가지 기능을 지원해 주는 아파치의 Common Fileupload를 사용하겠습니다. 이 라이브러리는 자바에서 파일 처리를 가능하게 해줍니다. `commons-fileupload`는 `commons-io` 라이브러리를 이용하기 때문에 두 개의 라이브러리를 추가해야 합니다.

`build.gradle` 파일에 다음과 같이 라이브러리를 추가합니다. 이 책의 출간일을 기준으로 가장 최신 버전의 코드입니다.

코드 6-2 build.gradle

```
compile group: 'commons-io', name: 'commons-io', version: '2.5'
compile group: 'commons-fileupload', name: 'commons-fileupload', version: '1.3.3'
```

6.1.3 파일 처리를 위한 빈 설정하기

이제 파일을 업로드하기 위한 스프링 빈을 설정할 차례입니다. 아파치의 Common Fileupload를 사용하기로 했기 때문에 `CommonsMultipartResolver`를 이용해서 `MultipartResolver`를 구현하고 스프링 빈으로 이를 등록해 보겠습니다. `WebMvcConfiguration` 클래스를 열고 다음 코드를 추가합니다.

코드 6-3 WebMvcConfiguration.java

```
@Bean
public CommonsMultipartResolver multipartResolver(){
    CommonsMultipartResolver commonsMultipartResolver =
        new CommonsMultipartResolver();
    commonsMultipartResolver.setDefaultEncoding("UTF-8"); ❶
    commonsMultipartResolver.setMaxUploadSizePerFile(5 * 1024 * 1024); ❷
    return commonsMultipartResolver;
}
```

❶ 파일의 인코딩을 UTF-8로 설정합니다.

❷ 업로드되는 파일의 크기를 제한합니다. 바이트(byte) 단위로 설정할 수 있습니다. 여기에서는 `5mb`로 설정했습니다.

6.1.4 파일 관련 자동구성 제거하기

스프링 부트의 특성 중 하나는 애플리케이션의 스프링 설정이 자동으로 구성된다는 점입니다. 앞에서 multipartResolver를 등록했기 때문에 첨부파일과 관련된 자동 구성을 사용하지 않도록 변경해야 합니다. 스프링 부트에서 자동으로 구성된 요소들 중에서 첨부파일과 관련된 구성을 사용하지 않도록 하기 위해서 BoardApplication 클래스의 @SpringBootApplication 어노테이션을 다음과 같이 변경합니다.

코드 6-4 BoardApplication.java

```
@SpringBootApplication(exclude={MultipartAutoConfiguration.class})
```

3장에서 @SpringBootApplication 어노테이션이 @SpringBootConfiguration, @ComponentScan, @EnableAutoConfiguration 세 개의 어노테이션으로 구성되어 있다는 이야기를 했습니다. 여기서 @EnableAutoConfiguration은 스프링 부트의 자동구성을 사용할 때 exclude를 이용해서 특정한 자동구성을 사용하지 않도록 할 수 있습니다. MultipartAutoConfiguration 클래스를 자동구성하지 않도록 설정하면 파일 관련 설정은 완료됩니다.

6.2 파일 업로드

파일 다운로드하는 걸 설정했으니 이제 파일을 업로드하고 서버에 저장하는 방법에 대해서 알아봐야겠지요? 파일을 업로드하고 업로드된 파일을 서버에 저장하려면 알아야 할 내용이 많습니다. 그러니 우선 서버로 파일을 전송하고 전송된 파일의 정보를 출력하는 기능을 구현하면서 파일 업로드에 대해서 살펴보겠습니다. 그 다음, 서버로 업로드된 파일을 서버에 저장하고 화면에 파일 목록을 표시합니다.

6.2.1 파일을 업로드하고 파일의 정보 확인하기

가장 먼저 서버에 파일을 업로드하고 업로드된 파일의 정보만 간단히 출력해 보겠습니다. 첨부파일을 전송하는 일은 사용자 화면에서 업로드할 파일을 선택하는 것부터 시작하기 때문에 뷰, 컨트롤러, 서비스 순서로 진행합니다.

뷰 변경하기

boardWrite.html 파일을 열고 다음과 같이 수정합니다.

코드 6-5 boardWrite.html

```
<form name="frm" method="post" action="/board/insertBoard.do"
        enctype="multipart/form-data"  ❶
    <table>
        ...중략...
    </table>
    <input type="file" id="files" name="files" multiple="multiple">  ❷
    <input type="submit" id="submit" value="저장">
</form>
```

❶ 폼을 이용해서 데이터를 전송할 때 파일도 같이 첨부될 수 있도록 폼의 enctype 속성을 multipart/form-data로 지정합니다. 또한 폼의 전송 방식은 반드시 post로 지정해야 합니다. 또한 파일이 첨부되어 전송되도록 폼의 전송 방식을 post로 지정합니다.

❷ 파일을 첨부할 수 있도록 파일 첨부 태그를 추가합니다. multiple 속성을 추가하면 하나의 태그에서 여러 개의 파일을 첨부할 수 있습니다. 이 속성은 HTML5에서 추가되었기 때문에 HTML5를 지원하는 브라우저에서만 쓸 수 있습니다(크롬이나 파이어폭스 같은 브라우저는 대부분 지원하고 인터넷 익스플로러는 10부터 지원합니다). multiple 속성을 지원하지 않는 브라우저에서는 하나의 파일만 추가됩니다.

컨트롤러 변경하기

BoardController의 insertBoard를 다음과 같이 수정합니다.

코드 6-6 BoardController.java

```
@RequestMapping("/board/insertBoard.do")
public String insertBoard(BoardDto board, MultipartHttpServletRequest
        multipartHttpServletRequest) throws Exception{  ❶
    boardService.insertBoard(board, multipartHttpServletRequest);
    return "redirect:/board/openBoardList.do";
}
```

❶ MultipartHttpServletRequest가 파라미터로 추가되었습니다. MultipartHttpServletRequest는 ServletRequest를 상속받아 구현된 인터페이스로, 업로드된 파일을 처리하기 위한 여러 가지 메서드를 제공합니다.

서비스 변경하기

먼저 BoardService 인터페이스의 insertBoard 메서드를 다음과 같이 변경합니다.

코드 6-7 BoardService.java

```
void insertBoard(BoardDto board, MultipartHttpServletRequest
    multipartHttpServletRequest) throws Exception;
```

다음으로 BoardServiceImpl 클래스의 insertBoard를 다음과 같이 변경합니다.

코드 6-8 BoardServiceImpl.java

```
package board.board.service;

import board.board.dto.BoardDto;
import board.board.entity.BoardFile;
import board.board.mapper.BoardMapper;
import board.common.FileUtils;
import lombok.extern.slf4j.Slf4j;
import org.springframework.beans.factory.annotation.Autowired;
import org.springframework.stereotype.Service;
import org.springframework.util.ObjectUtils;
import org.springframework.web.multipart.MultipartFile;
import org.springframework.web.multipart.MultipartHttpServletRequest;

import java.util.Iterator;
import java.util.List;
...중략...

@Override
public void insertBoard(BoardDto board, MultipartHttpServletRequest
        multipartHttpServletRequest) throws Exception {
    //boardMapper.insertBoard(board); ❶
    if(ObjectUtils.isEmpty(multipartHttpServletRequest) == false){
        Iterator<String> iterator = multipartHttpServletRequest.getFileNames();
        String name;
        while(iterator.hasNext()){                                              ❷
            name = iterator.next();
            log.debug("file tag name : "+name);
            List<MultipartFile> list = multipartHttpServletRequest.getFiles(name); ❸
            for(MultipartFile multipartFile : list){
                log.debug("start file information");
                log.debug("file name : "+multipartFile.getOriginalFilename());
                log.debug("file size : "+multipartFile.getSize());              ❹
                log.debug("file content type : "+multipartFile.getContentType());
                log.debug("end file information.\n");
            }
        }
    }
}
```

❶ 업로드된 파일의 정보를 확인하는 목적이기 때문에 게시글이 저장되지 않도록 주석 처리합니다.

❷ boardWrite.html에서 파일 태그를 다시 살펴보겠습니다. 게시글 작성 화면에는 파일을 첨부할 수 있는 파일 태그가 <input type="file" name="files" multiple="multiple">로 하나만 있었습니다. 여기서 파일 태그는 files이라는 이름(name)으로 서버에 전송되고 하나의 파일 태그로 여러 개의 파일을 전송할 수 있습니다. 그렇지만 화면의 구성에 따라서 파일 태그가 여러 개 있을

수도, 화면에서 사용되는 파일 태그의 이름을 알 수 없을 수도 있습니다. 파일 태그의 이름을 알더라도 이 이름을 코드에 직접 작성하면 기능이 이름에 종속되기 때문에 재사용을 하기 어려운 문제도 발생합니다. 즉, 파일 태그에 다른 이름을 사용하면 기존에 작성해 놓은 기능을 사용할 수 없습니다.

이런 문제를 해결할 수 있도록 MultipartHttpServletRequest는 getFileNames라는 메서드를 제공합니다. 이 메서드를 사용하면 서버로 한꺼번에 전송되는 한 개 이상의 파일 태그 이름을 이터레이터(Iterator) 형식으로 가져올 수 있습니다. 이터레이터를 이용해 파일 태그의 이름을 하나씩 가져오면 해당 파일 태그에서 전송된 파일을 구분할 수 있습니다. 잠시 후 실행 결과를 보면서 다시 이야기하겠습니다.

❸ 앞에서 가져온 파일 태그 이름을 이용하여 파일 태그에서 선택된 파일을 가져옵니다. 파일 태그는 multiple 속성을 가졌기 때문에 여러 개의 파일이 첨부될 수 있습니다. 따라서 List 형태로 파일의 목록을 받아옵니다.

❹ 받아온 파일의 정보를 출력합니다. 업로드된 파일은 MultipartFile 인터페이스로 표현됩니다. 이 클래스를 이용해서 파일의 여러 가지 정보를 확인할 수 있습니다. 여기서는 파일의 이름, 크기, 파일 형식을 출력했습니다.

결과 확인하기

이제 파일을 업로드하고 정상적으로 출력되는지 확인해 보겠습니다. 애플리케이션을 실행한 후 게시글 작성 화면으로 이동해서 업로드할 파일을 선택합니다. 여기서는 이미지 파일 '이미지 1.png', '이미지 2.png'를 선택했습니다. 화면에는 '파일 2개'로 표시되고 있습니다.

[저장] 버튼을 클릭한 후 이클립스의 콘솔창을 확인하면 업로드된 파일의 정보가 나타납니다. 여기서 파일의 정보는 여러분이 선택한 이미지에 따라 다르게 나옵니다.

```
DEBUG [board.interceptor.LoggerInterceptor] ========================== START ===
DEBUG [board.interceptor.LoggerInterceptor]  Request URI :  /board/insertBoard.do
DEBUG [board.aop.LoggerAspect] Controller  :
    board.board.controller.BoardController.insertBoard()
 INFO [jdbc.sqlonly] SELECT 1

DEBUG [board.aop.LoggerAspect] ServiceImpl :
    board.board.service.BoardServiceImpl.insertBoard()
DEBUG [board.board.service.BoardServiceImpl] file tag name : files
DEBUG [board.board.service.BoardServiceImpl] start file information
DEBUG [board.board.service.BoardServiceImpl] file name : 이미지 1.png
DEBUG [board.board.service.BoardServiceImpl] file size : 139122
DEBUG [board.board.service.BoardServiceImpl] file content type : image/png
DEBUG [board.board.service.BoardServiceImpl] end file information.

DEBUG [board.board.service.BoardServiceImpl] start file information
DEBUG [board.board.service.BoardServiceImpl] file name : 이미지 2.png
DEBUG [board.board.service.BoardServiceImpl] file size : 150436
DEBUG [board.board.service.BoardServiceImpl] file content type : image/png
DEBUG [board.board.service.BoardServiceImpl] end file information.

DEBUG [board.interceptor.LoggerInterceptor] ============================ END ===
```

로그 상단에서 file tag name : files를 확인할 수 있습니다. 앞에서 이터레이터를 이용해서 파일 태그의 이름을 가져올 수 있다고 이야기했습니다. 여기서는 화면에서 files라는 이름을 가진 하나의 파일 태그를 사용했고 서버에서 그 태그의 이름을 정상적으로 출력하는 것을 볼 수 있습니다. 그리고 이 파일 태그를 이용해서 두 개의 파일을 업로드했습니다. 파일 이름은 '이미지 1.png'와 '이미지 2.png'이고, 각각의 파일 크기는 약 139kb, 150kb 정도네요.

6.2.2 업로드된 파일을 서버에 저장하기

이제 앞에서 살펴본 파일 업로드를 이용해서 업로드된 파일을 서버에 저장하고 저장된 파일 목록을 화면에 보여주겠습니다.

첨부파일 DTO 생성하기

먼저 첨부파일의 정보를 저장하는 BoardFileDto 클래스를 생성합니다. board.board.dto 패키지에 다음과 같이 BoardFileDto 클래스를 생성합니다.

코드 6-9 BoardFileDto.java

```
package board.board.dto;
import lombok.Data;

@Data
public class BoardFileDto {
    private int idx;
    private int boardIdx;
    private String originalFileName;
    private String storedFilePath;
    private long fileSize;
}
```

파일 처리를 위한 클래스 생성하기

다음으로 첨부파일 정보를 가공하고 지정된 위치에 파일을 저장하는 기능을 만들어야 합니다. 그 기능을 하는 클래스부터 만들어 보겠습니다. common 패키지에 FileUtils 클래스를 생성하고 다음 내용을 작성합니다.

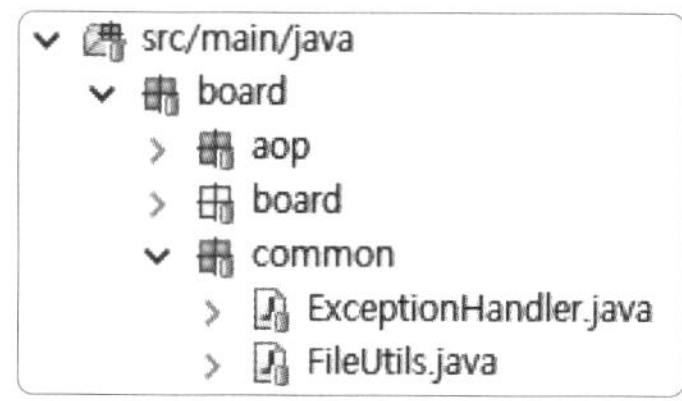

코드 6-10 FileUtils.java

```
package board.common;

import java.io.File;
import java.time.ZonedDateTime;
import java.time.format.DateTimeFormatter;
import java.util.ArrayList;
import java.util.Iterator;
import java.util.List;

import org.springframework.stereotype.Component;
import org.springframework.util.ObjectUtils;
import org.springframework.web.multipart.MultipartFile;
import org.springframework.web.multipart.MultipartHttpServletRequest;

import board.board.dto.BoardFileDto;

@Component  ❶
public class FileUtils {

    public List<BoardFileDto> parseFileInfo(int boardIdx, MultipartHttpServletRequest
            multipartHttpServletRequest) throws Exception{
        if(ObjectUtils.isEmpty(multipartHttpServletRequest)){
            return null;
        }

        List<BoardFileDto> fileList = new ArrayList<>();
```

```
        DateTimeFormatter format = DateTimeFormatter.ofPattern("yyyyMMdd");
        ZonedDateTime current = ZonedDateTime.now();
        String path = "images/"+current.format(format);
        File file = new File(path);                                          ❷
        if(file.exists() == false){
            file.mkdirs();
        }

        Iterator<String> iterator = multipartHttpServletRequest.getFileNames();

        String newFileName, originalFileExtension, contentType;

        while(iterator.hasNext()){
            List<MultipartFile> list = multipartHttpServletRequest.getFiles(iterator.next());
            for (MultipartFile multipartFile : list){
                if(multipartFile.isEmpty() == false){
                    contentType = multipartFile.getContentType();
                    if(ObjectUtils.isEmpty(contentType)){
                        break;
                    }
                    else{
                        if(contentType.contains("image/jpeg")) {
                            originalFileExtension = ".jpg";
                        }
                        else if(contentType.contains("image/png")) {        ❸
                            originalFileExtension = ".png";
                        }
                        else if(contentType.contains("image/gif")) {
                            originalFileExtension = ".gif";
                        }
                        else{
                            break;
                        }
                    }

                    newFileName = Long.toString(System.nanoTime()) +        ❹
                        originalFileExtension;
                    BoardFileDto boardFile = new BoardFileDto();
                    boardFile.setBoardIdx(boardIdx);
                    boardFile.setFileSize(multipartFile.getSize());          ❺
                    boardFile.setOriginalFileName(multipartFile.getOriginalFilename());
                    boardFile.setStoredFilePath(path + "/" + newFileName);
                    fileList.add(boardFile);

                    file = new File(path + "/" + newFileName);              ❻
                    multipartFile.transferTo(file);
                }
            }
        }
        return fileList;
    }
}
```

❶ @Component 어노테이션을 이용해서 FileUtils 클래스를 스프링의 빈으로 등록합니다.

❷ 파일이 업로드될 폴더를 생성합니다. 여기서는 파일이 업로드될 때마다 images 폴더 밑에 yyyyMMdd(예를 들어 오늘이 2019년 1월 7일일 경우, 폴더 이름은 20190107) 형식으로 폴더를 생성합니다. 단, 해당 폴더가 없을 경우

만 생성됩니다.

ZonedDateTime 클래스는 오늘의 날짜를 확인하기 위해 사용되는데, JDK 1.8부터 사용할 수 있습니다. JDK 1.8 미만에서는 JDK에서 제공하는 GregorianCalendar 클래스나 Joda-Time과 같은 라이브러리를 이용해서 날짜를 얻어옵니다.

❸ 파일 형식을 확인하고 그에 따라 이미지의 확장자를 지정합니다. 파일의 확장자를 파일 이름에서 가져오는 방식을 간혹 블로그 글에서 볼 수 있는데, 이렇게 확장자를 확인하는 방식은 매우 위험합니다. 왜냐하면 확장자는 쉽게 바꿀 수 있기 때문에 실제 파일의 형식과 확장자가 다를 수 있고, 파일의 위변조를 확인할 수 없기 때문입니다. 실제로 개발을 할 때에는 JDK 1.7 이상에서 지원되는 nio 패키지를 이용하거나 아파치 티카(Apache Tika)와 같은 라이브러리를 이용하는 등의 방법으로 파일 형식을 확인합니다.

❹ 서버에 저장될 파일 이름을 생성합니다. 서버에 같은 이름의 파일이 있다면 업로드된 파일이 정상적으로 저장되지 않기 때문에 절대 중복되지 않을 이름으로 바꿔줍니다. 여기서는 파일이 업로드된 나노초(nano time)를 이용해서 새로운 파일 이름으로 지정했습니다. 밀리초(millisecond)를 이용할 경우 중복될 가능성이 있습니다.

❺ 데이터베이스에 저장할 파일 정보를 앞에서 만든 BoardFileDto에 저장합니다. 업로드된 파일을 추후 화면에 표시하기 위해서 파일의 원래 이름, 파일의 크기, 파일이 저장된 경로를 저장합니다. 또한 해당 파일이 어떤 게시글에 속해 있는지 알 수 있도록 게시글 번호도 같이 저장합니다.

❻ 업로드된 파일을 새로운 이름으로 바꾸어 지정된 경로에 저장합니다.

서비스 및 매퍼 변경하기

앞에서 만든 FileUtils 클래스를 이용해서 게시판 내용을 저장하고 파일 정보도 같이 저장하도록 변경하기 위해 BoardServiceImpl 클래스를 수정합니다. 우선 BoardServiceImpl 클래스에 FileUtils 클래스를 주입합니다.

코드 6-11 BoardServiceImpl.java

```
@Autowired
private FileUtils fileUtils;
```

그리고 insertBoard 메서드를 다음과 같이 변경합니다.

코드 6-12 BoardServiceImpl.java

```
@Override
public void insertBoard(BoardDto board,
    MultipartHttpServletRequest multipartHttpServletRequest) throws Exception {
    boardMapper.insertBoard(board); ❶
    List<BoardFileDto> list = fileUtils.parseFileInfo(board.getBoardIdx(),
        multipartHttpServletRequest);                                        ❷
    if(CollectionUtils.isEmpty(list) == false){
        boardMapper.insertBoardFileList(list);     ❸
    }
}
```

❶ 게시글을 등록합니다. 먼저 게시글을 등록하고 등록된 게시글 번호를 이용하여 파일을 저장합니다. 등록된 게시글 번호를 받아오는 방법은 잠시 후 쿼리를 수정하면서 살펴보겠습니다.

❷ 앞에서 만든 FileUtils 클래스를 이용해서 업로드된 파일을 서버에 저장하고 파일의 정보를 가져옵니다.

❸ 마이바티스의 foreach 기능을 사용하면 쿼리를 사용해서 리스트나 배열 데이터를 데이터베이스에 쉽게 저장할 수 있습니다. 이 기능도 잠시 후 파일 정보를 저장하는 쿼리를 만들면서 살펴보겠습니다.

매퍼에는 insertBoardFile 메서드만 추가하면 됩니다.

코드 6-13 BoardMapper.java

```
void insertBoardFileList(List<BoardFileDto> list) throws Exception;
```

SQL 변경 및 추가하기

이제 SQL을 수정하겠습니다. 먼저 게시글을 등록하는 insertBoard 쿼리에서 <insert> 태그 부분을 다음과 같이 변경합니다.

코드 6-14 board.xml

```
<insert id="insertBoard" parameterType="board.board.dto.BoardDto"
    useGeneratedKeys="true" keyProperty="boardIdx">
```

'4.3 게시글 등록 기능 만들기'의 코드 4-15와 비교했을 때 useGeneratedKeys와 keyProperty가 추가된 걸 확인할 수 있습니다. 앞에서 게시글을 작성할 때 등록된 게시글 번호를 받아오는 방법을 쿼리를 변경하면서 다루겠다고 했습니다. useGeneratedKeys와 keyProperty 속성이 그 역할을 수행합니다.

useGeneratedKeys 속성은 DBMS가 자동 생성키(MySQL의 경우 Auto Increment)를 지원할 경우에 사용할 수 있습니다. keyProperty는 useGenerated Keys나 selectKey의 하위 엘리먼트에 의해 리턴되는 키를 의미합니다. 게시글의 경우 board_idx 컬럼이 PK이면서 자동 생성이 되게끔 했기 때문에 이 컬럼을 사용합니다. 데이터베이스에서 새로운 게시글이 등록되면 파라미터인 BoardDto 클래스의 boardIdx에 새로운 게시글 번호가 저장되어 반환(return)됩니다. 따라서 서비스 영역에서 특별한 로직을 사용하지 않더라도 새롭게 등록된 정보의 키(여기서는 게시글 번호)를 사용할 수 있습니다.

다음으로 파일 정보를 저장하는 쿼리를 추가합니다.

코드 6-15 sql-board.xml

```
<insert id="insertBoardFileList" parameterType="board.board.dto.BoardFileDto">
    <![CDATA[
        INSERT INTO t_file
        ( board_idx, original_file_name, stored_file_path, file_size,
          creator_id, created_datetime
        )
        VALUES
    ]]>
    <foreach collection="list" item="item" separator=","> ❶
        (
            #{item.boardIdx},
            #{item.originalFileName},   ❷
            #{item.storedFilePath},
            #{item.fileSize},
            'admin',
            NOW()
        )
    </foreach>
</insert>
```

❶ 파일 목록은 하나 이상이기 때문에 마이바티스의 foreach 문을 사용해서 collection의 반복 처리를 합니다. collection 속성은 전달받은 인자를 의미하며 List나 Array 형식의 데이터를 사용합니다. item 속성은 전달받은 인자의 별칭입니다. 이 별칭을 이용해서 컬렉션(Collection)의 데이터에 접근합니다. 여기서는 item이라는 이름으로 별칭을 지정했지만 다른 별칭을 사용해도 됩니다. 예를 들어 item="object"라고 지정했다면 object.originalFile Name과 같은 형식으로 컬렉션 데이터에 접근할 수 있습니다. separator는 반복되는 문자열을 구분하기 위해서 사용합니다. 컬렉션은 1개 이상의 목록을 가지는데, 각 목록을 구분해야 합니다. 여기서는 INSERT문의 VALUES 값을 구분하는 데 사용됩니다. VALUES가 여러 개일 경우 (저장할 값), (저장할 값)과 같이 구분이 필요한데, separator를 사용하면 자동으로 ,를 붙여줍니다.

❷ 파라미터에 `list`라는 이름의 파일 정보 리스트를 `item`이라는 별칭을 이용해서 접근하고 있습니다.

결과 확인하기

이제 파일이 제대로 저장되는지 확인하겠습니다. 앞에서와 동일하게 게시글 작성 화면에서 파일을 첨부하고 글을 저장하면 됩니다. 글이 정상적으로 저장되면 글 목록에 새로 작성한 글이 추가됩니다.

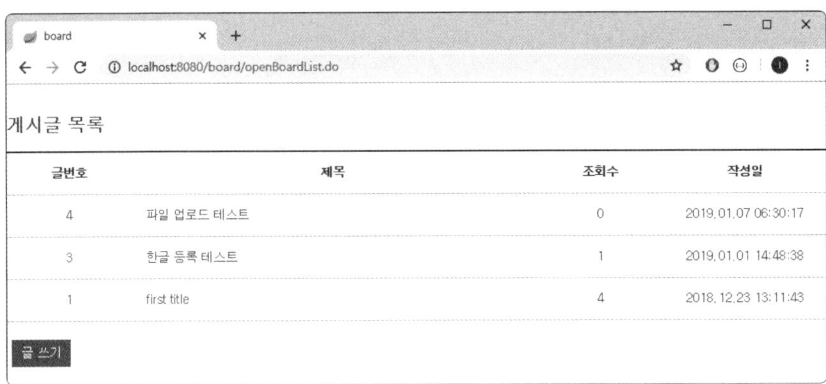

게시판에서 등록된 첨부파일을 보는 기능은 아직 추가하지 않았기 때문에 파일이 제대로 저장되어 있는지는 데이터베이스에서 확인하겠습니다. 데이터베이스의 t_file 테이블에서 서버로 전송된 파일의 정보를 확인할 수 있습니다.

idx	board_idx	original_file_name	stored_file_path	file_size	creator_id	created_datetime
1	4	이미지 1.png	images/20190107/202308707551369.png	139122	admin	2019-01-07 06:30:18
2	4	이미지 2.png	images/20190107/202308709326053.png	150436	admin	2019-01-07 06:30:18

이제는 파일이 실제로 서버에 저장되었는지 확인해야겠지요? 앞에서 파일은 `images/yyyyMMdd/새로운 파일 이름`의 형식으로 저장되도록 설정했습니다. 윈도우 환경에서 절대경로를 지정해 주지 않았기 때문에 해당 폴더는 프로젝트가 위치한 폴더 내에 생성됩니다. 즉, 프로젝트 폴더인 `board` 폴더 안에 생성됩니다(실제 프로젝트에서는 서버는 유닉스 또는 리눅스 OS를 사용하고 파일 등을 저장하는 스토리지를 따로 구성하기 때문에 이미지 등의 첨부파일이 저장될 경로를 지정하게 됩니다). 프로젝트 폴더로 이동해서 `images` 폴더가 정상적으로 생성되었는지 확인합니다.

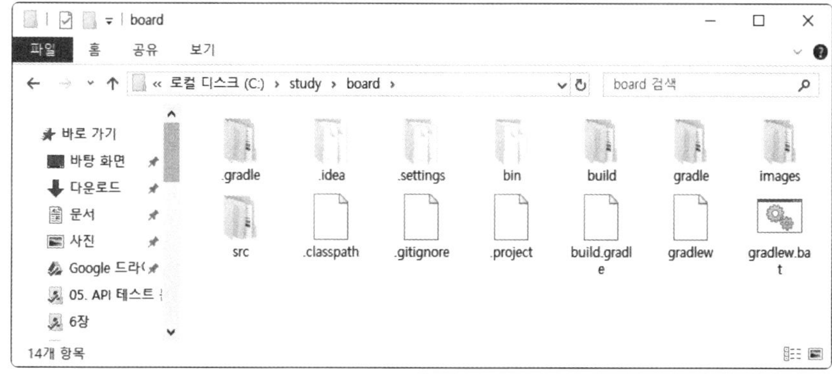

그리고 images 폴더 안에 정상적으로 날짜 이름의 폴더가 생성되고 첨부파일들이 업로드되었는지 확인합니다.

images 폴더 안에 다시 해당 날짜의 폴더가 생성되고 화면에서 전송한 '이미지 1.png', '이미지 2.png' 파일이 각각 새로운 이름으로 저장되었습니다.

6.2.3 첨부된 파일 목록 보여 주기

다음으로 게시글 상세 화면에서 첨부된 파일 목록을 표시해 보겠습니다. 파일 목록을 보여 주기 위해서는 게시글의 상세내용을 조회할 때 게시글에 등록된 파일의 목록도 같이 조회해야 합니다. 따라서 이번에는 파일을 등록할 때와 반대로 작업을 진행하겠습니다. 파일의 목록을 조회하는 쿼리를 추가하는 것부터 시작하고 파일 목록을 보여 주는 뷰는 마지막에 변경합니다.

SQL 추가하기

가장 먼저 파일 목록을 조회하는 쿼리를 추가하겠습니다. sql-board.xml에 다음 쿼리를 추가합니다.

코드 6-16 sql-board.xml

```
<select id="selectBoardFileList" parameterType="int"
    resultType="board.board.dto.BoardFileDto">
    <![CDATA[
        SELECT
            idx, board_idx, original_file_name,
            FORMAT(ROUND(file_size / 1024), 0) AS file_size  ❶
        FROM
            t_file
        WHERE
            board_idx = #{boardIdx}
            AND deleted_yn = 'N'
    ]]>
</select>
```

❶ 바이트(byte) 단위로 저장된 파일의 크기를 소수점을 반올림한 킬로바이트(kbyte) 크기로 변환합니다.

BoardDto 변경하기

게시글의 내용을 저장하는 BoardDto 클래스에 첨부파일 목록을 추가합니다. BoardDto 클래스에 다음 코드를 추가합니다.

코드 6-17 BoardDto.java

```
private List<BoardFileDto> fileList;
```

서비스 및 매퍼 변경하기

서비스에서는 게시글 상세내용을 조회할 때 앞에서 작성한 쿼리로 첨부파일 목록을 조회하는 로직만 추가하면 됩니다. BoardServiceImpl 클래스의 selectBoardDetail 메서드를 다음과 같이 변경합니다.

코드 6-18 BoardServiceImpl.java

```
@Override
public BoardDto selectBoardDetail(int boardIdx) throws Exception{
    BoardDto board = boardMapper.selectBoardDetail(boardIdx);  ❶
    List<BoardFileDto> fileList = boardMapper.selectBoardFileList(boardIdx);  ┐ ❷
    board.setFileList(fileList);                                              ┘

    boardMapper.updateHitCount(boardIdx);  ❸

    return board;
}
```

❶ 게시글의 내용을 조회합니다.

❷ 게시글 번호로 게시글의 첨부파일 목록을 조회하고 게시글의 정보를 담고 있는 BoardDto 클래스에 조회된 첨부파일 목록을 저장합니다.

❸ 게시글의 조회수를 증가시킵니다.

매퍼에는 게시글의 첨부파일을 조회하는 메서드를 추가합니다.

코드 6-19 BoardMapper.java

```
List<BoardFileDto> selectBoardFileList(int boardIdx) throws Exception;
```

뷰 변경하기

이제 뷰에서 첨부파일의 목록을 표시하도록 하겠습니다. 목록을 표시하는 것은 앞에서 게시글 목록 화면을 만들었던 것과 크게 다른 점이 없습니다. boardDetail.html 파일을 열고 </form> 태그와 <a href="this" id="list" class="btn">목록으로</a> 태그 사이에 다음과 같이 코드를 추가합니다.

코드 6-20 boardDetail.html

```
...중략...
</form>

<div class="file_list">
    <a th:each="list : ${board.fileList}" th:text="|${list.originalFileName}
(${list.fileSize} kb)|"></a>
</div>

<a href="#this" id="list" class="btn">목록으로</a>
...중략...
```

❶ 게시글 목록을 표시할 때와 마찬가지로 th:each를 이용해서 받아온 첨부파일 목록을 표시합니다. Thymeleaf에서는 | 기호를 사용하여 변수와 고정된 문자열을 혼합하여 출력할 수 있습니다. 여기서는 파일의 이름과 파일의 크기를 받아와서 보여 주고 뒤에 kb라는 파일 크기의 단위를 출력합니다.

결과 확인하기

애플리케이션을 실행하고 앞에서 파일을 등록한 4번 게시글의 상세 화면을 호출합니다.

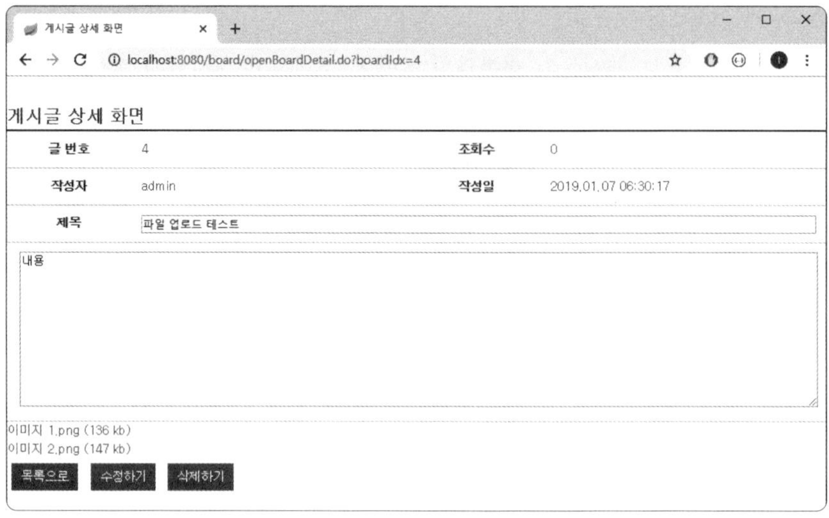

4번 게시글을 호출하면 앞에서 첨부한 파일의 목록이 같이 표시되는 것을 볼 수 있습니다. 첨부파일이 없는 게시글을 조회할 경우에는 파일 목록이 표시되지 않습니다.

6.3 파일 다운로드

이제 마지막으로 첨부파일의 다운로드에 대해서 알아보겠습니다. 첨부파일의 다운로드는 여태까지와는 조금 다른 방식으로 개발합니다. 앞에서는 서버에서 조회된 정보가 뷰로 전달되었는데, 이번에는 뷰가 아니라 반환값(response)을 직접 변경합니다. 반환값은 DB에서 조회된 첨부파일 정보를 이용해서 컨트롤러에서 처리를 합니다. 따라서 이번에 개발할 순서는 다운받고 싶은 파일을 선택할 수 있도록 뷰를 먼저 개발하고 쿼리부터 서비스, 컨트롤러의 순서로 진행하겠습니다.

6.3.1 뷰 영역

먼저 파일을 다운로드 받을 수 있도록 파일 목록에 링크를 추가합니다. `boardDetail.html` 파일을 열고 파일의 목록을 보여 주는 <a> 태그를 다음과 같이 변경합니다.

코드 6-21 boardDetail.html

```
<div class="file_list">
    <a th:each="list : ${board.fileList}"
```

```
        th:href="@{/board/downloadBoardFile.do(idx=${list.idx},
                                             boardIdx=${list.boardIdx})}"
        th:text="|${list.originalFileName} (${list.fileSize} kb)|"></a>
</div>
```

앞의 코드와 비교해서 th:href 속성이 추가되었습니다. th:href 속성을 이용해서 <a> 태그의 링크를 설정해 줍니다. 여기서는 /board/downloadBoardFile.do를 호출하도록 했습니다. 그리고 주소를 호출할 때 선택된 파일을 다운로드하기 위해서 필요한 파라미터 두 개를 추가했습니다. 파라미터는 파일 번호를 의미하는 idx와 게시글 번호를 의미하는 boardIdx를 추가해서 주소 호출 시 해당 파라미터들이 추가되도록 했습니다. Thymeleaf에서 href 태그에 여러 개의 파라미터를 추가하려면 (idx=${list.idx}, boardIdx=${list.boardIdx})와 같이 콤마(,)를 이용해서 구분해 줍니다. 브라우저에서 해당 화면이 호출되면 /board/downloadBoardFile.do?idx=파일 번호&boardIdx=글번호와 같이 파라미터가 추가되어 화면에 나타납니다.

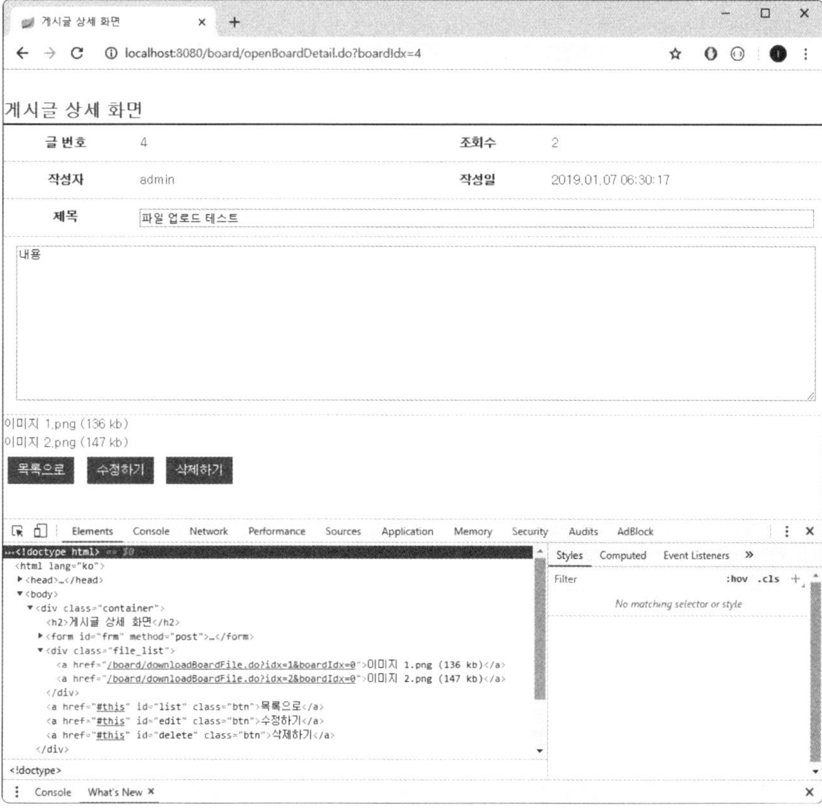

구글 크롬의 개발자 도구를 사용해서 파싱된 HTML을 확인해봤습니다. HTML 중간 <div class="file_list"> 태그 밑에 앞에서 설명한 것처럼 파일 번호와 글 번호가 추가된 두 개의 <a> 태그를 확인할 수 있습니다.

6.3.2 SQL 추가하기

sql-board.xml에 파일의 정보를 조회하는 쿼리를 추가합니다.

코드 6-22 sql-board.xml

```
<select id="selectBoardFileInformation" parameterType="map"
    resultType="board.board.dto.BoardFileDto"> ❶
    <![CDATA[
        SELECT
            original_file_name,
            stored_file_path,
            file_size
        FROM
            t_file
        WHERE
            idx = #{idx}
            AND board_idx = #{boardIdx}
            AND deleted_yn = 'N'
    ]]>
</select>
```

❶ parameterType이 map인 것을 볼 수 있습니다. 여태까지는 쿼리의 파라미터가 하나일 때는 파라미터의 변수형으로, 파라미터가 여러 개일 때는 DTO를 사용했습니다. 이번에는 기존과 다르게 map을 파라미터 타입으로 사용했습니다. 애플리케이션을 개발하다 보면 쿼리의 파라미터 전달을 위한 목적만으로 DTO를 만들기에는 애매한 경우가 생깁니다. 이럴 때 Map을 이용해서 파라미터를 사용하면 됩니다. 마이바티스에서 이 기능을 지원하는데, 잠시 뒤 매퍼 코드에서 다시 살펴봅니다.

6.3.3 서비스 및 매퍼 추가하기

서비스에서는 특별히 처리할 로직이 없습니다. 다음의 코드를 추가합니다.

코드 6-23 BoardService.java

```
BoardFileDto selectBoardFileInformation(int idx, int boardIdx) throws Exception;
```

코드 6-24 BoardServiceImpl.java

```
@Override
public BoardFileDto selectBoardFileInformation(int idx, int boardIdx) throws Exception {
    return boardMapper.selectBoardFileInformation(idx, boardIdx);
}
```

다음으로 매퍼 차례입니다. BoardMapper 인터페이스에 다음 코드를 추가합니다.

코드 6-25 BoardMapper.java

```
import org.apache.ibatis.annotations.Param;
...중략...
BoardFileDto selectBoardFileInformation(@Param("idx") int idx,
                                        @Param("boardIdx") int boardIdx); ❶
```

❶ 앞에서 쿼리를 설명할 때 마이바티스는 Map을 파라미터로 사용하는 기능을 지원한다고 이야기했습니다. 애플리케이션을 개발하다 보면 쿼리의 파라미터가 2~3개인 경우 이를 위해서 DTO를 만들기에 애매한 경우가 있습니다. 이럴 때 @Param 어노테이션을 이용하면 해당 파라미터들이 Map에 저장되어 DTO를 만들지 않더라도 여러 개의 파라미터를 전달할 수 있습니다. 매퍼에서는 @Param 어노테이션을 이용해서 파라미터를 지정하고 키를 저장합니다. 그리고 sql에서는 코드 6-22와 같이 파라미터를 parameterType="map"와 같은 형태로 바로 사용할 수 있습니다.

6.3.4 컨트롤러 변경하기

이제 가장 중요한 컨트롤러에 파일 다운로드 기능을 추가하겠습니다. 먼저 BoardController 클래스에 조회된 파일 정보를 이용해서 실제로 사용자에게 파일을 전송하는 메서드를 추가합니다.

코드 6-26 BoardController.java

```
package board.board.controller;

import java.io.File;
import java.net.URLEncoder;
import java.util.List;

import javax.servlet.http.HttpServletResponse;

import org.apache.commons.io.FileUtils;
import org.springframework.beans.factory.annotation.Autowired;
import org.springframework.stereotype.Controller;
import org.springframework.util.ObjectUtils;
import org.springframework.web.bind.annotation.RequestMapping;
import org.springframework.web.bind.annotation.RequestParam;
import org.springframework.web.multipart.MultipartHttpServletRequest;
import org.springframework.web.servlet.ModelAndView;

import board.board.dto.BoardDto;
import board.board.dto.BoardFileDto;
import board.board.service.BoardService;

...중략...
```

```
@RequestMapping("/board/downloadBoardFile.do")
public void downloadBoardFile(@RequestParam int idx, @RequestParam int boardIdx,
        HttpServletResponse response) throws Exception{ ❶
    BoardFileDto boardFile = boardService.selectBoardFileInformation(idx, boardIdx); ❷
    if(ObjectUtils.isEmpty(boardFile) == false) {
        String fileName = boardFile.getOriginalFileName();

        byte[] files = FileUtils.readFileToByteArray(new File(boardFile.
            getStoredFilePath())); ❸

        response.setContentType("application/octet-stream");
        response.setContentLength(files.length);
        response.setHeader("Content-Disposition", "attachment; fileName=\"" +     ❹
            URLEncoder.encode(fileName,"UTF-8")+"\";");
        response.setHeader("Content-Transfer-Encoding", "binary");

        response.getOutputStream().write(files); ❺
        response.getOutputStream().flush();
        response.getOutputStream().close();   ❻
    }
}
```

❶ HttpServletResponse 객체를 파라미터로 사용합니다. 사용자로부터 들어오는 모든 요청 정보를 담고 있는 HttpServletRequest 클래스와 반대로 HttpServletResponse 클래스는 사용자에게 전달할 데이터를 담고 있습니다. HttpServletResponse 클래스에 적절히 설정을 해 주면 사용자에 전달할 결괏값을 원하는 대로 만들거나 변경할 수 있습니다.

❷ 데이터베이스에서 선택된 파일의 정보를 조회합니다.

❸ ❷번에서 조회된 파일의 정보 중 저장 위치, 즉 storedFilePath 값을 이용해서 실제로 저장되어 있는 파일을 읽어온 후 byte[] 형태로 변환합니다. 여기서 사용되는 FileUtils 클래스는 org.apache.commons.io 패키지의 FileUtils 클래스입니다.

❹ response의 헤더에 콘텐츠 타입, 크기 및 형태 등을 설정합니다. 파일의 이름은 반드시 UTF-8로 인코딩을 합니다. 인터넷에서 첨부파일을 다운받을 때 파일 이름이 이상한 문자로 변경되는 경험을 다들 한 번쯤은 해 봤을 겁니다. 이는 한글로 된 파일의 이름을 UTF-8로 인코딩하지 않아서 생기는 문제입니다. 특히 띄어쓰기와 대소문자를 주의해서 작성해야 합니다. 필자의 경우 "attachment; fileName" 단어 사이의 띄어쓰기를 놓쳐서 다운로드가 안 되었던 경험도 있었습니다.

❺ 앞에서 읽어온 파일 정보의 바이트 배열 데이터를 response에 작성합니다.

❻ 마지막으로 response의 버퍼를 정리하고 닫아줍니다.

6.3.5 결과 확인하기

이제 파일을 정상적으로 다운로드할 수 있는지를 확인할 차례입니다.

게시글 상세 화면에서 다운받으려는 파일을 선택하고 정상적으로 파일이 다운로드 되는지 확인합니다. 이미지 1.png를 선택하면 파일 저장 화면이 나오고, [저장] 버튼을 클릭하면 파일이 정상적으로 저장됩니다.

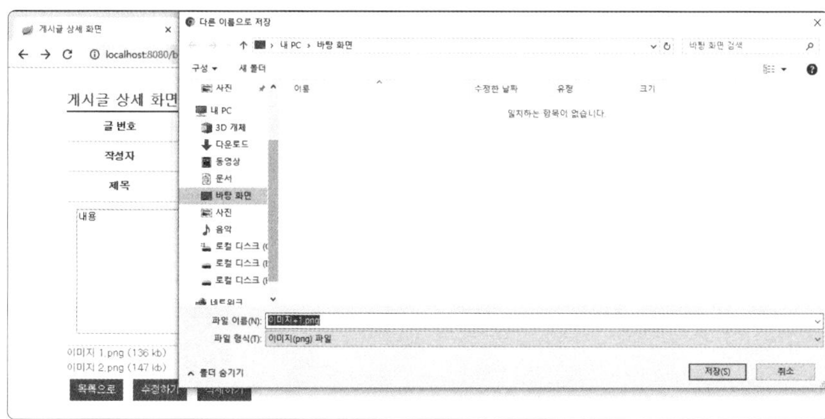

7장

S p r i n g b o o t

RESTful 게시판 만들어 보기

요즘 웹, 서버 개발자의 필수 요건이 REST API 개발 경험입니다. 여러 취업 포털이나 각 회사의 채용 요강의 백엔드 개발자의 자격 요건에서 빠지지 않고 등장합니다. 이번 장에서는 REST API가 무엇인지 살펴보고 앞에서 만든 게시판을 RESTful 게시판으로 변경해 보겠습니다.

7.1 REST란?

REST란 REpresentational State Transfer의 약자로, HTTP의 창시자 중 한 사람인 로이 필딩(Roy Fielding)이 2000년에 발표한 박사 학위 논문 〈Architectural Styles and the Design of Network-based Software Architectures〉에서 소개했습니다. 로이 필딩은 기존의 웹 아키텍처가 HTTP 본래의 우수성을 잘 활용하지 못한다고 생각했기 때문에 그 장점을 최대한 활용할 수 있는 아키텍처로 REST를 소개했습니다.

REST가 무엇인지 한마디로 정의하기는 참 어렵습니다. 하지만 필자의 경우 REST를 다음과 같이 생각하고 있습니다.

> 잘 표현된 HTTP URI로 리소스를 정의하고 HTTP 메서드로 리소스에 대한 행위를 정의합니다. 리소스는 JSON, XML과 같은 여러 가지 언어로 표현할 수 있습니다.

REST의 특징을 지키는 API를 'RESTful하다'라고 표현하기도 하지요.

리소스

리소스는 서비스를 제공하는 시스템의 자원을 의미하는 것으로 URI(Uniform Resource Identifier)로 정의됩니다. 즉, REST API의 URI는 리소스의 자원을 표현해야만 합니다.

REST API의 URI를 설계할 때 일반적으로 다음과 같은 규칙을 적용합니다.

1. URI는 명사를 사용합니다.

   예를 들어 회원 목록을 조회하는 REST API는 다음과 같이 표현할 수 있습니다.

   ```
   GET /members
   ```

   GET은 HTTP 메서드로 URI의 리소스를 조회하는 것을 의미합니다. members라는 명사를 통해 회원 목록임을 알 수 있습니다(HTTP 메서드는 잠시 후 자세히 설명하겠습니다).

   잘 표현된 URI란 이처럼 보기만 해도 직관적으로 그 의미를 이해할 수 있는 URI를 의미합니다. 그런데 여기서 "명사와 동사를 사용하면 의미를 좀 더 직관적으로 이해할 수 있지 않을까?"라는 생각이 들 수도 있습니다. 만약 URI에 명사와 동사를 같이 사용하면 어떻게 될까요?

   ```
   GET /members/select/1
   GET /members/delete/1
   ```

   둘 다 조회하는 표현입니다(Rest URI 형식에는 맞지 않지만 설명을 위해 적었습니다). 하지만 ❶의 경우 delete라는 동사 때문에 1번 회원을 삭제한다고 오해할 수도 있습니다(마지막 1은 세부 리소스의 아이디입니다. 여기서는 1번 회원을 의미합니다). 즉, 명사와 동사를 같이 사용하다 보면 의미를 오해하게 되는 경우가 생기는 겁니다. 따라서 명사만 사용하도록 표현합니다. 회원 삭제는 다음과 같이 표현하도록 합시다.

   ```
   DELETE /members/1
   ```

2. 슬래시(/)로 계층 관계를 나타냅니다.

   예를 들어 개라는 목록에는 진돗개나 불독, 사모예드와 같은 서로 다른 여러 가지의 종이 있습니다. 따라서 개와 진돗개의 계층 관계는 다음과 같이 나타냅니다.

```
GET /dogs/jindo
```

3. URI의 마지막에는 슬래시를 사용하지 않습니다.

   URI의 끝에 슬래시를 넣더라도 실행하는 데는 문제가 없습니다. 그렇지만 슬래시 때문에 다음 계층이 있는 것으로 오해할 수가 있습니다. 따라서 명확한 의미를 전달하려면 URI의 마지막에 슬래시를 넣지 않아야 합니다.

4. URI는 소문자로만 작성합니다.

   URI 문법 형식을 나타내는 RFC 3986에서는 URI 스키마와 호스트를 제외하고는 대소문자를 구별하도록 규정하기 때문입니다. 물론 소문자만이 아니라 대문자 혹은 대소문자를 사용하는 것도 가능하지 않냐고 이야기할 수 있습니다. 대소문자를 섞어서 사용하면 URI를 기억하기 어렵고 URI를 호출할 때 잘못 쓰기 쉽습니다. 대문자로만 구성할 경우 이러한 문제는 없지만 일반적으로 URI에 대문자는 잘 사용하지 않습니다.

5. 가독성을 높이기 위해 하이픈(-)을 사용할 수는 있지만 밑줄(_)은 사용하지 않습니다.

HTTP 메서드

HTTP에는 여러 가지 메서드가 있는데, REST 서비스에서는 CRUD에 해당하는 네 개의 메서드를 사용합니다. CRUD란 Create, Read, Update, Delete의 약자로 소프트웨어의 기본적인 데이터 처리 기능을 나타냅니다.

HTTP 메서드	의미	역할
POST	Create	리소스를 생성합니다.
GET	Read	해당 URI의 리소스를 조회합니다.
PUT	Update	해당 URI의 리소스를 수정합니다.
DELETE	Delete	해당 URI의 리소스를 삭제합니다.

표 7-1 CRUD의 기능과 메서드

REST API에서는 네 개의 메서드를 이용해서 리소스에 대한 행위를 정의합니다.

7.2 RESTful 게시판으로 변경하기

앞에서 만든 게시판을 이용해서 RESTful 게시판으로 변경해 보겠습니다. 기본적인 로직은 거의 비슷하기 때문에 앞에서 실습을 진행했던 게시판과 비교해서 다른 점 위주로 살펴보겠습니다.

7.2.1 컨트롤러 작성하기

앞에서 만든 BoardController 클래스와 비교해서 확인할 수 있도록 RESTful 컨트롤러를 새로 만들겠습니다. 앞에서 만들었던 게시글 목록 및 상세 화면, 수정, 삭제, 첨부파일 관련 기능까지 한번에 작성합니다. 다음과 같이 화면을 구성할 것입니다.

기능	RESTful URI	요청 방식	대응되는 BoardController의 URI
게시판 목록	/board	GET	/board/openBoardList.do
게시글 작성 화면	/board/write	GET	/board/openBoardWrite.do
게시글 작성	/board/write	POST	/board/insertBoard.do
게시글 상세 화면	/board/글번호	GET	/board/openBoardDetail.do
게시글 수정	/board/글번호	PUT	/board/updateBoard.do
게시글 삭제	/board/글번호	DELETE	/board/deleteBoard.do
첨부파일 다운로드	/board/file	GET	/board/downloadBoardFile.do

controller 패키지에 RestBoardController 클래스를 만들고 다음과 같이 코드를 작성합니다.

코드 7-1 RestBoardController.java

```
package board.board.controller;

import org.apache.commons.io.FileUtils;
import org.springframework.beans.factory.annotation.Autowired;
import org.springframework.stereotype.Controller;
import org.springframework.ui.ModelMap;
import org.springframework.util.ObjectUtils;
import org.springframework.web.bind.annotation.PathVariable;
import org.springframework.web.bind.annotation.RequestMapping;
import org.springframework.web.bind.annotation.RequestMethod;
import org.springframework.web.bind.annotation.RequestParam;
import org.springframework.web.multipart.MultipartHttpServletRequest;
import org.springframework.web.servlet.ModelAndView;

import board.board.dto.BoardDto;
import board.board.dto.BoardFileDto;
import board.board.service.BoardService;
```

```
import javax.servlet.http.HttpServletResponse;
import java.io.File;
import java.net.URLEncoder;
import java.util.List;

@Controller
public class RestBoardController {

    @Autowired
    private BoardService boardService;

    @RequestMapping(value="/board", method=RequestMethod.GET)  ❶
    public ModelAndView openBoardList() throws Exception{
        ModelAndView mv = new ModelAndView("/board/restBoardList");  ❷

        List<BoardDto> list = boardService.selectBoardList();
        mv.addObject("list", list);

        return mv;
    }

    @RequestMapping(value="/board/write", method=RequestMethod.GET)  ❸
    public String openBoardWrite() throws Exception{
        return "/board/restBoardWrite";
    }

    @RequestMapping(value="/board/write", method=RequestMethod.POST)  ❹
    public String insertBoard(BoardDto board, MultipartHttpServletRequest
            multipartHttpServletRequest) throws Exception{
        boardService.insertBoard(board, multipartHttpServletRequest);
        return "redirect:/board";
    }

    @RequestMapping(value="/board/{boardIdx}", method=RequestMethod.GET)  ❺
    public ModelAndView openBoardDetail(@PathVariable("boardIdx") int boardIdx)
            throws Exception{
        ModelAndView mv = new ModelAndView("/board/restBoardDetail");

        BoardDto board = boardService.selectBoardDetail(boardIdx);
        mv.addObject("board", board);

        return mv;
    }

    @RequestMapping(value="/board/{boardIdx}", method=RequestMethod.PUT)  ❻
    public String updateBoard(BoardDto board) throws Exception{
        boardService.updateBoard(board);
        return "redirect:/board";
    }

    @RequestMapping(value="/board/{boardIdx}", method=RequestMethod.DELETE)  ❼
    public String deleteBoard(@PathVariable("boardIdx") int boardIdx) throws
            Exception{
        boardService.deleteBoard(boardIdx);
        return "redirect:/board";
    }

    @RequestMapping(value="/board/file", method=RequestMethod.GET)
    public void downloadBoardFile(@RequestParam int idx, @RequestParam int boardIdx,
            HttpServletResponse response) throws Exception{
        BoardFileDto boardFile = boardService.selectBoardFileInformation(idx,
            boardIdx);
        if(ObjectUtils.isEmpty(boardFile) == false) {
```

```
            String fileName = boardFile.getOriginalFileName();

            byte[] files = FileUtils.readFileToByteArray(new File(boardFile.
                getStoredFilePath()));

            response.setContentType("application/octet-stream");
            response.setContentLength(files.length);
            response.setHeader("Content-Disposition", "attachment; fileName=\"" +
                URLEncoder.encode(fileName,"UTF-8")+"\";");
            response.setHeader("Content-Transfer-Encoding", "binary");

            response.getOutputStream().write(files);
            response.getOutputStream().flush();
            response.getOutputStream().close();
        }
    }
}
```

❶ 기존의 BoardController에서는 @RequestMapping 어노테이션에 주소만 입력했습니다. 그에 따라 value 속성을 생략할 수 있었습니다. 그렇지만 RESTful 서비스에서는 주소와 요청 방법, 이 두 가지 속성은 꼭 지정해야 합니다. 먼저 value 속성으로 주소를 지정하고, method 속성으로 요청 방식을 정의합니다. 여기서는 게시글 목록 조회 시의 주소를 /board로 지정했고, GET 요청 방식에 의해서만 호출되도록 했습니다. @RequestMapping을 이용한 GET, POST, PUT, DELETE 방식은 각각 @GetMapping, @PostMapping, @PutMapping, @DeleteMapping 어노테이션을 사용할 수도 있습니다. 이러한 어노테이션의 이름에서 알 수 있듯이 HTTP 요청 방식은 이미 정의되어 있으니 주소만 지정하면 됩니다.

❷ RESTful 게시판을 위해서 컨트롤러를 만든 것처럼 뷰 템플릿도 새로 만들 예정입니다. 따라서 호출하는 뷰 템플릿도 미리 변경합니다. 여기서는 게시글 목록 화면만 이야기했지만 게시글 등록 및 상세 화면 뷰 템플릿도 변경합니다.

❸❹ 각각 게시글 작성 화면 호출과 게시글 작성을 의미합니다. 화면 호출과 게시글을 작성하는 주소는 똑같고 요청 방식이 GET과 POST로 다른 것을 확인할 수 있습니다. 즉, /board/write라는 주소를 호출할 때 GET 방식으로 요청하면 게시글 작성 화면이 호출되고, POST 방식으로 요청하면 게시글이 등록됩니다.

❺ @PathVariable 어노테이션은 메서드의 파라미터가 URI의 변수로 사용되는 것을 의미합니다. boardIdx라는 이름의 파라미터, 즉 게시글 번호가 URI의

{boardIdx}에 바인드됩니다. 만약 boardIdx 파라미터의 값이 1인 경우 호출되는 URI는 /board/1이 됩니다. 게시글 번호가 바뀔 때마다 호출되는 URI도 같이 변경되는 겁니다. 이 부분은 잠시 후 결과 화면을 보면서 다시 살펴보겠습니다.

❺❻❼ 각각 게시글 상세, 수정, 삭제를 의미합니다. 앞에서 GET은 데이터 조회, PUT은 데이터 수정, DELETE는 데이터의 삭제를 의미한다고 이야기했습니다. 동일한 URI라도 요청 방식에 따라서 다른 기능을 수행한다는 것을 알 수 있습니다.

서비스, 매퍼, 쿼리는 모두 앞에서 만든 클래스 및 쿼리를 동일하게 사용합니다. 따라서 변경할 부분은 없습니다.

7.2.2 뷰 템플릿

뷰 템플릿도 호출하는 주소가 변경된 것 외에는 큰 변경사항이 없습니다. 따라서 기존 뷰 템플릿을 복사하여 동일한 파일을 만들고 몇 가지 수정사항만 살펴보겠습니다. 먼저 templates.board 폴더 밑에 기존의 템플릿을 복사하여 각각 restBoardList.html, restBoardWrite.html, restBoardDetail.html 파일을 생성합니다.

게시글 목록

게시글 목록 화면에서는 상세 화면 및 작성 화면의 링크 주소와 변수들의 이름만 변경하면 됩니다.

코드 7-2 restBoardList.html

```
<table class="board_list">
    ...중략...
    <tbody>
        <tr th:if="${#lists.size(list)} > 0" th:each="list : ${list}">
            <td th:text="${list.boardIdx}"></td>
            <td class="title"><a href="/board/"
                                 th:attrappend="href=${list.boardIdx}"
                                 th:text="${list.title}"></a></td>  ❶
            <td th:text="${list.hitCnt}"></td>
            <td th:text="${#temporals.format(
                list.createdDatetime, 'yyyy-MM-dd HH:mm:ss')}"></td>
        </tr>
        <tr th:unless="${#lists.size(list)} > 0">
            <td colspan="4">조회된 결과가 없습니다.</td>
        </tr>
    </tbody>
</table>
<a href="/board/write/" class="btn">글 쓰기</a>  ❷
```

❶ 변경된 게시글 상세 화면의 주소로 지정합니다. 컨트롤러에서 게시글 상세 화면의 주소는 GET 방식의 /board/게시글번호 형식입니다. 따라서 게시글 목록에서 상세 화면을 호출하는 주소는 Thymeleaf에서 제공하는 th:attrappend 속성을 이용해서 /board/ 뒤에 게시글의 번호를 붙여줍니다.

❷ 변경된 게시글 작성 화면 주소로 지정합니다. 컨트롤러에서 게시글 작성 화면의 주소는 GET 방식 /board/write기 때문에 그에 맞게 지정합니다.

게시글 작성 화면

게시글 작성 화면에서는 단지 한 줄만 변경하면 됩니다. 데이터를 전송하는 폼의 주소만 변경해 주면 됩니다.

코드 7-3 restBoardWrite.html

```
<form id="frm" name="frm" method="post" action="/board/write"
      enctype="multipart/form-data">
```

게시글을 작성하는 주소는 컨트롤러에서 /board/write에 POST 방식으로 설정했습니다. 그에 따라 폼의 메서드는 POST로, 주소는 /board/write로 변경하면 됩니다.

게시글 상세 화면

게시글 상세 화면은 앞의 두 화면보다 수정할 내용이 조금 더 많습니다. 먼저 코드를 다음과 같이 변경합니다. 지면 관계상 변경할 부분만 살펴보도록 하겠습니다.

코드 7-4 restBoardDetail.html

```
...중략...
    <form id="frm" method="post"> ❶
        ...중략...
        </table>
        <input type="hidden" id="boardIdx" name="boardIdx"
               th:value="${board.boardIdx }">
        <input type="hidden" id="method" name="_method"/> ❷
    </form>

    <div class="file_list">
        <a th:each=list : ${board.fileList}
           th:href="@{/board/file(idx=${list.idx}, boardIdx=${board.boardIdx})}"
           th:text="|${list.originalFileName} (${list.fileSize} kb)|"></a> ❸
    </div>
    ...중략...
        $("#edit").on("click", function(){
            $("#method").val("put"); ❹
            var frm = $("#frm")[0];
            frm.action = "/board/"+boardIdx;
```

```
            frm.submit();
        });

        $("#delete").on("click", function(){
            $("#method").val("delete");  ❺
            var frm = $("#frm")[0];
            frm.action = "/board/"+boardIdx;
            frm.submit();
        });
    });
</script>
```

❶ 폼의 메서드는 POST로 설정합니다. 폼은 POST로 동작하지만 서버에서는 ❷, ❹, ❺에서 설명할 _method 파라미터로 요청 방식을 결정하기 때문입니다.

❷ 앞에서 HTML은 POST와 GET 방식의 요청만 지원하고 PUT, DELETE 방식은 지원하지 않는다고 이야기했습니다. 스프링은 웹 브라우저에서 사용되는 POST, GET 방식을 이용해서 PUT과 DELETE 방식을 사용할 수 있는 기능을 지원하는데 HiddenHttpMethodFilter가 바로 그것입니다. 이 필터는 스프링 부트 2.0 버전에서는 직접 빈으로 등록해야 했지만 스프링 부트 2.1.x에는 이미 필터가 등록되어 있습니다. 따라서 별도로 설정을 추가하지 않아도 이 필터를 사용할 수 있습니다.

HiddenHttpMethodFilter는 _method라는 이름의 파라미터가 존재할 경우 그 값을 요청 방식으로 사용합니다. 즉, _method의 값을 PUT으로 보내면 컨트롤러에서 RequestMethod.PUT의 값을 가진 URI가 호출됩니다. 따라서 화면에 보이지 않는 _method라는 이름의 입력창을 추가했습니다.

❸ 먼저 살펴볼 코드는 th:href="@{/board/file(idx=${list.idx}, boardIdx=${board.boardIdx})}입니다. 컨트롤러에서 파일을 다운받는 URI는 /board/file로 지정했고, 파일을 조회하기 위해서 파일 번호(idx)와 게시글 번호(boardIdx)가 필요합니다.

Thymeleaf에 여러 개의 파라미터를 전달하려면 (키=값, 키=값) 형식으로 데이터를 전달해야 합니다. 여기서는 선택된 파일 번호와 게시글 번호를 각각 idx와 boardIdx라는 이름으로 전달합니다. 추후 브라우저에서는 전달된 파라미터가 /board/file?idx=파일번호&boardIdx=게시글번호 형식으로 변환됩니다.

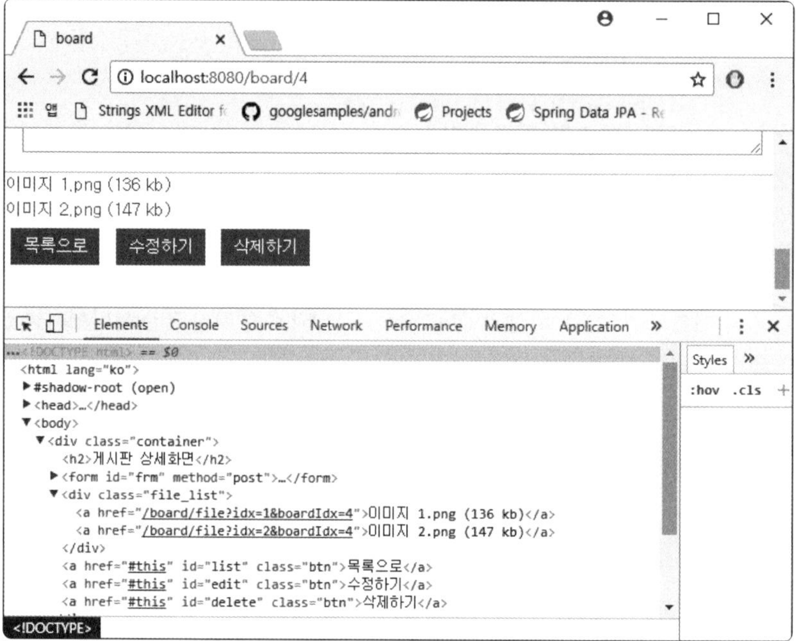

이 그림은 해당 코드가 브라우저에서 어떻게 변경되는지를 보여 줍니다. 크롬의 개발자 도구를 이용해서 HTML 코드를 확인했습니다. 첨부파일의 목록을 표시하는 `<div>` 태그 안에 첨부파일을 받을 수 있는 주소 `<a href="/board/file?idx=1&boardIdx=4">`가 생성된 것을 볼 수 있습니다. 이 주소는 게시글 번호와 파일 번호가 각각 변환된 것입니다.

❹❺ ❶에서 `HiddenHttpMethodFilter`를 등록하면 `_method` 파라미터로 요청 방식을 선택할 수 있다고 이야기했습니다. [수정하기]와 [삭제하기] 버튼을 선택할 경우 ❶에서 추가한 숨겨진 입력창에 각각 `put`과 `delete`라는 값을 설정하고 `/board/게시글번호`를 호출합니다.

7.2.3 게시글 작성 확인하기

브라우저의 주소창에 `localhost:8080/board/`를 입력하고 게시글 목록 화면으로 이동합니다. 그 후 [글 쓰기] 버튼을 클릭하여 게시판 등록 화면으로 이동합니다.

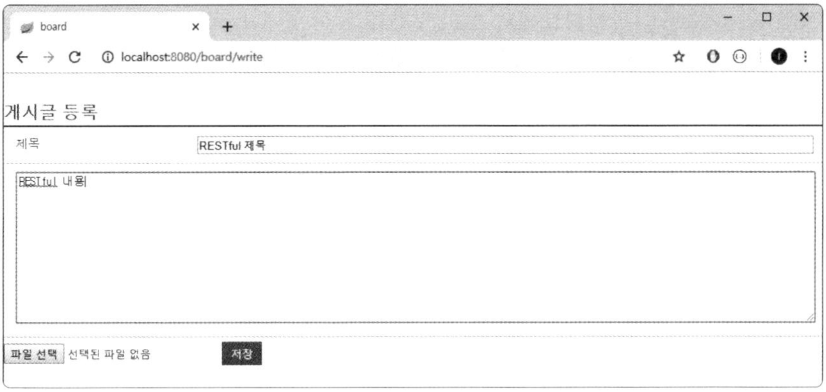

board
localhost:8080/board/write

게시글 등록

제목 RESTful 제목

RESTful 내용

파일 선택 선택된 파일 없음 저장

게시글이 정상적으로 등록되었는지 확인합니다.

board
localhost:8080/board

게시글 목록

글번호	제목	조회수	작성일
5	RESTful 제목	0	2019.01.07 14:00:54
4	파일 업로드 테스트	1	2019.01.07 06:30:17
3	한글 등록 테스트	1	2019.01.01 14:48:38
1	first title	4	2018.12.23 13:11:43

글 쓰기

게시글 작성 화면의 브라우저 주소창에 `localhost:8080/board/write`가 적혀 있는 것을 볼 수 있습니다. 그리고 게시글이 정상적으로 작성되고 목록 화면으로 이동되었습니다.

앞에서 게시글 작성 화면 호출과 글 작성은 모두 동일한 URI지만 요청 방식에 따라서 각기 다른 메서드를 호출한다고 이야기를 했습니다. 동일한 `/board/write` 주소에서 작성 화면은 GET 방식, 글 작성은 POST 방식으로 각기 다른 방식이지만 정상적으로 동작하는 것을 확인할 수 있습니다.

7.2.4 게시글의 이동, 수정, 삭제를 확인하기

다음으로 게시글의 수정 및 삭제가 정상적으로 동작하는지 확인하겠습니다. 게시글 상세, 수정, 삭제 기능은 `/board/글번호`의 동일한 URI에 각각 GET, PUT, DELETE 요청 방식으로 구분되어 있습니다. 수정 및 삭제에서 사용된 PUT과

DELETE 요청 방식은 HTML에서 지원하지 않기 때문에 `HiddenHttpMethodFilter`를 등록하고 화면에서 `_method` 파라미터를 사용했다는 것을 기억하면서 다음 내용을 따라오시기 바랍니다.

게시글 이동 확인하기

먼저 게시글 상세 화면으로 정상적으로 이동하는지 확인하겠습니다. 게시글 목록에서 게시글을 선택하면 해당 화면으로 이동하는지 확인하면 됩니다. 여기서는 앞에서 작성한 5번 게시글로 이동하겠습니다.

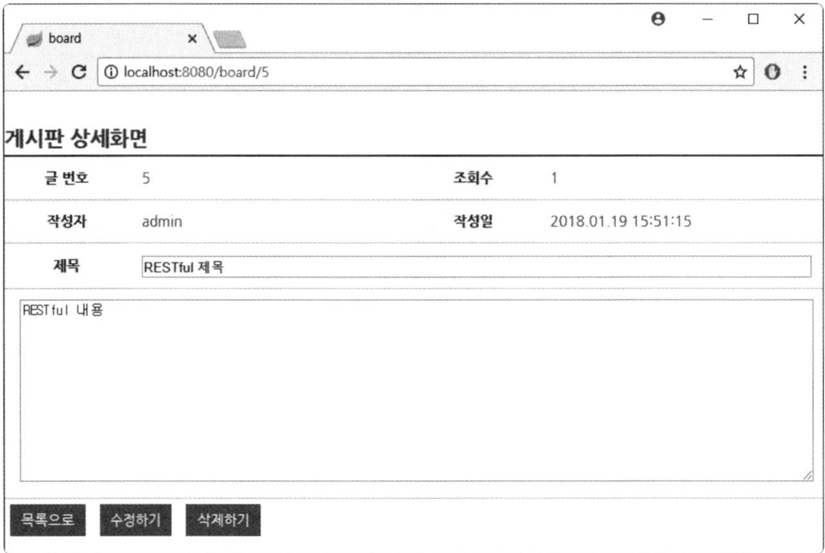

목록에서 선택한 5번 게시글로 정상적으로 이동했습니다. 게시글 상세 화면의 주소는 `@PathVariable` 어노테이션으로 게시글 번호가 URI에 바인드되도록 했었습니다.

코드 7-18 RestBoardController.java

```
@RequestMapping(value="/board/{boardIdx}", method=RequestMethod.GET)
public String openBoardDetail(@PathVariable("boardIdx") int boardIdx,
```

브라우저 주소창의 URI가 `/board/5`입니다. 5번 게시글의 게시글번호인 5번이 정상적으로 바인드된 것을 확인할 수 있습니다. 여기서는 지면 관계상 5번 게시글 하나만 확인했지만, 독자분들은 다른 게시글도 선택하면서 정상적으로 게시글이 조회되는지 확인해 보세요.

게시글 수정 확인하기

다음으로 게시글의 수정 기능을 확인하겠습니다.

게시글의 제목을 변경하고 변경된 내용이 정상적으로 표시되는지 확인합니다.

게시글의 제목이 정상적으로 변경된 것을 게시글 목록에서 확인할 수 있습니다.

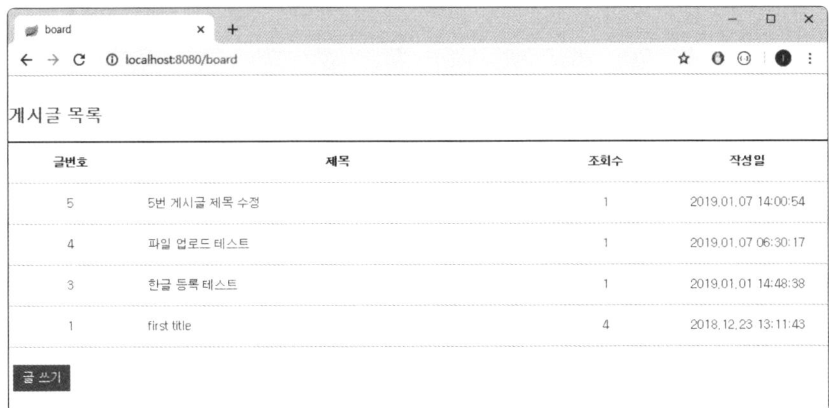

게시글 수정 기능은 HTML에서 지원하지 않는 PUT 요청 방식을 사용하기 위해서 `HiddenHttpMethodFilter`를 등록했고 화면에서 `_method` 파라미터를 지정함으로써 PUT 요청 방식으로 동작하는 것을 알 수 있습니다. 지면 관계상 게시글의 제목만 변경하고 목록 화면에서 확인했지만, 독자분들은 제목뿐만이 아니라 내용, 수정 시간 등도 정상적으로 변경되는지 확인해야 합니다.

게시글 삭제 확인하기

마지막으로 게시글 삭제입니다. 게시글 삭제는 요청 방식이 DELETE를 사용한다는 점을 제외하면 게시글 수정과 동일하기 때문에 특별한 설명 없이 결과만 확인하겠습니다. 5번 게시글 상세 화면에서 [삭제하기] 버튼을 클릭하여 게시글이 정상적으로 삭제되는지 확인합니다.

board

localhost:8080/board

게시글 목록

글번호	제목	조회수	작성일
4	파일 업로드 테스트	1	2019.01.07 06:30:17
3	한글 등록 테스트	1	2019.01.01 14:48:38
1	first title	4	2018.12.23 13:11:43

글 쓰기

7.3 REST API로 변경하기

여태까지 RESTful 게시판으로 변경하는 방법을 살펴봤습니다. 컨트롤러를 제외하면 서비스나 매퍼, SQL의 변경은 없었는데, 이것만 가지고서는 REST API로 만들었다고 이야기하기는 어렵습니다.

일반적인 애플리케이션은 백엔드 서버와 클라이언트로 나뉩니다. 여기서 클라이언트는 웹 페이지가 될 수도 있고 안드로이드나 iOS 앱이 될 수도 있습니다. 일반적으로 웹 페이지를 개발하는 웹 개발자를 프런트엔드 개발자, 그리고 안드로이드나 iOS 개발자를 앱 개발자라고 하지요. 그리고 백엔드 서버는 이러한 클라이언트의 요청을 수행하는 API를 만듭니다.

여태까지 우리는 하나의 애플리케이션에서 Thymeleaf와 jQuery를 이용해서 화면을 개발했습니다. 그리고 이를 실행하기 위한 로직도 같이 포함된 구조였습니다. 그렇지만 이는 REST API라고 이야기하기는 어렵습니다. 왜냐하면 API와 화면이 구분된 건 아니니까요. 하나의 주소에서 비지니스 로직도 처리하고 화면도 호출했습니다.

이 절에서는 앞에서 만든 게시판 기능을 REST API로 변경해서 실제 애플리케이션 개발에서 프런트와 백엔드가 어떻게 나뉘는지 한번 살펴보겠습니다.

7.3.1 REST API 개발하기

먼저 controller 패키지에 RestBoardApiController 클래스를 생성하고 다음 코드를 작성합니다. 대부분의 코드는 RestBoardController 클래스와 비슷합니다. REST API에 대해서 간단히 살펴보기 때문에 REST API의 기본이 되는 게시글 목록 조회, 게시글 상세 내용 조회, 작성, 수정, 삭제 API만 작성합니다.

코드 7-5 RestBoardApiController

```
package board.board.controller;

import java.util.List;

import org.springframework.beans.factory.annotation.Autowired;
import org.springframework.web.bind.annotation.PathVariable;
import org.springframework.web.bind.annotation.RequestBody;
import org.springframework.web.bind.annotation.RequestMapping;
import org.springframework.web.bind.annotation.RequestMethod;
import org.springframework.web.bind.annotation.RestController;

import board.board.dto.BoardDto;
import board.board.service.BoardService;

@RestController ❶
public class RestBoardApiController {

    @Autowired
    private BoardService boardService;

    @RequestMapping(value="/api/board", method=RequestMethod.GET) ❷
    public List<BoardDto> openBoardList() throws Exception{      ❸
        return boardService.selectBoardList();
    }

    @RequestMapping(value="/api/board/write", method=RequestMethod.POST)
    public void insertBoard(@RequestBody BoardDto board) throws Exception{ ❹
        boardService.insertBoard(board, null);
    }

    @RequestMapping(value="/api/board/{boardIdx}", method=RequestMethod.GET)
    public BoardDto openBoardDetail(@PathVariable("boardIdx") int boardIdx)
            throws Exception{
        return boardService.selectBoardDetail(boardIdx);
    }

    @RequestMapping(value="/api/board/{boardIdx}", method=RequestMethod.PUT)
    public String updateBoard(@RequestBody BoardDto board) throws Exception{ ❺
        boardService.updateBoard(board);
        return "redirect:/board";
    }

    @RequestMapping(value="/api/board/{boardIdx}", method=RequestMethod.DELETE)
    public String deleteBoard(@PathVariable("boardIdx") int boardIdx)
            throws Exception{
        boardService.deleteBoard(boardIdx);
        return "redirect:/board";
    }
}
```

❶ 앞에서 사용했던 @Controller 어노테이션 대신 @RestController라는 어노테이션을 사용합니다. @RestController 어노테이션은 @Controller와 @ResponseBody 어노테이션을 합친 어노테이션입니다. @RestController 어노테이션을 사용하면 해당 API의 응답 결과를 웹 응답 바디(Web response body)를 이용해서 보내줍니다. 일반적으로는 서버와 클라이언트의 통신에 JSON 형식을 사용합니다. @RestController 어노테이션을 이용하면 결괏값을 JSON 형식으로 만들어 줍니다. 이는 잠시 후 결과를 확인할 때 다시 살펴보겠습니다.

❷ 앞에서 만든 RestBoardController 클래스에 정의된 주소와 겹치지 않도록 /api라는 주소를 추가합니다. 여기서는 게시글 목록 조회에 대해서만 이야기했지만 모든 API에 추가해야 합니다.

❸ 게시글의 목록을 조회하고 그 결과를 반환합니다. 기존에는 ModelAndView 클래스에 게시글 목록 조회 결과를 담아서 뷰에 보냈던 것과 달리 조회 결과를 바로 API의 응답 결과로 사용합니다. 게시글 목록 조회는 List<BoardDto> 형식이고 이를 바로 JSON 형태로 반환합니다. 이 역시 잠시 후 결과를 확인할 때 다시 살펴보겠습니다.

❹ REST API의 기본 사항을 알아보고 있기 때문에 게시글의 첨부파일은 받지 않도록 변경합니다.

❹❺ GET과 POST의 주요한 차이점 중 하나는 GET은 요청 주소에 파라미터를 같이 보내는 것이고 POST는 GET과 달리 파라미터를 HTTP 패킷의 바디에 담아서 전송한다는 것입니다. @RequestBody 어노테이션은 메서드의 파라미터가 반드시 HTTP 패킷의 바디에 담겨 있어야 한다는 것을 나타냅니다. POST나 PUT을 사용하는 메서드에는 @RequestBody 어노테이션을 사용해야 합니다. 반대로 GET 메서드는 @RequestParam 어노테이션을 사용합니다.

7.3.2 REST API 테스트하기

이제 앞에서 만든 API를 테스트해 보겠습니다. 웹 페이지가 아니기 때문에 API를 테스트하는 데 툴이 필요합니다. 여기서는 포스트맨(Postman)이라는 툴을 사용하겠습니다. 포스트맨은 무료로 사용할 수 있는 API 테스트 툴로 윈도우와 맥 모두 지원합니다. 홈페이지[1]에서 다운로드해 설치하고 이메일 주소로 가입하거나 구글 계정으로 로그인할 수 있습니다. 로그인을 하면 자신이 저장하고 사

1 *https://www.getpostman.com/*

용한 내역이 모두 동기화됩니다. 덕분에 다른 컴퓨터에서 실행하더라도 이전에 사용했던 내역을 쉽게 불러올 수 있습니다. 물론 로그인을 하지 않더라도 사용하는 데 지장은 없습니다.

포스트맨을 설치하고 최초로 실행하면 다음과 같은 화면을 볼 수 있습니다.

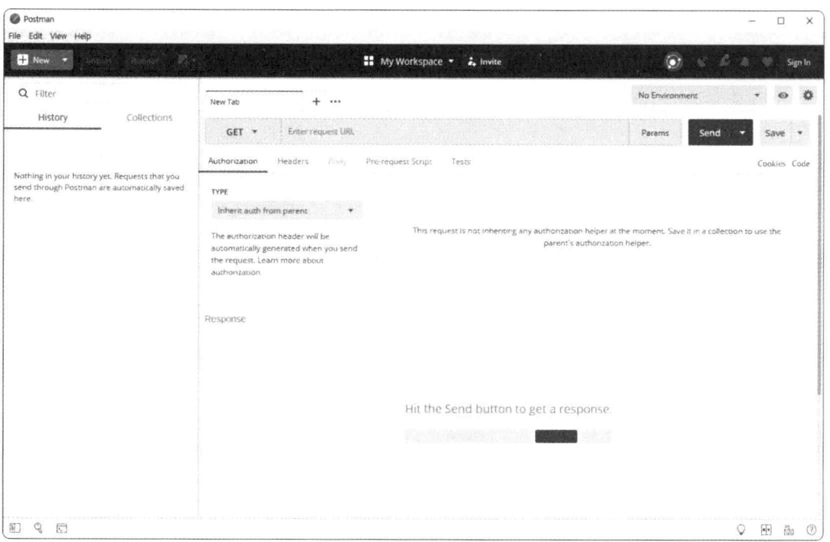

먼저 GET 방식의 호출인 게시글 목록 조회 API부터 살펴보겠습니다. 게시글 목록 조회에는 별도의 파라미터가 필요 없기 때문에 포스트맨에 호출할 URL만 입력하고 [Send] 버튼을 클릭합니다.

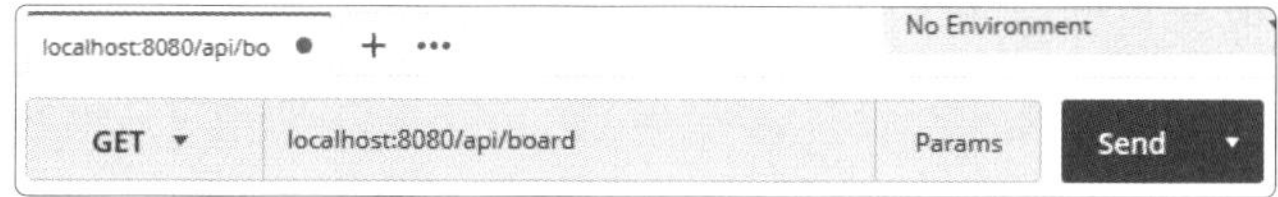

그럼 다음과 같이 게시글 목록 조회의 결과를 확인할 수 있습니다.

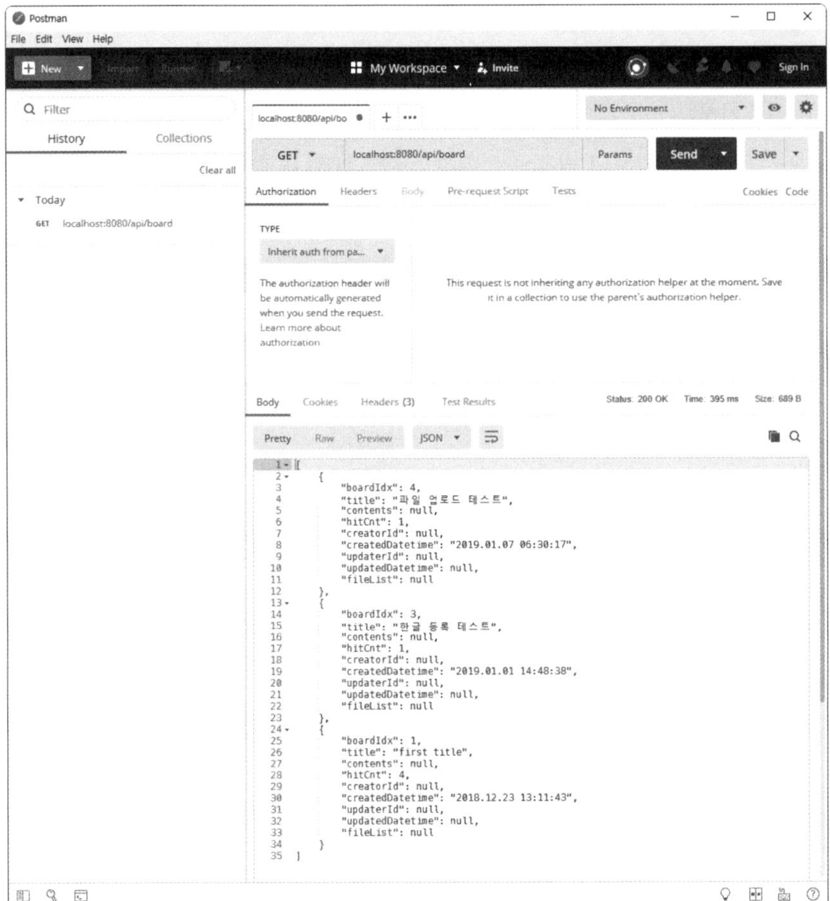

게시글 목록 조회의 결과가 json array 형식으로 된 것을 볼 수 있습니다. 앞에서 @RestController와 게시글 목록 조회 API를 이야기할 때 결괏값은 JSON 형식으로 반환된다고 이야기했습니다. 여기서 볼 수 있듯이 어떤 요청의 호출 결과에 특별한 작업을 하지 않더라도 스프링 프레임워크가 자동으로 올바른 형식의 JSON 데이터를 만들어 주는 걸 알 수 있습니다. 클라이언트 개발자는 이러한 데이터를 적절히 가공해서 사용자에게 보여 줍니다.

다음으로 게시글 상세 내용을 조회해 보겠습니다. URL에 `localhost:8080/api/board/4`를 입력하고 [Send] 버튼을 클릭하세요.

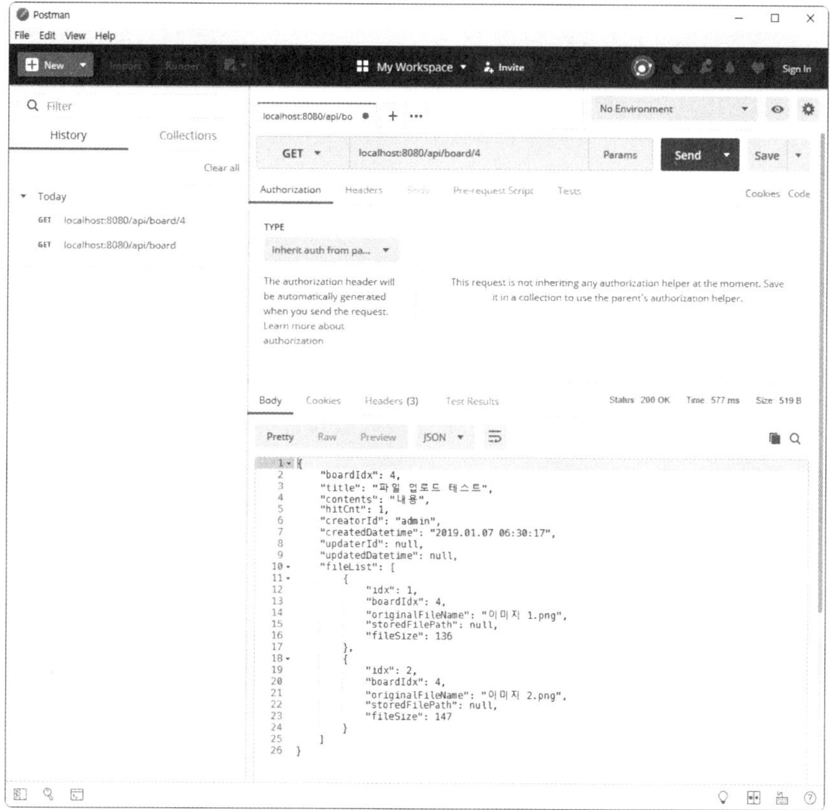

정상적으로 4번 게시글의 내용을 조회합니다. 게시글 목록 조회 결과와는 다르게 json object 형식으로 조회됩니다. 그리고 게시글 상세 내용인 BoardDto 클래스의 결과가 모두 정상적으로 조회되며 첨부파일 목록은 json array 형식으로 포함되어 있습니다. DTO의 구성과 동일한 결과가 적절한 JSON 형식으로 조회되는 것을 알 수 있습니다.

여기서 만든 API에는 파라미터를 사용하는 API가 없습니다. API 조회 시 파라미터를 추가하고 싶으면 [Send] 버튼 옆의 [Params] 버튼을 클릭해서 key, value 형식으로 파라미터를 추가하면 됩니다.

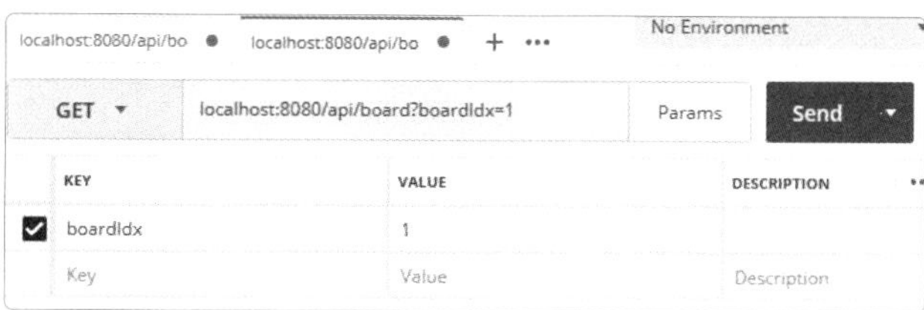

다음으로 POST 방식의 API인 게시글 등록을 살펴보겠습니다. 먼저 URL 입력창 옆의 [GET]을 클릭해서 [POST]로 변경하고 게시글 등록 API의 주소인 `localhost:8080/api/board`를 입력합니다.

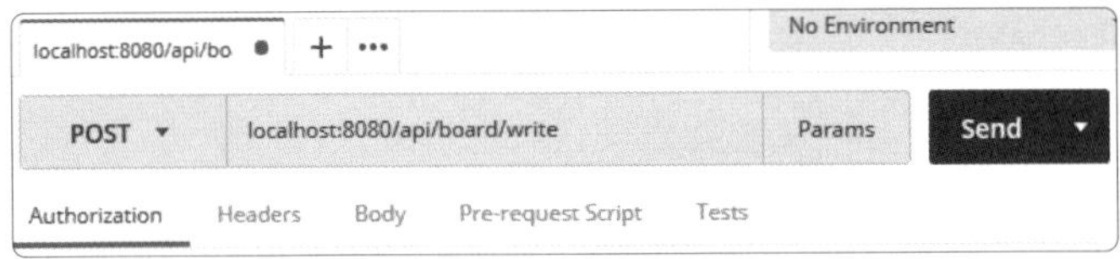

앞에서 POST 방식은 웹 요청의 바디에 파라미터를 담아서 보낸다고 했습니다. 따라서 포스트맨에서 POST 요청을 보낼 거면 필요한 파라미터를 바디에 담아야 합니다.

URL 입력창의 중간쯤에 있는 Body를 클릭합니다. 다음으로 raw를 선택한 후 [Text]를 클릭해서 [JSON (application/json)]으로 변경합니다.

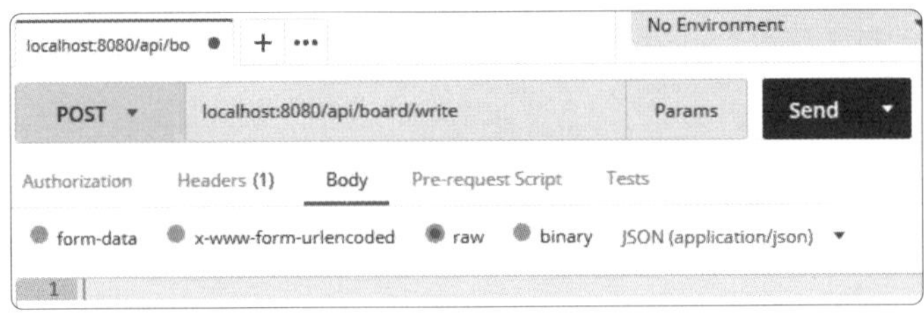

그 후 다음과 같이 입력합니다.

```
{
    "title" : "REST API 테스트 제목",
    "contents" : "내용"
}
```

서버와 클라이언트 통신은 기본적으로 JSON을 사용합니다. 즉, API의 응답을 JSON 형식으로 받듯이 POST 방식의 요청에 필요한 파라미터도 JSON 형식으로 맞춰야 합니다. 게시글을 등록할 때 필요한 파라미터는 게시글 제목과 게시글 내용 두 가지입니다. 앞에서 게시글 등록 화면에서 제목과 내용을 각각 `title`과 `contents`라는 키(key)로 서버에 전달했습니다. REST API의 POST에서도 이와 마찬가지로 API에 필요한 파라미터를 "key" : "value" 형식으로 전달하면 됩니다.

이렇게 작성한 후 [Send] 버튼을 클릭하면 게시글 등록이 됩니다. 단 게시글 등록 API는 API의 응답 결과가 없습니다. 따라서 API의 결과를 확인하기 위해서 이클립스의 로그를 확인합니다.

```
DEBUG [board.interceptor.LoggerInterceptor]  Request URI        :  /api/board/write
DEBUG [board.aop.LoggerAspect] Controller        :  board.board.controller.RestBoardApiController.insertBoard()
 INFO [jdbc.sqlonly] SELECT 1

DEBUG [board.aop.LoggerAspect] ServiceImpl       :  board.board.service.BoardServiceImpl.insertBoard()
DEBUG [board.aop.LoggerAspect] Mapper            :  board.board.mapper.BoardMapper.insertBoard()
DEBUG [board.board.mapper.BoardMapper.insertBoard] ==>  Preparing: INSERT INTO t_board ( title, contents, creat
DEBUG [board.board.mapper.BoardMapper.insertBoard] ==> Parameters: REST API 테스트 제목(String), 내용(String)
 INFO [jdbc.sqlonly] INSERT INTO t_board
(
        title,
        contents,
        created_datetime,
        creator_id
)
VALUES
(
        'REST API 테스트 제목',
        '내용',
        NOW(),
        'admin'
)

DEBUG [board.board.mapper.BoardMapper.insertBoard] <==    Updates: 1
```

로그상으로 게시글이 정상적으로 등록된 것을 확인할 수 있습니다. 지면 관계상 게시글 수정 및 삭제 API는 독자분들이 각각 PUT과 POST로 변경해서 API를 호출하고 정상적으로 API가 수행되는지 확인하면 됩니다.

> **HttpStatus 코드란?**
>
> POST의 응답 결과가 없기 때문에 API의 결과를 확인하려면 로그를 확인해야 한다고 했습니다만 정확히 이야기하면 이는 틀린 말입니다. 프로젝트에 따라서 응답 결과를 처리하는 방법은 조금씩 차이가 있지만 기본적으로 HTTP 상태 코드(HttpStatus)를 사용합니다. API 호출에 대한 결과가 정상적일 경우 HTTP 상태 코드는 200입니다. POST나 PUT, DELETE와 같이 응답값이 없는 API의 경우 204를 사용합니다. 앞에서 게시글을 등록할 때 호출한 API의 상태 코드가 204면 정상적으로 실행된 겁니다. 이렇게 2xx번은 API의 정상적인 응답을 표현합니다. 물론 3xx, 4xx, 5xx 등 비정상적인 응답을 표현하는 상태 코드도 있습니다. 이에 관한 자세한 설명은 책의 범위를 벗어나므로 생략합니다만, 인터넷에 검색해 보면 쉽게 찾을 수 있을 겁니다.

8장

S p r i n g b o o t

스프링 데이터 JPA 사용해 보기

웹 애플리케이션 개발에서 데이터베이스를 떼어놓고 이야기를 할 수 없습니다. 중요한 만큼 웹 애플리케이션 개발자들은 데이터베이스 관련 로직을 처리하는 데 오랜 시간을 할애했습니다. 그렇지만 이 로직에는 반복되는 코드가 많았습니다. 반복되는 코드 때문에 데이터베이스와 관련된 개발의 생산성이 떨어지자 이 문제를 해결하기 위한 프레임워크가 발전하기 시작했습니다. JDBC를 직접 사용하는 방식부터 마이바티스(舊 아이바티스)와 같은 SQL Mapper 프레임워크를 사용하는 방법까지 다양한 대안이 제시되었습니다. 이러한 프레임워크는 공통적으로 SQL을 쉽게 사용하는 데 초점을 맞추고 있습니다.

이번 장에서는 최근 널리 사용되는 JPA를 이용해서 게시판을 만들어 봅니다. JPA에도 여러 종류가 있습니다. 실제 프로젝트에서는 하이버네이트(Hibernate)를 가장 많이 사용하기는 합니다. 하지만 하이버네이트는 스프링과 연동해야 하고 하이버네이트의 문법을 새롭게 알아야 하는 점 때문에 JPA를 처음 시작하는 독자들에게는 어렵게 느껴질 수 있습니다. 따라서 스프링 데이터(Spring Data) 프로젝트[1]의 하위 프로젝트인 스프링 데이터 JPA를 사용하겠습니다.

8.1 스프링 데이터 JPA

스프링 데이터 JPA는 JPA를 스프링에서 쉽게 사용할 수 있도록 도와주는 프레임

1 *https://spring.io/projects/spring-data*

워크로 내부적으로 하이버네이트를 이용해서 기능을 구현하고 있습니다. 그럼 JPA가 무엇인지부터 살펴보겠습니다.

8.1.1 JPA란?

JPA(Java Persistence API)란 자바 객체와 데이터베이스 테이블 간의 매핑을 처리하는 ORM(Object Relational Mapping) 기술의 표준입니다. ORM을 단순하게 이야기하면 객체와 관계를 설정하는 것입니다. 여기서 객체란 우리가 흔히 알고 있는 OOP의 객체이고, 관계란 개발자들이 사용하는 관계형 데이터베이스를 의미합니다. 그렇다면 무엇 때문에 객체와 관계형 데이터베이스의 매핑을 도와주는 ORM 기술들이 발전할까요?

ORM은 객체지향 프로그래밍에서 사용하는 객체와 데이터베이스의 테이블의 구조가 비슷하다는 점에서 시작합니다. ORM은 특정한 언어에 종속적인 개념이 아니라 객체와 관계형 데이터베이스(RDBMS)를 매핑시킨다는 개념입니다. 이러한 ORM의 개념을 구현하기 위한 표준이 JPA입니다.

JPA는 각 기능의 동작이 어떻게 되어야 한다는 것을 정의한 기술 명세이기 때문에 기술 명세에 따라 실제로 기능을 구현한 구현체가 필요합니다. 이러한 구현체로 JPA의 표준이 정의한 기능을 구현하는 게 필요하고, 이를 구현한 제품이나 프레임워크로 하이버네이트, 이클립스링크(EclipseLink) 등이 있습니다. 이러한 JPA 구현체를 JPA 프로바이더라고 합니다.

각각의 JPA 프로바이더는 JPA 표준이 정의한 기능을 구현하기는 하지만 표준이 정의하지 않은 기능의 경우 JPA 프로바이더마다 서로 다르게 구현됩니다. JPA 프로바이더 중 가장 많이 사용되는 것은 하이버네이트로, 인터넷에서 JPA를 검색하면 대부분 하이버네이트에 대한 내용이 나올 정도입니다.

8.1.2 JPA의 장점

JPA의 장점은 다음과 같습니다.

1. 개발이 편리하다.

   웹 애플리케이션에서 반복적으로 작성하는 기본적인 CRUD(Create, Read, Update, Delete)용 SQL을 직접 작성하지 않아도 됩니다.

2. 데이터베이스에 독립적인 개발이 가능하다.

   JPA는 특정 데이터베이스에 종속적이지 않기 때문에 데이터베이스와 관계없이 개발할 수 있습니다. 데이터베이스가 변경되더라도 JPA가 해당 데이터베이스에 맞는 쿼리를 생성해 줍니다.

3. 유지보수가 쉽다.
   마이바티스와 같은 매퍼 프레임워크를 사용해서 데이터베이스 중심의 개발을 하면 테이블이 변경될 경우 관련된 코드를 모두 변경해야 합니다. 그렇지만 JPA를 사용하면 객체(JPA의 엔티티)만 수정하면 됩니다.

8.1.3 JPA의 단점

JPA의 단점은 다음과 같습니다.

1. 학습곡선(learning curve)이 크다.
   기존의 데이터베이스 위주의 개발방식에 비해서 배워야 할 것들이 많습니다. 또한 SQL을 직접적으로 작성하지 않기 때문에 튜닝 등을 할 때도 어려움을 겪습니다.

2. 특정 데이터베이스의 기능을 사용할 수 없다.
   JPA를 사용할 때 특정 데이터베이스에 종속적인 기능은 쓰지 않는 것이 좋습니다. 특히 오라클은 강력한 함수를 많이 제공하는데, 이와 같은 데이터베이스에 종속적인 기능을 사용할 경우 데이터베이스에 독립적인 개발이 불가능해집니다. 이 경우 데이터베이스에 독립적인 개발이 가능한 JPA의 장점을 잃게 됩니다.

3. 객체지향 설계가 필요하다.
   데이터베이스 중심의 개발에서도 객체지향적 설계가 필요합니다. 그렇지만 객체 위주의 설계보다 데이터베이스의 테이블을 설계하고 그에 맞춰서 객체 및 비즈니스 로직이 설계, 개발되기 때문에 객체지향적인 설계가 어려울 수 있습니다.

8.1.4 스프링 데이터 JPA란?

스프링 데이터 JPA란 JPA를 스프링에서 쉽게 사용할 수 있도록 해 주는 라이브러리입니다. 하이버네이트와 같은 JPA 프로바이더를 직접 사용할 경우 엔티티 매니저(EntityManager)를 설정하고 이용하는 등 여러 가지 진입장벽이 있습니다. 스프링 데이터 JPA는 리포지터리(Repository)라는 인터페이스를 제공합니다. 이 인터페이스만 상속받아 정해진 규칙에 맞게 메서드를 작성하면 개발자가 작성해야 할 코드가 완성됩니다. 그리고 내부적으로는 실제 기능을 담당하는 JPA의 구현체, 다른 말로 JPA 프로바이더로 하이버네이트를 사용합니다. 하이버네이트를 모르더라도 프레임워크가 하이버네이트를 이용해서 적절한 코드를 생성하기 때문에 JPA를 쉽게 사용할 수 있습니다.

8.2 스프링 데이터 JPA를 위한 기본 설정

JPA를 사용하기 전에 먼저 관련된 설정을 진행하겠습니다. 스프링 부트의 자동 구성 기능 덕분에 데이터베이스 관련 설정만 추가하면 됩니다.

8.2.1 JPA 설정 추가하기

JPA를 사용하기 위한 필요한 설정을 몇 가지 진행하겠습니다.

application.properties 설정 추가하기

`application.properties` 파일에 다음 설정을 추가합니다.

코드 8-1 application.properties

```
spring.jpa.database=mysql ❶
spring.jpa.database-platform=org.hibernate.dialect.MySQL5InnoDBDialect ❷
spring.jpa.generate-ddl=true ❸
spring.jpa.hibernate.use-new-id-generator-mappings=false ❹
```

❶ 사용할 데이터베이스를 MySQL로 설정합니다.

❷ MySQL은 InnoDB, MyISAM 등 여러 가지 엔진을 지원합니다. 그중 일반적으로 많이 사용하는 엔진은 InnoDB로, MyISAM에 비해서 성능 및 트랜잭션 지원 등에서 장점이 많습니다. 그렇지만 JPA에서 데이터베이스의 엔진을 선택하지 않으면 기본적으로 MyISAM이 선택되므로 InnoDB를 설정해 줍니다.

❸ JPA의 엔티티 연관관계를 바탕으로 테이블 생성과 같은 스크립트(Data Definition Language; DDL)를 자동으로 실행하도록 합니다. 여기서는 JPA의 기능을 알아보기 위해 `true` 옵션을 사용했지만 실제 개발에서는 이 기능은 꼭 `false`로 사용해야 합니다. 개발자의 실수 등으로 예상치 못하게 데이터베이스에 변경이 생기면서 데이터가 삭제될 수 있기 때문입니다.

❹ 하이버네이트의 새로운 ID 생성 옵션의 사용 여부를 설정합니다. 하이버네이트의 ID 생성 옵션은 AUTO, TABLE, SEQUENCE가 있습니다. 여기에서는

MySQL의 자동 증가(Auto Increment) 속성을 사용하기 때문에 false로 설정합니다.

빈 등록하기

다음으로 DatabaseConfiguration 클래스에 JPA 설정 빈을 등록합니다.

코드 8-2 DatabaseConfiguration.java

```
@Bean
import java.util.Properties;
...중략...
@ConfigurationProperties(prefix="spring.jpa")
public Properties hibernateConfig(){
    return new Properties();
}
```

8.2.2 자바 8의 날짜 API 설정하기

자바 8에는 자바 7 이하에서 문제가 되었던 시간 관련 클래스들이 추가되었습니다. 자바 7 이하에서는 시간 관련 클래스를 사용하기 불편하다는 악평이 자자했습니다. 그래서 사람들은 이런 문제를 개선한 Joda-Time과 같은 라이브러리를 사용했습니다.

자바 8에서는 JSR-310이라는 표준 명세로 날짜와 시간에 관련된 새로운 API를 추가했습니다. 그렇지만 자바 8의 날짜 및 시간 관련 클래스를 그대로 사용할 경우 환경에 따라서 문제가 발생할 수 있습니다. 이 문제를 해결하기 위한 방법이 몇 가지 있는데, 여기서는 가장 간단하게 사용할 수 있는 Jsr310JpaConverters 적용 방법을 사용하겠습니다.

Jsr310JpaConverters 적용하기

BoardApplication 클래스에 다음과 같이 Jsr310JpaConverters 클래스를 등록합니다.

코드 8-3 BoardApplication.java

```
import org.springframework.boot.autoconfigure.domain.EntityScan;
import org.springframework.data.jpa.convert.threeten.Jsr310JpaConverters;
import org.springframework.data.jpa.repository.config.EnableJpaAuditing;

@EnableJpaAuditing
@EntityScan( ❶
    basePackageClasses = {Jsr310JpaConverters.class},
    basePackages = {"board"})
@SpringBootApplication
```

```
@EnableAutoConfiguration(exclude={MultipartAutoConfiguration.class})
public class BoardApplication {
...중략...
```

❶ @EntityScan 어노테이션은 애플리케이션이 실행될 때 basePackages로 지정된 패키지 하위에서 JPA 엔티티(@Entity 어노테이션이 설정된 도메인 클래스들)를 검색합니다. 여기에 Jsr310JpaConverters 클래스를 등록하면 됩니다. Jsr310JpaConverters를 사용하지 않으면 스프링 부트의 자동 설정에 의해서 처리될 베이스 패키지(basePackages)도 지정해야 하는 작은 귀찮음이 생깁니다.

8.3 JPA를 사용한 게시판으로 변경하기

앞에서 만든 RESTful 게시판을 JPA를 사용하도록 변경해 보겠습니다. 게시판의 기본적인 개념 및 구현방법은 비슷하지만 쿼리를 사용하지 않고 스프링 데이터 JPA가 제공하는 기능을 사용하기 때문에 전체적인 코드가 많이 달라집니다. 특히 쿼리를 직접 작성하지 않기 때문에 쿼리를 대체하는 리포지터리(Repository)에 대해서 주의 깊게 살펴야 합니다.

8.3.1 엔티티 생성하기

기존에 사용하던 BoardDto와 BoardFileDto 클래스를 그대로 사용할 수도 있지만, JPA에서 변경된 사항을 기존의 클래스와 비교하기 쉽도록 새로 만들겠습니다. board.board.entity 패키지를 생성하고 다음과 같이 BoardEntity, BoardFileEntity 클래스를 생성합니다.

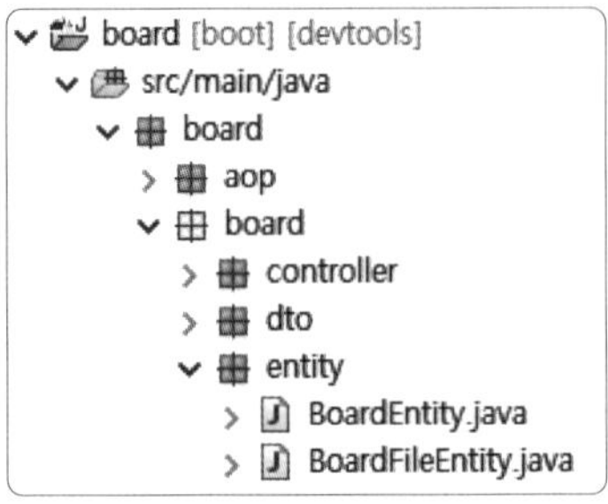

다음 코드를 작성합니다.

코드 8-4 BoardEntity.java

```
import java.time.LocalDateTime;
import java.util.Collection;

import javax.persistence.CascadeType;
import javax.persistence.Column;
import javax.persistence.Entity;
import javax.persistence.FetchType;
import javax.persistence.GeneratedValue;
import javax.persistence.GenerationType;
import javax.persistence.Id;
import javax.persistence.JoinColumn;
import javax.persistence.OneToMany;
import javax.persistence.Table;

import lombok.Data;
import lombok.NoArgsConstructor;

@Entity  ❶
@Table(name="t_jpa_board")  ❷
@NoArgsConstructor
@Data
public class BoardEntity {
    @Id  ❸
    @GeneratedValue(strategy=GenerationType.AUTO)  ❹
    private int boardIdx;

    @Column(nullable=false)  ❺
    private String title;

    @Column(nullable=false)
    private String contents;

    @Column(nullable=false)
    private int hitCnt = 0;

    @Column(nullable=false)
    private String creatorId;

    @Column(nullable=false)
    private LocalDateTime createdDatetime = LocalDateTime.now();  ❻

    private String updaterId;

    private LocalDateTime updatedDatetime;

    @OneToMany(fetch=FetchType.EAGER, cascade=CascadeType.ALL)
    @JoinColumn(name="board_idx")                                  ❼
    private Collection<BoardFileEntity> fileList;
}
```

❶ @Entity 어노테이션은 해당 클래스가 JPA의 엔티티임을 나타냅니다. 엔티티 클래스는 테이블과 매핑됩니다.

❷ t_jpa_board 테이블과 매핑되도록 나타냅니다.

❸ 엔티티의 기본키(Primary Key, PK)임을 나타냅니다.

❹ 기본키의 생성 전략을 설정합니다. GenerationType.AUTO로 지정할 경우 데이

터베이스에서 제공하는 기본키 생성 전략을 따르게 됩니다. MySQL은 자동 증가를 지원하므로 기본키가 자동으로 증가하며, 자동 증가가 지원되지 않는 오라클의 경우 기본키에 사용할 시퀀스를 생성하게 됩니다.

❺ 컬럼에 `Not Null` 속성을 지정합니다.

❻ 작성시간의 초깃값을 설정합니다. `@Column` 어노테이션을 이용해서 초깃값을 지정할 수도 있지만 사용하는 데이터베이스에 따라서 초깃값을 다르게 설정해야 할 수도 있습니다. 하지만 이렇게 하면 데이터베이스의 종류와 관계없이 사용할 수 있는 JPA의 장점이 퇴색되기 때문에 데이터베이스에 의존적인 초깃값은 사용하지 않는 것이 좋습니다.

❼ `@OneToMany`는 1:N의 관계를 표현하는 JPA 어노테이션입니다. 하나의 게시글은 기본적으로 첨부파일이 없거나 1개 이상의 첨부파일을 가질 수 있습니다. 이 경우 게시글 하나에 여러 개의 첨부파일을 가지는 1:N 관계가 됩니다. `@JoinColumn` 어노테이션은 릴레이션 관계가 있는 테이블의 컬럼을 지정합니다.

코드 8-5 BoardFileEntity.java

```
import java.time.LocalDateTime;

import javax.persistence.Column;
import javax.persistence.Entity;
import javax.persistence.GeneratedValue;
import javax.persistence.GenerationType;
import javax.persistence.Id;
import javax.persistence.Table;

import lombok.Data;
import lombok.NoArgsConstructor;

@Entity
@Table(name="t_jpa_file")  ❶
@NoArgsConstructor
@Data
public class BoardFileEntity {
    @Id
    @GeneratedValue(strategy=GenerationType.AUTO)
    private int idx;

    @Column(nullable=false)
    private String originalFileName;

    @Column(nullable=false)
    private String storedFilePath;

    @Column(nullable=false)
    private long fileSize;

    @Column(nullable=false)
    private String creatorId;
```

```
    @Column(nullable=false)
    private LocalDateTime createdDatetime = LocalDateTime.now();

    private String updatorId;

    private LocalDateTime updatedDatetime;
}
```

❶ t_jpa_file 테이블을 매핑하도록 나타냅니다.

8.3.2 컨트롤러 작성하기

앞에서 만든 RestBoardController 클래스와 마찬가지로 JpaBoardController 클래스를 새로 만들겠습니다. controller 패키지에 RestBoardController 클래스를 복사해서 JpaBoardController 클래스를 만들고 다음과 같이 코드를 작성합니다.

코드 8-6 JpaBoardController.java

```
package board.board.controller;

import java.io.File;
import java.net.URLEncoder;
import java.util.List;

import javax.servlet.http.HttpServletResponse;

import org.apache.commons.io.FileUtils;
import org.springframework.beans.factory.annotation.Autowired;
import org.springframework.stereotype.Controller;
import org.springframework.ui.ModelMap;
import org.springframework.web.bind.annotation.PathVariable;
import org.springframework.web.bind.annotation.RequestMapping;
import org.springframework.web.bind.annotation.RequestMethod;
import org.springframework.web.multipart.MultipartHttpServletRequest;
import org.springframework.web.servlet.ModelAndView;

import board.board.entity.BoardEntity;
import board.board.entity.BoardFileEntity;
import board.board.service.JpaBoardService;

@Controller
public class JpaBoardController {

    @Autowired
    private JpaBoardService jpaBoardService;

    @RequestMapping(value="/jpa/board", method=RequestMethod.GET)
    public ModelAndView openBoardList() throws Exception{
        ModelAndView mv = new ModelAndView("/board/jpaBoardList");

        List<BoardEntity> list = jpaBoardService.selectBoardList();
        mv.addObject("list", list);

        return mv;
    }

    @RequestMapping(value="/jpa/board/write", method=RequestMethod.GET)
```

```
    public String openBoardWrite() throws Exception{
        return "/board/jpaBoardWrite";
    }

    @RequestMapping(value="/jpa/board/write", method=RequestMethod.POST)
    public String writeBoard(BoardEntity board,
            MultipartHttpServletRequest multipartHttpServletRequest) throws Exception{
        jpaBoardService.saveBoard(board, multipartHttpServletRequest);  ❶
        return "redirect:/jpa/board";
    }

    @RequestMapping(value="/jpa/board/{boardIdx}", method=RequestMethod.GET)
    public ModelAndView openBoardDetail(@PathVariable("boardIdx") int boardIdx)
            throws Exception{
        ModelAndView mv = new ModelAndView("/board/jpaBoardDetail");

        BoardEntity board = jpaBoardService.selectBoardDetail(boardIdx);
        mv.addObject("board", board);

        return mv;
    }

    @RequestMapping(value="/jpa/board/{boardIdx}", method=RequestMethod.PUT)
    public String updateBoard(BoardEntity board) throws Exception{
        jpaBoardService.saveBoard(board, null);  ❷
        return "redirect:/jpa/board";
    }

    @RequestMapping(value="/jpa/board/{boardIdx}", method=RequestMethod.DELETE)
    public String deleteBoard(@PathVariable("boardIdx") int boardIdx) throws Exception{
        jpaBoardService.deleteBoard(boardIdx);
        return "redirect:/jpa/board";
    }

    @RequestMapping(value="/jpa/board/file", method=RequestMethod.GET)
    public void downloadBoardFile(int boardIdx, int idx, HttpServletResponse response)
            throws Exception{
        BoardFileEntity file = jpaBoardService.selectBoardFileInformation(boardIdx, idx);

        byte[] files = FileUtils.readFileToByteArray(new File(file.getStoredFilePath()));

        response.setContentType("application/octet-stream");
        response.setContentLength(files.length);
        response.setHeader("Content-Disposition", "attachment; fileName=\"" +
                    URLEncoder.encode(file.getOriginalFileName(),"UTF-8")+"\";");
        response.setHeader("Content-Transfer-Encoding", "binary");

        response.getOutputStream().write(files);
        response.getOutputStream().flush();
        response.getOutputStream().close();
    }
}
```

전체적으로 RestBoardController 클래스와 동일합니다. 단지 URI를 겹치지 않게 하기 위해서 주소에 /jpa를 붙여서 JPA용 URI로 변경합니다. URI가 변경되었기 때문에 뷰에서도 호출하는 URI가 변경되어야 합니다. 따라서 JPA용 뷰인 jpaBoardList.html, jpaBoardWrtie.html, jpaBoardDetail.html로 호출할 뷰를 변경합니다. 뷰 파일은 잠시 후 만들겠습니다. 그리고 기존의 BoardDto와

BoardFileDto 대신 각각 BoardEntity, BoardFileEntity로 변경합니다.

❶❷ 게시글을 작성할 때와 수정할 때 모두 동일한 서비스 메서드를 호출합니다. JPA의 save 메서드는 insert와 update 두 가지 역할을 모두 수행합니다.

8.3.3 서비스 작성하기

JPA를 사용할 경우 앞에서 실습한 코드와 비교해서 서비스 영역과 리포지터리(Repository) 영역에서 차이가 있습니다. 먼저 JpaBoardService 인터페이스를 다음과 같이 작성합니다. 인터페이스는 변경되는 사항이 거의 없기 때문에 코드만 작성합니다.

코드 8-7 JpaBoardService.java

```
package board.board.service;

import java.util.List;

import org.springframework.web.multipart.MultipartHttpServletRequest;

import board.board.entity.BoardEntity;
import board.board.entity.BoardFileEntity;

public interface JpaBoardService {

    List<BoardEntity> selectBoardList() throws Exception;

    void saveBoard(BoardEntity board, MultipartHttpServletRequest
            multipartHttpServletRequest) throws Exception;

    BoardEntity selectBoardDetail(int boardIdx) throws Exception;

    void deleteBoard(int boardIdx);

    BoardFileEntity selectBoardFileInformation(int boardIdx, int idx) throws
            Exception;
}
```

JpaBoardServiceImpl 클래스를 다음과 같이 작성합니다.

코드 8-8 JpaBoardServiceImpl.java

```
package board.board.service;

import java.util.List;
import java.util.Optional;

import org.springframework.beans.factory.annotation.Autowired;
import org.springframework.stereotype.Service;
import org.springframework.util.CollectionUtils;
import org.springframework.web.multipart.MultipartHttpServletRequest;

import board.board.entity.BoardEntity;
import board.board.entity.BoardFileEntity;
```

```
import board.board.repository.JpaBoardRepository;
import board.common.FileUtils;

@Service
public class JpaBoardServiceImpl implements JpaBoardService{

    @Autowired
    JpaBoardRepository jpaBoardRepository;

    @Autowired
    FileUtils fileUtils;

    @Override
    public List<BoardEntity> selectBoardList() throws Exception {
        return jpaBoardRepository.findAllByOrderByBoardIdxDesc();  ❶
    }

    @Override
    public void saveBoard(BoardEntity board, MultipartHttpServletRequest
            multipartHttpServletRequest) throws Exception {
        board.setCreatorId("admin");
        List<BoardFileEntity> list = fileUtils.parseFileInfo(multipartHttpServletRequest);  ❷
        if(CollectionUtils.isEmpty(list) == false){
            board.setFileList(list);  ❸
        }
        jpaBoardRepository.save(board);  ❹
    }

    @Override
    public BoardEntity selectBoardDetail(int boardIdx) throws Exception{
        Optional<BoardEntity> optional = jpaBoardRepository.findById(boardIdx);
        if(optional.isPresent()){
            BoardEntity board = optional.get();
            board.setHitCnt(board.getHitCnt() + 1);
            jpaBoardRepository.save(board);  ❻

            return board;                                                        ❺
        }
        else {
            throw new NullPointerException();
        }
    }

    @Override
    public void deleteBoard(int boardIdx) {
        jpaBoardRepository.deleteById(boardIdx);  ❼
    }

    @Override
    public BoardFileEntity selectBoardFileInformation(int boardIdx, int idx)
            throws Exception {
        BoardFileEntity boardFile = jpaBoardRepository.findBoardFile(boardIdx, idx);
        return boardFile;
    }
}
```

❶ 게시글 번호로 정렬해서 전체 게시글 목록을 조회합니다. 이와 관련된 자세한 설명은 잠시 후 리포지터리에서 하겠습니다.

❷ 첨부파일의 정보를 저장하는 클래스가 BoardFileDto 클래스에서 BoardFileEntity 클래스로 변경되었기 때문에, FileUtils 클래스의 parseFileInfo 메서드를 새로 만들었습니다. 이 메서드는 뒤에서 살펴보겠습니다.

❸ 첨부파일 목록을 BoardFileEntity 클래스에 추가합니다. 앞에서는 첨부파일 정보를 저장하는 쿼리를 따로 실행했지만 여기서는 게시글을 저장할 때 그 게시글에 포함된 첨부파일의 목록도 자동으로 저장됩니다. BoardEntity 클래스에는 첨부파일 목록이 @OneToMany 어노테이션으로 연관 관계가 있기 때문입니다.

❹❻ 뒤에서 설명할 리포지터리의 save 메서드는 insert와 update 두 가지 역할을 같이 수행합니다. 저장할 내용이 새로 생성되었을 경우면 insert를 수행하고, 기존의 내용에서 변경되었을 경우 update를 수행합니다.

❺ JPA의 CrudRepository에서 제공하는 기능으로 주어진 id를 가진 엔티티를 조회합니다. JPA 2.0 이전에는 findOne이라는 이름의 메서드였는데 JPA 2.0에서는 findById로 변경되고 결괏값도 Optional 클래스로 변경되었습니다.

자바 애플리케이션을 개발하면서 가장 많이 볼 수 있는 예외가 NullPointerException일 거라고 생각합니다. 많은 자바 개발자들이 NullPointerException 때문에 많은 고통을 겪습니다. Optional 클래스는 JDK 1.8에서 추가된 클래스로, 이러한 문제를 해결하는 데 도움을 줍니다. Optional 클래스는 어떤 객체의 값으로 Null이 아닌 값을 가지고 있습니다. 즉 Optional 클래스는 절대로 Null이 아니기 때문에 NullPointerException이 발생하지 않습니다. 만약 객체의 값이 존재한다면 isPresent 메서드는 true를 반환하고 get 메서드로 객체의 값을 가져올 수 있습니다. 따라서 isPresent 메서드를 이용해서 객체의 값이 존재하는지 확인하고 각각의 상황에 맞는 코드가 강제됩니다.

여기서는 게시글 번호(boardIdx)를 이용해서 게시글을 조회합니다. 정상적으로 게시글 내용이 조회되면 조회수를 증가시키는 등의 작업을 수행합니다. 만약 게시글 번호가 잘못되었을 경우 조회된 게시글 내용이 없기 때문에 그에 맞는 적절한 작업을 수행해야 합니다. 여기서는 단순히 NullPointerException을 발생시켰지만 해당 상황에 맞게 적절히 예외처리를 해 줘야 합니다.

❼ 주어진 id를 가진 엔티티를 삭제합니다. 이와 관련된 자세한 설명은 잠시 후 리포지터리에서 하겠습니다.

8.3.4 FileUtils 클래스 변경하기

게시글을 저장하는 JpaBoardServiceImpl 클래스의 saveBoard 메서드를 설명할 때 parseBoardFile 메서드를 사용했습니다. 이 메서드는 앞에서 만든 parseBoardFile 메서드와 기능은 동일하지만 첨부파일의 정보를 BoardFileDto 클래스 대신 BoardFileEntity 클래스로 이용한다는 점이 다릅니다. parseBoardFile 메서드와 동일하게 작성하고 코드 8-9에서 진하게 표시된 부분만 변경합니다.

코드 8-9 FileUtils.java

```
public List<BoardFileEntity> parseFileInfo(MultipartHttpServletRequest
        multipartHttpServletRequest) throws Exception{  ❶
    ...중략...
    List<BoardFileEntity> fileList = new ArrayList<>();
    ...중략...

    newFileName = Long.toString(System.nanoTime()) + originalFileExtension;
    BoardFileEntity boardFile = new BoardFileEntity();  ❷
    boardFile.setFileSize(multipartFile.getSize());
    boardFile.setOriginalFileName(multipartFile.getOriginalFilename());
    boardFile.setStoredFilePath(path + "/" + newFileName);
    boardFile.setCreatorId("admin");
    fileList.add(boardFile);

    file = new File(path + "/" + newFileName);
    multipartFile.transferTo(file);
    ...중략...
```

❶ JPA의 @OneToMany 어노테이션으로 연관관계를 가지고 있기 때문에 첨부파일 클래스(BoardFileEntity)에 게시글 번호를 따로 저장할 필요가 없습니다. 따라서 parseFileInfo 메서드의 파라미터에 게시글 번호를 받지 않습니다.

❷ BoardFileDto 클래스 대신 BoardFileEntity 클래스로 변경합니다.

8.3.5 리포지터리 작성하기

리포지터리(Repository)는 스프링 데이터 JPA가 제공하는 인터페이스입니다. 스프링 데이터 JPA가 제공하는 리포지터리 인터페이스는 몇 가지 종류가 있습니다. 여기서는 가장 간단히 사용할 수 있는 CrudRepository 인터페이스를 사용해 보겠습니다. 리포지터리에 대한 자세한 설명은 코드를 작성한 후에 하겠습니다.

board 패키지 밑에 repository 패키지를 만들고 다음과 같이 JpaBoardRepository 인터페이스를 생성합니다.

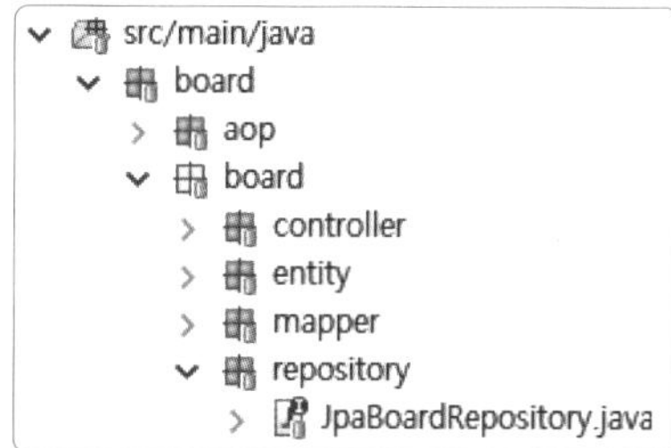

코드 8-10 JpaBoardRepository.java

```
import java.util.List;

import org.springframework.data.jpa.repository.Query;
import org.springframework.data.repository.CrudRepository;
import org.springframework.data.repository.query.Param;

import board.board.entity.JpaBoard;
import board.board.entity.JpaBoardFile;

public interface JpaBoardRepository extends CrudRepository<BoardEntity, Integer> { ❶
    List<BoardEntity> findAllByOrderByBoardIdxDesc(); ❷

    @Query("SELECT file FROM BoardFileEntity file WHERE board_idx = :boardIdx AND
           idx = :idx") ❸
    BoardFileEntity findBoardFile(@Param("boardIdx") int boardIdx, @Param("idx")
                                  int idx);
}
```

❶ 스프링 데이터 JPA에서 제공하는 CrudRepository 인터페이스를 상속받습니다. CrudRepository 인터페이스는 리포지터리에서 사용할 도메인 클래스와 도메인의 id 타입을 파라미터로 받습니다. 여기서는 도메인 클래스로 BoardEntity 클래스와 BoardEntity 클래스의 id 타입인 Integer를 사용합니다.

❷ 게시글 번호로 정렬해서 전체 게시글을 조회합니다. 규칙에 맞도록 리포지터리에 메서드를 추가하면 실행 시 메서드의 이름에 따라 쿼리가 생성되어 실행됩니다.

❸ @Query 어노테이션을 이용해서 첨부파일의 정보를 조회합니다. @Query 어노테이션을 사용하면 실행하고 싶은 쿼리를 직접 정의할 수 있습니다. 쿼리 메서드로도 개발할 수 있지만 @Query 어노테이션의 사용법을 보기 위해 사용했습니다.

JpaBoardServiceImpl 클래스에서 여러 개의 리포지터리 메서드를 호출했는데, JpaBoardRepository 인터페이스에는 단 두 개의 메서드만 정의되어 있습니다.

CrudRepository 인터페이스에서 제공하는 기능을 이용했기 때문에 앞의 Mapper 인터페이스에서 작성했던 것과 비교해서 많은 수의 메서드를 정의하지 않아도 됩니다.

스프링 데이터 JPA 리포지터리 인터페이스

스프링 데이터 JPA에서 제공하는 리포지터리 인터페이스는 다음과 같은 인터페이스 구조를 가지고 있습니다.

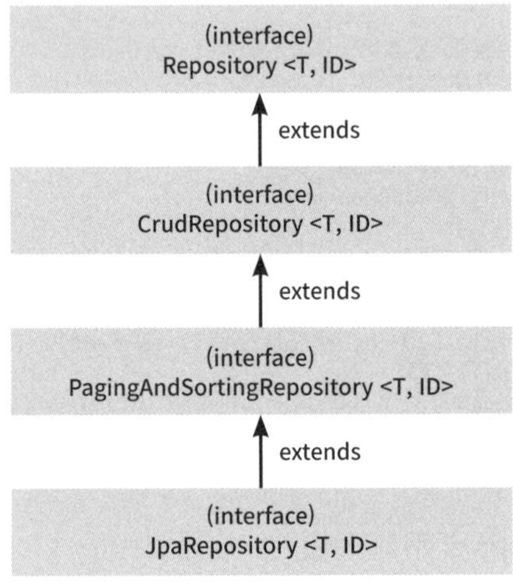

그림 8-1 리포지터리 구조

최상위의 Repository 인터페이스는 아무런 기능이 없기 때문에 잘 사용하지 않습니다. CrudRepository 인터페이스는 이름에서 알 수 있듯이 CRUD(Create, Read, Update, Delete) 기능을 기본적으로 제공합니다. 따라서 CrudRepository 인터페이스를 이용할 경우 CRUD에 해당하는 기능을 작성하지 않더라도 인터페이스에서 제공되는 기능을 바로 사용할 수 있습니다.

PagingAndSortingRepository 인터페이스는 CrudRepository 인터페이스의 기능에 페이징 및 정렬 기능이 추가된 인터페이스입니다. JpaRepository 인터페이스는 PagingAndSortingRepository 인터페이스의 기능뿐만 아니라 JPA에 특화된 기능까지 추가된 인터페이스입니다.

스프링 데이터 JPA를 이용하면 리포지터리 인터페이스를 기준으로 동적으로 실행할 수 있는 메서드를 생성해 줍니다. 다음은 게시판을 만들 때 사용한 CrudRepository 인터페이스가 제공하는 메서드입니다.

메서드	설명
<S extends T> S save(S entity)	주어진 엔티티를 저장합니다.
<S extends T> Iterable<S> saveAll (Iterable<S> entities)	주어진 엔티티 목록을 저장합니다.
Option<T> findById(Id id)	주어진 아이디로 식별된 엔티티를 반환합니다.
boolean existsById(Id id)	주어진 아이디로 식별된 엔티티가 존재하는지를 반환합니다.
Iterable<T> findAll()	모든 엔티티를 반환합니다.
Iterable<T> findAllById(Iterable<ID> ids)	주어진 아이디 목록에 맞는 모든 엔티티 목록을 반환합니다.
long count()	사용 가능한 엔티티의 개수를 반환합니다.
void deleteById(ID id)	주어진 아이디로 식별된 엔티티를 삭제합니다.
void delete(T entity)	주어진 엔티티를 삭제합니다.
void deleteAll (Iterable<? extends T> entities)	주어진 엔티티 목록으로 식별된 엔티티를 모두 삭제합니다.
void deleteAll	모든 엔티티를 삭제합니다.

CrudRepository 인터페이스가 기본적으로 제공하는 메서드의 목록을 보면 애플리케이션에서 가장 많이 사용되는 기능을 대부분 제공하는 것을 볼 수 있습니다. 앞에서 리포지터리에 규칙에 맞도록 메서드를 추가하면 실행 시 메서드의 이름에 따라 쿼리가 생성된다고 이야기를 했습니다. 이를 쿼리 메서드(Query Methods)라고 합니다. 리포지터리 인터페이스에서 제공하지 않는 메서드는 인터페이스에 쿼리 메서드를 작성하면 됩니다. 그럼 이번에는 이 쿼리 메서드에 대해서 알아보겠습니다.

쿼리 메서드

스프링 데이터 JPA는 규칙에 맞게 메서드를 추가하면 그 메서드의 이름으로 쿼리를 생성하는 기능을 제공합니다. 이를 쿼리 메서드라고 합니다. 쿼리 메서드는 find...By, read...By, query...By, count...By, get...By로 시작해야 합니다. 첫 번째 By 뒤쪽은 컬럼 이름으로 구성됩니다. 즉, 첫 번째 By는 쿼리의 검색조건이 됩니다. 예를 들어서 앞에서 사용한 BoardEntry의 제목으로 검색하려면 다음과 같이 작성합니다.

```
findByTitle(String title);
```

이 메서드가 실행되면 다음과 같은 JPQL(Java Persistence Query Language)[2] 문이 실행됩니다.

```
select jpaboard0_.board_idx as board_id1_0_, ...중략...
from t_jpa_board jpaboard0_ where jpaboard0_.title=?
```

두 개 이상의 속성을 조합하려면 And 키워드를 사용하면 됩니다. 제목과 내용으로 검색하려면 다음과 같습니다.

```
findByTitleAndContents(String title, String contents);
```

스프링 JPA는 이 외에 여러 가지 비교연산자를 지원합니다. 비교연산자를 조합해서 필요한 쿼리 메서드를 작성합니다. 다음은 스프링 데이터 JPA 레퍼런스 문서에 있는 비교연산자의 목록[3]입니다.

키워드	예시	JPQL 변환
And	findByLastnameAndFirstname	… where x.lastname = ?1 and x.firstname = ?2
Or	findByLastnameOrFirstname	… where x.lastname = ?1 or x.firstname = ?2
Is, Equals	findByFirstname findByFirstnameIs findByFirstnameEquals	… where x.firstname = ?1
Between	findByStartDateBetween	… where x.startDate between ?1 and ?2
LessThan	findByAgeLessThan	… where x.age < ?1
LessThanEqual	findByAgeLessThanEqual	… where x.age <= ?1
GreaterThan	findByAgeGreaterThan	… where x.age > ?1
GreaterThanEqual	findByAgeGreaterThanEqual	… where x.age >= ?1
After	findByStartDateAfter	… where x.startDate > ?1
Before	findByStartDateBefore	… where x.startDate < ?1
IsNull	findByAgeIsNull	… where x.age is null
IsNotNull, NotNull	findByAge(Is)NotNull	… where x.age not null
Like	findByFirstnameLike	… where x.firstname like ?1
NotLike	findByFirstnameNotLike	… where x.firstname not like ?1

2 JPA에서 사용하는 쿼리 문법

3 *https://docs.spring.io/spring-data/jpa/docs/current/reference/html/#jpa.query-methods.query-creation*

StartingWith	findByFirstnameStartingWith	… where x.firstname like ?1 (파라미터 앞에 % 추가)
EndingWith	findByFirstnameEndingWith	… where x.firstname like ?1 (파라미터 앞에 % 추가)
Containing	findByFirstnameContaining	… where x.firstname like ?1 (파라미터 앞, 뒤로 % 추가)
OrderBy	findByAgeOrderByLastnameDesc	… where x.age = ?1 order by x.lastname desc
Not	findByLastnameNot	… where x.lastname <> ?1
In	findByAgeIn (Collection<Age> ages)	… where x.age in ?1
NotIn	findByAgeNotIn (Collection<Age> ages)	… where x.age not in ?1
TURE	findByActiveTrue()	… where x.active = true
FALSE	findByActiveFalse()	… where x.active = false
IgnoreCase	findByFirstnameIgnoreCase	… where UPPER(x.firstame) = UPPER(?1)

@Query 사용하기

메서드 이름이 복잡하거나 쿼리 메서드로 표현하기 힘들다면 @Query 어노테이션으로 쿼리를 직접 작성할 수 있습니다. 이때 쿼리는 JPQL이나, 데이터베이스에 맞는 SQL을 이용할 수 있습니다. 쿼리를 작성할 메서드에 @Query 어노테이션을 적용하고 쿼리를 작성하면 됩니다.

코드 8-11 @Query 어노테이션을 사용한 JPQL

```
@Query("SELECT file FROM BoardFileEntity file WHERE board_idx = ?1 AND
       idx = ?2")
BoardFileEntity findBoardFile(int boardIdx, int idx); ❶

@Query("SELECT file FROM BoardFileEntity file WHERE board_idx = :boardIdx AND
       idx = :idx")
BoardFileEntity findBoardFile(@Param("boardIdx") int boardIdx, @Param("idx")
                              int idx); ❷
```

코드 8-11은 @Query 어노테이션을 이용해서 JPQL을 작성하는 방법을 보여 줍니다. 앞에서 사용한 첨부파일의 정보를 조회하는 두 가지 방식을 보여주는데, 이 두 가지는 파라미터를 표시하는 방식에 차이가 있습니다.

❶ [?숫자] 형식으로 파라미터를 지정합니다. 메서드의 파라미터 순서대로 각각 ?1, ?2에 할당됩니다. 즉, boardIdx는 ?1에 할당되고 idx는 ?2에 할당됩니다. 변수의 개수가 증가하면 숫자도 그만큼 증가합니다.

❷ :[변수이름]으로 파라미터를 지정합니다. 변수이름은 메서드의 @Param 어노테이션에 대응됩니다. :boardIdx의 boardIdx 변수는 @Param("boardIdx") 어노테이션이 있는 메서드의 파라미터를 사용합니다.

일반적으로는 두 번째 방식이 사용됩니다. 파라미터가 한두 개만 존재하거나 쿼리가 간단할 경우에는 첫 번째 방식을 사용하더라도 큰 문제가 없습니다. 그렇지만 파라미터의 개수가 많아지거나 쿼리의 길이가 길어질 경우에는 쿼리 파라미터와 메서드 파라미터를 쉽게 알아볼 수 없고 파라미터의 순서를 바꿔 입력하는 등의 예상치 못한 오류를 만들기도 쉽습니다. 따라서 두 번째 방식을 이용해서 개발하는 것이 좋습니다.

JPQL을 작성할 때 유념해야 할 사항은 쿼리의 FROM 절에 데이터베이스의 테이블 이름이 아니라 검색하려는 엔티티의 이름을 사용한다는 것입니다. 코드 8-10에서도 첨부파일의 정보를 조회할 때 첨부파일의 정보가 저장되어 있는 t_jpa_board_file 테이블이 아닌 BoardFileEntity 클래스를 사용했습니다.

Named Query 사용하기

애플리케이션을 개발하면서 쿼리 메서드만으로는 부족한 경우가 발생합니다. 이럴 때 @Query 어노테이션을 이용해서 쿼리를 작성하게 되는데, 쿼리문이 길어지거나 많아지면 관리하기가 어렵습니다. 이럴 때는 쿼리문을 XML 파일에 작성하면 됩니다. XML에서는 <named-query> 태그나 <named-native-query> 태그를 사용합니다. 두 태그의 차이는 <named-query> 태그는 JPQL을 사용하고 <named-native-query>는 데이터베이스의 SQL을 사용한다는 점입니다. <named-query>나 <named-native-query>는 보통 통계와 같이 복잡한 쿼리를 작성할 때 사용합니다. 이런 경우에는 JPA의 기능을 사용하기보다는 마이바티스와 같은 프레임워크를 사용하는 게 좋다고 생각합니다. 따라서 이 기능을 따로 설명하지는 않습니다.

JPQL을 사용하더라도 불가능하거나 개발 및 유지보수가 힘든 상황도 있습니다. 예를 들면 특정 데이터베이스에서 제공되는 함수를 사용하는 복잡한 통계성 쿼리가 있습니다. 이러한 경우 필자는 마이바티스와 같은 매퍼 프레임워크를 혼합해서 사용하는 게 더 좋다고 생각합니다. JPA를 사용하면서 <named-native-query>를 사용한다면 JPA의 장점을 누리지 못하기 때문입니다.

8.3.6 뷰 템플릿 작성하기

뷰 템플릿은 REST 게시판을 만들때 사용했던 뷰 템플릿과 거의 동일합니다. 단지 호출하는 주소가 다를 뿐입니다. 따라서 REST 게시판에서 사용했던 뷰 템플릿을 복사해서 jpaBoardList.html, jpaBoardWrite.html, jpaBoardDetail.html로 새로 저장합니다.

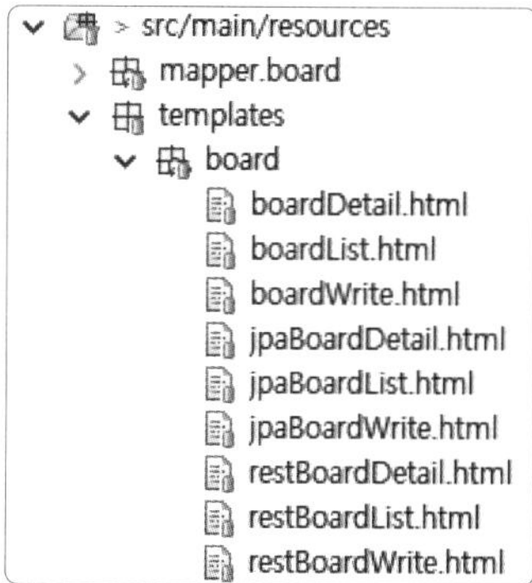

게시글 목록 및 작성 화면에서는 호출하는 주소만 변경하면 됩니다. 먼저 게시글 목록 화면인 jpaBoardList.html입니다. 게시글 작성 화면을 호출하는 주소와 게시글 상세 화면을 호출하는 주소만 변경합니다.

코드 8-12 jpaBoardList.html

```
<td class="title"><a href="/jpa/board/" th:attrappend="href=${list.boardIdx}"
    th:text="${list.title}"></a></td>

...중략...
<a href="/jpa/board/write" class="btn">글 쓰기</a>
```

다음은 게시글 작성 화면인 jpaBoardWrite.html입니다. 게시글을 작성하는 주소를 변경합니다.

코드 8-13 jpaBoardWrite.html

```
<form id="frm" name="frm" method="post" action="/jpa/board/write"
    enctype="multipart/form-data">
```

게시글 상세 화면은 첨부파일의 목록을 보여 주는 부분을 수정해야 합니다. jpaBoardDetail.html 파일의 첨부파일을 보여 주는 코드를 다음과 같이 변경합니다.

코드 8-14 jpaBoardDetail.html

```
<div class="file_list">
    <a th:each="list : ${board.fileList}"
       th:href="@{/jpa/board/file(idx=${list.idx}, boardIdx=${board.boardIdx})}"
       th:text="|${list.originalFileName} (${#numbers.formatInteger(list.fileSize/1000,
                1, 'DEFAULT')} kb)|"></a>
</div>
```

```
...중략...

$(document).ready(function(){
    var boardIdx = $("#boardIdx").val();

    $("#list").on("click", function(){
        location.href = "/jpa/board/";
    });

    $("#edit").on("click", function(){
        $("#method").val("put");

        var frm = $("#frm")[0];
        frm.action = "/jpa/board/"+boardIdx;
        frm.submit();
    });

    $("#delete").on("click", function(){
        $("#method").val("delete");

        var frm = $("#frm")[0];
        frm.action = "/jpa/board/"+boardIdx;
        frm.submit();
    });
});
```

변경된 코드는 첨부파일의 크기를 표시하는 부분입니다. 마이바티스를 이용할 때는 쿼리에서 첨부파일의 크기를 계산했고 화면에서는 단순히 출력만 했습니다. 그에 비해 JPA는 쿼리를 직접 작성하지 않기 때문에 화면에서 첨부파일의 크기를 변경해서 보여 줘야 됩니다. 숫자에 관련된 여러 가지 기능을 제공하는 Thymeleaf의 Numbers 클래스의 formatInteger 함수를 이용해서 파일 크기의 표시 방법을 변경했습니다. 함수는 의미는 다음과 같습니다.

함수	의미
list.fileSize/1000	바이트 단위로 저장된 파일 크기를 킬로바이트로 표시하기 위해서 1000으로 나눴습니다.
1	최소한으로 표시할 숫자의 길이를 의미합니다. 1로 지정했기 때문에 최소 한 자리의 숫자가 출력됩니다. 만약 3으로 지정하면 최소 세 자리의 숫자로 출력됩니다. 자리수가 부족할 경우에는 부족한 자릿수만큼 0을 표시합니다. 만약 출력할 숫자가 [45]라면 화면에서는 [045]로 출력됩니다.
DEFAULT	천 단위로 쉼표를 보여 줍니다. 사용할 수 있는 옵션으로는 POINT, COMMA, WHITESPACE, NONE, DEFAULT가 있습니다. DEFAULT로 지정할 경우 화면의 언어에 맞는 구분자로 보여 줍니다.

Thymeleaf는 Numbers 클래스 외에도 화면 출력에 사용할 수 있는 많은 클래스를 가지고 있고 Numbers 클래스에도 이 외의 여러 가지 함수를 가지고 있습니다.

이에 관련된 자세한 사항은 Thymeleaf 홈페이지[4]에서도 확인할 수 있습니다. 그 외에는 목록, 수정, 삭제 기능의 주소만 변경합니다.

8.4 결과 확인하기

이제 결과를 확인할 차례입니다. 크게 두 가지를 확인합니다. 첫 번째로 쿼리를 작성하지 않고 데이터베이스 관련 작업이 의도한 대로 되는지 확인합니다. 두 번째로 게시판 기능이 정상적으로 동작하는지 확인합니다. 여기서는 지면 관계상 JPA로 만든 테이블만 살펴보고, 게시글의 동작 기능만 살펴보겠습니다.

8.4.1 데이터베이스 확인하기

JPA 설정에서 `spring.jpa.generate-ddl` 옵션을 이용하면 엔티티에 해당하는 데이터베이스의 테이블이 자동으로 생성 또는 변경된다고 이야기했습니다. `BoardEntity`와 `BoardFileEntity`에 해당하는 `t_jpa_board`, `t_jpa_board_file` 테이블이 정상적으로 생성되었는지 확인해 보겠습니다. 애플리케이션을 실행하면 다음과 같은 로그가 출력됩니다.

```
Hibernate:
    create table t_jpa_board (
        board_idx integer not null auto_increment,
        contents varchar(255) not null,
        created_datetime datetime not null,
        creator_id varchar(255) not null,
        hit_cnt integer not null,
        title varchar(255) not null,
        updated_datetime datetime,
        updater_id varchar(255),
        primary key (board_idx)
    ) engine=InnoDB

Hibernate:
    create table t_jpa_file (
        idx integer not null auto_increment,
        created_datetime datetime not null,
        creator_id varchar(255) not null,
        file_size bigint not null,
        original_file_name varchar(255) not null,
        stored_file_path varchar(255) not null,
        updated_datetime datetime,
        updator_id varchar(255),
        board_idx integer,
        primary key (idx)
    ) engine=InnoDB
```

4 *http://www.thymeleaf.org/doc/tutorials/2.1/usingthymeleaf.html#numbers*

```
Hibernate: 
    alter table t_jpa_file 
        add constraint FK2nbe74xrl4gfj0wnqo1d6dk3l 
        foreign key (board_idx) 
        references t_jpa_board (board_idx)
INFO [board.BoardApplication] Started BoardApplication in 4.108 seconds (JVM
    running for 4.588)
```

t_jpa_board, t_jpa_board_file 테이블이 없기 때문에 JPA가 엔티티에 해당하는 테이블을 생성하는 것을 볼 수 있습니다. 애플리케이션을 실행할 때 엔티티에 변화가 없으면 테이블을 생성 또는 변경하는 쿼리는 수행되지 않고 바로 애플리케이션이 실행됩니다.

8.4.2 게시판 기능 확인하기

지면 관계상 게시판의 모든 기능을 확인할 수 없기 때문에 여기서는 파일을 첨부하여 게시글을 등록하는 기능만 확인하겠습니다. 여러분은 게시글의 수정, 삭제 및 파일을 첨부하지 않고 작성하는 기능 등 여러 가지를 확인해서 모든 기능이 정상적으로 수행되는지 확인해야 합니다.

먼저 이미지를 첨부한 글을 작성하고 저장합니다.

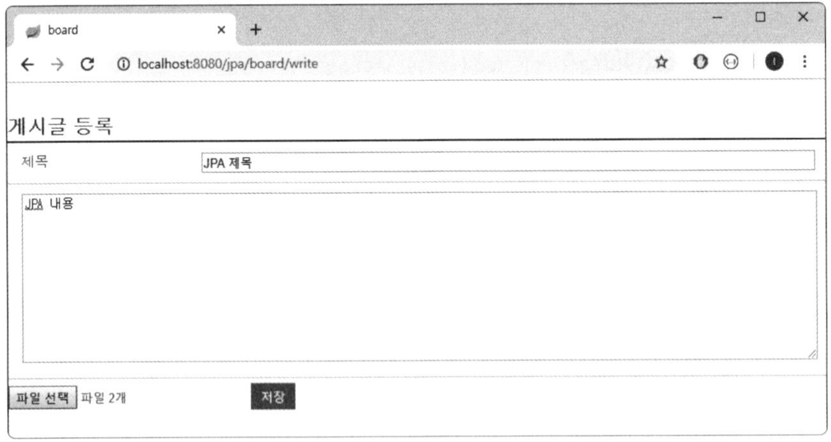

여기서는 각각 크기가 약 62kb, 441kb인 이미지_1_61.png, 이미지_2_430.png 이미지 두 장을 첨부했습니다.

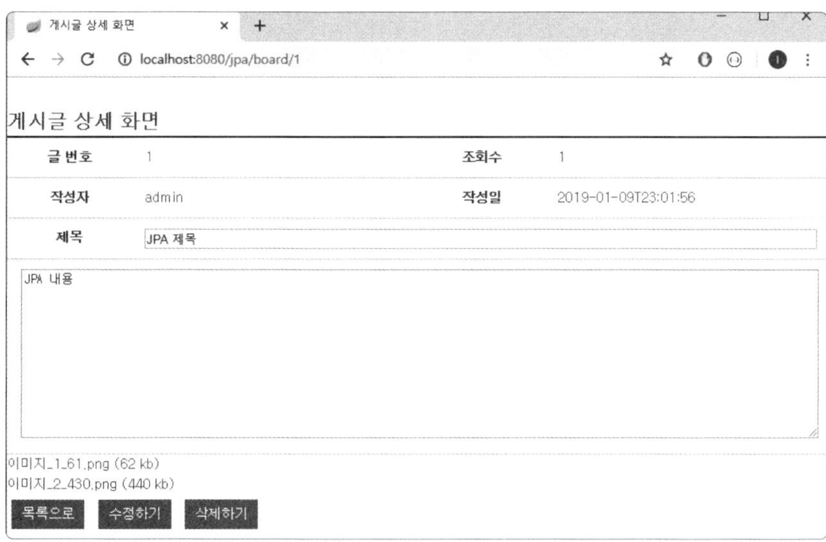

글이 정상적으로 저장되면 상세 화면으로 이동해서 제목과 내용, 첨부파일 다운로드를 포함한 다른 정보들이 정상적으로 표시되는지 확인합니다.

9장

S p r i n g b o o t

GCP를 이용해서 서버 구성하기

공부하는 단계에서는 로컬 환경에서 개발 및 테스트를 합니다. 그렇지만 개발한 애플리케이션을 실제 서버에 올려서 실행하고 싶어지기도 하고, 다른 기술을 같이 적용하려면 반드시 서버가 필요해지기도 합니다. 개인적인 목적으로 앱이나 웹을 서비스할 경우에도 서버가 필요해지겠죠. 그렇지만 서버는 비용이나 부수적인 문제로 운영하기가 쉽지 않습니다.

이러한 상황에서 GCP(Google Cloud Platform)나 AWS(Amazon Web Services)와 같은 클라우드 서비스는 한줄기 빛과 같은 존재입니다. 클라우드 서비스는 직접 서버를 운영하는 것보다 저렴합니다. 또한 쉽게 서버를 구성할 수 있을 뿐만 아니라 장애 등을 크게 신경 쓸 필요도 없고 사용량에 따라 서버의 성능을 조절하기도 쉽습니다. 이 장에서는 다양한 클라우드 서비스 중에서 구글에서 제공하는 GCP를 이용해서 서버를 구성해 보도록 하겠습니다. (독자분들이 실행하는 시점에 따라 실제 화면이 책의 내용과 다를 수도 있습니다. 이는 GCP를 비롯한 클라우드 서비스가 계속적으로 변경되기 때문입니다. 책과 동일한 버전을 사용는데도 실행이 안 되거나 중간에 막힌다면 인터넷에서 관련 내용을 검색해서 살펴야 합니다.)

9.1 GCP 시작하기

국내외를 막론하고 다양한 클라우드 서비스가 있습니다. 가장 유명한 아마존의 AWS부터 MS의 Azure, Vlutr, Linnode, Amazon Lightsail, Cafe24 등에 이르기까지 클라우드 서비스를 제공하는 업체는 많습니다. 이렇게 많은 클라우드 서비스 중에서 자신에게 맞는 서비스를 선택하기 위해서는 다양한 점을 고려해야 합니다. 가격, 안정성, 관리의 용이성, 속도 등등 고려할 게 한두 가지가 아닙니다. 스프링을 배워보려는 학생이나 간단한 서비스를 구현하려는 개인 개발자에게는 그중에서도 가격이 가장 중요할 거라 생각합니다. 몇 천 원에서 몇 만 원씩 다달이 나가면 비용이 꽤 크니까요. 이런 사용자들을 위해 클라우드 서비스 업체에서는 무료 사용을 지원합니다.

구글은 GCP를 처음 시작하면 12개월 동안 사용할 수 있는 $300의 크레딧을 지원합니다. 사용자는 이 금액 내에서 자신이 원하는 사양을 마음대로 선택할 수 있습니다. AWS를 비롯한 다양한 클라우드 서비스는 정해진 사양만 체험할 수 있는 것에 비해 GCP의 가장 큰 장점이라고 생각합니다. 따라서 여기에서는 GCP를 이용해서 서버를 구성하겠습니다. GCP 사이트[1]에 접속하면 다음과 같은 화면을 볼 수 있습니다.

자신에게 맞는 환경을 구성하기까지 다양한 서비스를 이용해 보고 정리하기에 $300 크레딧이면 충분합니다. 구글 아이디 새로 생성하기라는 편법 아닌 신공(!!!)을 이용하면 새로운 $300 크레딧을 받고 이를 이용해서 여러 가지 서비스를 테스트하거나 서버를 운영할 수도 있습니다. 두루두루 활용하기에 좋지요. 독자 여러분들은 각자 GCP에 가입한 후 다음 내용을 따라와 주세요.

1 *https://cloud.google.com/free/*

9.1.1 VM 인스턴스 생성하기

가장 먼저 VM 인스턴스를 생성하겠습니다. VM이란 Virtual Machine의 약자로 물리적인 OS(Operating System) 위에 가상 OS를 올려서 독립적인 동작을 가능하게 하는 것입니다. 즉, 컴퓨터를 에뮬레이션한다고 할 수 있습니다. 컴퓨터 공학을 전공한 학생이라면 한번쯤은 가상머신 구동을 위해 VMWare나 VirtualBox와 같은 가상머신 소프트웨어를 사용해 보셨을 겁니다. 마찬가지로 VM 인스턴스는 클라우드 서비스를 제공하는 업체의 물리적인 서버에서 동작하는 가상 서버를 의미합니다. GCP나 AWS와 같은 클라우드 서비스를 이용해서 가상 서버를 생성하면 미리 쉽게 서버를 생성하고 관리할 수 있습니다.

가상 서버를 생성하기 위해서 GCP 콘솔 메뉴에서 Compute Engine 〉 VM 인스턴스를 선택합니다.

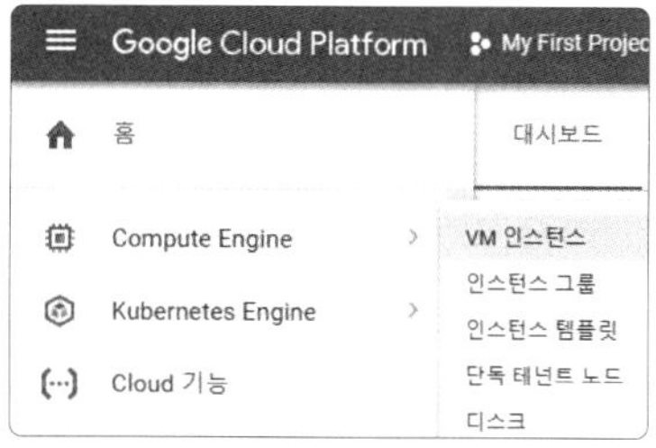

다음 화면에서 [만들기] 버튼을 클릭합니다. 맨 처음 VM 인스턴스 화면에 진입하면 [만들기] 버튼이 활성화될 때까지 1분가량의 시간이 필요합니다.

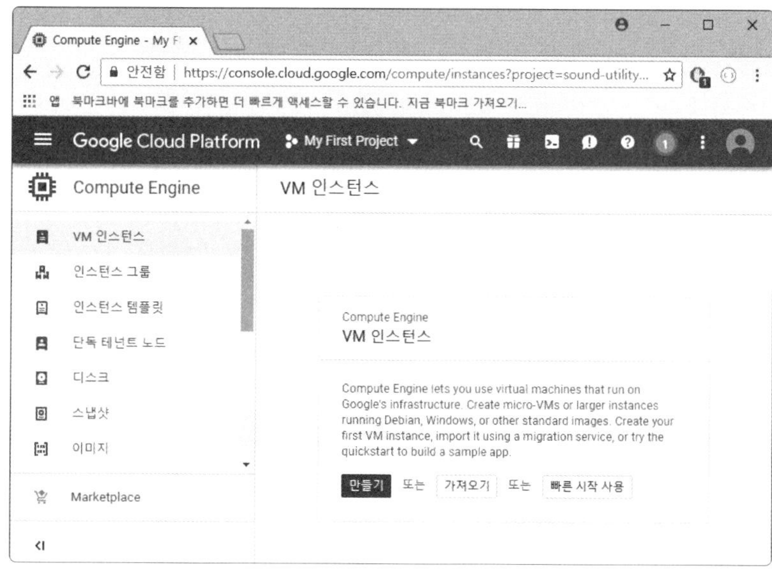

인스턴스의 이름, 지역, 머신 유형을 변경합니다.

GCP는 한국 지역의 서비스를 제공하기로 결정되었지만 아직까지는 GCP 콘솔에서 한국 지역을 선택할 수 없습니다. 따라서 가장 가까운 asia-northeast1(도쿄)를 선택합니다. 영역은 기본으로 설정된 대역을 사용하면 됩니다.

다음으로 머신 유형을 선택합니다. 머신 유형은 서버의 CPU와 메모리를 설정하는 것으로 여기에서는 CPU는 1코어, 메모리는 3GB를 선택했습니다. 테스트용도이기 때문에 CPU가 많을 필요는 없습니다. 다양한 프로그램을 설치해서 사용하기 때문에 메모리는 3GB로 설정했습니다. 이 경우 월 예상 비용이 $29.58인 것을 알 수 있습니다.

앞에서 $300의 크레딧으로 원하는 대로 서비스를 구성할 수 있다고 이야기했습니다. AWS의 경우 무료 버전에서는 메모리가 1GB밖에 되지 않아서 여러 가지 프로그램을 설치해서 실행하기는 힘이 듭니다. 개발하고 싶은 프로그램이 있다면 비용을 고려하여 코어와 메모리를 적당히 조절하기 바랍니다.

이제는 사용할 운영체제를 선택합니다.

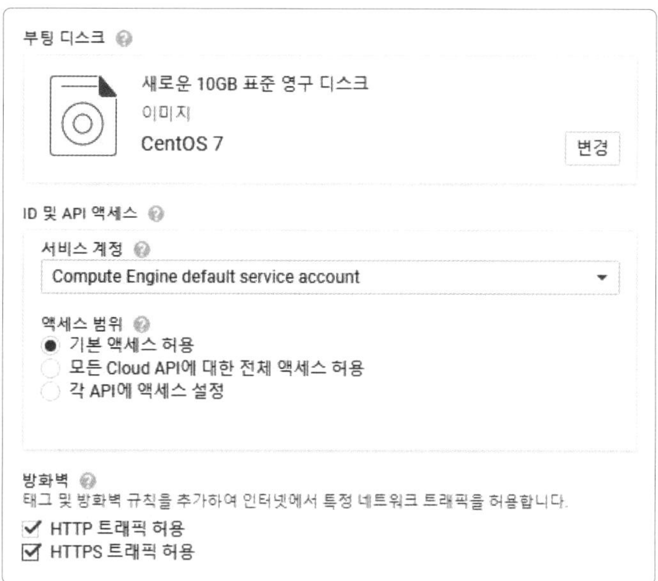

기본은 Linux9이지만 여기서는 CentOS 7을 선택합니다. CentOS는 Red Hat Enterprise Linux(RHEL)를 기반으로 Red Hat의 로고와 브랜드를 제거한 버전입니다. RHEL과 100% 호환되고 무료로 사용할 수 있기 때문에 Web Server로 사용하기에 적합합니다.

OS 선택 시 디스크의 크기도 선택할 수 있습니다. 최소 10GB부터 시작합니다. 테스트하기에는 10GB로 충분하기 때문에 기본값을 그대로 사용합니다. 방화벽은 뒤에서 다시 설정하겠지만 일단 기본적인 HTTP와 HTTPS는 허용해 줍니다. 이 외 설정은 특별히 변경할 필요가 없으니 바로 화면 하단의 [만들기] 버튼을 클릭해서 VM 인스턴스를 생성합니다.

9.1.2 네트워크 설정하기

이제는 네트워크를 설정할 차례입니다. VM 인스턴스를 생성하면 OS만 설치됩니다. 따라서 필요한 애플리케이션의 설치뿐만 아니라 네트워크 관련 설정도 필요합니다. 고정 IP 연결이나 방화벽에 포트를 추가하는 등의 작업이 필요합니다. 앞에서 VM 인스턴스가 생성되면 다음과 같이 생성된 인스턴스의 목록을 볼 수 있습니다.

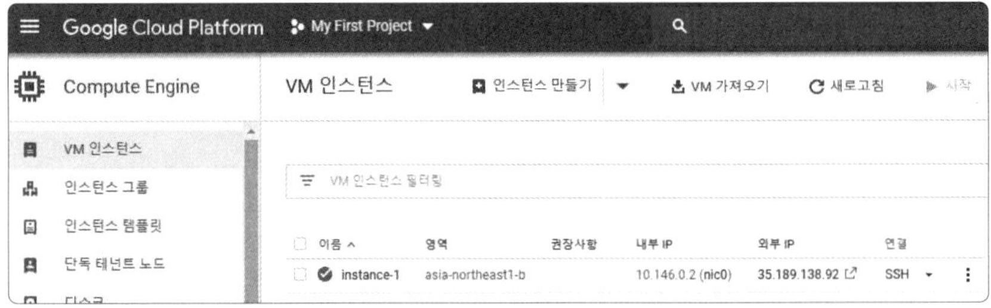

앞의 그림에서 인스턴스의 이름을 클릭하면 인스턴스의 세부정보를 볼 수 있습니다. 네트워크 설정을 위해 인스턴스 목록의 맨 오른쪽에 있는 [⋮] 버튼을 클릭해서 [네트워크 세부정보 보기] 메뉴로 이동합니다.

네트워크에서는 두 가지를 설정합니다.

첫 번째는 고정 IP 설정, 두 번째는 방화벽에 사용할 포트를 추가하는 것입니다. 클라우드 서비스는 기본적으로 동적인 외부 IP를 가지고 있습니다. 이 말은 인스턴스가 재실행될 경우 IP가 변경될 수도 있다는 의미입니다. 따라서 인스턴스가 유지되는 동안은 고정 IP를 사용해서 IP가 변경되지 않도록 해야 합니다.

외부 IP 설정

고정 IP를 설정하기 위해 GCP 콘솔 왼쪽에 있는 외부 IP 주소 메뉴를 선택합니다.

외부 IP 주소 메뉴를 클릭하면 사용 중인 IP 주소 목록이 나옵니다. 여기서 변경할 건 유형인데, 유동IP와 고정IP의 구분을 의미합니다. 임시로 설정된 것을 고정으로 변경합니다.

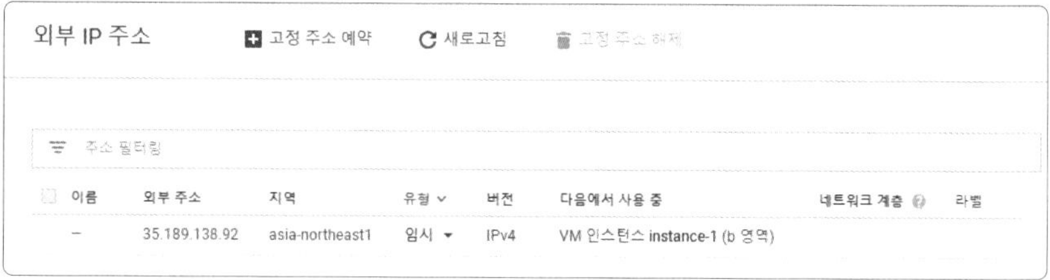

고정으로 선택할 경우 다음과 같은 팝업창이 뜨는데 이름은 아무렇게나 지정해도 됩니다.

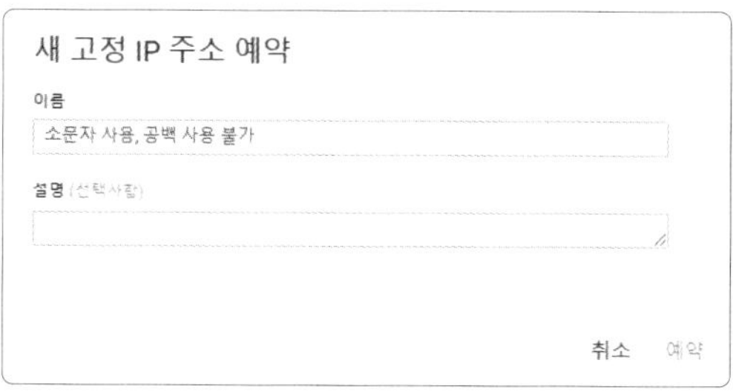

적당한 이름을 입력하고 [예약]을 클릭하여 고정 IP 설정을 완료합니다.

방화벽 규칙 변경하기

고정 외부 IP 설정을 끝냈다면 이제 방화벽 규칙을 변경할 차례입니다. 일반적인 물리 서버 장비에 설치된 CentOS의 경우 OS에 접속한 후 직접 CentOS 7에서 사용 중인 Firewalld라는 방화벽 설정을 진행하지만 GCP는 GCP 콘솔에서 방화벽 규칙을 적용해 줘야 합니다. 필자는 그 사실을 몰라서 온종일 삽질만 하다가 좌절했던 적이 있었습니다.

GCP 콘솔 왼쪽에 있는 방화벽 규칙 메뉴를 선택하면 다음과 같이 현재 설정된 방화벽 규칙을 볼 수 있습니다.

방화벽 규칙 | 방화벽 규칙 만들기 | 새로고침 | 삭제

방화벽 규칙은 인스턴스로 수신 또는 송신되는 트래픽을 제어합니다. 기본적으로 네트워크 외부에서 수신되는 트래픽은 차단됩니다. 자세히 알아보기

참고: App Engine 방화벽은 여기에서 관리합니다.

수신 송신

이름	대상	소스 필터	프로토콜 / 포트	작업	우선순위	네트워크 ^
default-allow-http	http-server	IP 범위: 0.0.0.0/0	tcp:80	허용	1000	default
default-allow-https	https-server	IP 범위: 0.0.0.0/0	tcp:443	허용	1000	default
default-allow-icmp	전체 적용	IP 범위: 0.0.0.0/0	icmp	허용	65534	default
default-allow-internal	전체 적용	IP 범위: 10.128.0.0/9	tcp:0-65535 udp:0-65535 icmp	허용	65534	default
default-allow-rdp	전체 적용	IP 범위: 0.0.0.0/0	tcp:3389	허용	65534	default
default-allow-ssh	전체 적용	IP 범위: 0.0.0.0/0	tcp:22	허용	65534	default

서버에서 가장 기본적으로 사용되는 http, https, icmp, ssh 등과 같은 규칙이 미리 추가되어 있습니다. 여기서 우리의 애플리케이션이 동작하는 데 필요한 규칙을 추가하면 됩니다. 여기에서는 다음 포트를 방화벽에 추가해야 합니다.

포트	설명
8080	board 애플리케이션을 실행하는 톰캣 포트
8888	cloud-config 애플리케이션을 실행하는 톰캣 포트
3306	MySQL 포트
9100	Jenkins 포트

표의 설명에서 board 애플리케이션이나 MySQL은 익숙하지만 cloud-config나 Jenkins는 처음 보실 겁니다. 이들이 어떠한 일을 하는지는 10장에서 확인할 수

있습니다. 지금은 환경을 구성하는 단계이기 때문에 특별한 설명 없이 포트만 추가하고 넘어가겠습니다.

이제 방화벽 규칙을 작성합니다. GCP 콘솔 상단의 방화벽 규칙 만들기 메뉴를 클릭합니다.

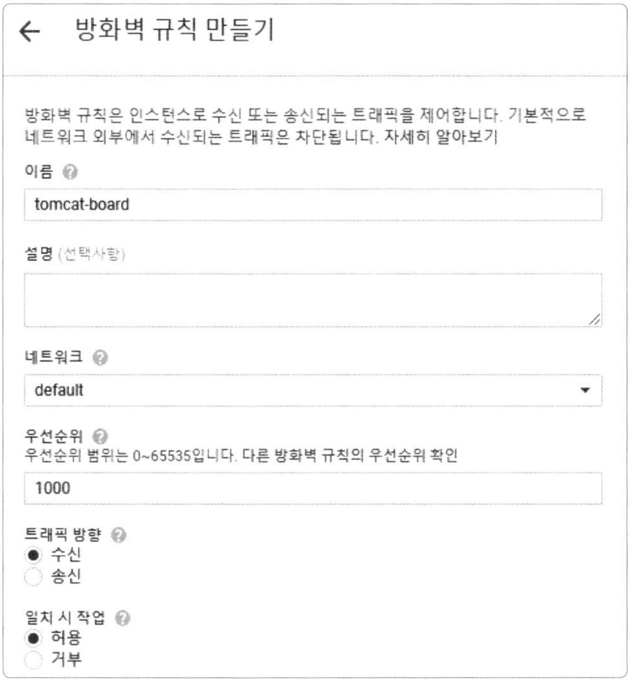

← 방화벽 규칙 만들기

방화벽 규칙은 인스턴스로 수신 또는 송신되는 트래픽을 제어합니다. 기본적으로 네트워크 외부에서 수신되는 트래픽은 차단됩니다. 자세히 알아보기

이름

tomcat-board

설명 (선택사항)

네트워크

default

우선순위

우선순위 범위는 0~65535입니다. 다른 방화벽 규칙의 우선순위 확인

1000

트래픽 방향

● 수신

○ 송신

일치 시 작업

● 허용

○ 거부

먼저 이름을 지정합니다. 이름은 방화벽 규칙이 어떤 것인지 본인이 알 수 있도록 설정하면 됩니다. 필자는 board 애플리케이션을 구동할 톰캣용 규칙이기 때문에 tomcat-board라는 이름으로 지정했습니다. 이 외에도 자신이 알아볼 수 있는 이름이면 무엇으로 지정하더라도 괜찮습니다. 네트워크나 우선순위는 기본값을 사용하고 트래픽 방향은 수신을, 일치 시 작업은 허용을 선택합니다. 트래픽 방향과 일치 시 작업과 같은 메뉴의 의미를 잘 모르실 경우 콘솔에서 ?를 클릭하시면 관련된 설명을 볼 수 있습니다.

다음으로 대상 및 범위, 프로토콜 및 포트를 설정합니다.

대상

네트워크의 모든 인스턴스

소스 필터

IP 범위

소스 IP 범위

0.0.0.0/0

보조 소스 필터

없음

프로토콜 및 포트

모두 허용

지정된 프로토콜 및 포트

tcp:8080

규칙 사용 중지

만들기 취소

네트워크의 모든 인스턴스를 대상으로 선택하고 소스 IP 범위는 0.0.0.0/0을 지정합니다. 소스 IP 범위는 여기에 설정된 IP 대역에 해당하는 IP의 트래픽만 허용하는 기능입니다. 여기서는 어디서든 접근할 수 있도록 0.0.0.0/0으로 설정했습니다. 그리고 지정된 프로토콜 및 포트로 프로토콜을 설정하고 포트번호에는 tcp:8080을 입력합니다. 앞에서 board 애플리케이션을 실행하는 톰캣은 8080 포트를 사용할 거라고 이야기했습니다. 이렇게 작성하고 [만들기] 버튼을 클릭하면 방화벽에 새로운 규칙이 추가됩니다. 나머지 8888, 3306, 9100 포트도 이런 식으로 방화벽에 추가하면 됩니다. 다음은 방화벽에 모든 규칙이 적용된 방화벽 규칙 목록 화면입니다.

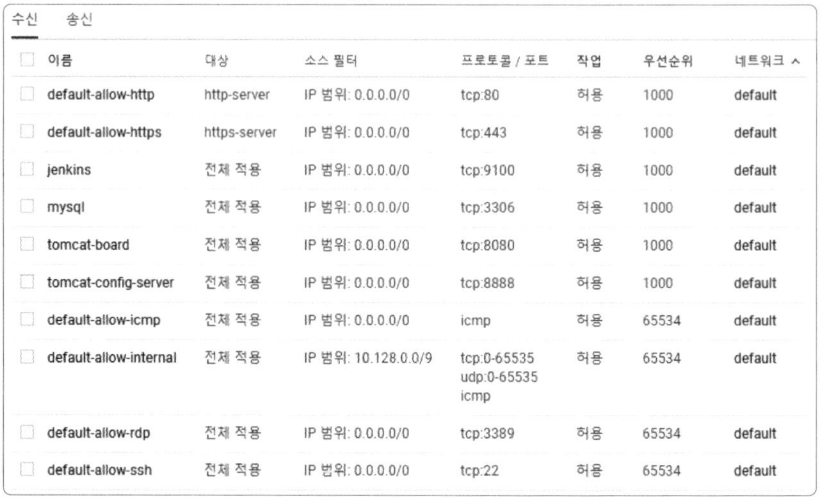

수신 송신

이름	대상	소스 필터	프로토콜 / 포트	작업	우선순위	네트워크 ^
default-allow-http	http-server	IP 범위: 0.0.0.0/0	tcp:80	허용	1000	default
default-allow-https	https-server	IP 범위: 0.0.0.0/0	tcp:443	허용	1000	default
jenkins	전체 적용	IP 범위: 0.0.0.0/0	tcp:9100	허용	1000	default
mysql	전체 적용	IP 범위: 0.0.0.0/0	tcp:3306	허용	1000	default
tomcat-board	전체 적용	IP 범위: 0.0.0.0/0	tcp:8080	허용	1000	default
tomcat-config-server	전체 적용	IP 범위: 0.0.0.0/0	tcp:8888	허용	1000	default
default-allow-icmp	전체 적용	IP 범위: 0.0.0.0/0	icmp	허용	65534	default
default-allow-internal	전체 적용	IP 범위: 10.128.0.0/9	tcp:0-65535 udp:0-65535 icmp	허용	65534	default
default-allow-rdp	전체 적용	IP 범위: 0.0.0.0/0	tcp:3389	허용	65534	default
default-allow-ssh	전체 적용	IP 범위: 0.0.0.0/0	tcp:22	허용	65534	default

이 외에 필요한 규칙이 생기면 동일한 방식으로 규칙을 추가하면 됩니다.

9.2 MySQL 설치하기

서버를 구성하기 위해 설치할 것들이 여러 가지 있습니다. 그중 첫 번째로 MySQL을 설치하겠습니다.

9.2.1 MySQL 설치하기

CentOS 7에서는 MySQL이 아니라 MariaDB가 탑재되어 있습니다. 따라서 yum을 이용해서 MySQL을 설치하기 위해서는 yum 저장소 설정부터 설치해야 합니다(MySQL 5.6 이상부터 yum을 이용해서 설치할 수 있습니다). 현재 MySQL의 최신버전은 8.0이지만 여기서는 MySQL 5.7 버전을 설치하겠습니다. MySQL 8.0이 있는 상황이니 5.7이 굉장히 오래된 버전인 것 같습니다만 사실 MySQL 8.0은 5.7 다음에 발표된 메이저 업데이트입니다. 아직까지는 5.7이 가장 많이 사용되니 이 버전으로 진행합니다.

MariaDB는 MySQL이 오라클에 인수된 후 라이선스 문제를 해결하기 위해서 MySQL AB 출신의 개발자들이 MariaDB 재단을 설립하고 개발한 오픈 소스 DBMS입니다. MariaDB 초기에는 MySQL 5.5를 기반으로 개발했기 때문에 사용법과 구조가 MySQL 5.5와 동일합니다. MariaDB 커뮤니티는 MySQL과 비교해서 최대 70%의 성능 향상을 보인다고 이야기합니다.

다음 명령어를 차례로 실행하여 MySQL을 설치합니다.

```
sudo yum -y install http://dev.mysql.com/get/mysql-community-release-el7-5.
    noarch.rpm ❶
sudo yum -y install mysql-community-server  ❷
sudo systemctl enable mysqld  ❸
sudo systemctl start mysqld  ❹
```

❶ MySQL 리포지터리를 추가합니다.

❷ MySQL을 설치합니다.

❸ 시스템 재시작 시 MySQL이 자동으로 실행되도록 합니다.

❹ MySQL을 실행합니다.

9.2.2 MySQL 설정하기

MySQL 설치가 끝났다고 바로 사용할 수 있는 게 아닙니다. 문자열 인코딩, 보안 설정 등 몇 가지 해야 할 것이 남아 있습니다. 기본적으로 MySQL을 설치할 경우 외부 접속이 되지 않습니다. 이 말은 GCP의 VM 인스턴스에 설치한 MySQL을 로컬 환경에서 접속할 수 없다는 의미입니다.

MySQL 보안 설정하기

다음 명령어로 MySQL의 보안 설정을 진행합니다.

```
/usr/bin/mysql_secure_installation
```

다음 사항을 설정해야 합니다.

```
Enter current password for root (enter for none):  ❶

Set root password? [Y/n] Y  ❷
New password:             ┐
Re-enter new password:    ┘ ❸

Remove anonymous users? [Y/n] Y  ❹
Disallow root login remotely? [Y/n] Y  ❺
Remove test database and access to it? [Y/n] Y  ❻
Reload privilege tables now? [Y/n] Y  ❼
```

❶ root 사용자의 비밀번호를 입력합니다. MySQL을 설치한 직후에는 root 비밀번호가 없습니다. 따라서 비밀번호를 입력하지 않고 엔터를 입력합니다.

❷ root 사용자의 비밀번호를 설정합니다.

❸ root의 새로운 비밀번호를 입력하고 한번 더 비밀번호를 입력합니다.

❹ 익명 사용자로 접속하는 해킹 공격을 방지하기 위해서 익명 사용자의 로그인을 차단합니다.

❺ root 사용자로 접속하는 해킹 공격을 방지하기 위해서 root 사용자의 원격접속을 차단합니다.

❻ 사용하지 않는 test 데이터베이스를 삭제합니다.

❼ 설정을 적용하기 위해서 권한(privilege) 테이블을 다시 불러옵니다.

MySQL 사용자 생성하기

이제 MySQL의 사용자를 생성할 차례입니다. 여태까지는 root 사용자를 사용했지만 이제부터는 사용하지 않을 겁니다. root 사용자의 권한이 너무 막강하기 때문입니다. 예를 들어서 데이터베이스의 모든 정보를 삭제할 수도 있고 테이블이 나 데이터베이스 자체를 삭제해 버릴 수도 있습니다. 모든 개발자에게 이러한 권한을 주면 수습할 수 없는 문제가 발생할 수도 있습니다. 따라서 개발자들에게는 특정 스키마에만 접속을 허용하고 개발에 필요한 select, update, insert, create와 같은 일부 권한만 허용하는 사용자 계정과, 데이터베이스의 모든 권한을 사용할 수 있는 DBA(DataBase Administrator)용 계정을 따로 만들어서 사용합니다.

또한 데이터베이스는 특성상 해킹 공격을 당하기 쉽습니다. 이런 경우 기본적으로 root 사용자로 접속을 시도하는 경우가 많기 때문에 외부에서 root의 접근을 허용하지 않습니다. 앞에서 MySQL의 보안 설정을 할 때도 root의 외부 접근을 차단했습니다.

다음 명령어를 입력하여 사용자 계정을 새로 생성합니다.

```
mysql -u root -p ❶

create user '사용자아이디'@'localhost' identified by '비밀번호';  ┐
create user '사용자아이디'@'%' identified by '비밀번호';          ┘ ❷
grant all privileges on *.* to '사용자아이디'@'%'; ❸
flush privileges; ❹
```

❶ MySQL의 사용자를 생성하기 위해서는 MySQL로 접속해야 합니다. 앞에서 MySQL 보안 설정을 진행했기 때문에 바로 MySQL로 접속할 수가 없습니다. 따라서 -u root로 root 사용자로 접속할 것을 지정하고 -p로 비밀번호를 입력합니다.

❷ 사용자를 생성합니다. 사용자를 생성하는 명령어는 create user '사용자아이디'@'호스트' identified by '비밀번호'로 구성되어 있습니다. MySQL의 경우 localhost와 외부에서 접속할 수 있는 권한이 분리되어 있습니다. 여기서 localhost란 MySQL이 설치되어 있는 서버를 의미합니다. 따라서 호스트를 localhost로 지정할 경우 MySQL이 설치되어 있는 서버에서만 MySQL에 접속할 수 있고 외부에서는 접속할 수 없습니다. 즉, 개발자들의 PC에서도 서버의 MySQL에 접속할 수 없습니다. 호스트를 %로 지정하면 외부 접속이 가능합니다. localhost와 외부 접속 모두 가능하도록 호스트를 변경해서 사용자를 생성했습니다.

❸ 사용자에게 권한을 지정합니다. 사용자에게 권한을 지정하는 명령어는 다음과 같습니다.

```
grant all privileges on [스키마].[테이블] to '사용자아이디'@'호스트'
```

grant all privileges란 사용자에게 모든 권한을 주는 것을 의미합니다. 권한은 뒤에 따라오는 스키마 및 테이블에 해당합니다. 즉, grant all privileges on *.*란 모든 스키마의 모든 테이블에 모든 권한을 지정하는 것이죠. 앞에서 사용자별로 접속할 수 있는 스키마 및 권한을 다르게 지정한다고 이야기했지만 여기서는 실습을 위해서 모든 권한을 지정했습니다. 사용자별로 권한을 다르게 주려면 grant 권한 이름으로 원하는 권한만 지정하면 됩니다. 예를 들어 select, insert, update 권한만 허용하려면 grant select, insert, update on [스키마].[테이블]로 하면 됩니다.

❹ 변경된 내용을 반영합니다. 즉, 권한을 적용합니다.

여기까지 작성하면 새로운 사용자의 추가가 완료됩니다. 사용자가 정상적으로 추가되면 quit 명령어를 입력해서 MySQL에서 로그아웃합니다.

문자열 설정

마지막으로 문자열을 UTF-8로 변경하겠습니다. MySQL의 설정 파일은 /etc/my.cnf입니다. 여기서 문자열 관련 설정뿐만 아니라 로그, 성능 관련 등 다양한 설정을 할 수 있습니다.

my.cnf 파일을 편집하기 위해서 vi 명령어로 파일을 엽니다.

```
sudo vi /etc/my.cnf
```

그리고 my.cnf 파일을 다음과 같이 변경합니다.

코드 9-1 my.cnf

```
# For advice on how to change settings please see
# http://dev.mysql.com/doc/refman/5.6/en/server-configuration-defaults.html

[client]
default-character-set = utf8

[mysqld]
...중략...
character-set-server=utf8
collation-server=utf8_general_ci
init_connect=SET collation_connection = utf8_general_ci
init_connect=SET NAMES utf8

[mysqldump]
default-character-set=utf-8
```

```
[mysqld_safe]
...중략...
```

MySQL의 기본 문자열로 UTF-8을 사용하도록 설정합니다. [client]와 [mysqldump]가 my.cnf에 없으면 추가하면 됩니다. [mysqld]에 추가한 설정의 경우 [mysqld] 밑에 있기만 하면 위치는 상관없습니다. 여기서는 [mysqld]의 맨 마지막에 추가하고 [mysqldump]도 추가했습니다.

여기까지 완료하면 MySQL을 재시작해서 설정을 반영합니다.

```
sudo systemctl restart mysqld
```

MySQL이 재시작되면 SQLyog 등의 GUI 툴로 데이터베이스에 접속하고 앞에서 만들었던 insight 스키마 및 게시판 관련 테이블을 생성하면 됩니다. 이 부분은 이미 앞에서 한번 설명했기 때문에 넘어가겠습니다.

9.3 JDK 설치하기

이번에는 자바를 사용할 수 있도록 JDK를 설치하겠습니다. MySQL을 설치한 것처럼 yum을 이용해서 설치할 수도 있지만 CentOS에 프로그램을 설치하는 다른 방법을 살펴보기 위해서 JDK 파일을 다운로드해서 설치해 보겠습니다.

먼저 오라클 홈페이지에서 JDK 파일을 다운로드합니다.

Java SE Development Kit 8u181

You must accept the Oracle Binary Code License Agreement for Java SE to download this software.
Thank you for accepting the Oracle Binary Code License Agreement for Java SE; you may now download this software.

Product / File Description	File Size	Download
Linux ARM 32 Hard Float ABI	72.95 MB	jdk-8u181-linux-arm32-vfp-hflt.tar.gz
Linux ARM 64 Hard Float ABI	69.89 MB	jdk-8u181-linux-arm64-vfp-hflt.tar.gz
Linux x86	165.06 MB	jdk-8u181-linux-i586.rpm
Linux x86	179.87 MB	jdk-8u181-linux-i586.tar.gz
Linux x64	162.15 MB	jdk-8u181-linux-x64.rpm
Linux x64	177.05 MB	jdk-8u181-linux-x64.tar.gz
Mac OS X x64	242.83 MB	jdk-8u181-macosx-x64.dmg
Solaris SPARC 64-bit (SVR4 package)	133.17 MB	jdk-8u181-solaris-sparcv9.tar.Z
Solaris SPARC 64-bit	94.34 MB	jdk-8u181-solaris-sparcv9.tar.gz
Solaris x64 (SVR4 package)	133.83 MB	jdk-8u181-solaris-x64.tar.Z
Solaris x64	92.11 MB	jdk-8u181-solaris-x64.tar.gz
Windows x86	194.41 MB	jdk-8u181-windows-i586.exe
Windows x64	202.73 MB	jdk-8u181-windows-x64.exe

여기서 Linux x64의 jdk-8u181-linux-x64.tar.gz 파일을 다운받으면 됩니다.

다운로드가 완료되면 서버로 JDK 파일을 업로드한 후 업로드한 폴더에서 다음의 명령어를 입력합니다.

```
gunzip jdk-8u181-linux-x64.tar.gz ❶
tar -xvf jdk-8u181-linux-x64.tar ❷
```

❶ .gz 파일의 압축을 풉니다.

❷ .tar 파일의 압축을 풉니다.

파일의 압축을 풀면 jdk1.8.0_181 폴더가 생성됩니다. 압축을 푼 jdk 폴더를 원하는 위치로 이동하고 심볼릭 링크를 만들어줍니다. 여기서는 /usr/local 폴더로 이동합니다. 폴더 이름이 길고 JDK의 버전이 바뀔 수 있기 때문에 심볼릭 링크를 만들면 jdk 폴더를 편하게 사용할 수 있습니다.

```
sudo mv jdk1.8.0_181 /usr/local
cd /usr/local
sudo ln -s jdk1.8.0_181/ java
```

jdk 폴더가 이동되고 java라는 심볼릭 링크(java -> jdk1.8.0_181/)가 생성된 것을 확인할 수 있습니다.

```
[addio3305_insight@instance-1 local]$ ll
total 0
drwxr-xr-x. 2 root              root                6 Apr 11 04:59 bin
drwxr-xr-x. 2 root              root                6 Apr 11 04:59 etc
drwxr-xr-x. 2 root              root                6 Apr 11 04:59 games
drwxr-xr-x. 2 root              root                6 Apr 11 04:59 include
lrwxrwxrwx. 1 root              root               13 Aug  5 14:22 java -> jdk1.8.0_181/
drwxr-xr-x. 7 addio3305_insight addio3305_insight 245 Jul  7 08:09 jdk1.8.0_181
```

이제 JDK 위치를 지정할 차례입니다. /etc/profile에 다음과 같이 JDK 환경변수를 등록합니다.

```
sudo vi /etc/profile
JAVA_HOME=/usr/local/java
CLASSPATH=.:$JAVA_HOME/lib/tools.jar
PATH=$PATH:$JAVA_HOME/bin
export JAVA_HOME CLASSPATH PATH
```

위 코드를 실행하면 다음과 같은 결과를 얻을 수 있습니다.

```
# /etc/profile

# System wide environment and startup programs, for login setup
# Functions and aliases go in /etc/bashrc

# It's NOT a good idea to change this file unless you know what you
# are doing. It's much better to create a custom.sh shell script in
# /etc/profile.d/ to make custom changes to your environment, as this
# will prevent the need for merging in future updates.

JAVA_HOME=/usr/local/java
CLASSPATH=.:$JAVA_HOME/lib/tools.jar
PATH=$PATH:$JAVA_HOME/bin
export JAVA_HOME CLASSPATH PATH

pathmunge () {
    case ":${PATH}:" in
        *:"$1":*)
```

마지막으로 설정된 환경변수가 동작하도록 셸에 적용시켜준 후 자바가 정상적으로 설치되었는지 확인해 봅니다.

```
source /etc/profile
java -version
```

위 코드를 실행하면 다음과 같은 결과를 얻을 수 있습니다.

```
java version "1.8.0_181"
Java(TM) SE Runtime Environment (build 1.8.0_181-b13)
Java HotSpot(TM) 64-Bit Server VM (build 25.181-b13, mixed mode)
```

설치된 자바 버전이 출력되면 정상적으로 JDK가 설치되고 환경변수도 설정된 것입니다.

9.4 톰캣 설치 및 설정하기

이번에는 스프링 애플리케이션을 구동할 WAS(Web Application Server)인 톰캣을 설치할 차례입니다. 스프링 부트 애플리케이션은 기본적으로 톰캣을 내장하고 있기 때문에 jar 파일로 빌드하고 배포하면 서버에 톰캣이 없더라도 바로 구동할 수 있습니다. 내장 톰캣과 외장 톰캣 간에 유의미한 성능 차이는 보이지 않습니다. 그래서 이제는 내장 톰캣(스프링 부트 버전과 사용하는 기능에 따라 다른 WAS가 사용될 수 있습니다)을 사용하는 게 더 좋습니다. 하지만 기존 시스템과의 연동이나 VirtualHost 사용 등의 이유로 아직까지도 외장 톰캣을 사용하는 경우가 많습니다. 따라서 이번 절에서는 서버에 톰캣을 설치합니다.

9.4.1 톰캣을 위한 폴더 생성하기

가장 먼저 할 작업은 톰캣이 사용할 소스코드가 놓일 폴더를 생성하는 것입니다. 잠시 후에 다시 설명하겠지만 톰캣이 사용할 소스코드의 위치는 톰캣 설치 폴더 내의 webapps 폴더입니다. 소스코드 업로드 및 관리에는 불편할 수 있는 위치입니다. 따라서 톰캣이 사용할 소스코드 폴더를 새로 생성하고, 그곳에 소스코드를 모아두어 손쉽게 관리할 수 있도록 하겠습니다.

다음 명령어를 차례로 실행하세요.

```
cd
mkdir src
cd src
mkdir board
mkdir config
```

src라는 폴더를 만들고 그 폴더 내에 다시 board와 config라는 폴더를 생성합니다. 즉, src 폴더는 소스코드 모음 폴더이며 board와 config 폴더는 각각 애플리케이션의 소스코드 위치가 됩니다. board 애플리케이션은 8장까지 설명한 게시판 애플리케이션임을 쉽게 알 수 있지만 config 폴더는 그 용도를 알기 어렵습니다. 이는 '10장 배포하기'에서 스프링 Cloud Config Server를 이용한 애플리케이션이 사용할 폴더입니다. 지금 당장은 사용하지 않지만 10장에서 바로 사용할 수 있도록 폴더를 미리 만들었습니다.

9.4.2 톰캣 설치하기

먼저 톰캣 홈페이지[2]에서 리눅스용 톰캣을 다운로드합니다. 톰캣 역시 yum을 이용해서 설치할 수도 있지만 하나의 톰캣 파일을 복사해서 2개의 톰캣 서버를 설정할 예정이기 때문에 좀 더 쉽게 복사 및 설정할 수 있도록 yum을 이용하지 않고 직접 톰캣을 설치하겠습니다. 앞에서 개발한 board 애플리케이션을 구동할 톰캣과 10장에서 설명할 cloud-config 애플리케이션을 구동할 톰캣, 총 2개의 톰캣이 필요합니다. 아직 cloud-config 애플리케이션을 생성하지 않았지만 앞에서 만든 config 폴더와 마찬가지로 바로 사용할 수 있도록 미리 톰캣을 구성해 놓겠습니다.

다음 링크 중에서 `tar.gz`를 선택해 `apache-tomcat-8.5.32.tar.gz` 파일을 다운로드합니다. 톰캣 버전에 따라서 파일 이름이 조금 다를 수 있습니다.

2 *https://tomcat.apache.org/download-80.cgi*

8.5.32

Please see the README file for packaging information. It explains what every distribution contains.

Binary Distributions

- Core:
  - zip (pgp, sha1, sha512)
  - tar.gz (pgp, sha1, sha512)
  - 32-bit Windows zip (pgp, sha1, sha512)
  - 64-bit Windows zip (pgp, sha1, sha512)
  - 32-bit/64-bit Windows Service Installer (pgp, sha1, sha512)

다운로드가 완료되면 apache-tomcat-8.5.32.tar.gz 파일을 서버로 업로드합니다.

업로드된 톰캣 파일의 압축을 풀고 톰캣 폴더를 원하는 위치로 이동시키기만 하면 톰캣의 설치는 완료됩니다. 서버의 톰캣 파일이 있는 위치에서 다음 명령어를 차례로 입력하세요.

```
gunzip apache-tomcat-8.5.32.tar.gz
tar -xvf apache-tomcat-8.5.32.tar
```

톰캣의 압축을 풀고 나면 원하는 위치로 이동할 차례입니다. 다음 명령어를 입력하세요.

```
cp -r apache-tomcat-8.5.32 apache-tomcat-8.5.32-board ❶
sudo mv apache-tomcat-8.5.32-board /usr/local/apache-tomcat-8.5.32-board ❷
sudo mv apache-tomcat-8.5.32 /usr/local/apache-tomcat-8.5.32-config ❸
```

❶ 압축을 푼 apache-tomcat-8.5.32 폴더를 apache-tomcat-8.5.32-board라는 이름으로 복사합니다.

❷ apache-tomcat-8.5.32-board 폴더를 /usr/local 폴더 밑에 apache-tomcat-8.5.32-config라는 이름으로 이동합니다.

❸ apache-tomcat-8.5.32 폴더를 /usr/local 폴더 밑에 apache-tomcat-8.5.32-config라는 이름으로 이동합니다.

하나의 톰캣 파일을 이용해서 2개의 톰캣 서버로 사용할 예정이기 때문에 복사 및 이동을 이용해서 2개의 톰캣으로 만들었습니다.

마지막으로 2개의 톰캣이 정상적으로 생성되었는지 확인합니다.

```
cd /usr/local
ll
```

/usr/local 폴더로 이동한 후 ll 명령어로 해당 폴더 내의 목록을 조회하면 다음과 같은 결과가 나옵니다.

```
drwxr-xr-x. 9 addio3305_insight addio3305_insight 160 Aug  6 14:09 apache-tomcat-8.5.32-board
drwxrwxr-x. 9 addio3305_insight addio3305_insight 160 Aug  6 14:03 apache-tomcat-8.5.32-config
drwxr-xr-x. 2 root              root                6 Apr 11 04:59 bin
drwxr-xr-x. 2 root              root                6 Apr 11 04:59 etc
drwxr-xr-x. 2 root              root                6 Apr 11 04:59 games
drwxr-xr-x. 2 root              root                6 Apr 11 04:59 include
lrwxrwxrwx. 1 root              root               13 Aug  5 14:22 java -> jdk1.8.0_181/
drwxr-xr-x. 7 addio3305_insight addio3305_insight 245 Jul  7 08:09 jdk1.8.0_181
drwxr-xr-x. 2 root              root                6 Apr 11 04:59 lib
drwxr-xr-x. 2 root              root                6 Apr 11 04:59 lib64
drwxr-xr-x. 2 root              root                6 Apr 11 04:59 libexec
drwxr-xr-x. 2 root              root                6 Apr 11 04:59 sbin
drwxr-xr-x. 5 root              root               49 Jul 16 22:23 share
drwxr-xr-x. 2 root              root                6 Apr 11 04:59 src
```

apache-tomcat-8.5.32-board와 apache-tomcat-8.5.32-config 2개의 톰캣 폴더가 있어야 정상입니다. 이후부터는 apache-tomcat-8.5.32-board와 apache-tomcat-8.5.32-config를 각각 board 톰캣, config 톰캣이라고 하겠습니다.

9.4.3 톰캣 설정하기

이제 앞에서 설치한 2개의 톰캣의 일부 설정을 변경하겠습니다. 서버에 톰캣이 1개만 설치되어 있다면 포트를 변경하지 않아도 큰 문제는 없지만 2개 이상의 톰캣이 설치되어 있으면 동일한 포트를 사용하려고 하기 때문에 문제가 발생합니다. 따라서 각각의 톰캣이 사용할 포트를 변경해야 합니다. 그리고 서버의 소스 배포를 쉽게 하기 위해서 톰캣이 구동시킬 애플리케이션의 소스코드 위치(톰캣의 기본 Document Root)도 지정해주겠습니다.

board 톰캣

먼저 board 애플리케이션용 톰캣부터 시작합니다. board 톰캣은 포트는 기본으로 설정된 포트를 그대로 사용합니다. 따라서 톰캣의 Document Root만 변경해주면 됩니다.

```
sudo cd /usr/local/apache-tomcat-8.5.32-board/conf  ❶
sudo vi server.xml  ❷
```

❶ 톰캣 설정 파일이 있는 폴더로 이동합니다.

❷ 톰캣 설정 파일은 server.xml입니다. vi를 이용해서 server.xml을 편집합니다.
(vi 사용법을 모른다면… 음… 파이팅! 인터넷에서 쉽게 찾을 수 있어요![3])

server.xml을 열어서 설정 파일의 최하단으로 이동하면 다음과 같은 설정이 있습니다.

3 *https://wiki.kldp.org/KoreanDoc/html/Vim_Guide-KLDP/Vim_Guide-KLDP.html* 등 다양하니, 자신에게 맞는 콘텐츠를 참고하세요.

코드 9-2 server.xml

```
...중략...
<Host name="localhost"  appBase="webapps"
    unpackWARs="true" autoDeploy="true">
    <Context docBase="/home/addio3305_insight/src/board" path=""
         reloadable="false"/>

    <!-- SingleSignOn valve,
         share authentication between web applications
         Documentation at: /docs/config/valve.html -->
    <!--
    <Valve className="org.apache.catalina.authenticator.SingleSignOn" />
    -->

    <!-- Access log processes all example.
         Documentation at: /docs/config/valve.html
         Note: The pattern used is equivalent to using
         pattern="common" -->
    <Valve className="org.apache.catalina.valves.AccessLogValve"
        directory="logs"
        prefix="localhost_access_log" suffix=".txt"
        pattern="%h %l %u %t &quot;%r&quot; %s %b" />

</Host>
    </Engine>
  </Service>
</Server>
```

여기서 우리가 봐야 할 부분은 굵게 표시된 <Host> 설정입니다. 이 태그에서 톰캣의 Document Root를 변경할 수 있습니다. Document Root를 바꾸기 위해서 <Host> 태그 부분을 다음과 같이 변경합니다.

```
<Host name="localhost"  appBase="." unpackWARs="false" autoDeploy="false"> ❶
    <Context docBase="/home/addio3305-insight/src/board" path=""
             reloadable="false"/> ❷
```

❶ webapps 폴더를 사용하지 않도록 합니다. unpackWARs와 autoDeploy 옵션은 성능에 영향을 미치기 때문에 사용하지 않습니다.

❷ 톰캣이 사용할 소스의 위치를 지정합니다. /home/아이디/src/board로 지정합니다. 여기서 src/board는 '9.4.1 톰캣을 위한 폴더 생성하기'에서 만든 폴더입니다.

config 톰캣

다음으로 config 톰캣의 설정을 변경할 차례입니다. board 톰캣의 포트와 다른 포트를 사용하도록 변경하고, 톰캣이 사용할 소스코드의 위치를 지정하면 됩니다.

다음 명령어로 config 톰캣의 설정 파일을 엽니다.

```
cd /usr/local/apache-tomcat-8.5.32-config/conf
vi server.xml
```

config 톰캣의 경우 포트도 변경해야 합니다. 따라서 수정할 부분이 여기저기 흩어져 있으니 주의해서 따라 해 주세요.

먼저 코드 중간쯤에 다음과 같은 톰캣 접속 포트 설정이 있습니다.

```
<Connector port="8080" protocol="HTTP/1.1" connectionTimeout="20000"
           redirectPort="8443" />
```

이 포트는 톰캣에 접속할 때 사용하는 포트입니다. 앞에서 개발한 애플리케이션의 주소는 `localhost:8080/board`와 같은 형식이었습니다. 이 주소의 8080이 바로 톰캣 접속 포트를 나타냅니다. 8080 포트는 board 톰캣이 사용하기 때문에 config 톰캣은 8888 포트를 사용하겠습니다. 포트번호는 중복되지 않는다면 어떤 포트를 사용해도 괜찮습니다. 여기서는 8080을 8888로 변경합니다. 이는 10장에서 Cloud Config를 설명할 때 사용합니다.

코드 9-3 server.xml

```
<Service name="Catalina">

    <!--The connectors can use a shared executor, you can define one or more
        named thread pools-->
    <!--
    <Executor name="tomcatThreadPool" namePrefix="catalina-exec-"
        maxThreads="150" minSpareThreads="4"/>
    -->

    <!-- A "Connector" represents an endpoint by which requests are received
        and responses are returned. Documentation at :
        Java HTTP Connector: /docs/config/http.html
        Java AJP  Connector: /docs/config/ajp.html
        APR (HTTP/AJP) Connector: /docs/apr.html
        Define a non-SSL/TLS HTTP/1.1 Connector on port 8080
    -->
    <Connector port="8888" protocol="HTTP/1.1"
        connectionTimeout="20000"
        redirectPort="8443" />
    <!-- A "Connector" using the shared thread pool-->
    <!--
    <Connector executor="tomcatThreadPool"
        port="8080" protocol="HTTP/1.1"
        connectionTimeout="20000"
        redirectPort="8443" />
```

다음으로 변경할 것은 AJP 포트입니다. 앞의 톰캣 포트 설정에서 조금 더 내려가면 다음과 같은 설정이 있습니다.

```
<!-- Define an AJP 1.3 Connector on port 8009 -->
<Connector port="8009" protocol="AJP/1.3" redirectPort="8443" />
```

여기서 AJP를 사용하지는 않지만 역시 포트가 중복되면 안 되기 때문에 AJP 포트도 변경합니다. 포트번호는 마찬가지로 중복되지 않는다면 어떤 포트라도 괜찮습니다. 여기서 AJP 포트는 8109를 사용하겠습니다.

```
<Connector port="8109" protocol="AJP/1.3" redirectPort="8443" />
```

AJP란 Apache JServ Protocol의 약자로 아파치 웹서버가 톰캣 등과 같은 WAS와 연동하기 위한 규약입니다. 일반적으로 로드밸런싱을 위해 아파치와 톰캣을 연동할 때 사용됩니다. 여기서는 아파치와 톰캣을 연동하지는 않기 때문에 따로 설명은 하지 않겠습니다.

마지막으로 config 톰캣의 Document Root를 변경합니다. 이에 대한 설명은 앞서 board 톰캣에서 설명하였으니 생략하겠습니다.

```
<Host name="localhost"  appBase="." unpackWARs="false" autoDeploy="false">
    <Context docBase="/home/addio3305_insight/src/config" path=""
             reloadable="false"/>
```

9.4.4 톰캣 확인하기

이제 톰캣이 정상적으로 설치되고 설정도 완료되었는지 확인할 차례입니다. 톰캣을 실행하고 로그를 확인했을 때 정상적으로 실행되면 됩니다.

먼저 board 톰캣을 실행하겠습니다.

```
/usr/local/apache-tomcat-8.5.32-board/bin/startup.sh  ❶
tail -f /usr/local/apache-tomcat-8.5.32-board/logs/catalina.out  ❷
```

❶ board 톰캣 실행 스크립트를 호출해서 톰캣을 실행합니다.

❷ board 톰캣의 로그를 확인합니다.

정상적으로 실행되면 다음과 같은 로그를 볼 수 있습니다.

```
...중략
INFO [localhost-startStop-1] org.apache.catalina.startup.HostConfig...
INFO [main] org.apache.coyote.AbstractProtocol.start Starting...
INFO [main] org.apache.coyote.AbstractProtocol.start Starting...
INFO [main] org.apache.catalina.startup.Catalina.start Server startup in 1312ms...
```

지면 관계상 로그 중 일부만 발췌했습니다. 이 로그는 이클립스에서 애플리케이션을 실행시키면 볼 수 있는 로그와 동일합니다. 단지 이클립스는 콘솔창에서 로그를 볼 수 있지만 서버에서는 직접 로그 파일을 확인해야 하는 점이 다릅니다. 서버가 정상적으로 실행이 되었다는 것을 로그를 통해서 알 수 있습니다. 지금은 애플리케이션을 구동하지 않기 때문에 톰캣이 빠르게 실행되었지만 애플리케이션의 크기에 따라서 톰캣 구동 속도가 달라집니다.

이와 동일한 방식으로 config 톰캣도 확인하세요. 앞의 명령어에서 board 톰캣의 경로를 config 톰캣의 경로로 바꾸면 됩니다.

9.5 젠킨스 설치하기

마지막으로 젠킨스(Jenkins)를 설치하겠습니다. 젠킨스는 스프링 프레임워크와 직접적인 관련이 있는 것은 아니지만 꼭 알아야 하는 내용입니다. 개발이 끝난 애플리케이션은 서버에 배포를 해야 다른 사람들이 사용할 수 있습니다. 서버에 배포를 한다는 게 말은 쉽지만 그와 관련된 작업은 절대로 적지 않습니다. 젠킨스는 이러한 작업들을 쉽게 처리하도록 도와줍니다. 젠킨스에 관한 자세한 설명은 10장에서 하므로 여기서는 일단 설치하는 방법만 다루겠습니다.

9.5.1 젠킨스 설치 및 설정하기

젠킨스 설치하기

젠킨스는 yum 리포지터리를 추가한 후에 yum 명령어로 설치할 수 있습니다. 다음 명령어를 실행하세요.

```
sudo yum -y install wget  ❶
sudo wget -O /etc/yum.repos.d/jenkins.repo http://pkg.jenkins-ci.org/
    redhat/jenkins.repo                                                    ❷
sudo rpm --import http://pkg.jenkins-ci.org/redhat/jenkins-ci.org.key
sudo yum -y install jenkins  ❸
```

❶ yum 리포지터리를 추가하기 위해서 wget 명령어로 젠킨스 설치파일을 다운로드합니다. wget은 웹 서버로부터 콘텐츠를 가져오는 프로그램입니다. GCP의 CentOS에는 wget이 없으므로 설치부터 합니다.

❷ 젠킨스 설치파일을 다운로드합니다.

❸ 젠킨스를 설치합니다.

젠킨스 설치가 완료되면 다음 명령어로 설치가 되었는지 확인합니다.

```
rpm -qa | grep jenkins
```

젠킨스가 정상적으로 설치되었으면 다음과 같이 설치된 젠킨스 목록이 나타납니다.

```
jenkins-2.121.2-1.1.noarch
```

젠킨스 설정하기

설치가 완료되면 먼저 젠킨스의 포트를 변경합니다. 젠킨스 설정 파일은 /etc/sysconfig 폴더에 jenkins라는 파일입니다.

```
sudo vi /etc/sysconfig/jenkins
```

설정 파일에서 JENKINS_PORT="8080" 항목을 찾아서 포트번호를 9100번으로 변경합니다. 톰캣과 마찬가지로 사용하지 않는 포트번호를 입력하면 됩니다. 여기서는 9100번으로 지정하겠습니다.

```
## Type:        integer(0:65535)
## Default:     8080
## ServiceRestart: jenkins
#
# Port Jenkins is listening on.
# Set to -1 to disable
#
JENKINS_PORT="9100"
```

포트번호를 변경했으면 일단 젠킨스를 실행해 봅니다.

```
sudo systemctl start jenkins
```

다음과 같은 결과가 나옵니다.

```
Job for jenkins.service failed because the control process exited with error code.
See "systemctl status jenkins.service" and "journalctl -xe" for details.
```

네, 누가 봐도 잘못된 것 같은 메시지가 출력되었습니다. 에러를 상세히 살펴보려면 systemctl status jenkins.service 명령어를 이용하라고 합니다. 하라는 대로 명령어를 실행해 봅니다.

```
sudo systemctl status jenkins.service
```

그러면 다음과 같은 결과가 나옵니다.

```
● jenkins.service - LSB: Jenkins Automation Server
  Loaded: loaded (/etc/rc.d/init.d/jenkins; bad; vendor preset: disabled)
  Active: failed (Result: exit-code) since Tue 2018-08-07 15:03:43 UTC; 9s ago
    Docs: man:systemd-sysv-generator(8)
 Process: 22533 ExecStart=/etc/rc.d/init.d/jenkins start (code=exited, status=1/FAILURE)

instance-1 systemd[1]: Starting LSB: Jenkins Automation Server...
instance-1 runuser[22538]: pam_unix(runuser:session): session opened for user jenkins by (uid=0)
instance-1 jenkins[22533]: Starting Jenkins bash: /usr/bin/java: No such file or directory
instance-1 jenkins[22533]: [FAILED]
instance-1 systemd[1]: jenkins.service: control process exited, code=exited status=1
instance-1 systemd[1]: Failed to start LSB: Jenkins Automation Server.
instance-1 systemd[1]: Unit jenkins.service entered failed state.
instance-1 systemd[1]: jenkins.service failed.
```

systemctl 명령어로 에러를 확인하면 이와 같이 자바 경로를 찾지 못한다는 메시지를 볼 수 있습니다. 젠킨스 기본 설정의 자바 경로는 /usr/bin/java이지만 우리가 설치한 자바 경로는 /usr/local/java입니다. 따라서 젠킨스의 자바 경로를 변경해줍니다.

젠킨스 자바 경로 설정

젠킨스의 자바 경로 설정은 /etc/init.d 폴더의 jenkins에서 변경할 수 있습니다. 따라서 다음 명령을 입력합니다.

```
sudo vi /etc/init.d/jenkins
```

파일 중간쯤에서 다음과 같은 설정을 찾을 수 있습니다.

```
candidates="
/etc/alternatives/java
/usr/lib/jvm/java-1.8.0/bin/java
/usr/lib/jvm/jre-1.8.0/bin/java
/usr/lib/jvm/java-1.7.0/bin/java
/usr/lib/jvm/jre-1.7.0/bin/java
/usr/bin/java
"
```

여기에 자바의 경로를 추가하면 됩니다. 여기서 자바의 경로란 자바 설치 폴더가 아닌 자바 실행파일인 java를 의미합니다. 이 실행파일은 자바 설치 폴더의 bin 폴더 밑에 있습니다. 즉, 자바의 위치는 /usr/local/java/bin/java가 됩니다. 다음과 같이 이 주소를 candidates에 추가합니다.

```
candidates="
/etc/alternatives/java
/usr/lib/jvm/java-1.8.0/bin/java
/usr/lib/jvm/jre-1.8.0/bin/java
/usr/lib/jvm/java-1.7.0/bin/java
```

```
/usr/lib/jvm/jre-1.7.0/bin/java
/usr/bin/java
/usr/local/java/bin/java
"
```

9.5.2 젠킨스 확인하기

이제 젠킨스의 실행을 확인할 차례입니다. 콘솔창에 다음 명령어를 입력하세요.

```
sudo systemctl start jenkins
```

젠킨스가 정상적으로 실행되면 아무런 메시지가 나오지 않습니다. 환경에 따라서는 `Warning: jenkins.service changed on disk. Run 'systemctl daemon-reload' to reload units.`라는 메시지가 나올 수 있습니다.

> 만약 자바 경로가 지정되지 않은 상태로 젠킨스를 실행시켰을 때처럼 `Job for jenkins.service failed because the control process exited with error code. See "systemctl status jenkins.service" and "journalctl -xe" for details.`라는 메시지가 나올 경우 에러 로그를 확인해서 잘못된 부분을 수정하면 됩니다.

젠킨스가 정상적으로 실행되면 브라우저에서 젠킨스 주소를 입력합니다. 젠킨스 주소는 *http://IP주소:9100*입니다. 이 책에서는 IP 주소를 35.189.138.92로 사용하기 때문에 *http://35.189.138.92:9100*이 됩니다. 젠킨스를 최초로 실행하면 다음과 같은 화면이 나옵니다.

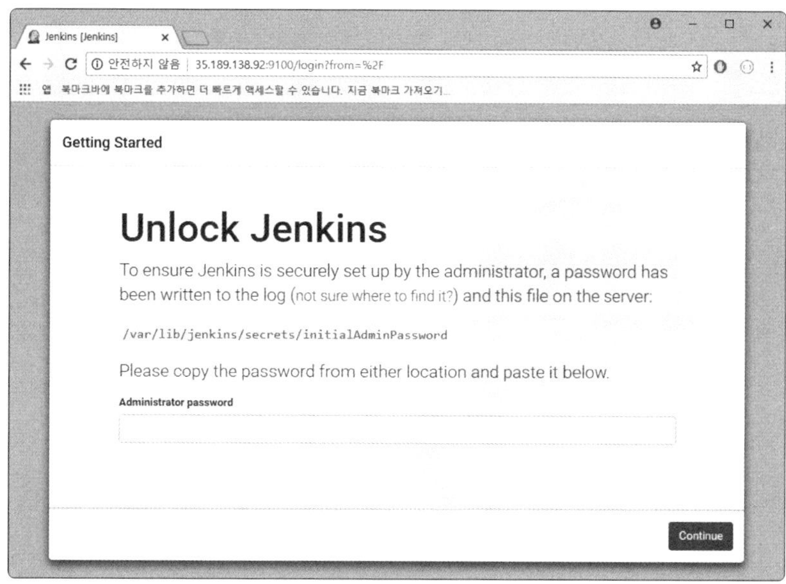

화면에서는 젠킨스의 초기 비밀번호가 저장되어 있는 위치를 보여 줍니다. 화면에서 볼 수 있듯이 `/var/lib/jenkins/secrets/initialAdminPassword`에서 초기 비밀번호를 확인합니다. 다시 콘솔에서 초기 비밀번호 파일을 열어서 비밀번호를 확인합니다.

```
sudo vi /var/lib/jenkins/secrets/initialAdminPassword
```

젠킨스의 초기 비밀번호를 이용해서 로그인을 하면 다음과 같은 화면이 나옵니다.

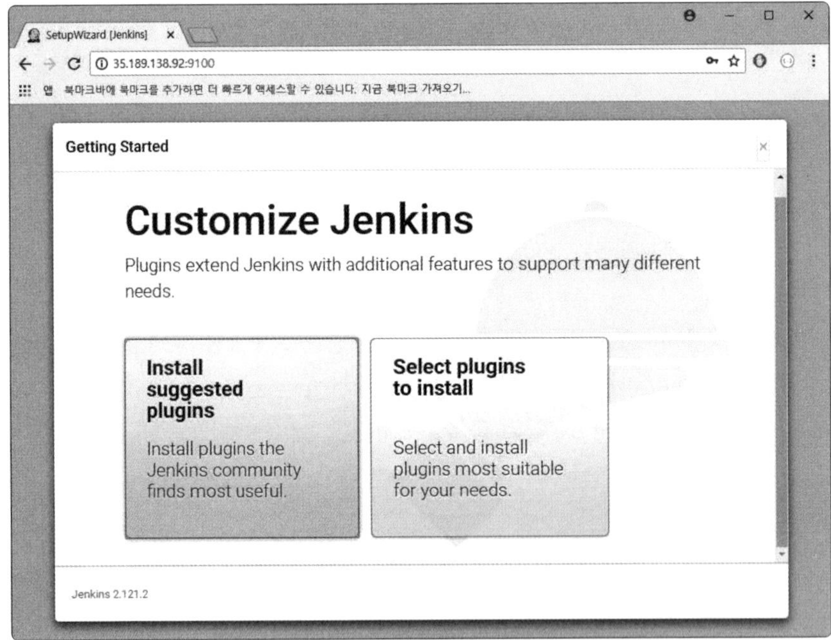

[Install suggested plugins]를 클릭해서 기본 플러그인을 설치합니다.

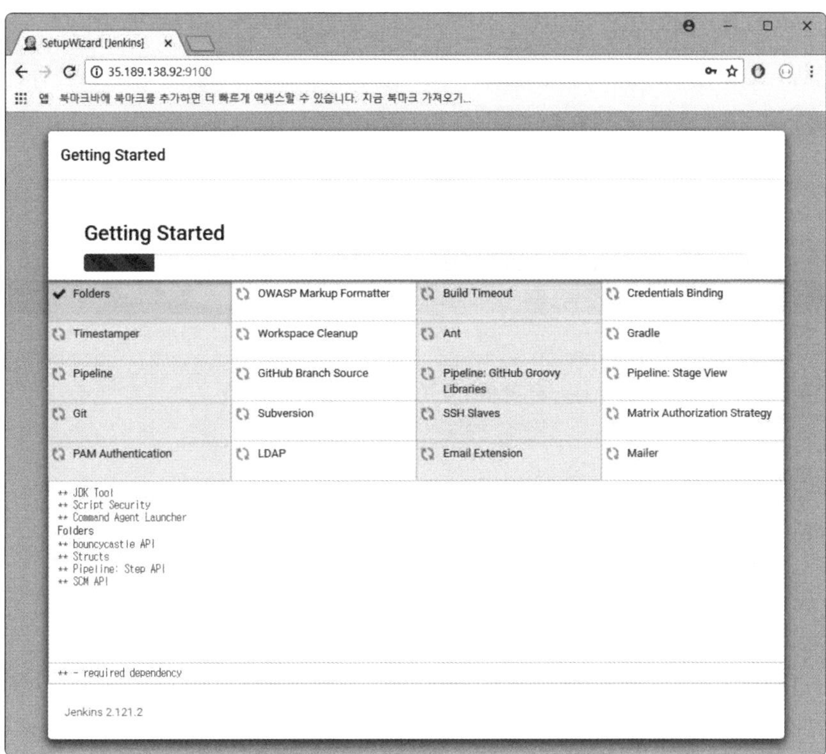

필수 플러그인의 설치가 끝나면 관리자 계정 생성 화면으로 이동합니다. 계정명, 암호, 이름, 이메일 주소 모두 필수로 입력해야 합니다.

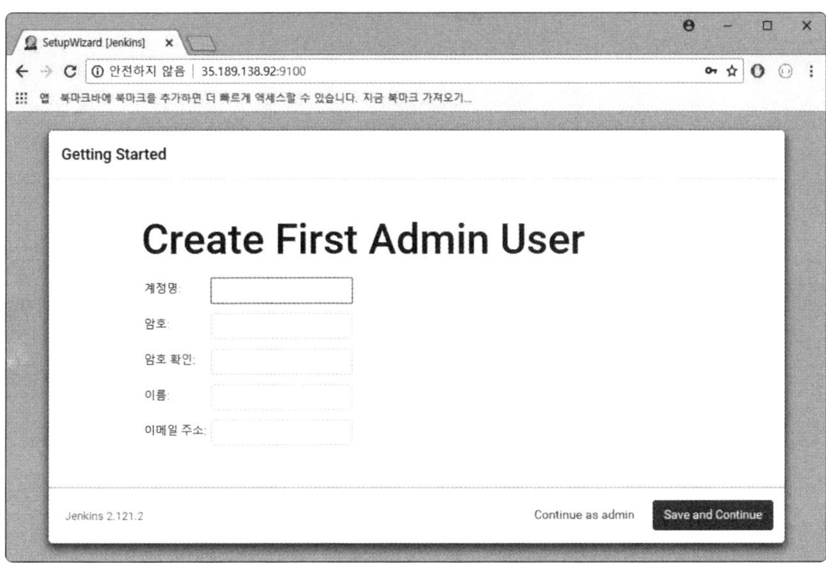

그 다음 젠킨스 주소를 설정하는 화면으로 이동하는데, 주소를 변경하지 않으므로 [Save and Continue]를 클릭해서 설정을 완료합니다. 모든 설정이 완료되면 다음과 같은 화면이 뜹니다.

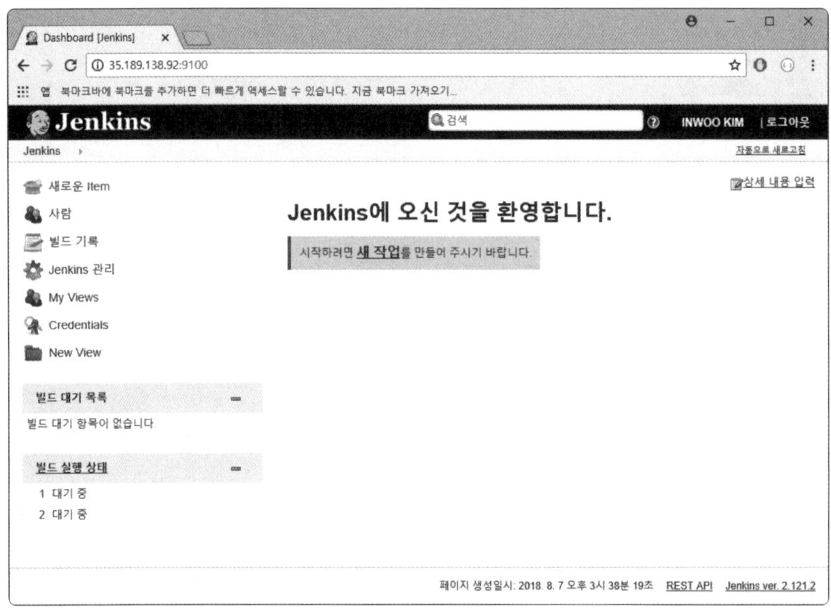

9.5.3 플러그인 설치하기

다음 장에서 설명할 비트버킷(Bitbucket)과 연동하기 위한 플러그인과 빌드 도구인 그레이들(Gradle), 그리고 깃(Git)을 설치할 차례입니다. 비트버킷은 아틀라시안(Atlassian)이 서비스하는 깃 저장소입니다. 10장에서 비트버킷과 젠킨스를 연동해서 자동 배포 환경을 구성할 예정입니다. 비트버킷에 대해서는 10장에서 자세히 다루고 여기서는 설치만 하겠습니다.

비트버킷 플러그인 설치

먼저 비트버킷과 연동하기 위한 플러그인을 설치합니다. Jenkins 관리 〉 플러그인 관리 메뉴로 들어간 후 설치 가능 탭으로 이동합니다. 이후 화면 오른쪽 상단 필터에서 Bitbucket을 검색합니다.

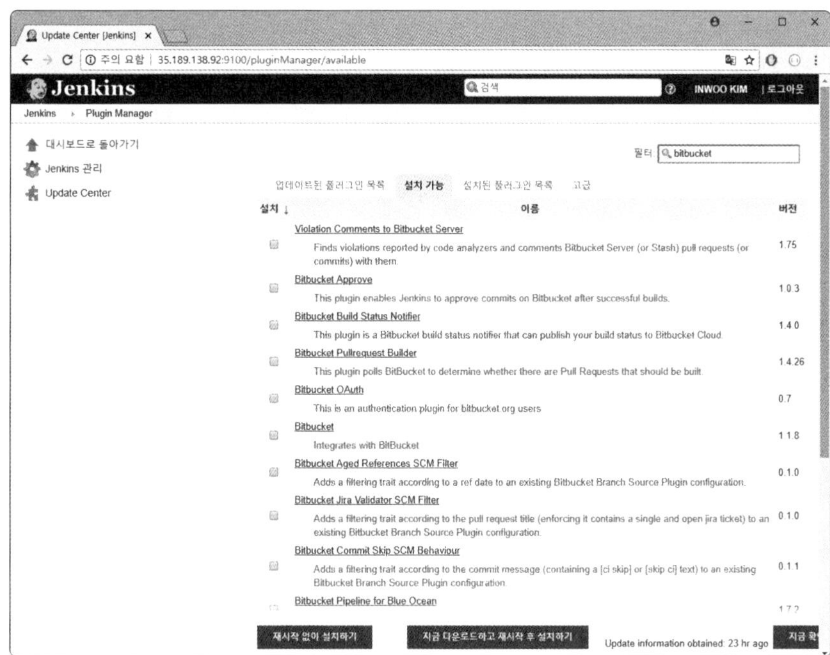

중간쯤에 있는 Bitbucket, Integrates with BitBucket 플러그인을 선택하고 [지금 다운로드하고 재시작 후 설치하기]를 클릭합니다.

플러그인이 설치된 후 젠킨스가 재시작되면 비트버킷 플러그인의 설치는 완료됩니다.

깃 설치

비트버킷과 연결하기 위해서는 젠킨스 서버에 깃도 설치되어야 합니다. 깃 설치도 간단합니다. 다음 명령어를 실행하세요.

```
sudo yum -y install git
```

yum으로 깃 설치가 완료되면 다음 명령어로 깃이 정상적으로 설치되었는지 확인합니다.

```
git --version
```

다음과 같이 설치된 깃의 버전이 출력되면 됩니다.

```
git version 1.8.3.1
```

그레이들 설치

스프링 부트 애플리케이션의 빌드 관리 도구로 그레이들을 사용하기 때문에 젠킨스 서버에서 그레이들을 사용할 수 있도록 설치합니다. 다음 명령어를 실행하세요.

```
sudo yum -y install unzip
sudo wget https://services.gradle.org/distributions/gradle-4.9-bin.zip
unzip gradle-4.9-bin.zip
sudo mv gradle-4.9 /opt/gradle
export PATH=$PATH:/opt/gradle/bin
```

설치가 완료되면 다음 명령어로 그레이들이 정상적으로 설치되었는지 확인합니다.

```
gradle -v
```

정상적으로 설치되면 다음과 같은 결과가 나옵니다.

```
------------------------------------------------------------
Gradle 4.9
------------------------------------------------------------

Build time:   2018-07-16 08:14:03 UTC
Revision:     efcf8c1cf533b03c70f394f270f46a174c738efc

Kotlin DSL:   0.18.4
Kotlin:       1.2.41
Groovy:       2.4.12
Ant:          Apache Ant(TM) version 1.9.11 compiled on March 23 2018
JVM:          1.8.0_181 (Oracle Corporation 25.181-b13)
OS:           Linux 3.10.0-862.6.3.el7.x86_64 amd64
```

9.5.4 그 외 설정하기

젠킨스 유저 변경하기

젠킨스를 설치하면 기본 사용자가 jenkins로 되어 있습니다. 이 jenkins는 젠킨스를 관리하기 위한 사용자이기에 SSH를 이용해서 다른 서버에 접속할 수 없습니다. 따라서 젠킨스의 자동 빌드 및 배포를 위해서는 젠킨스의 사용자를 변경해서 SSH로 대상 서버에 접속할 수 있게 변경해야 합니다.

먼저 젠킨스의 사용자를 변경하기 위해서 젠킨스 설정 파일을 엽니다.

```
sudo vi /etc/sysconfig/jenkins
```

설정 파일에서 JENKINS_USER를 찾아서 자신의 아이디로 변경합니다. 필자는

addio3305_insight라는 아이디를 사용했습니다.

```
## Type:           string
## Default:        "jenkins"
## ServiceRestart: jenkins
#
# Unix user account that runs the Jenkins daemon
# Be careful when you change this, as you need to update
# permissions of $JENKINS_HOME and /var/log/jenkins.
#
JENKINS_USER="addio3305_insight"
```

다음으로 젠킨스 관련 파일의 소유자를 변경합니다. 다음 명령어를 실행합니다.

```
sudo chown -R 아이디:아이디 /var/lib/jenkins
sudo chown -R 아이디:아이디 /var/log/jenkins
sudo chown -R 아이디:아이디 /var/cache/jenkins/
```

젠킨스 파일의 소유자는 기본적으로 jenkins이기 때문에 소유자를 변경해야만 정상적으로 해당 파일에 접근할 수 있습니다. 아이디는 JENKINS_USER에 설정한 것과 동일하게 사용하면 됩니다.

SSH 등록하기

이제 젠킨스가 SSH를 이용해서 배포 서버에 접근할 수 있도록 SSH 키를 등록할 차례입니다. 다음 명령어를 실행합니다.

```
cd
ssh-keygen  ❶
cd .ssh
cat id_rsa.pub >> authorized_keys  ❷
ssh 아이디@서버 IP  ❸
```

❶ ssh-keygen 명령어로 공개키와 비밀키를 생성합니다. ssh-keygen을 실행하면 SSH 키를 저장할 위치와 passphrase를 설정할지 물어보는데, 설정하지 않으므로 엔터를 쳐서 넘깁니다.

❷ authorized_keys에 생성된 공개키의 정보를 추가합니다.

❸ ssh 명령어를 이용해서 서버에 정상적으로 접속할 수 있는지 확인합니다. 공개키가 정상적으로 등록된 것을 확인함과 동시에 known_hosts에 접속 정보를 기록해야 하기 때문에 반드시 한번 실행해 줍니다.

이 책에서는 아이디로 addio3305_insight, 서버의 IP 주소로 35.189.138.92를 사용하고 있으니 ssh addio3305_insight@35.189.138.92가 됩니다.

정상적으로 SSH 키가 등록되면 다음과 같이 접속됩니다.

```
Last login: Mon Aug 13 14:30:19 2018 from 92.138.189.35.
bc.googleusercontent.com
```

톰캣에 JAVA_HOME 설정하기

SSH를 이용해서 원격 서버에 접속하면 JAVA_HOME과 같은 환경변수를 사용할 수 없습니다. 따라서 젠킨스가 SSH를 이용해서 원격 서버의 톰캣을 조정하려면 톰캣에 자바 환경변수를 등록해야 합니다. 젠킨스가 사용하는 톰캣의 기능은 톰캣의 종료와 시작입니다. 이는 각각 톰캣의 startup.sh와 shutdown.sh를 호출하는 것입니다. 따라서 이 2개의 파일에 모두 JAVA_HOME을 등록해야 합니다.

먼저 board 톰캣의 startup.sh에 JAVA_HOME을 등록하겠습니다. 다음 명령어로 board 톰캣의 startup.sh 파일을 엽니다.

```
sudo vi /usr/local/apache-tomcat-8.5.32-board/bin/startup.sh
```

startup.sh 파일 맨 위에 다음과 같이 JAVA_HOME을 추가합니다.

```
#!/bin/sh

export JAVA_HOME=/usr/local/java

# Licensed to the Apache Software Foundation (ASF) under one or more
...중략...
```

이와 마찬가지로 board 톰캣의 shutdown.sh 파일과 config 톰캣의 startup.sh, shutdown.sh 파일에도 JAVA_HOME을 추가합니다.

10장

Spring boot

배포하기

지금까지 애플리케이션을 열심히 개발했으니 이제 서버에 배포하고 실행하는 방법을 알아볼 차례입니다. 단, 서버에 배포하기 전에 설정 파일을 손쉽게 관리하기 위한 스프링 프로파일과 스프링 Cloud Config를 먼저 진행해야 합니다. 내 컴퓨터에서 개발하는 환경과 실제로 애플리케이션이 실행되는 환경은 다를 수 밖에 없습니다. 따라서 각각의 환경에 맞도록 설정을 변경하는 일이 필요합니다. 환경이 변경될 때마다 설정을 계속 바꾼다면 너무 귀찮을 뿐 아니라 실수할 가능성도 큽니다. 이 장에서는 우선 이러한 문제를 해결한 후에 배포로 넘어갑니다. 가장 기초적인 톰캣에 수동으로 배포하는 방법을 알아보고 이를 자동화할 수 있는 젠킨스를 사용해서 애플리케이션을 편하게 배포 및 실행해 보겠습니다.

10.1 스웨거를 이용한 REST API 문서화하기

가장 먼저 진행할 것은 스웨거를 이용한 REST API의 문서화입니다. 앞에서 빌드 및 배포에 대해서만 실컷 이야기하다가 갑자기 문서화 이야기가 나와서 당황스러울 수도 있습니다. 프로그래밍을 접한 지 얼마 안 되었거나 소규모 인원으로만 프로젝트를 진행해 본 개발자의 경우 문서화의 중요성이 와닿지 않을 수 있습니다. 그렇지만 프로젝트의 개발 및 유지보수를 진행하면서 API의 규격을 정의한 문서는 꼭 필요합니다.

일반적으로 여러 명이 개발하는 프로젝트에서는 프런트 개발자와 백엔드 개발자가 나뉘어 있습니다. 프런트는 웹이나 안드로이드 앱과 같이 사용자가 실제로 사용하는 부분을 의미합니다. 백엔드는 프런트에서 발생한 사용자의 요청을 실제로 처리하는 서버쪽 애플리케이션을 의미합니다. 프런트 개발자는 사용자에게 보여지는 화면 및 내부 로직에 집중하고 데이터의 처리는 백엔드 개발자가 개발한 API를 사용합니다. 이런 환경에서 API의 규격에 대한 문서가 없다면 서로 의사소통을 할 때나 API를 확인할 때 시간이 낭비됩니다. 또한 만들어진 API를 직접 테스트해 보기 위해 코드를 하나하나 뜯어 봐야 합니다.

필요성을 알더라도 문서화가 시간이 많이 드는 작업임에는 변함이 없습니다. API를 추가, 변경할 때마다 문서에 반영하는 것도 여간 귀찮은 일이 아니지요. 이런 문제를 해결해주는 것이 바로 스웨거입니다.

10.1.1 스웨거란?

스웨거(Swagger)란 간단한 설정으로 프로젝트의 API 목록을 웹에서 확인 및 테스트를 할 수 있게 해주는 라이브러리입니다. 백마디 말보다 실제 화면을 보는 게 더 빠르겠지요. 다음 그림은 앞에서 개발했던 게시판에 스웨거를 적용한 화면입니다.

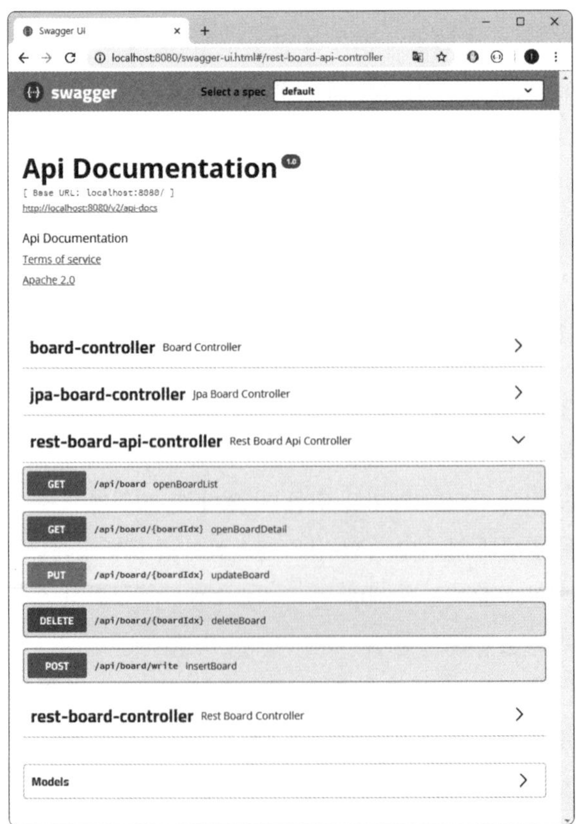

스웨거를 사용하면 컨트롤러에 정의되어 있는 모든 URL을 바로 확인할 수 있습니다. API의 목록뿐 아니라 API의 명세 및 설명도 보여 줍니다. 또한 API를 직접 테스트해 볼 수도 있습니다.

10.1.2 스웨거 적용하기

스웨거에 대해서 자세히 알아보기 전에 일단 스웨거를 적용시키면 어떤 결과가 나오는지부터 확인해 봅시다.

스웨거 적용해 보기

먼저 `build.gradle`에 스웨거 라이브러리를 추가합니다.

코드 10-1 build.gradle

```
compile group: 'io.springfox', name: 'springfox-swagger2', version: '2.9.2'
compile group: 'io.springfox', name: 'springfox-swagger-ui', version: '2.9.2'
```

`configuration` 패키지 밑에 `SwaggerConfiguration` 클래스를 생성합니다.

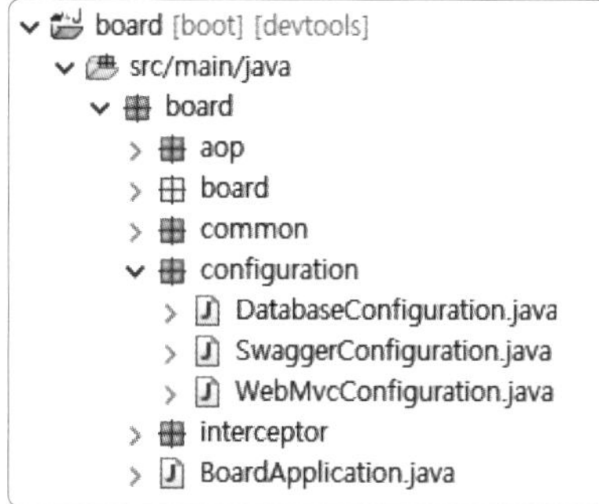

그리고 다음 코드를 작성합니다.

코드 10-2 SwaggerConfiguration.java

```
package board.configuration;

import org.springframework.context.annotation.Bean;
import org.springframework.context.annotation.Configuration;

import springfox.documentation.builders.PathSelectors;
import springfox.documentation.builders.RequestHandlerSelectors;
import springfox.documentation.spi.DocumentationType;
import springfox.documentation.spring.web.plugins.Docket;
import springfox.documentation.swagger2.annotations.EnableSwagger2;

@Configuration
@EnableSwagger2
```

```
public class SwaggerConfiguration {

    @Bean
    public Docket api() {
        return new Docket(DocumentationType.SWAGGER_2)
            .select()
            .apis(RequestHandlerSelectors.basePackage("board"))  ❶
            .paths(PathSelectors.any())  ❷
            .build();
    }
}
```

❶ board 패키지 내에 RequestMapping으로 할당된 모든 URL을 선택합니다.

❷ PathSelectors.any("/api/**")와 같이 사용하면 특정 URI를 가진 주소만 선택할 수 있습니다. 여기서는 특정한 경로는 선택하지 않고 모든 URL을 선택했습니다.

스웨거 관련 코드는 이름이 잘 지어져 있습니다. 어노테이션이나 메서드의 이름만 봐도 어떠한 역할을 하는지 쉽게 유추할 수 있습니다. 스웨거를 사용할 준비는 이걸로 끝났습니다.

스웨거 라이브러리를 추가하고 아주 간단한 설정만 끝내면 스웨거를 사용할 준비가 완료됩니다. 이제 애플리케이션을 실행시키고 localhost:8080/swagger-ui.html을 호출하면 스웨거 문서가 나타날 겁니다.

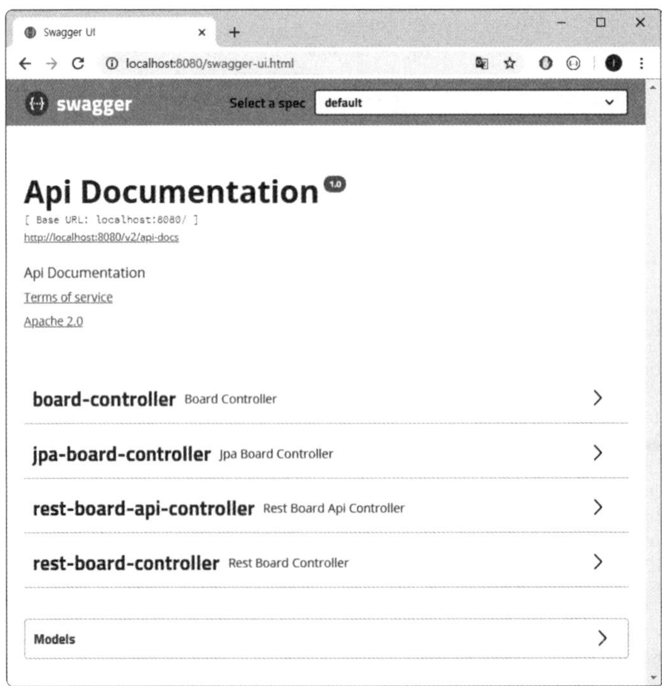

애플리케이션에 있는 모든 컨트롤러의 목록이 보입니다. 이는 앞에서 스웨거의 대상으로 `board` 패키지의 모든 URL을 설정했기 때문입니다. 여기서 각 목록을 클릭하면 각 컨트롤러의 API 목록이 나옵니다. 목록 중 REST API 형식으로 개발된 `rest-board-api-controller`를 클릭하면 다음과 같이 `RestBoardApiController`의 모든 URL이 보입니다.

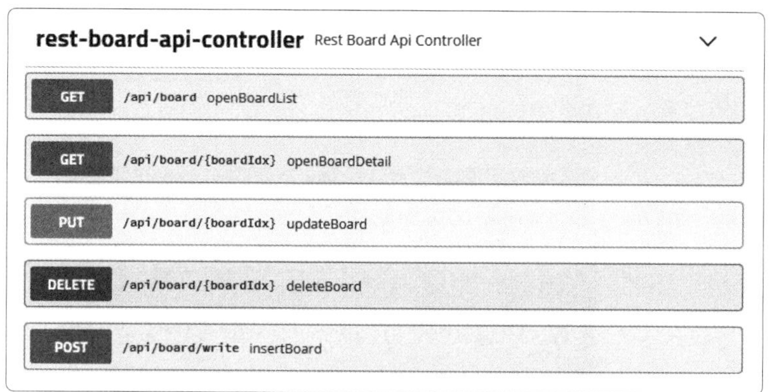

HTTP 메서드, 호출 주소와 해당되는 메서드 이름까지 색깔별로 예쁘게 나옵니다. 여기서 각 목록을 클릭하면 좀 더 자세한 정보를 볼 수 있습니다. 게시글 상세화면 API인 `GET /api/{boardIdx}`를 클릭해서 어떤 정보를 확인할 수 있는지 살펴보겠습니다.

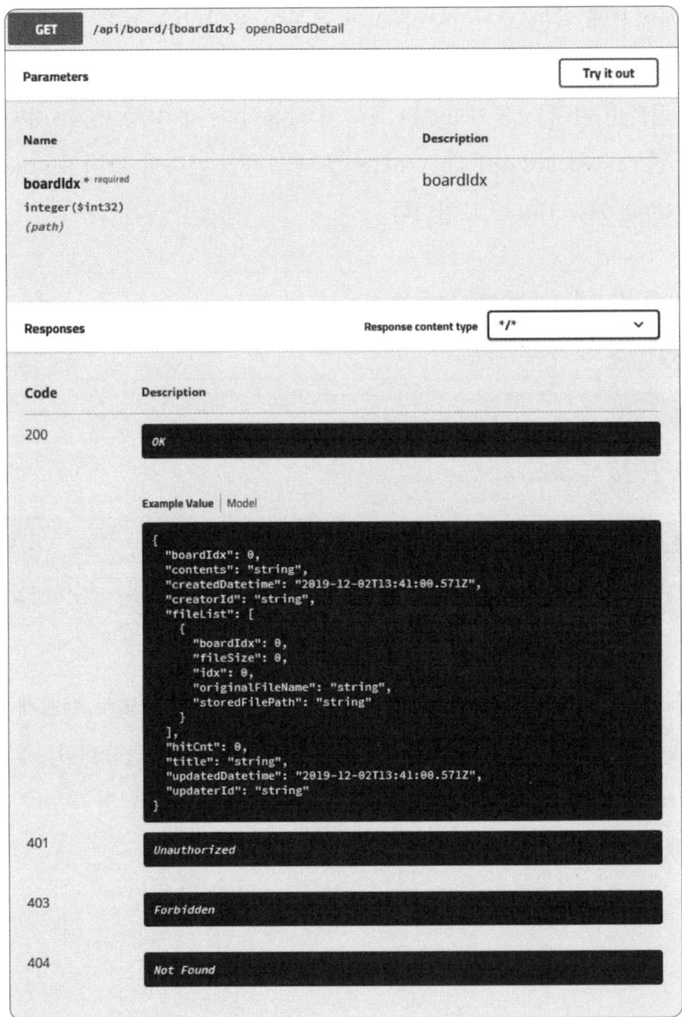

해당 API에서 사용하는 파라미터와 파라미터의 설명, 응답 코드와 응답 코드에 따른 결과까지 확인할 수 있습니다.

클라이언트 개발자는 스웨거의 문서만으로 API 호출에 필요한 파라미터와 응답 결과를 한눈에 알 수 있고, 백엔드 개발자는 귀찮은 문서를 작성하지 않아도 됩니다. 또한 해당 API를 호출해서 테스트를 할 수도 있습니다. 게시글 상세내용 조회 API를 예로 들어 살펴보겠습니다.

[Try it out] 버튼을 클릭하면 다음과 같이 API 호출에 필요한 파라미터를 입력하는 창이 나옵니다.

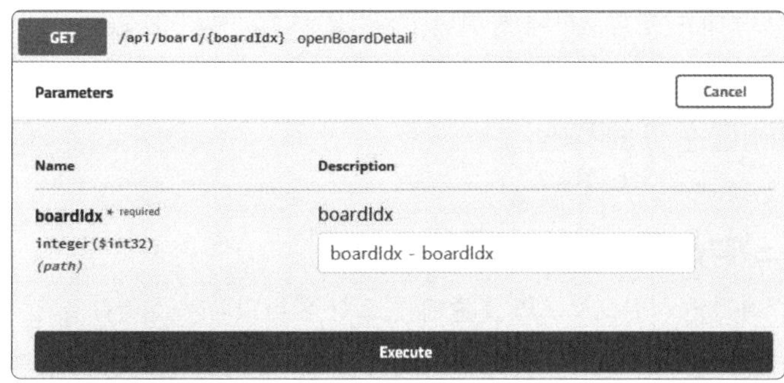

여기서 API에 필요한 파라미터를 입력합니다. 해당 API에서 사용되는 파라미터가 나옵니다. API를 호출할 때 필요한 파라미터는 없을 수도 있고 한 개 또는 여러 개가 필요할 수도 있습니다. 파라미터가 여러 개일 경우 어떠한 파라미터가 필수인지 구분이 쉽지 않습니다. 그렇지만 스웨거는 필수 파라미터와 선택적 파라미터를 구분해서 보여 줍니다. 게시글 내용을 조회하는 API에서 필수 파라미터는 게시글 번호를 의미하는 `boardIdx`입니다. `boardIdx`에 붙어있는 * required를 보고, 해당 파라미터가 필수라는 걸 확인할 수 있습니다.

이제 스웨거의 동작을 확인해 보겠습니다. 여기서는 1번 게시글을 의미하는 1을 `boardIdx` 칸에 입력하고 [Execute]를 클릭합니다. 그러면 스웨거 API 테스트 결과가 다음과 같이 나타납니다.

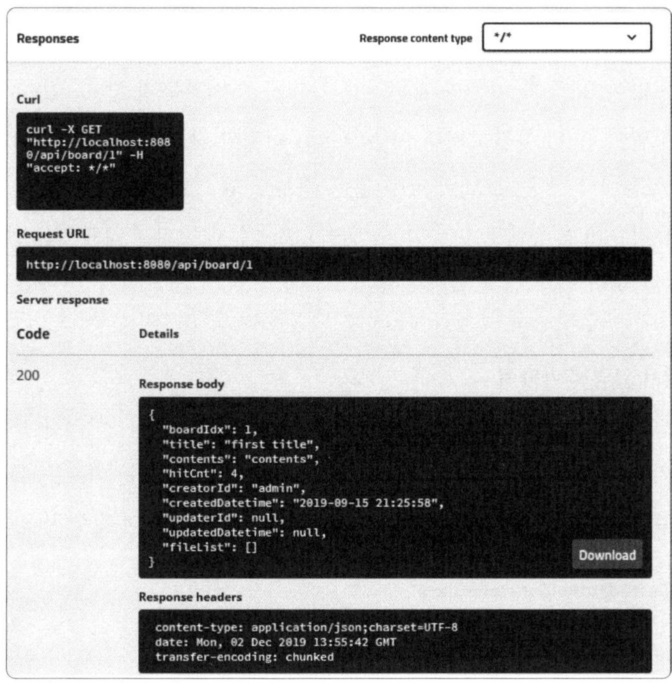

게시글 상세 내용 조회 API에 관련된 모든 정보가 나옵니다. curl, 호출한 URL, 호출 결과 코드, 결괏값, 결괏값 헤더까지 API를 개발하고 사용하는 데 필요한 정보를 확인할 수 있습니다.

10.1.3 스웨거에 설명 추가하기

앞에서 스웨거 문서만으로 API 호출에 필요한 파라미터와 결괏값을 알 수 있고, 실제로 테스트할 수 있다는 것을 알아봤습니다. 그럼 이걸로 문서가 정리된 것일까요? 아닙니다. 그 이유를 알아보기 위해 잠시 스웨거의 Models를 클릭해서 BoardDto 모델을 살펴보겠습니다.

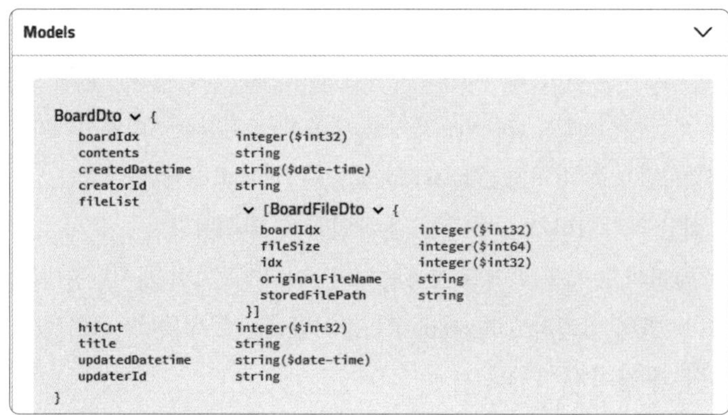

Models에서는 API에서 사용하는 모델의 정보가 나옵니다. BoardDto의 경우 구성요소가 많이 없고 그 이름만 보더라도 무엇을 의미하는지 알 수 있습니다. 그렇지만 모델이 좀 더 복잡하거나 이름만으로 어떠한 값을 의미하는지 알기 어려울 때도 있습니다. 또는 모델이 너무 많은 경우도 있고요. 이러한 문제는 모델뿐만이 아니라 API 목록에도 나타날 수 있습니다. 실제로 애플리케이션을 개발하면 API나 모델이 수백 개가 넘어갑니다.

스웨거에서 설명 추가하기

API나 모델이 이렇게 많아질 경우 한눈에 파악하기 힘듭니다. 이러한 문제를 해결하기 위해서 스웨거에는 설명을 추가하는 기능이 있습니다. 이 기능을 이용해 설명을 추가해 봅시다. 우선 RestBoardApiController를 다음과 같이 변경합니다.

코드 10-3 RestBoardApiController.java

```
...중략...
import io.swagger.annotations.Api;
```

```
import io.swagger.annotations.ApiOperation;
import io.swagger.annotations.ApiParam;

@Api(description="게시판 REST API") ❶
@RestController
public class RestBoardApiController {

    @Autowired
    private BoardService boardService;

    @ApiOperation(value = "게시글 목록 조회") ❷
    @RequestMapping(value="/api/board", method=RequestMethod.GET)
    ...중략...

    @ApiOperation(value = "게시글 작성") ❸
    @RequestMapping(value="/api/board/write", method=RequestMethod.POST)
    ...중략...

    @ApiOperation(value = "게시글 상세 내용 조회") ❹
    @RequestMapping(value="/api/board/{boardIdx}", method=RequestMethod.GET)
    public BoardDto openBoardDetail(@PathVariable("boardIdx")
        @ApiParam(value="게시글 번호") int boardIdx) throws Exception{ ❺
    ...중략...

    @ApiOperation(value = "게시글 상세 내용 수정") ❻
    @RequestMapping(value="/api/board/{boardIdx}", method=RequestMethod.PUT)
    ...중략...

    @ApiOperation(value = "게시글 삭제") ❼
    @RequestMapping(value="/api/board/{boardIdx}", method=RequestMethod.DELETE)
    public String deleteBoard(@PathVariable("boardIdx")
        @ApiParam(value="게시글 번호") int boardIdx) throws Exception{ ❽
    ...중략...
```

❶ @Api 어노테이션으로 컨트롤러에 설명을 추가합니다.

❷❸❹❻❼ @ApiOperation 어노테이션으로 API에 설명을 추가합니다.

❺❽ @ApiParam 어노테이션으로 API의 파라미터에 설명을 추가합니다.

여기서는 description이나 value 속성만 사용했지만, 이 외에도 많은 속성이 있으니 하나씩 확인해 보세요.

이제는 BoardDto 클래스를 변경할 차례입니다.

코드 10-4 Board.java

```
import io.swagger.annotations.ApiModel;
import io.swagger.annotations.ApiModelProperty;

@ApiModel(value="BoardDto : 게시글 내용", description="게시글 내용") ❶
@Data
public class BoardDto {
    @ApiModelProperty(value="게시글 번호") ❷
    private int boardIdx;

    @ApiModelProperty(value="게시글 제목")
    private String title;
```

```
    @ApiModelProperty(value="게시글 내용")
    private String contents;

    @ApiModelProperty(value="조회수")
    private int hitCnt;

    @ApiModelProperty(value="작성자 아이디")
    private String creatorId;

    @ApiModelProperty(value="작성시간")
    private LocalDateTime createdDatetime;

    @ApiModelProperty(value="수정자 아이디")
    private String updaterId;

    @ApiModelProperty(value="수정시간")
    private LocalDateTime updatedDatetime;

    @ApiModelProperty(value="첨부파일 목록")
    private List<BoardFileDto> fileList;
}
```

❶ @ApiModel 어노테이션으로 모델에 설명을 추가합니다.

❷ @ApiModelProperty 어노테이션으로 모델의 요소에 설명을 추가합니다.

컨트롤러에서와 마찬가지로 value나 decription과 같이 API 문서에 꼭 필요하다고 생각하는 속성만 사용했지만, 이 외에도 다양한 속성이 지원됩니다.

스웨거의 설명 확인하기

코드를 수정하면 애플리케이션을 재시작하고 스웨거 문서를 확인합니다. 먼저 API 목록부터 살펴보겠습니다.

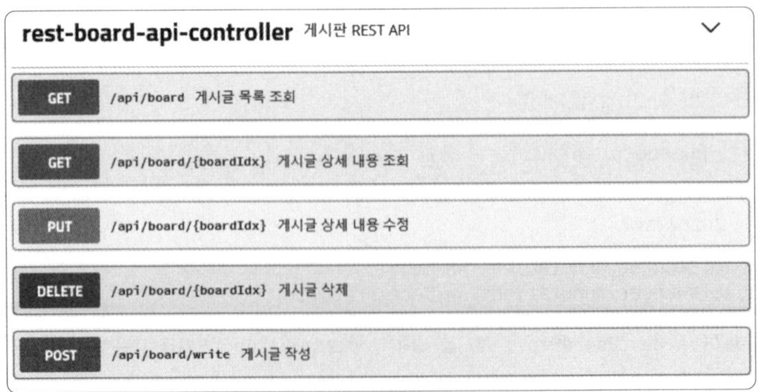

컨트롤러 및 API에 설명이 추가되었습니다. 여기서는 각 API의 동작만 간단히 작성했지만 이 외에도 다른 설명을 더 넣을 수 있습니다. 필자의 경우 대규모 업

데이트 시 기존에 사용하던 API를 새롭게 개발했다면, 기존의 API와 새로운 API의 매칭을 위해서 기존 API의 URI도 같이 써주기도 합니다. 예를 들면 '게시글 삭제(기존: `/board/deleteBoard.do`)'와 같이 적어줍니다. 이런 설명이 있다면 프런트 개발자는 스웨거만 보고도 어떤 API를 사용해야 할지 쉽게 알 수 있습니다.

이제 파라미터에 관한 설명을 확인하기 위해서 게시글 상세 내용 조회 API를 클릭하고 [Try it out]을 클릭합니다.

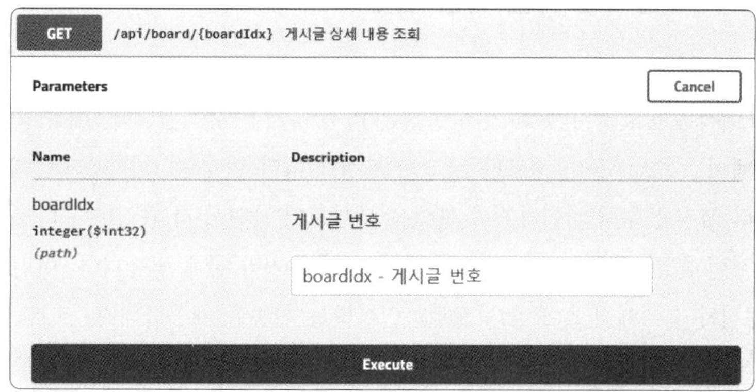

API의 파라미터인 `boardIdx`에도 '게시글 번호'라는 설명이 추가되었습니다. 이제 API를 호출할 때 각 파라미터가 무엇인지 좀 더 명확하게 알 수 있습니다.

이제 모델을 다시 확인해 보겠습니다.

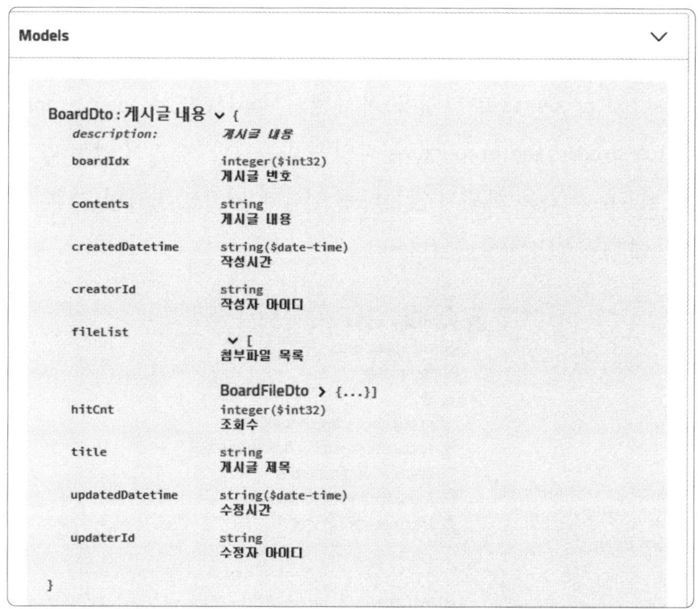

모델에도 여러 가지 설명을 추가할 수 있습니다. 예를 들어 boardIdx에는 '게시글 번호'라는 설명이, title에는 '게시글 제목'이라는 설명이 추가된 것을 볼 수 있습니다. 아무래도 변수명보다는 한글로 설명이 적혀 있는 게 보기에 더 편하겠죠. 각 모델이 어떤 정보를 위한 것인지, 각각의 요소들이 무엇을 의미하는지 좀 더 쉽게 알 수 있습니다.

10.2 스프링 프로파일 적용하기

스프링 웹 애플리케이션을 개발하다 보면 로컬, 테스트 서버, 운영 서버에 따라 핵심 로직은 동일하지만 몇 가지 설정은 바꿔서 사용하게 됩니다. 예를 들어 데이터베이스 주소, 폴더 경로나 로그는 환경에 따라 변경됩니다. 따라서 배포할 때마다 설정을 주석 처리하거나 파일을 바꿔치기 하면서 각 환경마다 다르게 패키징했던 슬픈 기억 하나쯤은 다들 가지고 있을 거라 굳게 믿습니다. 이런 문제를 해결하기 위해서 스프링은 프로파일이라는 기능을 제공합니다. 프로파일은 각각의 환경에 맞는 설정을 지정해서 실행 또는 패키징 시 원하는 설정을 사용할 수 있습니다.

10.2.1 설정 파일 분리하기

여기서는 개발환경과 운영환경을 분리해 보도록 하겠습니다. 개발환경에서는 정렬된 로그 및 쿼리 결과 등 모든 로그를 출력하고 운영환경에서는 에러 로그만 출력하도록 지정합니다.

application.properties 파일을 복사해서 application-dev.properties와 application-production.properties 파일을 만듭니다. 여기서 설정 파일의 이름은 application- 뒤가 중복되지 않는다면 어떻게 지어도 상관없습니다. 이 부분은 잠시 후에 다시 설명하겠습니다.

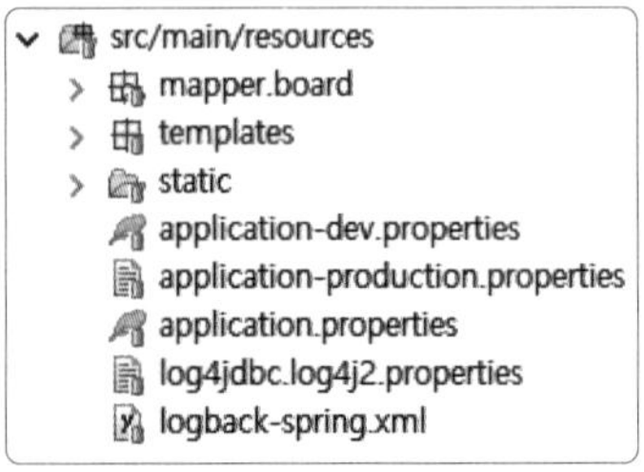

```
src/main/resources
  > mapper.board
  > templates
  > static
    application-dev.properties
    application-production.properties
    application.properties
    log4jdbc.log4j2.properties
    logback-spring.xml
```

application.properties는 개발환경이나 운영환경에 관계없이 공통적으로 사용하는 설정을 합니다. 다음과 같이 변경합니다.

코드 10-5 application.properties

```
spring.profiles.active=dev  ❶

spring.datasource.hikari.connection-test-query=SELECT 1
spring.datasource.hikari.allow-pool-suspension=true

mybatis.configuration.map-underscore-to-camel-case=true

spring.jpa.database=mysql
spring.jpa.database-platform=org.hibernate.dialect.MySQL5InnoDBDialect
spring.jpa.generate-ddl=true
spring.jpa.hibernate.use-new-id-generator-mappings=false
```

데이터 소스의 테스트 쿼리나 마이바티스의 카멜표기법 설정, JPA의 데이터베이스 관련 설정 등은 환경이 바뀌더라도 동일하게 사용됩니다.

application-dev.properties는 개발환경에서 사용하는 설정을 합니다. 다음과 같이 작성합니다.

코드 10-6 application-dev.properties

```
spring.datasource.hikari.driver-class-name=net.sf.log4jdbc.sql.jdbcapi.DriverSpy
spring.datasource.hikari.jdbc-url=jdbc:log4jdbc:mysql://localhost:3306/insight?
    useUnicode=true&characterEncoding=utf-8&serverTimezone=UTC
spring.datasource.hikari.username=아이디
spring.datasource.hikari.password=비밀번호

spring.thymeleaf.cache=false
spring.resources.cache.period=0
```

캐시를 사용하면 수정한 결과가 바로 반영되지 않습니다. 따라서 개발환경의 설정파일에는 데이터소스(datasource) 설정과 Thymeleaf의 캐시를 사용하지 않도록 설정합니다.

application-production.properties는 운영환경에서 사용하는 설정을 합니다. 다음과 같이 수정합니다.

코드 10-7 application.properties

```
spring.datasource.hikari.driver-class-name=com.mysql.cj.jdbc.Driver
spring.datasource.hikari.jdbc-url=jdbc:mysql://localhost:3306/insight?
    useUnicode=true&characterEncoding=utf-8&serverTimezone=UTC
spring.datasource.hikari.username=아이디
spring.datasource.hikari.password=비밀번호
```

운영환경에서는 쿼리를 정렬해주는 log4jdbc를 사용하지 않습니다. 따라서 쿼리 정렬은 수행되지 않습니다. 그리고 Thymeleaf나 resources의 캐시는 기본값이 '캐시 사용'입니다. 즉, 캐시 관련 설정을 삭제해서 기본값을 사용합니다.

실제 애플리케이션 개발에서는 개발환경과 운영환경의 경우 데이터베이스의 주소, 아이디, 비밀번호를 다르게 사용하지만 여기서는 따로 분리된 서버가 없기 때문에 동일하게 놔뒀습니다.

여기까지의 내용 중에서 가장 중요한 부분은 코드 10-5의 ❶입니다. spring.profiles.active는 애플리케이션이 실행될 때 적용할 설정 파일을 지정합니다. 이 설정의 값은 현재 dev로 지정되어 있는데 이는 application-dev.properties 파일 이름에 있는 dev를 의미합니다. 즉, 개발환경의 설정을 사용합니다.

운영환경의 설정을 적용하고 싶으면 production으로 변경하면 됩니다. 이는 application-production.properties 파일 이름에 있는 production입니다.

앞에서 설정 파일의 이름은 application- 뒤에 중복되지 않는다면 어떤 이름을 붙여도 상관없다고 이야기했습니다. 스프링은 spring.profiles.active 속성 값과 동일한 application- 뒤의 이름을 찾아서 적용하기 때문입니다.

10.2.2 로그 설정하기

개발환경에서는 모든 로그가 출력되어야 했지만 운영환경에서는 저장 공간의 제약 및 성능 문제로 출력되는 로그의 양을 줄일 필요가 있습니다. 따라서 개발환경에서는 모든 로그를 출력하고, 운영환경에서는 쿼리 및 결과를 제외한 에러 로그만 출력하도록 변경하겠습니다. 물론 실제 운영환경에서는 이렇게 에러 로그만 출력할 수는 없습니다. 에러 로그만 출력하면 나중에 데이터 등에 문제가 발생했을 때 확인하기 어렵기 때문입니다.

여기서는 개발환경과 운영환경의 로그 차이를 확실히 확인할 수 있도록 error 레벨만 출력했습니다. 하지만 추후 서비스를 운영할 경우 데이터를 추적하기 위해 꼭 필요한 곳에 info 레벨과 warn 로그를 이용해서 적절한 로그를 남겨야 합니다.

logback-spring.xml 파일의 로거를 다음과 같이 변경합니다.

코드 10-8 logback-spring.xml

```
...중략...
</appender>
<springProfile name="dev">
    <logger name="board" level="DEBUG" appender-ref="console"/>
    <logger name="jdbc.sqlonly" level="INFO"
            appender-ref="console-infolog"/>
    <logger name="jdbc.resultsettable" level="INFO"
            appender-ref="console-infolog"/>
</springProfile>
```
❶

```
<springProfile name="production">
    <logger name="board" level="ERROR" appender-ref="console"/>    ❷
</springProfile>

<root level="error">
...중략...
```

❶ <springProfile> 태그를 이용해서 개발환경의 로그를 설정합니다. name 속성은 각 환경별 application.properties와 마찬가지로 spring.profiles.active 속성값과 동일해야 합니다.

❷ 운영환경의 로그를 설정합니다. info 레벨로 출력되던 쿼리 및 결과 로거를 제거하고 일반 로거의 출력 레벨을 error로 변경했습니다.

10.2.3 결과 확인하기

이제 마지막으로, 설정된 프로파일이 정상적으로 동작하는지 살펴보겠습니다. 먼저 개발환경으로 설정하고 애플리케이션을 실행합니다.

코드 10-9 application.properties

```
spring.profiles.active=dev
```

애플리케이션이 실행되면 다음과 같은 로그가 출력됩니다.

```
...중략...
INFO [board.BoardApplication] The following profiles are active: dev  ❶
INFO [jdbc.sqlonly] SELECT 1

INFO [board.BoardApplication] Started BoardApplication in 4.367 seconds
    (JVM running for 4.882)
```

❶ 기존에는 없던 로그가 출력됩니다. 활성화된 프로파일의 이름을 볼 수 있는데 이는 앞에서 설정한 dev라는 이름의 프로파일이 실행되었음을 의미합니다.

이제 게시판 목록을 조회해서 모든 로그가 정상적으로 출력되는지 확인해 보겠습니다. 브라우저에서 게시판 목록을 호출하고 로그를 확인합니다.

```
DEBUG [board.interceptor.LoggerInterceptor]  Request URI  :  /board
DEBUG [board.aop.LoggerAspect] Controller : board.board.controller.
    RestBoardController.openBoardList()
 INFO [jdbc.sqlonly] SELECT 1
DEBUG [board.aop.LoggerAspect] ServiceImpl : board.board.service.
    RestBoardServiceImpl.selectBoardList()
DEBUG [board.aop.LoggerAspect] Mapper : board.board.mapper.RestBoardMapper.
    selectBoardList()
 INFO [jdbc.sqlonly] SELECT
                        board_idx,
                        ...중략...
```

```
 INFO [jdbc.resultsettable]
...중략...
DEBUG [board.board.mapper.RestBoardMapper.selectBoardList] <= Total: 3
DEBUG [board.interceptor.LoggerInterceptor]
```

앞에서 설정했던 모든 로그들이 정상적으로 모두 출력됩니다.

다음은 운영환경으로 설정하고 애플리케이션을 실행합니다.

코드 10-10 application.properties

```
spring.profiles.active=production
```

애플리케이션이 실행되면 다음과 같은 로그가 출력됩니다.

```
...중략...
INFO [board.BoardApplication] The following profiles are active: production ❶
INFO [jdbc.sqlonly] SELECT 1

INFO [board.BoardApplication] Started BoardApplication in 3.766 seconds
    (JVM running for 4.882)
```

❶ 활성화된 프로파일이 production입니다.

운영환경의 프로파일이 적용된 상태로 게시글 목록을 조회하고 로그가 출력되는지 확인합니다. 운영환경에서는 error 레벨의 로그만 출력되도록 설정했기 때문에 일반적인 로그는 하나도 나오지 않습니다. 애플리케이션 실행 시 에러가 발생할 경우, 즉 익셉션이 발생할 경우에만 관련 로그가 출력됩니다. 이 책에서는 지면 관계상 에러 발생에 대한 내용까지는 다루지 않습니다. 에러가 발생할 때 정상적으로 에러 로그가 출력되는지는 직접 확인하시기 바랍니다.

10.3 스프링 Cloud Config 사용하기

앞에서 application.profiles의 설정 파일을 분리하고 프로파일 기능을 사용해서 환경에 적합한 설정 파일을 손쉽게 적용했습니다. 그렇지만 프로파일 기능에도 문제점이 남아 있습니다.

설정이 변경될 경우 프로젝트의 모든 개발자들이 변경된 설정을 적용해야 합니다. 깃과 같은 소스 관리 시스템에서 변경된 설정 파일을 받기만 하면 된다고 하더라도 모든 개발자들이 일일이 변경사항을 받는 것은 귀찮은 일입니다. 설정에 변화가 있을 때마다 하던 일을 멈추고 설정 파일을 받을 수는 없으니까요. 개발자가 한두 명이거나 설정의 변경이 없다면 몰라도 일반적으로 설정 파일의 변경은 프로젝트 기간 동안 계속 발생할 수밖에 없습니다.

또한 설정이 변경되면 다시 빌드, 배포를 해야 합니다. 즉, 애플리케이션이 동작하고 있는 서버를 반드시 재시작해야 합니다. 테스트 환경에서는 서버를 재시작하는 게 문제가 되지 않지만 실제 운영환경에서는 꽤 부담스러운 작업입니다. 아무리 서버 이중화 등으로 무중단 서비스를 실행하고 있더라도 말이죠. 요즘에는 많은 사용자 및 트래픽을 감당하기 위해서 수십에서 수백 대의 서버로 구성된 시스템도 많습니다. 이럴 경우 설정 하나를 변경하고자 수십에서 수백 대의 서버에 변경사항을 반영하기 위한 배포를 해야 합니다.

이러한 문제점 때문에 Twelve-factor app[1]이라는 방법론에서는 설정을 코드에서 분리하라고 이야기합니다. 대부분의 기술문서가 그렇듯 영문으로 되어 있지만 *https://12factor.net/ko/*에는 한글로 번역되어 있으니 한번쯤 읽어 보기 바랍니다.

수많은 서버나 개발자들에게 변경된 설정 파일을 배포해야 하는 상황에서 코드와 설정을 분리하고 효율적으로 관리해야 할 필요가 생겼습니다. 이를 해결해주는 것이 바로 스프링 Cloud Config입니다. 스프링 Cloud Config는 설정을 분리해서 설정 정보만 가지는 서버와 이 설정 정보 서버에서 애플리케이션에 필요한 설정 정보를 받아오는 클라이언트로 구성됩니다. 따라서 클라이언트에서는 설정 정보를 가지고 있지 않기 때문에 설정의 변경사항을 모든 개발자 및 서버에 쉽게 반영할 수 있습니다.

이번 절에서는 스프링 Cloud Config에 대한 개념과 사용법을 알아보고 앞에서 만든 `board` 애플리케이션에 스프링 Cloud Config를 적용해 보겠습니다.

10.3.1 스프링 Cloud Config란?

스프링 Cloud Config가 무엇인지 그림을 통해 알아봅시다. 스프링 프레임워크의 개발사인 피보탈(Pivotal)의 Config Server 공식문서[2]에 있는 그림입니다.

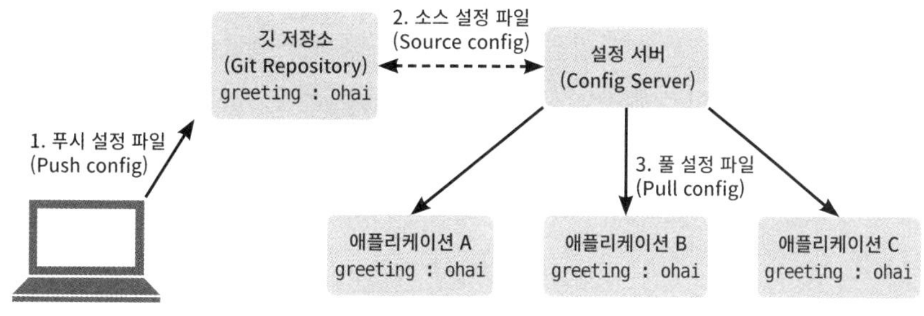

그림 10-1 Config Server

1 *https://12factor.net/*

2 *https://docs.pivotal.io/spring-cloud-services/1-5/common/config-server/*

스프링 Cloud Config는 Twelve factor 방법론에서 이야기한 코드와 설정의 분리를 위해서 설정 파일을 깃 저장소(Git Repository)에 저장합니다. 설정 서버(Config Server)는 깃 저장소를 보고 있습니다. 즉, 설정 서버는 깃 저장소에 저장된 설정 파일을 확인 및 배포하는 역할을 합니다. 마지막으로 각각의 애플리케이션들은 설정 서버로부터 자신들에게 필요한 설정 정보를 가지고 옵니다.

깃 관리자에 의해 깃 저장소의 설정 정보가 수정되었을 경우(Push Config) 설정 서버는 이를 감지하고 수정된 설정 정보로 갱신합니다. 그리고 각 애플리케이션은 수정된 설정 정보를 재시작 없이 설정 서버로부터 받아와서 갱신합니다. 따라서 설정 정보는 중앙에서 관리할 수 있으며 설정이 변경되더라도 사용하는 서버의 숫자에 관계없이 즉각적으로 설정 정보를 변경할 수 있습니다.

스프링 Cloud Config는 설정 정보를 배포하는 스프링 Cloud Config Server와, Config 서버로부터 설정을 받아와서 사용하는 스프링 Cloud Config Client로 나뉘어 있습니다. 이를 애플리케이션에 어떻게 적용하는지 살펴보겠습니다.

10.3.2 YAML 사용하기

스프링 Cloud Config를 사용하기에 앞서 설정 정보를 저장했던 `application.properties`를 YAML을 사용하도록 바꾸겠습니다. YAML이란 사람이 쉽게 읽을 수 있는 데이터 표현 형식입니다. YAML은 "YAML Ain't Markup Language"의 약자로 "YAML은 마크업 언어가 아니다"라는 재귀적인 이름에서 유래되었습니다(참 개발자스러운 이름이네요).

`properties`를 사용하는 모든 설정은 YAML로 대체가 가능합니다. 먼저 `application.properties`를 YAML로 바꿔 본 후 조금 더 살펴보겠습니다.

YAML 플러그인 설치하기

먼저 이클립스에서 YAML 파일을 편집하기 쉽도록 플러그인을 설치합니다. 이클립스의 마켓플레이스에서 yml을 검색합니다(yml은 YAML 형식의 확장자입니다).

어떤 플러그인을 설치해도 무방하므로 여기서는 YEdit를 설치하겠습니다. [Install]을 클릭하면 설치가 시작되고 이클립스가 다시 시작한 후 설치는 완료됩니다. 플러그인을 설치하기만 하면 됩니다.

YAML로 변경하기

`src/main/resources` 폴더 밑에 `application.yml` 파일을 생성하고 다음 코드를 작성합니다. 하단의 코드를 보면 알 수 있지만 `application.properties` 파일을 bootstrap.yml로 변경하기 때문에 내용은 거의 비슷합니다. 단지 구조가 다를 뿐입니다(스프링 Cloud를 사용하는 클라이언트 애플리케이션은 `application.yml` 대신 `bootstrap.yml`을 사용합니다). 따라서 `application.properties`를 복사해서 코드 10-11과 같이 적절히 구조를 변경하세요.

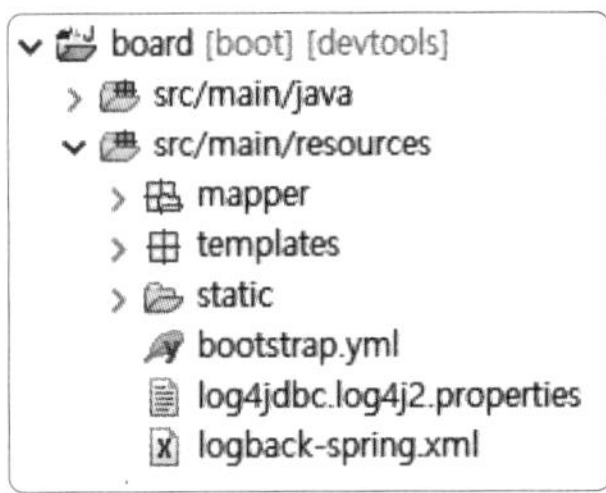

bootstrap.yml의 작성이 완료되면 application.properties 파일은 삭제하세요.

코드 10-11 bootstrap.yml

```
spring:
  datasource:
    hikari:
      connection-test-query: SELECT 1
      allow-pool-suspension: true
  jpa:
    database: mysql
    database-platform: org.hibernate.dialect.MySQL5InnoDBDialect     ❶
    generate-ddl: true
    hibernate:
      use-new-id-generator-mappings: false

mybatis:
  configuration:
    map-underscore-to-camel-case: true

--- ❷
spring:
  profiles: dev
  datasource:
    hikari:
      driver-class-name: net.sf.log4jdbc.sql.jdbcapi.DriverSpy
      jdbc-url: jdbc:log4jdbc:mysql://localhost:3306/insight?useUnicode=true&
          characterEncoding=utf-8&serverTimezone=UTC     ❸
      username: 아이디
      password: 비밀번호
  thymeleaf:
    cache: false
  resources:
    cache:
      period: 0

--- ❹
spring:
  profiles: production
  datasource:
    hikari:
      driver-class-name: com.mysql.cj.jdbc.Driver     ❺
      jdbc-url: jdbc:mysql://localhost:3306/insight?useUnicode=true&
          characterEncoding=utf-8&serverTimezone=UTC
      username: 아이디
      password: 비밀번호
```

❶ 앞의 application.properties에 작성했던 공통 설정입니다.

❷❹ 앞에서 properties 파일을 사용할 때는 프로파일에 맞는 properties를 각각 만들었습니다. 개발환경과 운영환경을 구분하기 위해서 application-dev.properties와 application-production.properties를 만들었죠. YML은 ---를 사용해서 하나의 파일 내에서 여러 개의 구성을 만들 수 있습니다. 여기서는 공통 설정, dev 설정, production 설정을 구분했습니다.

❸ dev 환경의 설정을 작성합니다.

❺ production 환경의 설정을 작성합니다.

YML의 장점

YML은 properties에 비해 다음과 같은 장점을 가지고 있습니다.

1. YML은 계층 구조를 표현하기에 적합합니다. properties와 YML의 코드를 다시 간단히 비교해 보겠습니다.

   코드 10-12 application.properties

   ```
   spring.datasource.hikari.connection-test-query=SELECT 1
   spring.datasource.hikari.allow-pool-suspension=true
   ```

   코드 10-13 bootstrap.yml

   ```
   spring:
     datasource:
       hikari:
         connection-test-query: SELECT 1
         allow-pool-suspension: true
   ```

   properties 파일은 spring.datasource.hikari라는 동일한 계층을 반복적으로 작성하는데 반해 YML 파일은 각 설정이 계층적으로 구성되어 좀 더 쉽게 알아볼 수 있습니다. 계층적 구성으로 반복되는 코드를 작성할 필요도 없습니다.

2. 하나의 파일로 여러 개의 설정을 구분할 수 있습니다. 코드 10-11의 ❷에서 볼 수 있듯이 ---를 사용하면 하나의 파일 내에서 여러 개의 설정을 구분할 수 있습니다. 지금은 단지 dev와 production 두 개의 프로파일로 분리되어 있지만 실제 개발환경에서는 local이나 qa와 같이 여러 개의 프로파일이 추가될 수 있습니다. 물론 하나의 파일에 여러 개의 프로파일이 존재하거나 설정 파일에 너무 많은 코드가 담긴다면 사용하기에 불편할 수 있지만 이런 경우에는 properties와 마찬가지로 각 프로파일의 파일을 사용하면 됩니다.

application.properties를 삭제했기 때문에 이와 관련된 코드도 변경해야 합니다. board 애플리케이션에서 직접적으로 application.properties를 사용하던

곳은 DatabaseConfiguration 클래스입니다. DatabaseConfiguration 클래스에서 PropertySource("classpath:/application.properties")를 삭제하면 YML로의 변경이 완료됩니다.

로그 설정 파일 분리하기

앞에서 logback-spring.xml 파일 내에 <springProfile> 속성을 사용해서 프로파일에 맞는 로그가 출력되도록 설정했습니다. 로그 설정의 경우 각 프로파일에 맞게 파일을 분리하는 게 좀 더 편하다고 생각합니다. 따라서 로그 설정 파일도 분리하겠습니다.

먼저 logback-spring.xml을 복사해서 logback-production.xml 파일을 만듭니다. 그 후 logback-spring.xml의 파일 이름을 logback-dev.xml로 변경합니다.

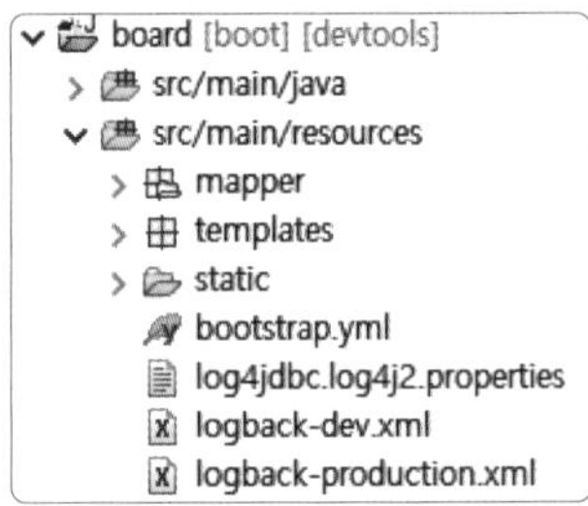

파일의 이름은 각각 logback-에 프로파일 이름을 붙여 만든 것임을 알 수 있습니다. 다음으로 할 일은 간단합니다. logback-dev.xml에는 프로파일이 dev일 때의 로거만 작성하고 logback-production.xml에는 production 로거만 작성합니다. 지면 관계상 logback-dev.xml 파일만 살펴보겠습니다.

코드 10-14 logback-dev.xml

```
<?xml version="1.0" encoding="UTF-8"?>
<configuration debug="true">
    <!-- Appenders -->
    <appender name="console" class="ch.qos.logback.core.ConsoleAppender">
        <encoder>
            <Pattern>%d %5p [%c] %m%n</Pattern>
        </encoder>
    </appender>

    <appender name="console-infolog" class="ch.qos.logback.core.ConsoleAppender">
        <encoder>
            <Pattern>%d %5p %m%n</Pattern>
        </encoder>
    </appender>
```

```
    <!-- 로거 -->
    <logger name="board" level="DEBUG" appender-ref="console"/>
    <logger name="jdbc.sqlonly" level="INFO" appender-ref="console-infolog"/>
    <logger name="jdbc.resultsettable" level="INFO" appender-ref="console-infolog"/>

    <!-- 루트 로거 -->
    <root level="error">
        <appender-ref ref="console"/>
    </root>
</configuration>
```

<springProfile> 태그를 삭제하고 production 환경의 로거도 삭제했습니다. 즉, <springProfile> 태그를 삭제하기 전의 dev 환경과 동일한 설정 파일입니다. logback-production.xml도 이와 마찬가지로 production 환경의 로거만 작성합니다.

마지막으로 application.yml에 다음 코드를 추가합니다. 로거 설정은 공통이기 때문에 공통 설정 영역에 추가합니다. 여기서는 application.yml 파일의 맨 위에 추가했습니다.

코드 10-15 application.yml

```
logging:
  config: classpath:logback-${spring.profiles.active}.xml
```

여기까지 따라온 독자라면 이 코드에 대한 설명을 따로 하지 않아도 어떤 내용인지 바로 알 겁니다.

액티브 프로파일 지정하기

10.2절에서 설정 파일을 분리하고 상황에 맞는 설정 파일을 호출하기 위해서 spring.active.profiles 설정을 사용했습니다. 이 경우 사용할 프로파일을 직접 application.properties에 작성했기 때문에 상황에 따라서 계속 properties의 내용을 변경해야 하는 문제가 있습니다. 이 문제를 해결하기 위해서 액티브 프로파일(Active profile, 사용할 프로파일)을 YML이나 properties에 작성하지 않고 스프링 애플리케이션이 실행될 때 프로파일을 지정하겠습니다.

다음과 같이 프로젝트 우클릭 후 Run As 〉 Run Configurations...을 선택합니다.

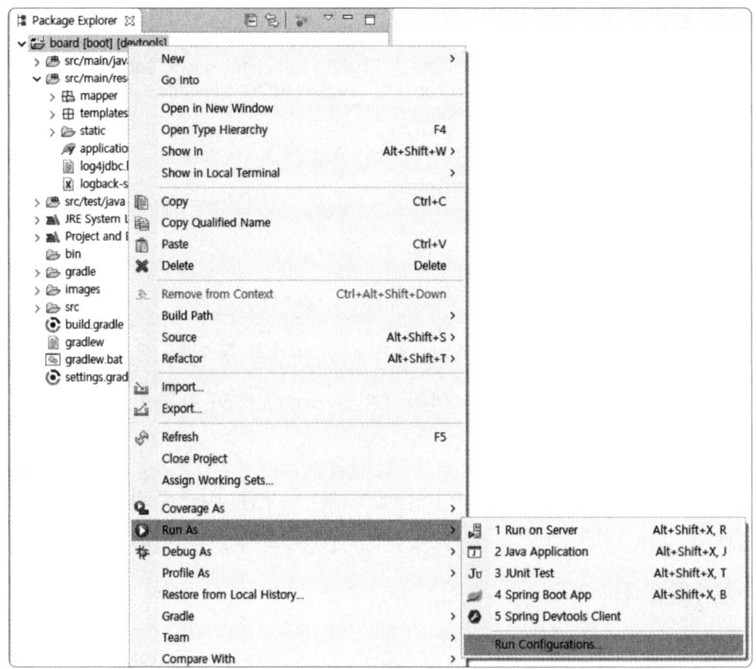

그러면 다음과 같이 스프링 애플리케이션이 실행될 때 설정을 입력할 수 있는 화면이 나타납니다.

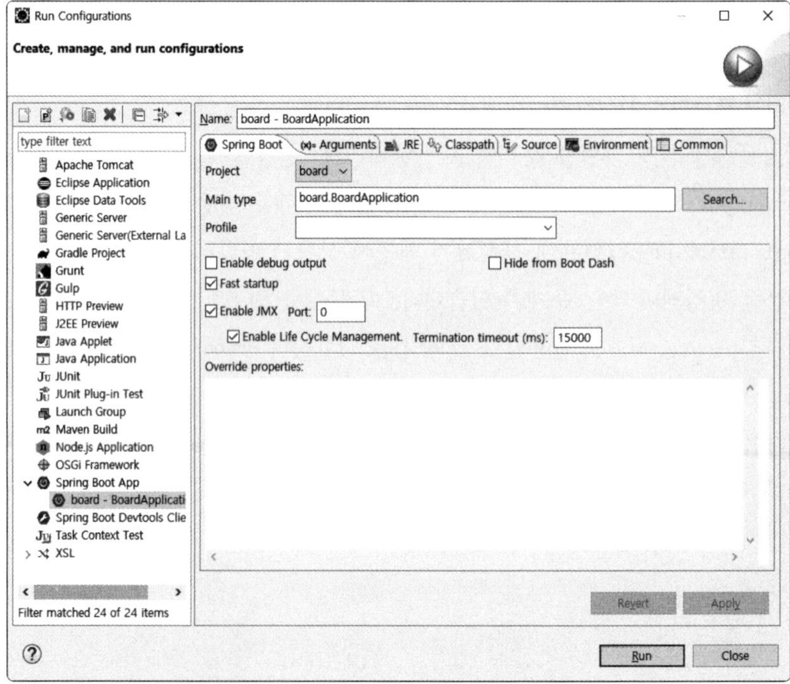

Profile에 개발환경 프로파일인 dev를 입력하고 [Apply]를 클릭합니다.

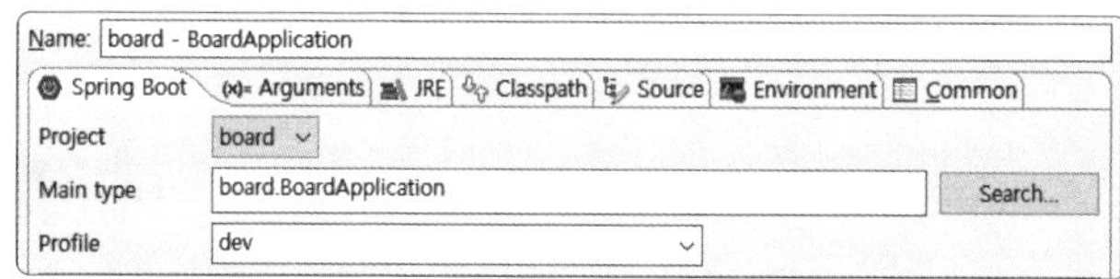

그 후 애플리케이션을 실행하면 다음과 같이 정상적으로 dev 프로파일이 적용되었다는 로그를 확인할 수 있습니다.

```
DEBUG [board.BoardApplication] Running with Spring Boot v2.1.1.RELEASE,
    Spring v5.1.3.RELEASE
INFO [board.BoardApplication] The following profiles are active: dev
...중략...
INFO [board.BoardApplication] Started BoardApplication in 5.995 seconds
    (JVM running for 6.574)
```

10.3.3 비트버킷 설정하기

스프링 Cloud Config를 사용하기 위해 가장 먼저 할 일은 깃 저장소에 설정 파일을 올리는 것입니다. 이를 위해 깃 저장소를 먼저 준비해야 합니다. 일반적으로 많이 사용되는 깃 저장소로는 자신의 서버에 설치해서 사용하는 깃 외에 깃허브나 비트버킷이 있습니다. 여기서는 비트버킷을 사용하겠습니다.

먼저 비트버킷에서 새로운 저장소를 생성합니다. 저장소의 이름은 cloud-config로 하겠습니다. 여기서 특별히 설정할 내용은 없고 README 파일만 같이 생성하도록 한 후 [Create repository]를 클릭합니다.

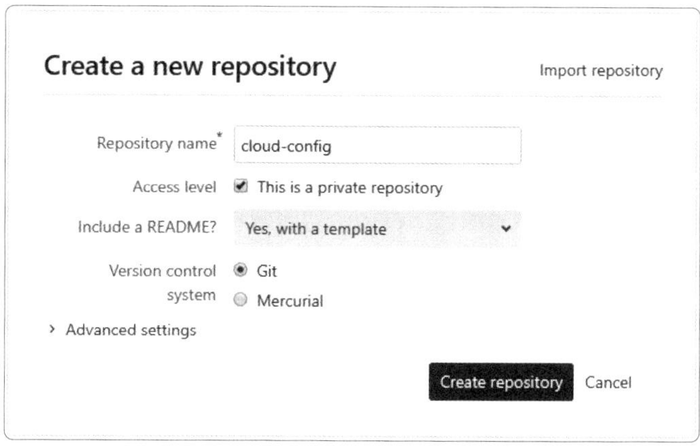

이제 화면 상단 오른쪽의 [···] 버튼을 클릭하고 [Add file]을 선택해서 설정 파일을 만듭니다.

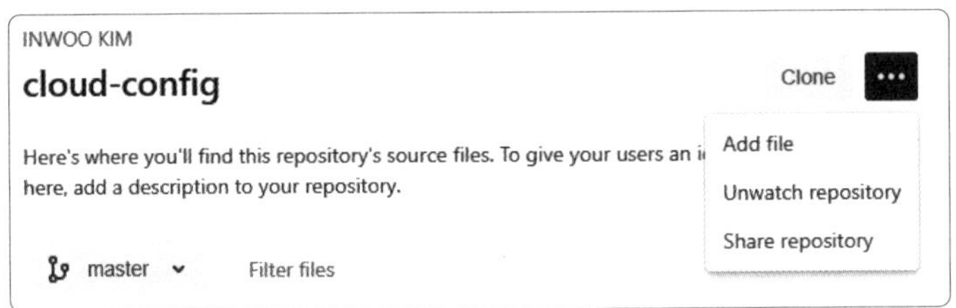

설정 파일의 내용은 `bootstrap.yml`과 동일합니다. 단지 `bootstrap.yml`은 Config 클라이언트에서만 사용하기 때문에 `application.yml`로 만들고 이클립스의 `application.yml` 파일의 내용을 복사해서 붙여넣습니다.

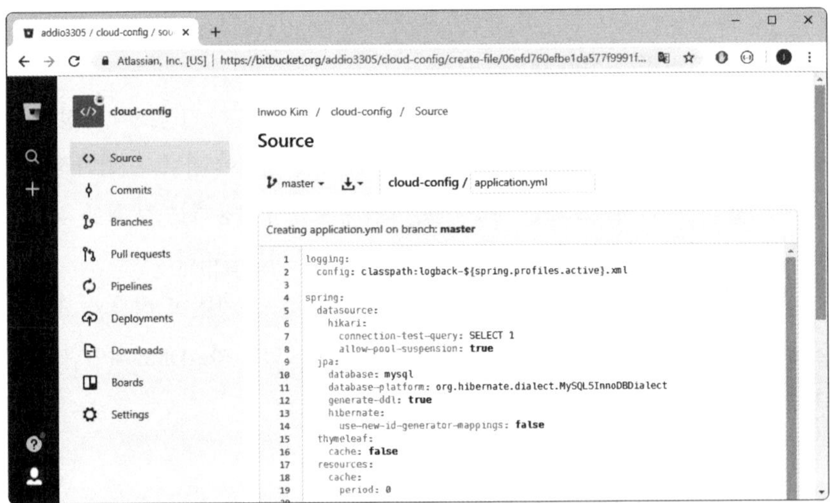

그 후 화면 하단의 [Commit] 버튼을 클릭해서 코드를 커밋하면 완료됩니다.

10.3.4 스프링 Cloud Config Server 생성하기

이제 앞에서 만든 깃 리포지터리의 설정 파일을 불러와서 배포하는 역할을 하는 Config Server를 생성할 차례입니다.

Config Server 프로젝트 생성

먼저 새로운 스프링 부트 프로젝트를 생성합니다. 프로젝트의 이름과 패키지 이름을 cloud-config로 정했습니다. 이름을 입력한 후 [Next 〉]를 클릭합니다.

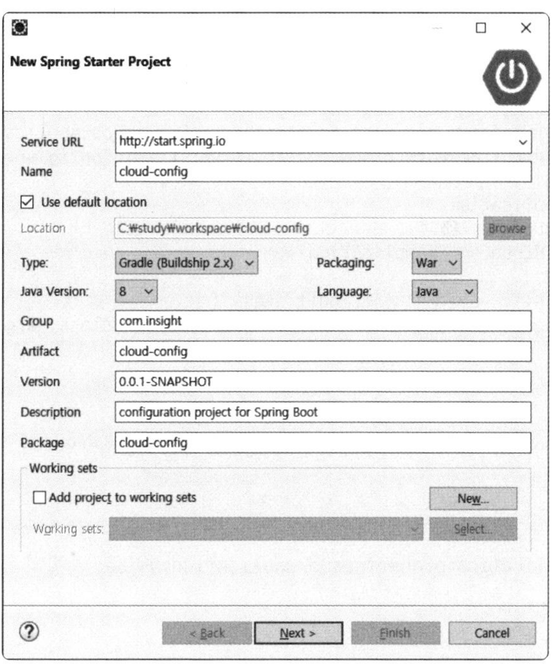

이 애플리케이션은 Config Server 역할을 수행하기 때문에 Cloud Config 카테고리의 Config Server 의존성을 선택합니다. 그런 다음 [Finish]를 클릭해서 프로젝트를 생성합니다.

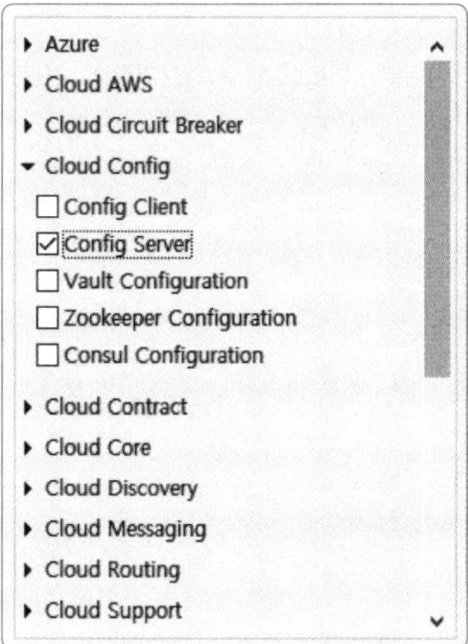

Config Server 설정

이제 Config Server의 역할을 수행하도록 간단한 설정을 할 차례입니다. `CloudConfigApplication` 클래스를 열고 `@EnableConfigServer` 어노테이션을 추가합니다.

코드 10-16 CloudConfigApplication.java

```
package cloudconfig;

import org.springframework.boot.SpringApplication;
import org.springframework.boot.autoconfigure.SpringBootApplication;
import org.springframework.cloud.config.server.EnableConfigServer;

@SpringBootApplication
@EnableConfigServer ❶
public class CloudConfigApplication {

    public static void main(String[] args) {
        SpringApplication.run(CloudConfigApplication.class, args);
    }
}
```

❶ @EnableConfigServer 어노테이션을 이용해서 Config Server의 역할을 수행하도록 합니다.

다음으로 application.properties를 application.yml로 변경하고 다음의 코드를 작성합니다.

코드 10-17 application.yml

```
server:
  port: 8888 ❶

spring:
  cloud:
    config:
      server:
        git:
          uri: https://아이디@bitbucket.org/저장소 이름/cloud-config.git ❷
          username: 아이디  ❸
          password: 비밀번호
```

❶ Config Server의 포트를 8888로 설정합니다. 앞에서 만든 board 애플리케이션은 8080 포트를 사용하고 있기 때문에 포트가 중복되지 않도록 변경합니다. 중복되지 않는다면 8888이 아니더라도 괜찮습니다.

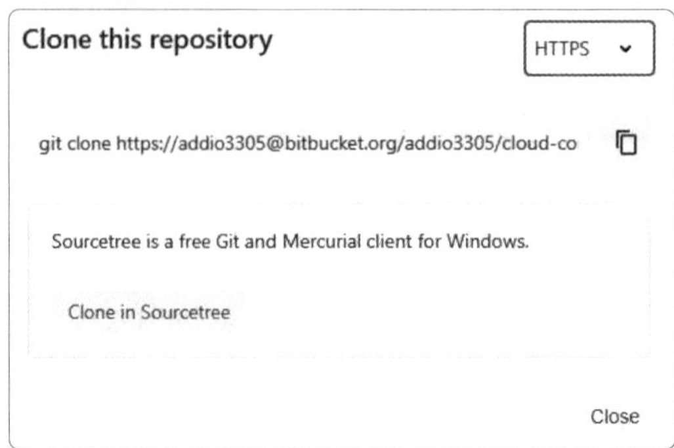

❷ 앞에서 설정한 깃 저장소의 주소를 입력합니다. 이 주소는 비트버킷에서 확인할 수 있습니다. 앞에서 설정 파일을 추가했던 비트버킷의 화면 상단에서 [Clone] 버튼을 클릭하면 다음과 같은 화면이 나오는데, 이 주소를 복사해서 사용하시면 됩니다.

❸ 비트버킷에 로그인할 수 있도록 아이디와 비밀번호를 지정해 줍니다. 실제 프로젝트에서는 아이디, 비밀번호를 사용하지 않고 SSH의 키(공개키: Public Key, 비밀키: Private Key)를 이용하지만 여기서는 Config Server에 대해서 알아보고 있으니 간단히 아이디와 비밀번호를 사용하겠습니다.

이제 Config Server의 설정은 끝났습니다. 어때요? 참 쉽죠?

Config Server 확인하기

이제 Config Server의 작동을 확인할 차례입니다. Config Server를 실행하고 설정 정보를 조회해 봅니다. 브라우저에 `localhost:8888/config-server/dev`를 입력하면 스프링 Cloud Config가 설정 파일을 JSON 형태로 보여 줍니다.

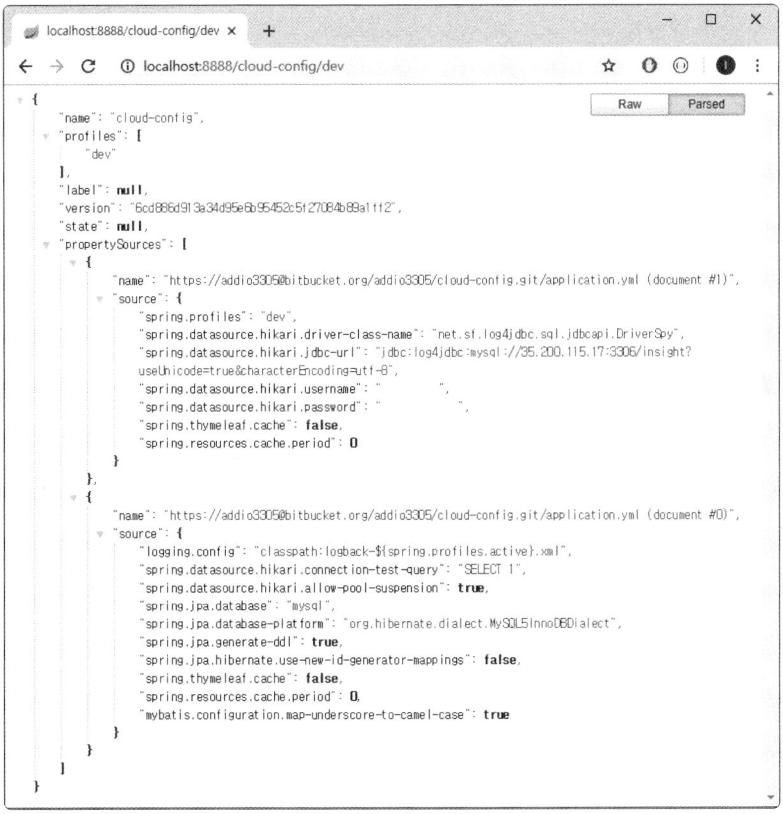

localhost:8888/cloud-config/dev

Raw Parsed


```
{
    "name": "cloud-config",
    "profiles": [
        "dev"
    ],
    "label": null,
    "version": "6cd886d913a34d95e6b95452c5f27084b89a1ff2",
    "state": null,
    "propertySources": [
        {
            "name": "https://addio3305@bitbucket.org/addio3305/cloud-config.git/application.yml (document #1)",
            "source": {
                "spring.profiles": "dev",
                "spring.datasource.hikari.driver-class-name": "net.sf.log4jdbc.sql.jdbcapi.DriverSpy",
                "spring.datasource.hikari.jdbc-url": "jdbc:log4jdbc:mysql://35.200.115.17:3306/insight?useUnicode=true&characterEncoding=utf-8",
                "spring.datasource.hikari.username": "          ",
                "spring.datasource.hikari.password": "            ",
                "spring.thymeleaf.cache": false,
                "spring.resources.cache.period": 0
            }
        },
        {
            "name": "https://addio3305@bitbucket.org/addio3305/cloud-config.git/application.yml (document #0)",
            "source": {
                "logging.config": "classpath:logback-${spring.profiles.active}.xml",
                "spring.datasource.hikari.connection-test-query": "SELECT 1",
                "spring.datasource.hikari.allow-pool-suspension": true,
                "spring.jpa.database": "mysql",
                "spring.jpa.database-platform": "org.hibernate.dialect.MySQL5InnoDBDialect",
                "spring.jpa.generate-ddl": true,
                "spring.jpa.hibernate.use-new-id-generator-mappings": false,
                "spring.thymeleaf.cache": false,
                "spring.resources.cache.period": 0,
                "mybatis.configuration.map-underscore-to-camel-case": true
            }
        }
    ]
}
```

Config Server는 설정 파일을 조회하기 위한 여러 가지 패턴을 제공합니다. 그 중 /{application}/{profile}/{label} 패턴을 사용해서 dev 프로파일을 조회했습니다. 여기서 application은 config-server고 profile은 dev입니다. label은 사용하지 않았습니다.

production profile도 정상적으로 조회하는지는 직접 확인해 보세요.

크롬에 JSON Formatter 설치하기

Config Server에서 조회된 설정 파일은 JSON 형식의 데이터이기 때문에 확장 프로그램을 설치하지 않으면 정렬되지 않은 JSON 데이터로 보입니다.

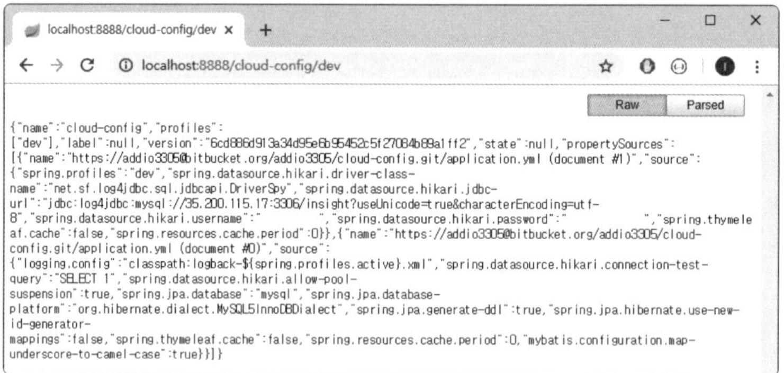

이렇게 정렬되지 않은 JSON 데이터는 아무래도 알아보기가 쉽지 않습니다. 구글 크롬에서 JSON Formatter라는 확장 프로그램을 설치하면 앞의 결과 화면처럼 JSON 데이터를 정렬해서 보여 줍니다. 크롬 웹스토어에서 'JSON Formatter'를 검색하면 몇 가지 확장 프로그램이 나옵니다. 필자는 그 중에서 callumlocke.co.uk라는 업체에서 개발한 확장 플러그인을 사용하고 있습니다.

10.3.5 Config Client 적용하기

이제 board 애플리케이션에 앞에서 만든 Config Server를 사용하도록 Config Client를 적용할 차례입니다. Config Server를 구성할 때 Config Server 의존성과 어노테이션, 저장소 설정만으로 끝난 것처럼 Config Client도 의존성과 Config Server를 참조하도록 설정만 변경하면 됩니다.

build.gradle 수정

먼저 `build.gradle`에 다음 의존성을 추가합니다.

코드 10-18 build.gradle

```
compile('org.springframework.boot:spring-boot-starter-actuator')  ❶
compile('org.springframework.cloud:spring-cloud-starter-config')  ❷
```

❶ `Actuator`는 스프링 부트의 하위 프로젝트 중 하나로 HTTP를 이용해서 애플리케이션의 관리 및 모니터링에 도움이 되는 기능을 제공합니다. Config Client에서 `Actuator`를 직접적으로 사용하는 것은 아니지만 Config Server의 변경된 설정을 즉시 반영하는 등 여러 가지 유용한 기능이 많기 때문에 추가해 줍니다.

❷ Cloud Config Client의 역할을 하도록 추가해 줍니다.

다음은 스프링 Cloud의 버전을 설정합니다. `build.gradle`에 다음 코드를 추가하세요.

코드 10-19 build.gradle

```
ext{
    springCloudVersion = 'Finchley.RELEASE'
}

dependencies {
    implementation('org.springframework.boot:spring-boot-starter-aop')
    implementation('org.springframework.boot:spring-boot-starter-jdbc')
    ...중략...
    compileOnly('org.projectlombok:lombok')
    testImplementation('org.springframework.boot:spring-boot-starter-test')
}

dependencyManagement {
    imports {
        mavenBom "org.springframework.cloud:spring-cloud-dependencies:
                  ${springCloudVersion}"
    }
}
```

이 코드는 애플리케이션을 생성할 때 Cloud Config Client 의존성을 선택하면 자동으로 추가됩니다. 다만 여기서는 Config Client 의존성을 선택하지 않고 애플리케이션을 생성했기 때문에 따로 추가해야 합니다. 현재 기준으로 가장 최신의 `SpringCloudVersion`은 `Greenwich.RC2`이지만 이 버전을 사용할 경우 board 애플리케이션과 호환이 되지 않는 문제가 있어서 `Finchley.RELEASE` 버전을 사용합니다. 독자분들이 진행할 때에는 최신 버전을 사용해도 괜찮을 것으로 생각되지만 만약 실행에 문제가 생긴다면 예전 버전으로 바꿔서 진행해 보세요.

application.properties 변경하기

Config Client는 애플리케이션에 있던 설정 파일을 Config Server를 참조하도록 변경만 하면 됩니다.

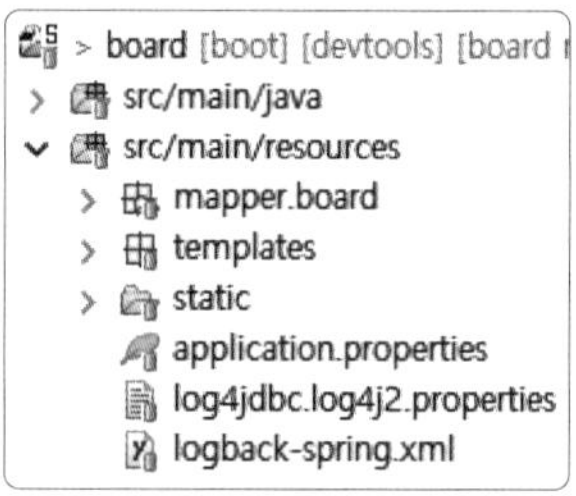

코드 10-20 bootstrap.yml

```
spring:
  cloud:
    config:
    uri: http://localhost:8888
    name : cloud-config
```
❶

❶ Config Server의 주소, 이름, 실행할 프로파일을 지정합니다.

결과 확인하기

먼저 cloud-config 애플리케이션을 실행시킨 후 board 애플리케이션이 정상적으로 동작하는지 확인합니다. Cloud Config Server와 Client를 모두 제대로 설정했다면 Config Server인 cloud-config 애플리케이션은 깃 저장소에서 설정 파일을 읽고 배포하고 Config Client인 board 애플리케이션은 설정 정보를 cloud-config 애플리케이션으로부터 받아와서 실행됩니다.

cloud-config 애플리케이션이 정상적으로 동작하면 다음과 같은 로그가 출력됩니다.

```
...중략...
o.s.b.w.embedded.tomcat.TomcatWebServer  : Tomcat started on port(s): 8888
    (http) with context path ''
cloudconfig.CloudConfigApplication       : Started CloudConfigApplication
    in 3.123 seconds (JVM running for 3.706)
```

8888 포트로 cloud-config 애플리케이션이 수행됨을 알 수 있습니다.

다음으로 board 애플리케이션이 정상적으로 실행되면 다음과 같은 로그가 출력됩니다.

```
[board.BoardApplication] The following profiles are active: dev
[jdbc.sqlonly] SELECT 1

[board.BoardApplication] Started BoardApplication in 13.839 seconds
    (JVM running for 14.453)
```

로그만으로도 cloud-config 애플리케이션과 board 애플리케이션이 정상적으로 실행된 것을 알 수 있지만 확실히 확인하기 위해서 브라우저에서 board 애플리케이션을 호출해 봅니다.

정상적으로 게시글 목록을 조회합니다. 깃 저장소에 있는 설정 파일을 이용해서 Config Server와 Config Client가 잘 동작하는 것을 볼 수 있습니다.

10.4 수동으로 톰캣에 배포하기

앞에서 스프링 프로파일과 스프링 Cloud Config를 이용해서 로컬과 서버 환경에 맞는 설정 파일을 손쉽게 적용하도록 했습니다. 이제 여태까지 열심히 개발한 애플리케이션을 실제 서버에서 동작시켜 볼 차례입니다. 먼저 가장 기초적인 배포 방법인 수동으로 톰캣에 배포하고 실행하는 방법부터 시작하겠습니다. 애플리케이션의 배포 및 실행은 빌드, 배포, 실행의 총 세 단계를 거쳐야 합니다.

10.4.1 빌드하기

스프링 애플리케이션은 jar 형식이나 war 형식을 이용해서 배포합니다. 우리는 애플리케이션을 생성할 때 war 형식을 사용하도록 했었습니다('3.3.1 스프링 스타터 프로젝트 생성하기'에서 애플리케이션의 Packaging을 war로 선택했습니다). 이클립스 하단의 Gradle Tasks 뷰에서 배포하려는 애플리케이션을 선택합니다.

Gradle Tasks 뷰가 보이지 않는다면 다음과 같이 추가하세요.

이클립스 상단 Window > Show View > Other...를 선택합니다. 여러 가지 목록 중 Gradle > Gradle Tasks를 선택하고 [OK]를 클릭하면 Gradle Tasks 뷰가 추가됩니다.

우리는 스프링 Cloud Config를 사용하기 때문에 cloud-config 애플리케이션과 board 애플리케이션을 모두 배포해야 합니다. 따라서 먼저 cloud-config 애플리케이션을 선택하겠습니다. cloud-config 애플리케이션에 있는 메뉴 중 build 목록을 선택합니다.

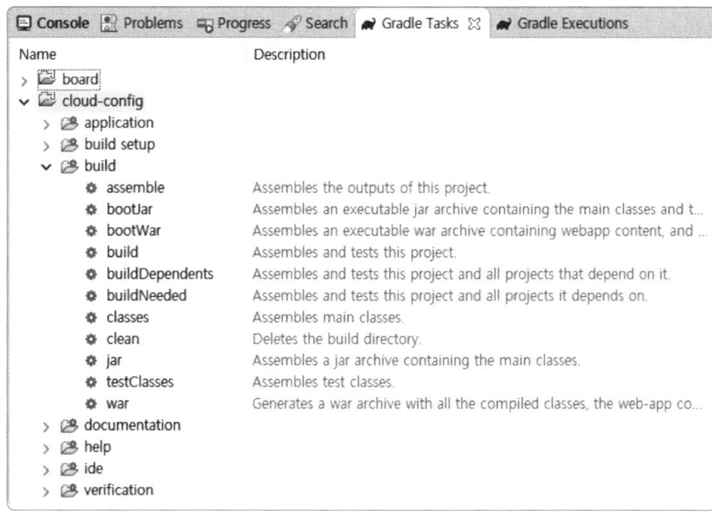

애플리케이션의 빌드(build)와 관련된 여러 가지 메뉴들을 볼 수 있습니다. 여기서 build 메뉴를 우클릭하고 Run Gradle Tasks를 선택합니다. 실행할 메뉴를 더블클릭해도 됩니다.

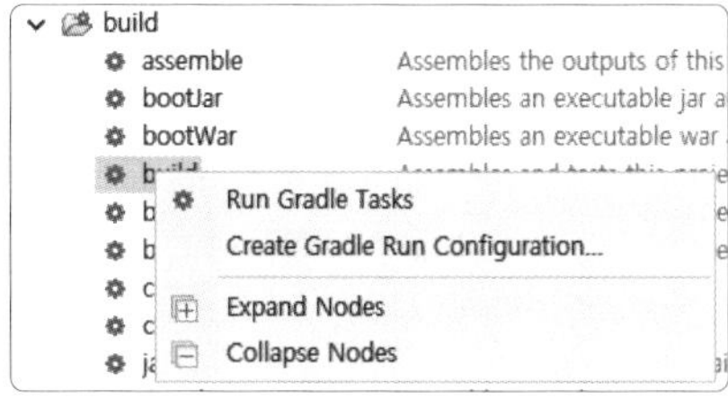

그러면 이클립스에서 자동으로 Gradle Execution 뷰가 열리고 빌드가 진행됩니다. 빌드가 정상적으로 완료되면 다음과 같은 화면을 볼 수 있습니다.

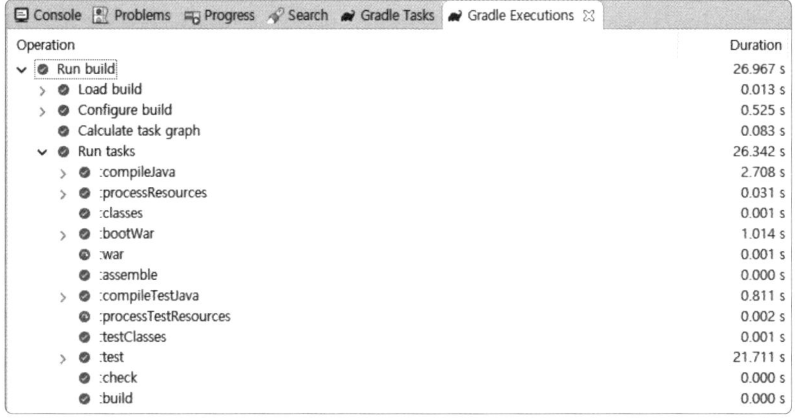

그레이들을 이용해서 애플리케이션의 빌드와 관련된 모든 과정이 정상적으로 수행되었음을 알 수 있습니다. 만약 정상적으로 빌드가 되지 않았을 경우 에러가 난 단계를 확인할 수도 있습니다.

이렇게 빌드가 완료되면 그 결과물인 war 파일이 만들어집니다. war 파일은 애플리케이션의 build 폴더 밑의 libs 폴더에 만들어집니다. 해당 폴더로 이동해서 war 파일을 확인하세요. cloud-config 애플리케이션의 빌드 결과는 C:\study\workspace\cloud-config\build\libs 폴더로 이동하면 확인할 수 있습니다. cloud-config-0.0.1-SNAPSHOT.war 파일이 만들어져 있을 겁니다.

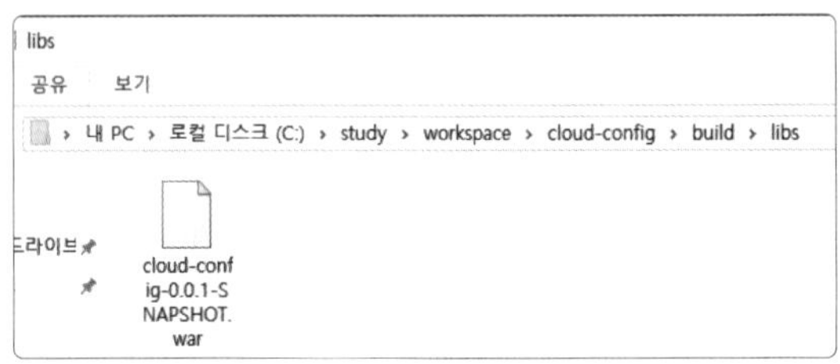

10.4.2 배포하기

빌드가 정상적으로 완료되었으니 이제 서버에 배포를 할 차례입니다. 배포는 앞에서 만든 war 파일을 서버에 전송하고 war 파일의 압축을 풀면 됩니다.

앞에서 만든 cloud-config-0.0.1-SNAPSHOT.war 파일을 서버의 /home/addio3305_insight/src/config 폴더로 전송합니다.

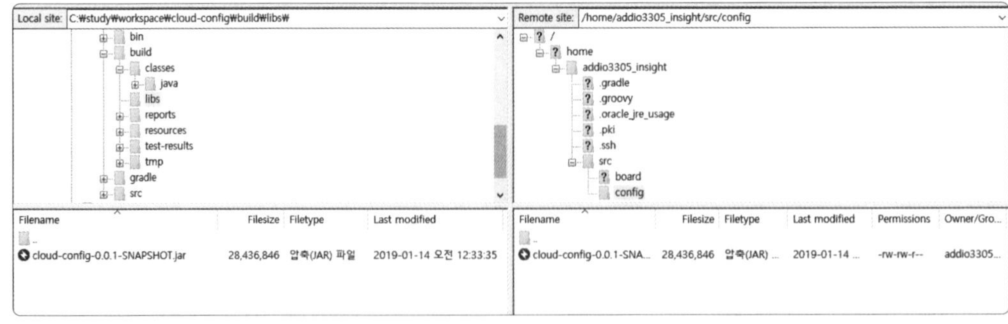

이제 cloud-config-0.0.1-SNAPSHOT.war 파일의 압축을 풀 차례입니다. 콘솔에서 다음 명령어를 실행합니다.

```
cd
cd src/config
jar -xvf cloud-config-0.0.1-SNAPSHOT.war
```

/home/addio3305_insight/src/config 폴더로 이동해서 cloud-config-0.0.1-SNAPSHOT.war 파일의 압축을 풀었습니다.

10.4.3 실행하기

이제 서버만 실행하면 됩니다. 다음 명령어로 config 톰캣을 기동합니다(9장에서 config 톰캣을 실행했기 때문에 톰캣을 종료하고 다시 실행해야 합니다).

```
/usr/local/apache-tomcat-8.5.32-config/bin/shutdown.sh ❶
/usr/local/apache-tomcat-8.5.32-config/bin/startup.sh ❷
tail -f /usr/local/apache-tomcat-8.5.32-config/logs/catalina.out ❸
```

❶ config 톰캣을 종료합니다.

❷ config 톰캣을 실행합니다.

❸ config 톰캣의 로그를 확인합니다.

앞에서와 마찬가지로 톰캣의 로그를 확인했을 때 에러가 없으면 정상적으로 실행되었다고 생각할 수 있습니다. 그렇지만 직접 확인하는 게 가장 확실하겠죠? config 애플리케이션이 정상적으로 실행되는지 확인하기 위해서 브라우저에서 config 애플리케이션을 호출해 봅니다.

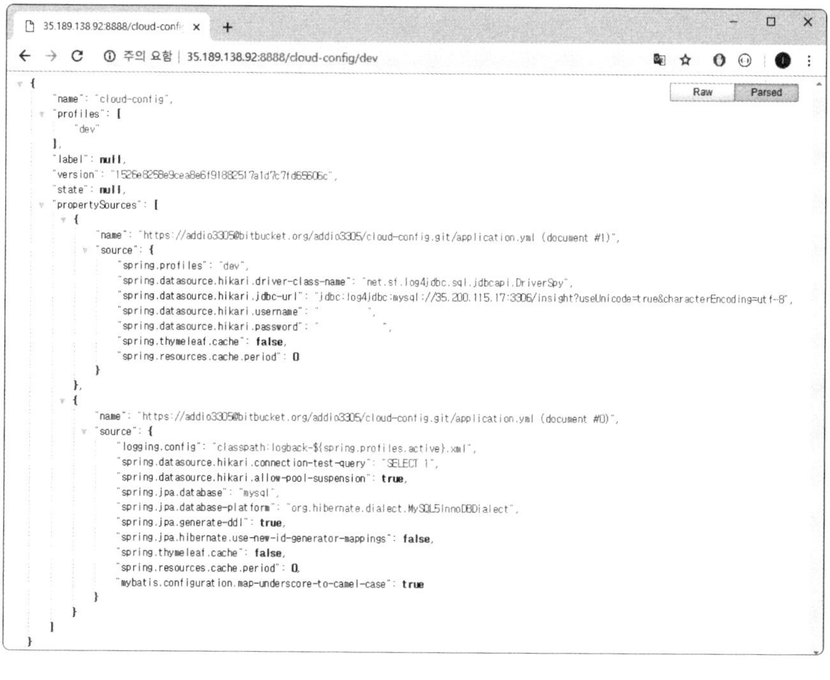

35.189.138.92:8888/cloud-config/dev


```
{
    "name": "cloud-config",
    "profiles": [
        "dev"
    ],
    "label": null,
    "version": "1526e8258e9cea8e6f918825l7a1d7c7fd65606c",
    "state": null,
    "propertySources": [
        {
            "name": "https://addio3305@bitbucket.org/addio3305/cloud-config.git/application.yml (document #1)",
            "source": {
                "spring.profiles": "dev",
                "spring.datasource.hikari.driver-class-name": "net.sf.log4jdbc.sql.jdbcapi.DriverSpy",
                "spring.datasource.hikari.jdbc-url": "jdbc:log4jdbc:mysql://35.200.115.17:3306/insight?useUnicode=true&characterEncoding=utf-8",
                "spring.datasource.hikari.username": "        ",
                "spring.datasource.hikari.password": "          ",
                "spring.thymeleaf.cache": false,
                "spring.resources.cache.period": 0
            }
        },
        {
            "name": "https://addio3305@bitbucket.org/addio3305/cloud-config.git/application.yml (document #0)",
            "source": {
                "logging.config": "classpath:logback-${spring.profiles.active}.xml",
                "spring.datasource.hikari.connection-test-query": "SELECT 1",
                "spring.datasource.hikari.allow-pool-suspension": true,
                "spring.jpa.database": "mysql",
                "spring.jpa.database-platform": "org.hibernate.dialect.MySQL5InnoDBDialect",
                "spring.jpa.generate-ddl": true,
                "spring.jpa.hibernate.use-new-id-generator-mappings": false,
                "spring.thymeleaf.cache": false,
                "spring.resources.cache.period": 0,
                "mybatis.configuration.map-underscore-to-camel-case": true
            }
        }
    ]
}
```

dev 프로파일을 호출했습니다. 톰캣이 정상적으로 실행되었기 때문에 로컬 환경과 마찬가지로 설정정보를 가져오는 것을 볼 수 있습니다.

다음은 board 애플리케이션을 배포할 차례입니다.

Config Server 주소 변경하기

먼저 bootstrap.yml에서 Config Server의 주소를 변경합니다. 여태까지는 Config Server를 로컬에서 실행했기 때문에 localhost:8888을 사용했습니다. 서버에 배포할 때는 Config Server의 주소를 로컬에서 서버 IP로 변경해야 합니다. bootstrap.yml을 다음과 같이 변경하세요.

코드 10-21 bootstrap.yml

```
spring:
  cloud:
    config:
      uri: http://35.189.138.92:8888  ❶
      name : cloud-config
```

❶ Config Server의 주소를 localhost에서 앞에서 배포한 서버의 IP로 변경했습니다. 사용자마다 다르니 자신의 Config Server 주소를 사용하세요.

액티브 프로파일 지정하기

다음으로 board 톰캣 서버에 프로파일을 지정할 차례입니다. 이클립스에서는 Run Configuration을 이용해서 사용할 프로파일을 지정했습니다. 이와 마찬가지로 board 톰캣 서버에도 사용할 프로파일을 지정해야 정상적으로 설정 파일을 읽어올 수 있습니다.

먼저 Putty 등을 이용해서 서버에 접속하고 톰캣 설치 폴더로 이동합니다.

```
cd /usr/local/apache-tomcat-8.5.32-board/bin
```

톰캣의 프로파일은 catalina.sh 파일에 설정합니다. vi를 이용해서 catalina.sh 파일을 엽니다.

```
vi catalina.sh
```

catalina.sh 파일에 프로파일 설정을 추가합니다. 설정 위치는 어디든 상관없습니다. 여기서는 파일 위쪽에 CLASSPATH를 설정한 곳에 프로파일 설정을 추가하겠습니다. catalina.sh의 약 150~160번째 줄을 다음과 같이 변경합니다. (vi 명령어 모드에서 set number를 실행하면 줄 번호가 나타납니다.)

코드 10-22 catalina.sh

```
...중략...
CLASSPATH=

if [ -r "$CATALINA_BASE/bin/setenv.sh" ]; then
  . "$CATALINA_BASE/bin/setenv.sh"
elif [ -r "$CATALINA_HOME/bin/setenv.sh" ]; then
  . "$CATALINA_HOME/bin/setenv.sh"
fi

export CATALINA_OPTS="$CATALINA_OPTS -Dspring.profiles.active=dev" ❶
...중략...
```

❶ 프로파일 설정 부분입니다. 톰캣이 실행될 때 spring.profiles.active 옵션을 사용하도록 추가합니다.

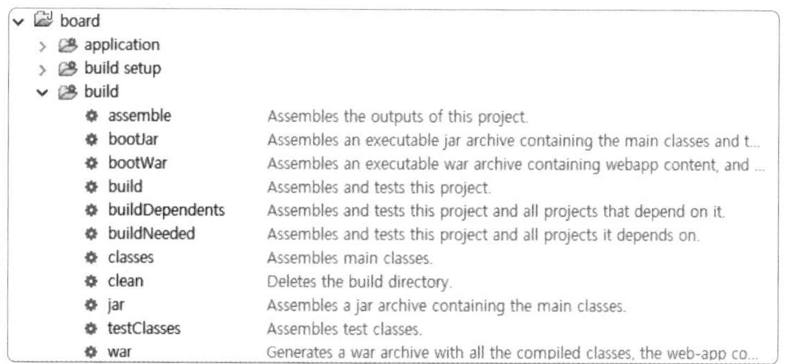

build\build를 우클릭해서 Run Gradle Tasks를 실행합니다. 정상적으로 빌드가 완료되면 C:\study\workspace\board\build\libs 폴더에 board-0.0.1-SNAPSHOT.war 파일이 생성됩니다. 이 파일을 서버의 /home/아이디/src/board 폴더로 전송합니다.

board-0.0.1-SNAPSHOT.war 파일의 압축을 풀고 톰캣을 실행합니다.

```
jar -xvf board-0.0.1-SNAPSHOT.war
 /usr/local/apache-tomcat-8.5.32-board/bin/startup.sh
tail -f /usr/local/apache-tomcat-8.5.32-board/logs/catalina.out
```

각각의 명령어는 config 애플리케이션을 배포할 때와 동일하기 때문에 각각의 명령어가 궁금하다면 config 애플리케이션 설명을 참고하기 바랍니다. board 애플리케이션의 로그에서 에러 없이 톰캣이 실행되면 브라우저에서 board 애플리케이션을 접속합니다.

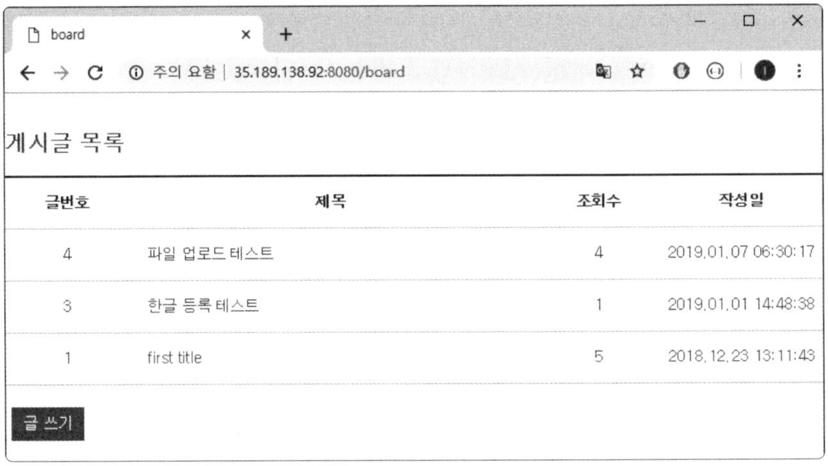

board
주의 요함 | 35.189.138.92:8080/board

게시글 목록

글번호	제목	조회수	작성일
4	파일 업로드 테스트	4	2019.01.07 06:30:17
3	한글 등록 테스트	1	2019.01.01 14:48:38
1	first title	5	2018.12.23 13:11:43

글 쓰기

게시판 목록이 조회되면 config 애플리케이션과 board 애플리케이션이 모두 정상적으로 실행된 것입니다.

10.5 젠킨스를 사용해서 자동 빌드 & 배포 환경 구성하기

앞 절에서 수동으로 애플리케이션의 빌드 및 배포하는 과정을 알아봤습니다. 여태까지는 단순히 로컬에서 빌드 후 바로 배포를 했습니다. 테스트 같은 과정도 거치지 않았습니다. 그런데도 빌드 후 배포까지 여러 단계를 거쳐야 했습니다. 이 순서를 한번 정리해 보면 다음과 같습니다.

1. 이클립스에서 빌드한다.
2. 빌드 결과물을 서버로 전송한다.
3. 서버에서 빌드 결과물의 압축을 푼다.
4. 서버를 재실행한다.
5. 서버 로그를 확인한다. 서버 로그에서 에러가 발견되면 1번부터 다시 반복한다.

단순히 빌드 및 배포라고 이야기하지만 신경 써야 할 부분이 적지 않습니다. 여기서 깃과 같은 소스 관리 툴과 테스트까지 추가되고 서버도 여러 대가 되면 그 복잡함은 말로 할 수 없습니다. 실제로 많은 IT 회사에서는 보통 개발 서버, QA 서버, 상용 서버의 3단계로 나뉘어 있습니다. 또한 깃을 사용해서 소스 관리를 하기 때문에 깃 저장소 역시 3단계로 구분됩니다. 이러한 환경에서 깃에 푸시하고 빌드하고 전송하고 배포하는 과정이 반복적으로 진행됩니다. 푸시-빌드-전송-배포를 계속 하는 건 정말 귀찮은 일입니다. 게으른 개발자들은 이런 반복적인 작업을 처리하기 위해 배포의 자동화를 고민했고 그 결과 젠킨스를 비롯한 여러 가지 툴이 나왔습니다.

10.5.1 젠킨스란?

젠킨스(Jenkins)란 오픈소스 CI 툴입니다. CI란 Continuous Integration의 약자로 지속적 통합이라는 의미로 사용됩니다. 그럼 지속적 통합이란 무슨 의미일까요? 팀 단위로 애플리케이션을 개발하면 각각의 개발자들이 자신이 담당하는 부분을 개발하고 통합하는 과정을 거치게 됩니다. 이 과정에서 깃이나 SVN과 같은 소스 관리 툴을 사용합니다. 하루이틀 만에 개발이 완료되지 않기 때문에 매일매일 작업한 코드를 소스 저장소에 올리고 이를 통합하여 매일매일 배포를 합니다.

젠킨스와 같은 CI 툴이 나오기 전에는 일정 시간마다 코드를 취합하여 빌드를 실행하는 방식이 일반적이었습니다. 특히 개발자들의 작업이 끝나는 야간에 이러한 작업이 이루어졌습니다. 배포 한번 하려면 날 잡고 새벽까지 대기하다가 사용자들이 자는 시간에 배포 및 테스트를 진행했습니다. 그 과정에서 문제가 생기면 뜬눈으로 밤을 지새우는 일이 많았습니다.

젠킨스를 사용하면서부터는 이런 일이 줄었습니다. 젠킨스에서는 정기적인 빌드에서 나아가서 소스 관리 시스템과 연동해서 소스의 커밋이 발생하면 자동으로 테스트를 포함한 빌드 및 배포까지 진행합니다. 즉 기존처럼 작업이 끝나는 시간까지 대기할 필요 없이 개발자들의 작업이 끝나면 자동적으로 빌드 및 테스트를 진행하고 배포까지 합니다.

10.5.2 젠킨스를 이용한 빌드 설정하기

먼저 젠킨스와 깃 저장소를 연동해서 깃 저장소에 소스가 커밋되면 자동으로 빌드하는 환경을 구성해 보겠습니다. 물론 빌드 후 배포까지 한번에 처리할 수도 있지만 빌드와 배포를 독립적인 환경으로 구성해서 좀 더 보기 쉽고 유지보수도 편하도록 구분하겠습니다.

먼저 젠킨스의 왼쪽 메뉴 중 [새로운 Item]을 클릭해서 새로운 프로젝트를 생성합니다. 프로젝트의 이름은 아무거나 해도 괜찮습니다. 여기서는 build로 하겠습니다. 그리고 프로젝트의 종류는 Freestyle project로 생성합니다.

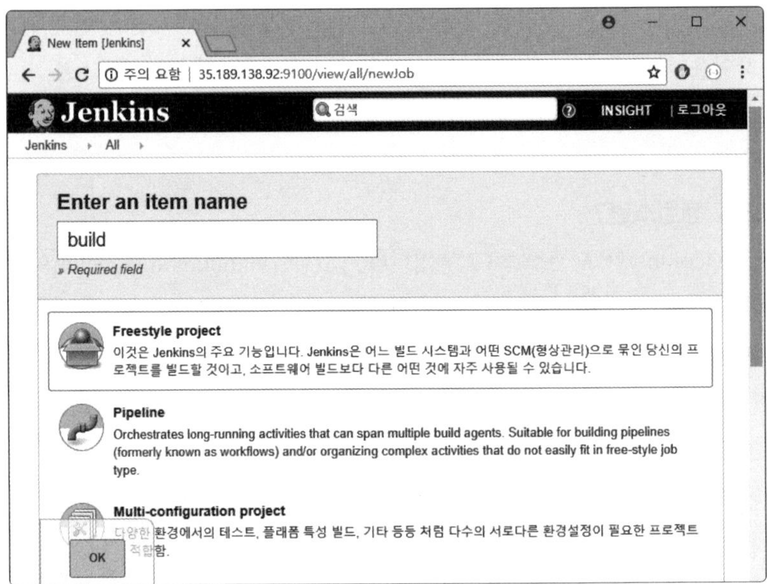

먼저 소스코드 관리 영역을 살펴봅시다. 소스코드 관리에 깃을 사용합니다. 깃의 master 브랜치에 코드가 커밋되면 자동으로 빌드를 수행하게 할 예정입니다.

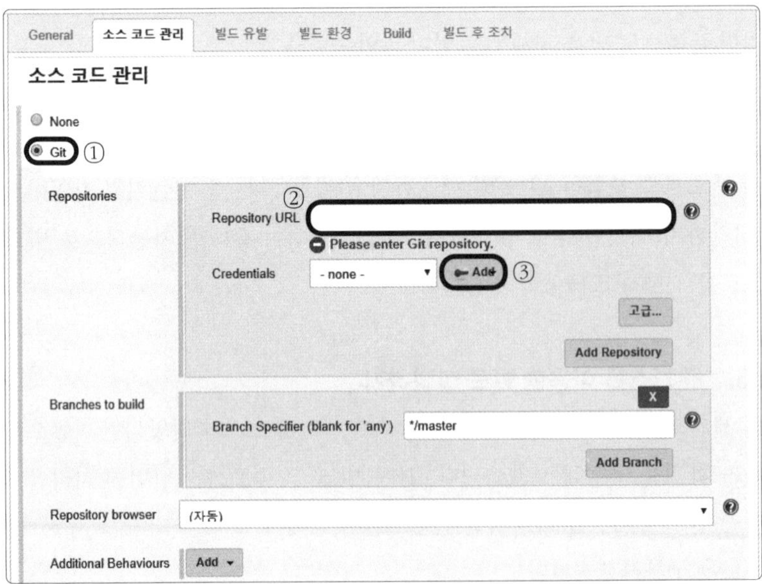

① Git을 선택하면 깃 관련 정보를 설정할 수 있는 입력창이 나타납니다. ② Repository URL에는 자신의 리포지터리 주소를 입력합니다. ③ Credentials는 Add 〉 Jenkins를 선택합니다.

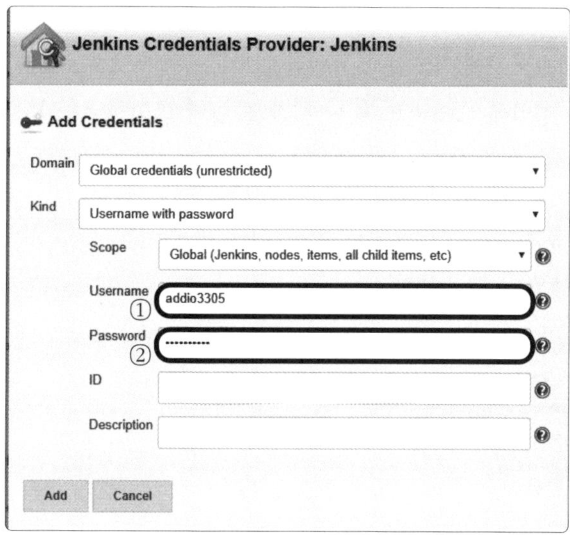

① Username과 ② Password에 비트버킷의 Username과 Password를 입력 후 [Add]를 클릭합니다.

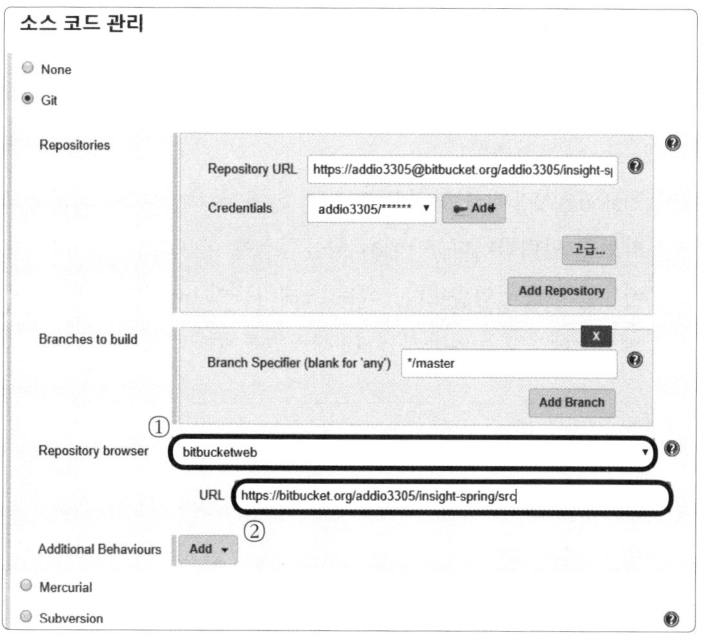

① [Repository browser]는 빌드 정보의 Changes 뷰에서 소스코드의 커밋 내역을 확인할 수 있습니다. 비트버킷을 사용하면 비트버킷 웹브라우징을 사용할 수 있으니 bitbucketweb을 선택하고 ② URL에는 리포지터리의 코드 URL을 입력합니다.

빌드 유발 영역에서는 Build when a change is pushed to Bitbucket을 선택합니다. 이는 비트버킷에 코드가 푸시되면 빌드를 수행하겠다는 의미입니다.

빌드 환경 영역에서는 빌드가 된 시간을 쉽게 확인할 수 있도록 Add timestamps to the Console Output을 선택합니다.

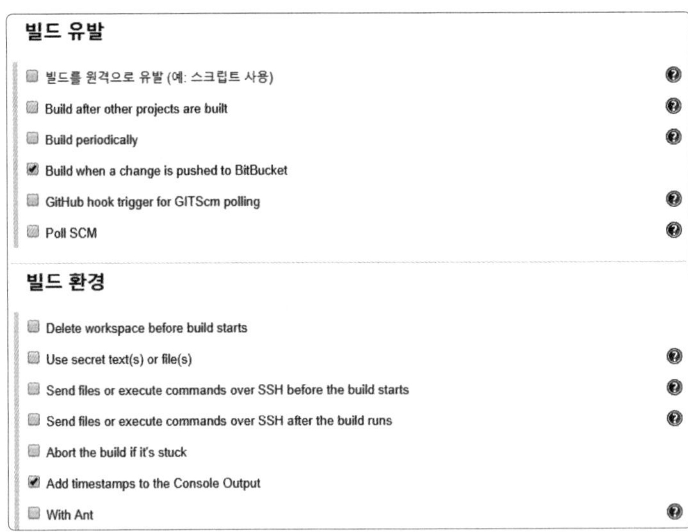

마지막으로 Build 영역을 설정할 차례입니다. [Add build step]를 클릭하고 Invoke Gradle script를 선택합니다.

Gradle Version은 9장에서 설정한 Default git을 선택합니다. 그리고 Tasks에는 수행할 작업을 입력합니다. 앞에서 이클립스를 이용해서 빌드를 수행할 때 build라는 메뉴를 이용했었습니다. 이는 그레이들의 build 태스크를 의미합니다. 따라서 젠킨스에서도 동일하게 build 태스크를 수행하면 됩니다.

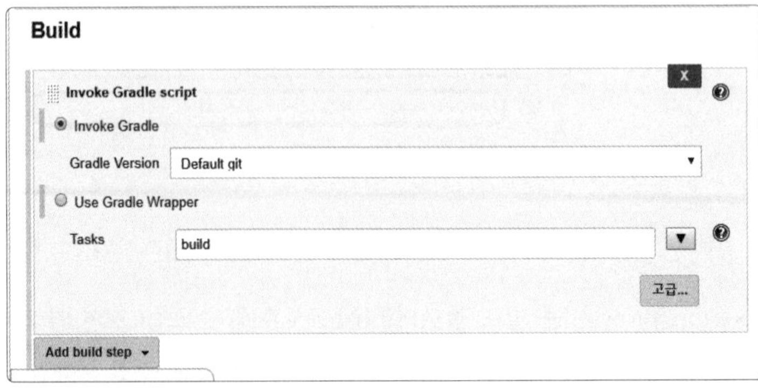

빌드 후 조치 영역은 아직 설정하지 않습니다. 빌드를 완료하면 배포를 해야 하

지만 지금은 젠킨스를 이용해서 정상적으로 빌드가 되는지 확인하는 단계이기 때문에 배포 프로젝트는 생성하지 않았습니다. 잠시 후 배포 프로젝트도 생성하면 그때 빌드 후 배포 프로젝트를 실행시키도록 할 예정입니다.

빌드 프로젝트 테스트하기

이제 빌드 프로젝트를 테스트할 차례입니다. 왼쪽 메뉴에서 Build Now를 클릭해서 build 프로젝트를 실행합니다.

빌드가 수행되면 진행사항이 표시됩니다. 여기서 빌드의 진행 및 결과를 확인할 수 있습니다. 빌드가 완료되면 (성공이든 실패든) [#1]에 마우스를 올린 후 [Console Output]을 클릭해서 빌드와 관련된 로그를 확인할 수 있습니다.

다음은 정상적으로 빌드가 되었을 때의 결과 로그입니다. 로그를 살펴보면 지정된 비트버킷 저장소에서 코드를 가져와서 빌드를 수행하는 것을 알 수 있습니다. 만약 빌드를 실패할 경우 그와 관련된 에러 로그를 보고 문제점을 수정하면 됩니다.

콘솔 출력

```
21:49:47 Started by user INSIGHT
21:49:47 Building in workspace /var/lib/jenkins/workspace/build
21:49:47  > git rev-parse --is-inside-work-tree # timeout=10
21:49:47 Fetching changes from the remote Git repository
21:49:47  > git config remote.origin.url https://addio3305@bitbucket.org/addio3305/insight-spring.git # timeout=10
21:49:47 Fetching upstream changes from https://addio3305@bitbucket.org/addio3305/insight-spring.git
21:49:47  > git --version # timeout=10
21:49:47 using GIT_ASKPASS to set credentials
21:49:47  > git fetch --tags --progress https://addio3305@bitbucket.org/addio3305/insight-spring.git +refs/heads/*:refs/remotes/origin/*
21:49:49  > git rev-parse refs/remotes/origin/master^{commit} # timeout=10
21:49:49  > git rev-parse refs/remotes/origin/origin/master^{commit} # timeout=10
21:49:49 Checking out Revision ea6bfe199c152aefff6ca5ca32ac24e71f7b4865 (refs/remotes/origin/master)
21:49:49  > git config core.sparsecheckout # timeout=10
21:49:49  > git checkout -f ea6bfe199c152aefff6ca5ca32ac24e71f7b4865
21:49:49 Commit message: ""
21:49:49 First time build. Skipping changelog.
21:49:49 [Gradle] - Launching build.
21:49:49 [build] $ /var/lib/jenkins/tools/hudson.plugins.gradle.GradleInstallation/Default_git/bin/gradle build
21:49:52 Starting a Gradle Daemon (subsequent builds will be faster)
21:49:59
21:49:59 > Task :buildEnvironment
21:49:59
21:49:59 ------------------------------------------------------------
21:49:59 Root project
21:49:59 ------------------------------------------------------------
21:49:59
21:49:59 classpath
21:49:59 No dependencies
21:49:59
21:49:59 A web-based, searchable dependency report is available by adding the --scan option.
21:49:59
21:49:59 BUILD SUCCESSFUL in 9s
21:49:59 1 actionable task: 1 executed
21:50:00 Build step 'Invoke Gradle script' changed build result to SUCCESS
21:50:00 Finished: SUCCESS
```

여기서 두 번째 줄의 로그를 잠시 살펴보겠습니다. 그림에서는 잘 안 보이니 다시 적었습니다.

```
Building in workspace /var/lib/jenkins/workspace/build
```

이 로그는 젠킨스의 워크스페이스를 보여 줍니다. 젠킨스의 워크스페이스 경로는 /var/lib/jenkins/workspace/build라는 것을 알 수 있습니다. 즉, 빌드의 결과물인 war 파일은 이 경로에 저장된다는 의미입니다. 그럼 war 파일이 정상적으로 생성되었는지 확인하기 위해서 다음 경로를 찾아가 봅니다.

```
cd /var/lib/jenkins/workspace/build
ll
```

이렇게 입력하면 다음과 같은 결과가 나옵니다.

```
total 0
drwxr-xr-x. 7 addio3305_insight addio3305_insight 148 Aug 13 23:39 board
```

빌드를 수행한 board 애플리케이션이 젠킨스의 워크스페이스에 새로 생긴 것을 볼 수 있습니다. 앞에서 이클립스에서 빌드를 수행하면 그 결과물인 war 파일은 build/libs 폴더 밑에 생성되었습니다. 젠킨스에서 빌드해도 그 위치는 동일합니다. build/libs 폴더로 이동해서 war 파일이 있는지 확인합니다.

```
cd board/build/libs
ll
```

```
total 49284
-rw-r--r--. 1 addio3305_insight addio3305_insight 50466223 Aug 13 23:40 board-0.0.1-SNAPSHOT.war
```

이클립스로 빌드했을 때와 동일하게 board-0.0.1-SNAPSHOT.war 파일이 생성되었습니다. 이 경로는 바로 뒤에서 배포 환경을 설정할 때 사용하니 경로를 다시 한번 확인하세요.

여기서는 지면관계상 젠킨스의 빌드 환경 구성 및 수동빌드를 진행했지만 독자분들은 board 애플리케이션의 코드를 수정한 후 커밋해서 결과를 확인해 보세요. 수정된 코드를 커밋 후 푸시하면 젠킨스가 자동적으로 빌드하는 것을 확인할 수 있습니다.

10.5.3 젠킨스를 이용한 배포 설정하기

마지막으로 빌드된 결과를 자동으로 배포하는 환경을 구성합니다. 배포 프로젝트의 이름은 deploy로 하겠습니다. 앞에서 build 프로젝트를 만들었을 때와 동일하게 Freestyle project를 생성합니다.

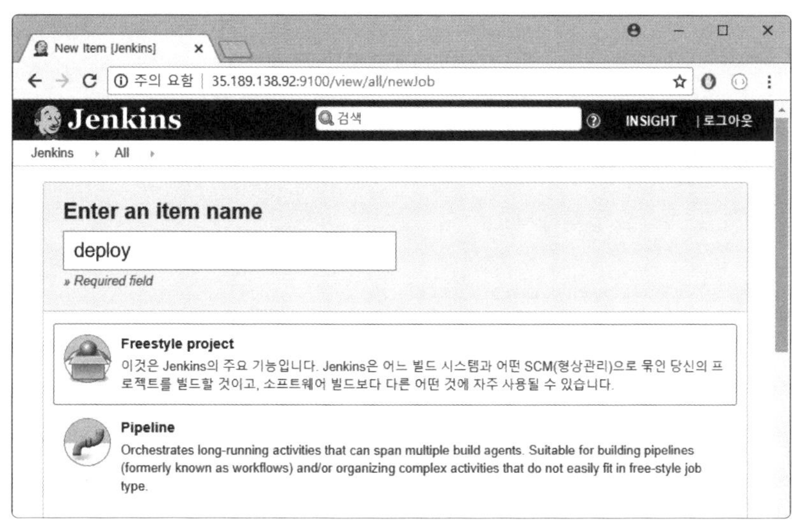

배포 프로젝트를 구성하기에 앞서 배포의 흐름을 다시 한번 살펴보겠습니다.

1. board 애플리케이션을 실행하고 있는 톰캣 서버를 종료합니다.
2. 새로운 빌드 결과물을 반영하기 위해서 톰캣의 board 애플리케이션 코드를 삭제합니다.
3. 빌드 서버로부터 빌드 결과물을 받아서 톰캣 폴더에 저장합니다.
4. 빌드 결과물인 war 파일의 압축을 풉니다.
5. 톰캣 서버를 다시 실행합니다.

이는 앞에서 수동으로 배포할 때의 흐름과 동일합니다. 단지 로컬 환경에서 빌드한 결과물을 서버로 전송하는 대신 빌드 서버에서 결과물을 전송한다는 점만 다릅니다. 이 과정은 모두 명령어를 이용해서 진행했습니다. 이런 배포 순서를 다시 한번 생각하면서 따라 해주세요.

deploy 프로젝트는 앞에서 빌드한 결과물을 배포하는 프로젝트이기 때문에 소스코드나 빌드 환경을 설정할 필요는 없습니다. 바로 Build 영역으로 이동합니다. 배포 과정은 모두 OS의 셸(shell) 명령어를 이용해서 진행합니다. Add build step 〉 Execute shell을 선택합니다.

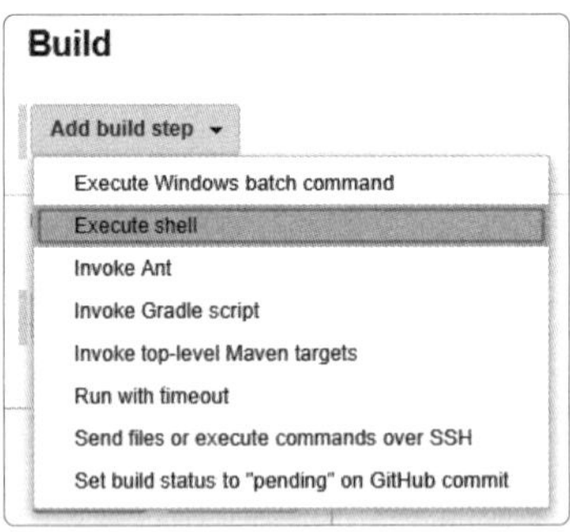

Command 칸에 다음 코드를 작성합니다. 아이디와 서버 IP 주소는 독자분들의 아이디와 IP 주소로 입력하세요.

```
WORKSPACE="/var/lib/jenkins/workspace"
TOMCAT="/usr/local/apache-tomcat-8.5.32-board"     ❶
SVR="서버 IP 주소"
ssh 아이디@$SVR $TOMCAT/bin/shutdown.sh ❷
ssh 아이디@$SVR "rm -rf /home/아이디/src/board/*" ❸
scp $WORKSPACE/build/board/build/libs/*.war 아이디@$SVR:/home/아이디/src/board/board.war ❹
ssh 아이디@$SVR "cd /home/아이디/src/board; /usr/local/java/bin/jar -xvf board.war" ❺
ssh 아이디@$SVR $TOMCAT/bin/startup.sh ❻
```

❶ 젠킨스에서 사용할 변수를 정의합니다. 변수는 $변수이름으로 사용할 수 있습니다. 여기서는 3개의 변수를 지정했습니다. 각각 젠킨스의 워크스페이스, board 톰캣의 경로 그리고 서버의 주소입니다.

❷ 젠킨스가 SSH로 대상 서버에 접속해서(`ssh 아이디@$SVR`) board 톰캣을 종료합니다(`$TOMCAT/bin/shutdown.sh`).

❸ board 애플리케이션의 코드를 삭제합니다.

❹ 빌드 서버로부터 `war` 파일을 복사합니다. 앞에서 젠킨스의 빌드 결과물은 `/var/lib/jenkins/workspace/build/board/build/libs` 폴더에 생성되었습니다. 지금까지는 빌드 결과물이 항상 `board-0.0.1-SNAPSHOT.war`로 생성되었지만 애플리케이션이 개발되면서 버전이 변경되면 빌드 결과물의 이름도 변경됩니다. 따라서 특정한 이름을 지정하지 않고 `war` 확장자를 가진 모든 파일을 복사해서(`$WORKSPACE/build/board/build/libs/*.war`) `board.war`라는 이름으로 저장합니다(`아이디@$SVR:/home/아이디/src/board/board.war`).

❺ `war` 파일은 `war` 파일이 있는 폴더에서만 압축을 풀 수 있습니다. 이 말은 `war` 파일이 있는 위치로 이동해야만 압축을 풀 수 있다는 의미입니다. 따라서 한 번의 SSH 접속으로 폴더 이동과 `war` 압축 풀기, 두 개의 작업을 해야 합니다. SSH로 서버에 접속해서 여러 개의 명령어를 실행하려면 각 명령어를 `;`를 이용해서 구분해주면 됩니다. `cd/home/아이디/src/board` 명령어와 `/usr/local/java/bin/jar -xvf board.war` 명령어가 구분되어 있는 것을 확인하세요.

❻ 톰캣을 실행합니다.

Build 영역의 스크립트를 작성하고 저장합니다. build 프로젝트와 마찬가지로 Build Now 메뉴를 클릭해서 배포를 실행하고 Console Output에서 로그를 확인합니다.

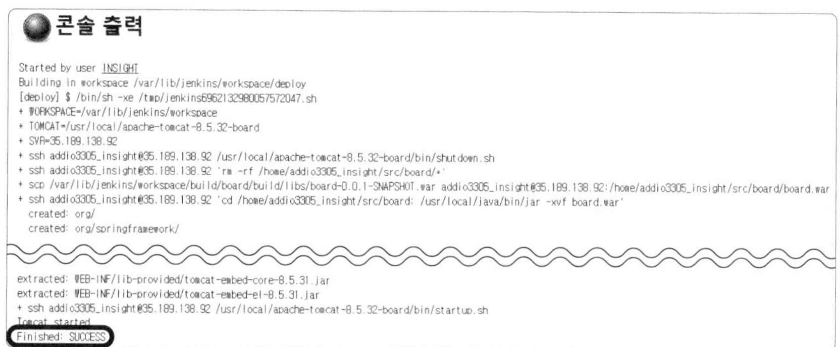
콘솔 출력

```
Started by user INSIGHT
Building in workspace /var/lib/jenkins/workspace/deploy
[deploy] $ /bin/sh -xe /tmp/jenkins6962132980057572047.sh
+ WORKSPACE=/var/lib/jenkins/workspace
+ TOMCAT=/usr/local/apache-tomcat-8.5.32-board
+ SVR=35.189.138.92
+ ssh addio3305_insight@35.189.138.92 /usr/local/apache-tomcat-8.5.32-board/bin/shutdown.sh
+ ssh addio3305_insight@35.189.138.92 'rm -rf /home/addio3305_insight/src/board/*'
+ scp /var/lib/jenkins/workspace/build/board/build/libs/board-0.0.1-SNAPSHOT.war addio3305_insight@35.189.138.92:/home/addio3305_insight/src/board/board.war
+ ssh addio3305_insight@35.189.138.92 'cd /home/addio3305_insight/src/board; /usr/local/java/bin/jar -xvf board.war'
  created: org/
  created: org/springframework/

extracted: WEB-INF/lib-provided/tomcat-embed-core-8.5.31.jar
extracted: WEB-INF/lib-provided/tomcat-embed-el-8.5.31.jar
+ ssh addio3305_insight@35.189.138.92 /usr/local/apache-tomcat-8.5.32-board/bin/startup.sh
Tomcat started
Finished: SUCCESS
```

정상적으로 배포가 완료되었다고 나옵니다.

그럼 board 애플리케이션이 정말로 배포되었는지 확인해 봐야겠죠? 브라우저에서 board 애플리케이션을 실행합니다.

board 애플리케이션이 정상적으로 실행되었습니다.

build 후 deploy 실행 설정하기

여기까지 build와 deploy 프로젝트의 설정이 완료되었습니다. 마지막으로 할 일이 하나 남았습니다. 바로 build 프로젝트 실행 후 deploy 프로젝트가 실행되도록 하는 작업입니다. 이를 위해서 build 프로젝트를 다음과 같이 변경합니다.

build 프로젝트 설정의 맨 밑으로 이동해서 [빌드 후 조치]에서 [Build other projects]를 선택하고 deploy를 입력합니다.

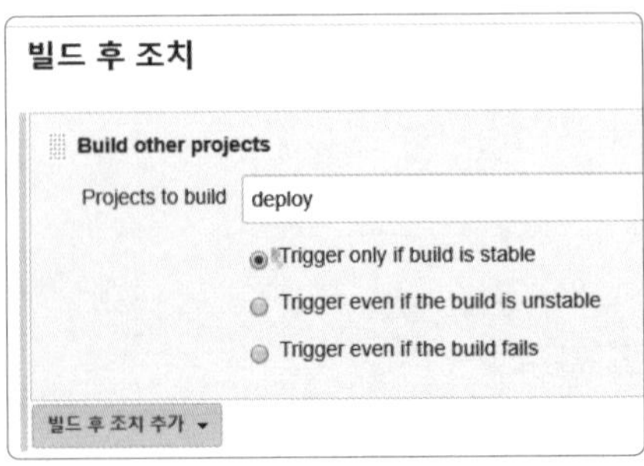

이 설정은 해당 프로젝트가 완료된 후 다른 프로젝트를 실행시키는 것을 의미합니다. 여기서는 build 프로젝트가 정상적으로 빌드가 되었을 경우에만 deploy 프로젝트를 실행하도록 했습니다.

마지막으로 build 프로젝트가 정상적으로 실행되면 deploy 프로젝트도 호출하는지 확인할 차례입니다.

먼저 젠킨스 메인화면으로 이동합니다. 메인화면에서 프로젝트 목록 중 build 프로젝트의 이름(Name)에 마우스를 올리면 몇 가지 메뉴가 나옵니다. 그중 Build Now를 클릭해서 build 프로젝트를 수행합니다.

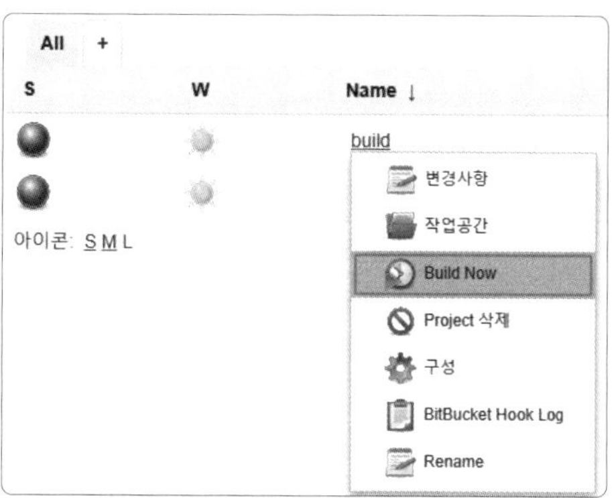

빌드가 시작되면 프로젝트 목록의 아이콘이 깜박이면서 빌드가 시작됩니다. 또한 젠킨스 메인화면의 왼쪽에 있는 [빌드 실행 상태]에서 빌드 진행 과정이 표시됩니다.

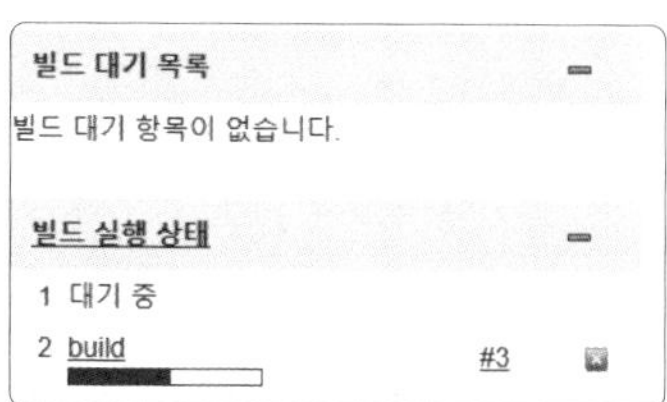

build 프로젝트 실행 후 deploy 프로젝트까지 정상적으로 실행되면 젠킨스 설정도 마무리됩니다.

부록 A

S p r i n g b o o t

MySQL 설치하기

현재 사용하고 있는 PC에 MySQL을 설치하는 방법에 대해서 알아보겠습니다.

MySQL 설치파일 다운로드

MySQL 사이트[1]에 접속하여 MySQL Community 버전의 설치파일을 다운로드합니다. 여기서는 MySQL 5.7을 설치합니다.

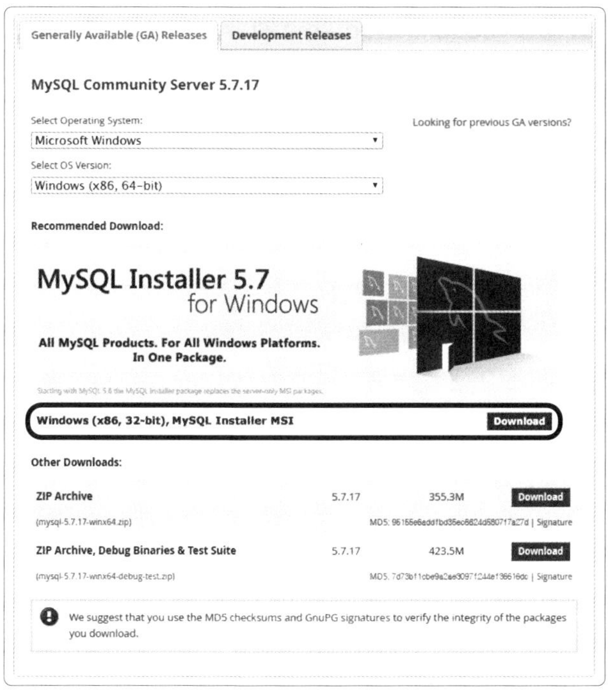

1 *http://bitly.kr/9p1y*

Windows (x86, 32-bit), MySQL Installer MSI의 [Download]를 선택합니다.

그럼 설치파일을 다시 선택하는 화면이 나옵니다. 여기서는 인터넷 설치가 아니라 설치파일을 전부 다운로드해서 설치할 것이므로 두 번째 설치파일을 선택합니다.

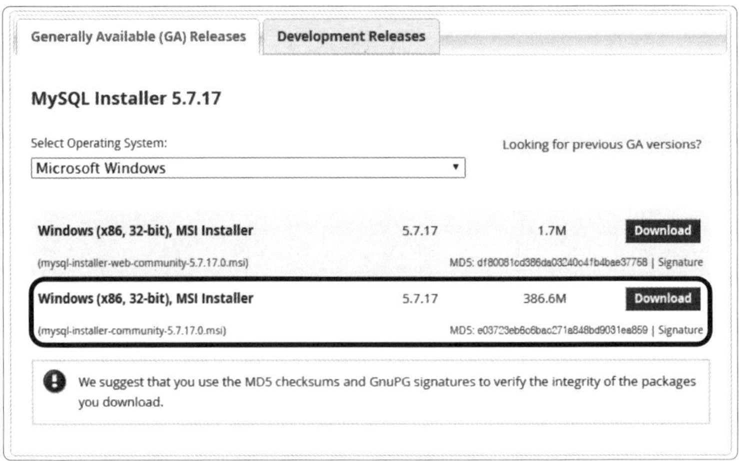

그러면 바로 다운로드가 시작될 거라 생각하겠지만 아닙니다.

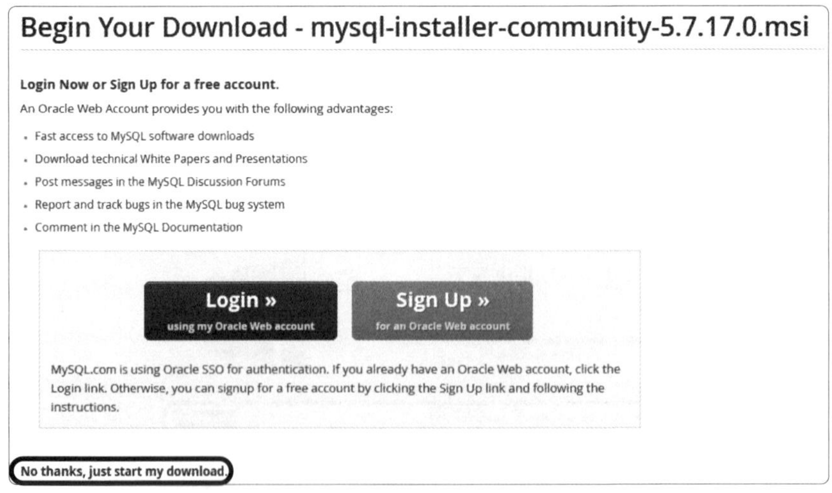

네, 설치파일 한번 받는 게 이렇게 어렵습니다. 로그인하든지 가입하라고 나오는데 화면 하단에 조그마하게 No thanks, just start my download가 보입니다. 이 링크를 선택하시면 드디어 MySQL의 설치파일 다운로드가 시작됩니다. 굳이 가입하고 로그인할 분은 말리지 않겠지만 필자는 귀찮아서 그냥 링크를 클릭하고 받았습니다.

MySQL 설치하기

다운로드가 완료되면 설치파일을 실행합니다. 단계가 꽤 많은데, 단순히 [Next], [Execute]와 같은 버튼을 클릭하는 부분은 빼고 다루도록 하겠습니다.

설치파일을 실행하고 약관에 동의하면 MySQL 설치 유형을 선택하는 화면이 나옵니다.

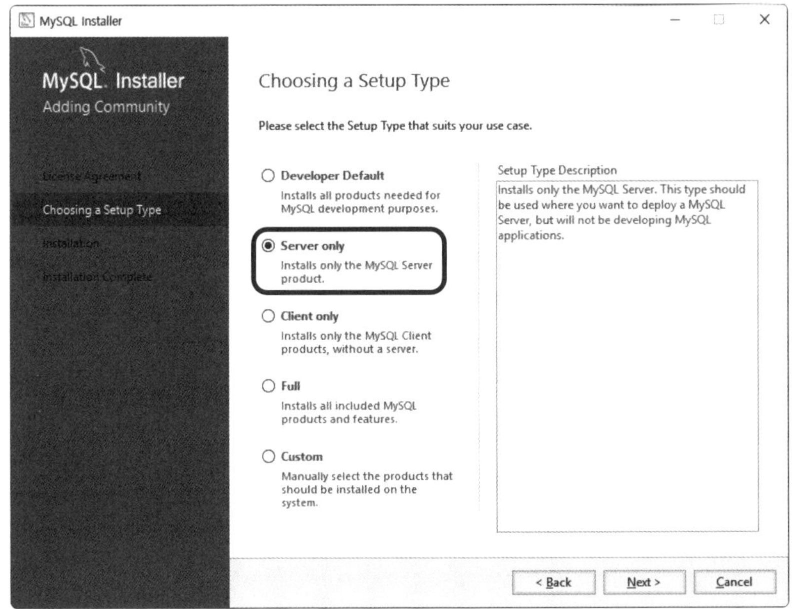

우리는 서버 기능만 필요하기 때문에 Server only를 선택합니다.

단계를 조금 넘어가다 보면 MySQL의 백업 서버 정책을 선택하는 화면이 나옵니다.

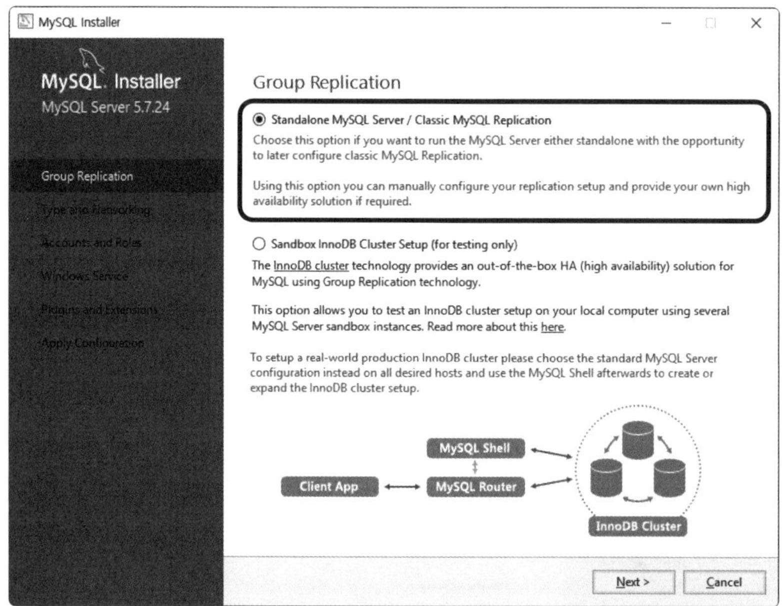

여기서는 서버를 한 대만 사용하기 때문에 Standalone MySQL Server/ Classic MySQL Replication을 선택합니다.

Standalone은 MySQL 서버 한 대를 의미합니다. Classic MySQL Replication은 서버 두 대 이상을 사용해서 하나의 서버에 데이터가 저장되면 다른 서버에도 복제가 되는 구성입니다. Sandbox InnoDB Cluester는 클러스터 구성인데 여기서는 알 필요가 없습니다.

다음은 MySQL의 설정입니다. 특별히 바꿀 내용은 없지만 확인할 게 있습니다.

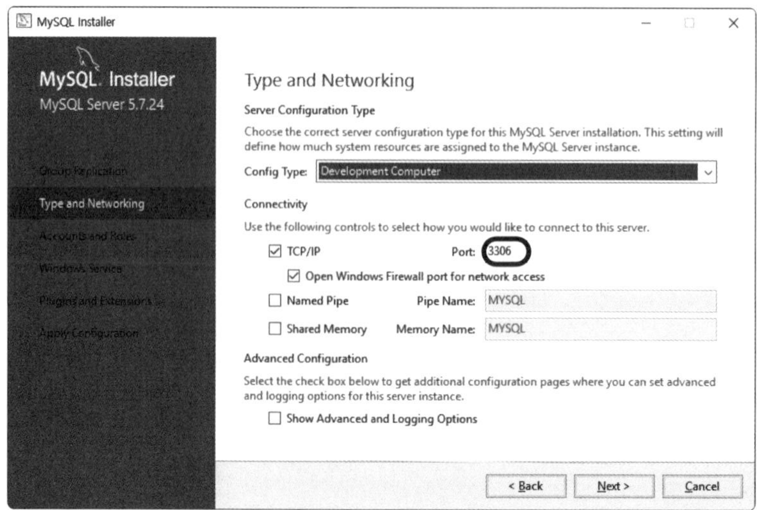

화면 중간쯤에 있는 Port입니다. MySQL의 기본 포트는 3306 포트를 사용합니다. 그런데 만약 3306 포트가 사용 중이라면 사용하지 않는 다른 포트번호로 변경해 주면 됩니다.

다음은 MySQL의 root 계정의 비밀번호를 설정합니다.

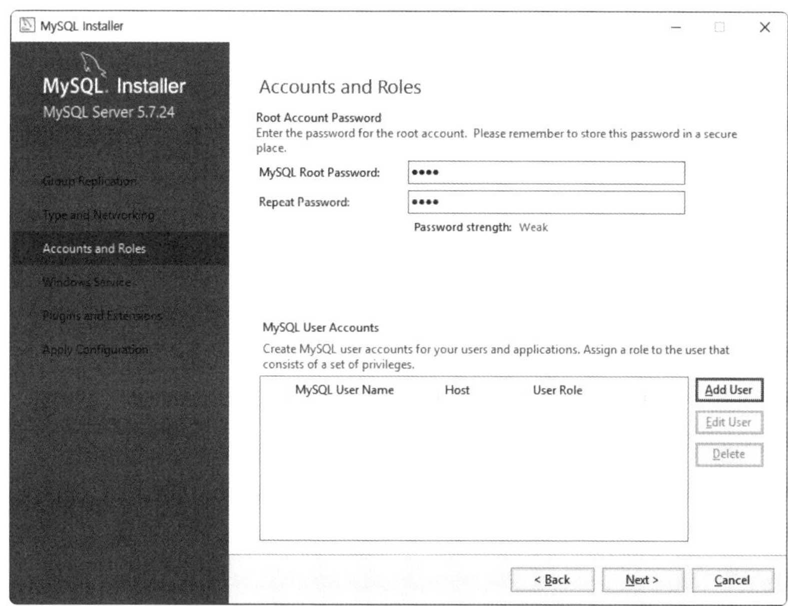

실제 프로젝트에서는 보안을 위해서 복잡한 비밀번호를 사용하고 한 개 이상의 사용자 계정을 만들어서 DB 접근 및 권한을 분리합니다. 하지만 지금은 PC에서 혼자 사용하기 때문에 간단한 루트 비밀번호를 설정하고 사용자는 추가하지 않겠습니다.

그 다음으로는 윈도우가 시작될 때 MySQL 서버도 같이 실행할지를 선택합니다.

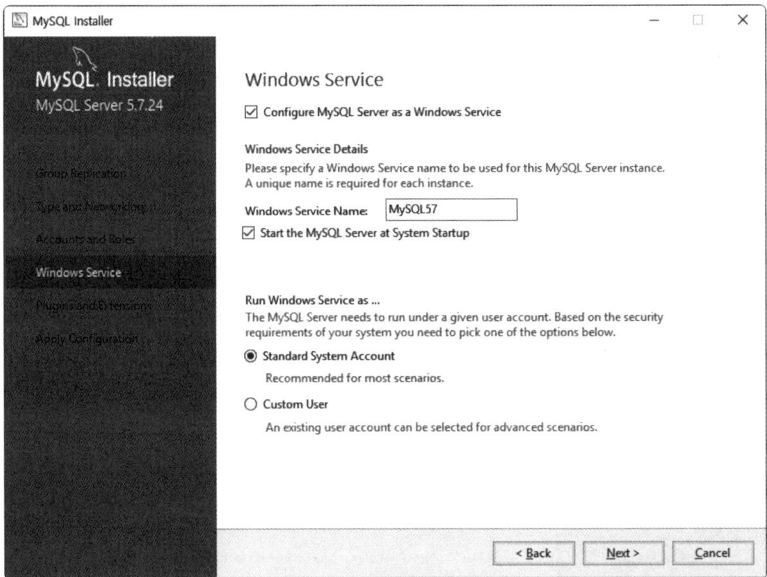

윈도우가 시작될 때마다 수동으로 MySQL을 실행하기는 번거로우니 자동실행되게끔 합니다. Start the MySQL Server at System Startup에 이미 체크가 되어 있으니 해제하지 말고 계속 진행합니다.

SQLYog 설치하기

SQLYog는 WEBYOG가 개발한 MySQL용 GUI 도구입니다. MySQL을 편하게 사용하기 위해서는 SQLYog와 같은 도구를 사용하는 것이 좋습니다. SQLYog 외에도 Workbench, Toad for MySQL, phpMyAdmin 등 다양한 GUI 도구가 있으니 편한 것을 사용하시면 됩니다.

SQLYog는 유료 버전과 무료 버전이 있는데, 공식 홈페이지에서는 유료 버전과 30일 체험 버전만 다운받을 수 있습니다. 무료 버전은 SQLYog 커뮤니티 에디션(Community Edition)이라는 이름으로 GitHub에서 다운받을 수 있습니다. 구글에서 sqlyog community로 검색하거나 *https://github.com/webyog/sqlyog-community/wiki/Downloads*로 접속합니다.

여기서는 무료 버전을 사용하므로 해당 페이지에 접속하여 SQLYog Community Edition을 설치합니다. 특별히 유의할 사항이 없으므로 설치 과정은 설명하지 않습니다.

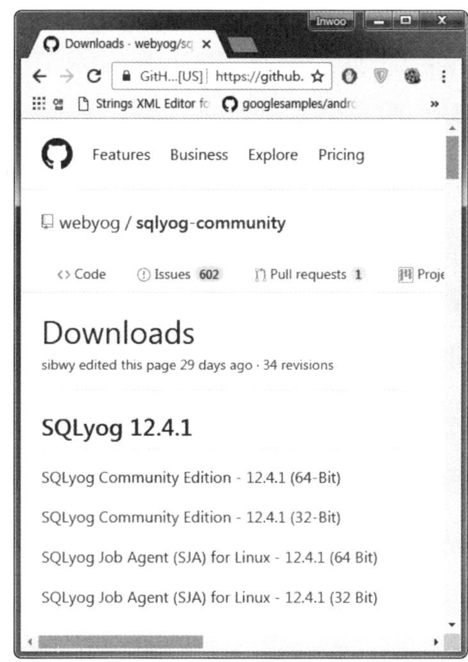

SQLYog의 설치가 완료되면 자동으로 SQLYog가 실행됩니다.

① [새...]를 클릭하여 새로운 연결정보를 만들겠습니다. 앞으로 MySQL 데이터베이스에 연결할 때 사용할 이름을 적으면 됩니다. 여기서는 간단히 '로컬'이라고 지정하겠습니다. 실제 프로젝트에서는 연결정보가 많아지니 (테스트 서버,

운영 서버 등) 나중에도 잘 알아볼 수 있는 이름으로 지정하면 됩니다.

② MySQL Host Address에는 localhost를 입력하면 됩니다. 실제 프로젝트에서는 MySQL이 설치된 서버의 IP 주소 또는 도메인을 입력하면 됩니다.

③ 사용자 이름 및 비밀번호에는 MySQL을 설치할 때 지정한 사용자 이름과 비밀번호를 입력합니다.

처음 접속한 것이니 데이터베이스는 공백으로 남겨놓고 [테스트 연결]을 클릭합니다. 정상적으로 연결이 되면 다음과 같은 알림창을 볼 수 있습니다.

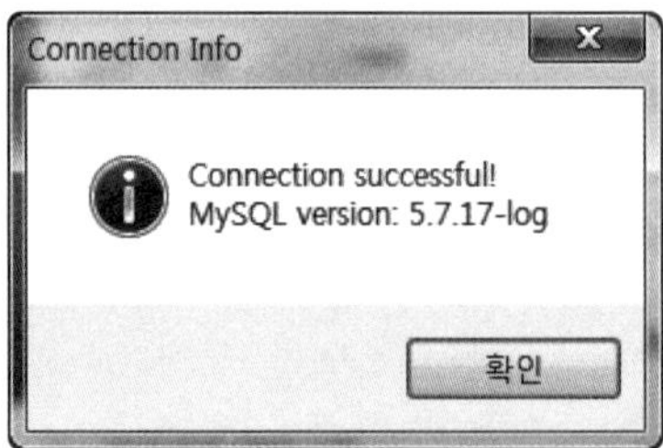

④ [연결]을 클릭하면 다음과 같은 화면을 볼 수 있습니다.

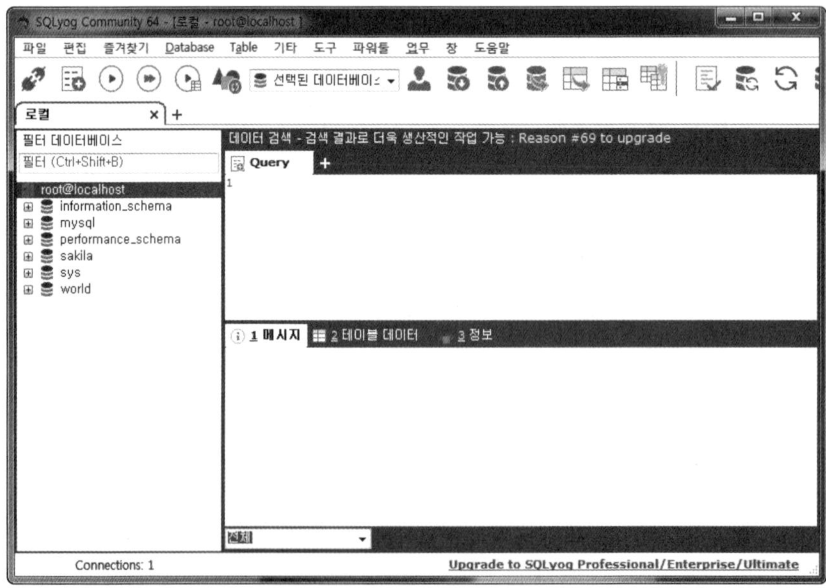

부록 B

S p r i n g b o o t

jsp 관련 설정하기

jsp 폴더 생성하기

스프링 부트에는 템플릿 엔진(FreeMarker, Groovy, MustacheThymeleaf)의 자동구성 기능이 포함되어 있습니다. 따라서 `templates` 폴더에 템플릿 소스를 넣으면 스프링 부트가 알아서 여러 가지 설정을 해 주어 쉽게 개발할 수 있습니다. 그리고 스프링은 jsp가 약간의 제약이 있기 때문에 추천하지 않는다는 입장입니다.[1][2]

단 이미 개발되어 있는 시스템의 유지보수나 프로젝트의 요구사항에 따라서 반드시 jsp만 사용해야 하는 경우가 있을 수 있습니다. 따라서 이번에는 jsp를 사용하는 방법을 살펴보겠습니다.

jsp 파일의 경우 스프링 부트의 `templates` 폴더에서 작동하지 않습니다. 따라서 일반적인 웹 프로젝트에서 사용되는 `src/main/webapp/WEB-INF` 폴더를 직접 만들고 그 안에 jsp 파일을 넣어야 합니다. 스프링 부트 프로젝트의 경우 `src/main` 폴더만 생성되니 그 안에 `webapp/WEB-INF/jsp` 폴더를 생성합니다.

1 *http://docs.spring.io/spring-boot/docs/2.0.0.M1/reference/htmlsingle/#boot-features-spring-mvc-template-engines*
2 *http://docs.spring.io/spring-boot/docs/2.0.0.M1/reference/htmlsingle/#boot-features-jsp-limitations*

```
∨ board [boot] [devtools]
    > src/main/java
    > src/main/resources
    > src/test/java
    > JRE System Library [JavaSE-1.8]
    > Project and External Dependencies
    > gradle
    ∨ src
        ∨ main
            ∨ webapp
                ∨ WEB-INF
                        jsp
          test
      build.gradle
      gradlew
      gradlew.bat
```

ViewResolver 설정하기

앞에서 만든 jsp 폴더 안에 있는 jsp 파일을 호출하려면 경로를 정확히 호출해야 합니다. 예를 들어 jsp 폴더 안에 index.jsp 파일을 만들 경우 이 경로는 WEB-INF/jsp/index.jsp가 됩니다. 그렇지만 개발하면서 반복적으로 WEB-INF/jsp를 작성하는 것은 귀찮고 불편합니다. 따라서 반복적으로 사용되는 경로와 확장자를 ViewResolver에 등록해서 매번 반복할 필요가 없도록 하겠습니다.

src/main/java/board/configuration 패키지 밑에 WebMvcConfiguration 클래스를 생성하고 다음과 같이 작성합니다.

코드 B-1 WebMvcConfiguration.java

```
package board.configuration;

import org.springframework.context.annotation.Bean;
import org.springframework.context.annotation.Configuration;
import org.springframework.web.servlet.ViewResolver;
import org.springframework.web.servlet.config.annotation.EnableWebMvc;
import org.springframework.web.servlet.view.InternalResourceViewResolver;

@Configuration
@EnableWebMvc  ❶
public class WebMvcConfiguration{

    @Bean
    public ViewResolver getViewResolver(){
        InternalResourceViewResolver viewResolver = new InternalResourceViewResolver();
        viewResolver.setPrefix("/WEB-INF/jsp/");  ❷
        viewResolver.setSuffix(".jsp");

        return viewResolver;
    }
}
```

❶ `@EnableWebMvc` 어노테이션은 내부적으로 `WebMvcConfigurationSupport` 클래스를 이용하여 스프링 MVC를 설정하는 데 필요한 빈을 자동으로 등록해 줍니다. 스프링 3.1에 추가되었던 `<mvc:annotaion-driven>` 태그와 동일한 역할을 합니다.

❷ 앞에서 반복적으로 사용하는 경로 및 확장자를 `ViewResolver`에 등록할 거라고 이야기했습니다. `ViewResolver`의 `setPrefix`와 `setSuffix` 메서드를 이용해서 경로와 확장자를 등록합니다. 앞으로 jsp 파일을 호출할 때에는 기본 경로와 확장자를 제외하고 호출하면 됩니다.

jsp 관련 의존성 추가하기

앞에서 `jsp` 폴더 및 `ViewResolver`를 설정했지만 이것만으로 끝난 것은 아닙니다. 스프링 부트의 웹 관련 의존성인 `spring-boot-starter-web`에 포함된 톰캣(tomcat)은 jsp 엔진을 포함하지 않습니다. 따라서 JSTL 및 관련 의존성을 추가해야만 정상적으로 jsp를 사용할 수 있습니다.

JSTL은 JSP Standart Tag Library의 약자로 jsp 내에서 자주 사용되는 커스텀 태그들을 모아서 표준으로 만들어 놓은 태그 라이브러리입니다. 반복문이나 if문과 같은 분기문 또는 데이터베이스 관련 기능 등 jsp 페이지 내에서 사용할 수 있는 기능을 모아두었습니다. jsp를 개발할 때 JSTL을 이용하면 여러 가지 기능을 쉽게 구현할 수 있습니다.

JSTL은 다음과 같은 태그를 지원합니다.

라이브러리	기능	접두어	관련 URI
코어	변수, 제어문 등	c	*http://java.sun.com/jsp/jstl/core*
함수	콜렉션, 문자열 처리	fn	*http://java.sun.com/jsp/jstl/fuctions*
포맷팅	숫자, 문자, 날짜, 다국어 처리 등	fmt	*http://java.sun.com/jsp/jstl/fmt*
데이터베이스	CRUD 기능	sql	*http://java.sun.com/jsp/jstl/sql*
XML	XML 문서 처리	x	*http://java.sun.com/jsp/jstl/xml*

이와 관련된 자세한 설명은 오라클 공식문서[3]에서 확인할 수 있습니다.

3 *https://docs.oracle.com/javaee/5/jstl/1.1/docs/tlddocs/*

build.gradle 파일의 하단 dependencies 부분에 다음 의존성을 포함시켜 줍니다. 이 글을 쓰는 현재 최신 버전이 다음과 같지만, 추후 새로운 버전이 나올 경우 최신 버전을 사용해도 무방합니다.

코드 B-2 build.gradle

```
compile group: 'javax.servlet', name: 'jstl', version: '1.2'
compile group: 'org.apache.tomcat.embed', name: 'tomcat-embed-jasper',
              version: '9.0.0.M21'
```

jsp 실행 확인하기

마지막으로 jsp의 동작을 확인할 차례입니다. board 패키지 밑에 테스트를 위한 TestController 클래스를 만들고 다음 코드를 작성합니다.

코드 B-3 TestController.java

```
package board;

import org.springframework.stereotype.Controller;
import org.springframework.web.bind.annotation.RequestMapping;

@Controller
public class TestController {

    @RequestMapping("/")
    public String index(){
        return "index";
    }
}
```

다음으로 src/main/webapp/WEB-INF/jsp 폴더 밑에 index.jsp 파일을 만듭니다.

코드 B-4 index.jsp

```
<%@ page language="java" contentType="text/html; charset=EUC-KR"
pageEncoding="EUC-KR"%>
<!DOCTYPE html PUBLIC "-//W3C//DTD HTML 4.01 Transitional//EN"
                     "http://www.w3.org/TR/html4/loose.dtd">
<html>
    <head>
        <meta http-equiv="Content-Type" content="text/html; charset=EUC-KR">
        <title>Insert title here</title>
    </head>
    <body>
        Hello World!
    </body>
</html>
```

이클립스에서 index.jsp 파일을 만들면 <body> 태그 안쪽의 Hello World! 문자열을 제외하고 자동으로 내용이 만들어집니다. 여기서는 간단히 만들어진 jsp 파일에 Hello World!만 입력했습니다.

이제 애플리케이션을 실행하고 브라우저에서 localhost에 접속하면 다음과 같이 `index.jsp`가 호출되는 것을 확인할 수 있습니다.

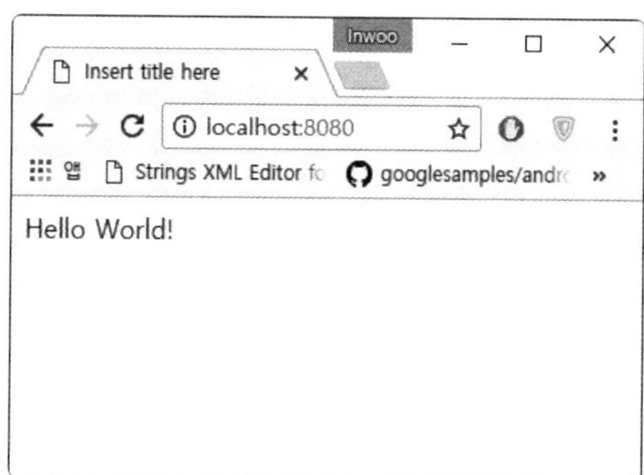

부록 C

S p r i n g b o o t

SSH를 이용해서 GCP에 접속하기

GCP(Google Cloud Platform)는 VM 인스턴스에 쉽게 접속해서 작업을 할 수 있도록 Google Cloud Console에서 웹 접속을 지원합니다. 또한 GCP의 웹 콘솔은 파일 전송도 지원합니다. 이러한 기능은 서버에서 간단한 작업을 하거나 VM 인스턴스의 접속 설정이 되어 있지 않을 때에는 유용하지만 아무래도 성능이나 접근성에 아쉬움이 있을 수밖에 없습니다. 서버에 접속하기 위해서 일단 Google Cloud Console에 로그인한 후 원하는 VM 인스턴스를 찾아서 웹 접속을 하기까지 몇 단계의 과정을 거쳐야 하기 때문에 불편합니다.

그래서 일반적으로는 SecureCRT나 PuTTY, XShell과 같은 SSH 클라이언트를 사용해서 서버에 접속합니다. 또한 서버로 파일 전송은 파일질라와 같은 FTP 클라이언트를 사용하는 게 GCP의 웹 콘솔보다 훨씬 편합니다. 이 장에서는 SSH 클라이언트를 이용한 GCP 접속에 대해서 알아보겠습니다.

C.1 SSH 키 생성하기

GCP의 VM 인스턴스는 아이디/비밀번호 방식의 접근을 허용하지 않습니다. 오직 키를 이용한 방식만 허용합니다. 따라서 키를 생성하고 이 키를 VM 인스턴스에 등록하는 과정을 거쳐야 합니다. 키를 생성하는 방법은 몇 가지가 있는데, 여기서는 무료로 사용할 수 있는 PuTTY 패키지를 이용해서 키를 생성하고 서버에 접속하는 법을 살펴보겠습니다.

PuTTY 설치하기

먼저 PuTTY 홈페이지[1]에서 PuTTY를 다운로드합니다.

Download PuTTY

PuTTY is an SSH and telnet client, developed originally by Simon Tatham for the Windows platform. PuTTY is open source software that is available with source code and is developed and supported by a group of volunteers.

You can download PuTTY here.

홈페이지에 접속하면 위와 같이 PuTTY를 다운로드할 수 있는 링크가 나옵니다. [here]를 클릭하면 바로 다운로드가 될 것 같지만 아닙니다. 진짜로 PuTTY를 다운로드할 수 있는 페이지로 이동합니다.

Download PuTTY: latest release (0.70)

Home | FAQ | Feedback | Licence | Updates | Mirrors | Keys | Links | Team
Download: **Stable** · Snapshot | Docs | Changes | Wishlist

This page contains download links for the latest released version of PuTTY. Currently this is 0.70, released on 2017-07-08.

When new releases come out, this page will update to contain the latest, so this is a good page to bookmark or link to. Alternatively, here is a permanent link to the 0.70 release.

Release versions of PuTTY are versions we think are reasonably likely to work well. However, they are often not the most up-to-date version of the code available. If you have a problem with this release, then it might be worth trying out the development snapshots, to see if the problem has already been fixed in those versions.

Package files

You probably want one of these. They include all the PuTTY utilities.

(Not sure whether you want the 32-bit or the 64-bit version? Read the FAQ entry.)

MSI ('Windows Installer')

32-bit:	putty-0.70-installer.msi	(or by FTP)	(signature)
64-bit:	putty-64bit-0.70-installer.msi	(or by FTP)	(signature)

Unix source archive

.tar.gz:	putty-0.70.tar.gz	(or by FTP)	(signature)

이 중 64bit용 윈도우 설치파일인 `putty-64bit-0.70-installer.msi`를 다운로드해서 설치합니다. PuTTY를 설치할 때는 기본 옵션을 그대로 사용하기 때문에 [Next] 버튼만 클릭하면 됩니다. 따라서 설치하는 과정은 생략하겠습니다.

VM 인스턴스에 접근하기 위한 키 생성하기

PuTTY를 설치한 폴더로 이동해서 `puttygen.exe` 파일을 실행합니다.

1 *https://www.putty.org/*

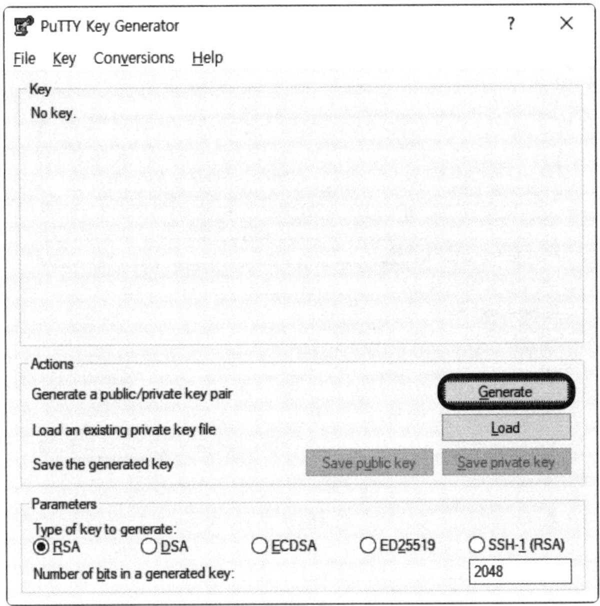

[Generate]를 클릭하고 화면 상단의 Key 영역 안에서 마우스를 이리저리 움직이면 키가 생성됩니다.

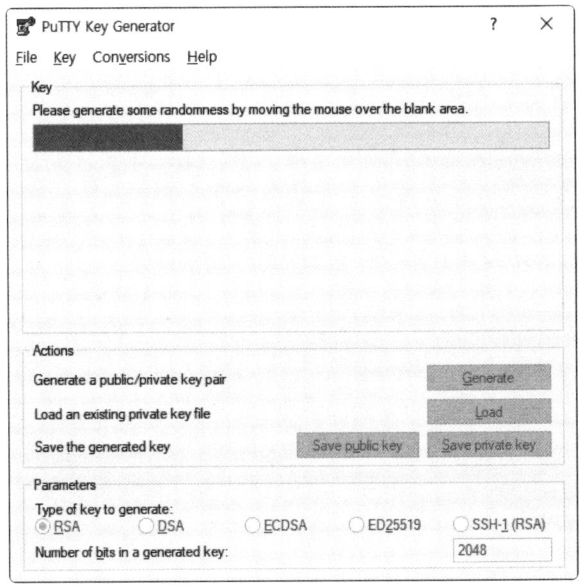

키가 생성되는 동안에는 계속 마우스를 움직여 주세요. 키 생성이 완료되면 다음과 같은 화면이 나옵니다.

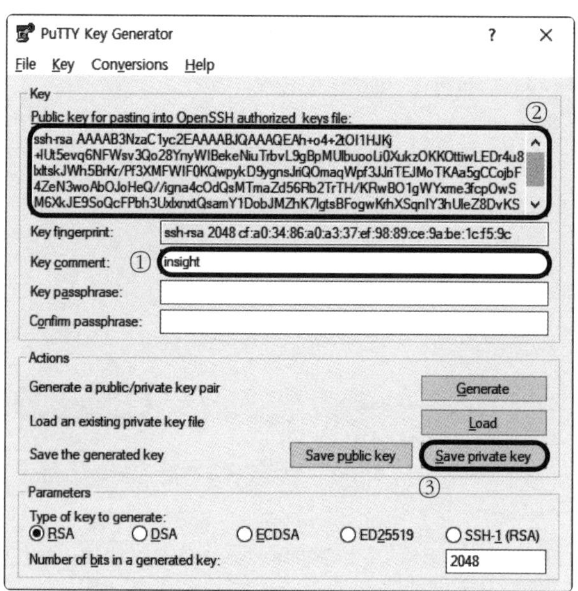

① Key comment에 VM 인스턴스의 사용자 아이디를 입력한 후 ② key 영역의 값을 복사해 놓습니다. 이 값은 VM 인스턴스에 등록할 공개키(Public Key)입니다. 복사된 키의 내용은 다음과 같습니다.

```
ssh-rsa AAAAB3NzaC1yc2EAAAABJQAAAQEAm6Gu7rQ/wMktUOVSjZnaqZ26eOqvDjEZFQ1Y+kT
...중략...
AEXofrvWaDXIXNrw== insight
```

③ [Save private key]를 눌러서 비밀키를 저장합니다. 키의 이름은 어떤 걸로 해도 상관없지만 여기서는 앞에서 입력한 사용자 아이디를 키의 이름으로 사용하겠습니다. 즉, `insight.ppk` 파일로 비밀키를 저장합니다.

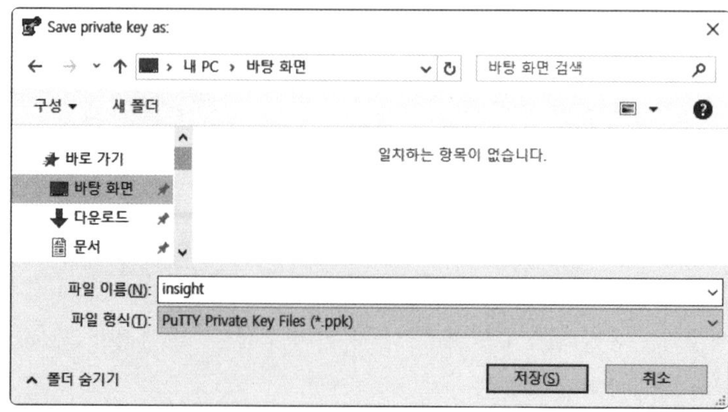

여기까지 완료하면 VM 인스턴스에 접근하기 위한 키가 생성됩니다.

C.2 공개키 추가하기

다음은 VM 인스턴스에 앞에서 만든 공개키를 추가할 차례입니다. 먼저 GCP Console의 Compute Engine으로 이동합니다.

왼쪽 메뉴에서 메타데이터를 클릭한 후 SSH 키 탭을 선택합니다.

SSH 키를 관리하는 화면입니다. [수정] 버튼을 클릭해서 SSH 키 관리 화면으로 이동합니다.

이 화면에서 새로운 키를 등록하거나 이미 등록되어 있는 키를 삭제할 수 있습니다.

단, 등록된 키의 변경은 불가능합니다. 만약 잘못된 키를 입력했을 때에는 해당 키를 삭제하고 새로 등록해야 합니다.

[+항목 추가]를 클릭하면 다음과 같이 새로운 키를 등록할 수 있는 칸이 나타납니다. [전체 키 데이터 입력]에 앞에서 복사해 놨던 공개키를 붙여넣고 [저장] 버튼을 클릭하면 VM 인스턴스에 공개키 추가가 완료됩니다.

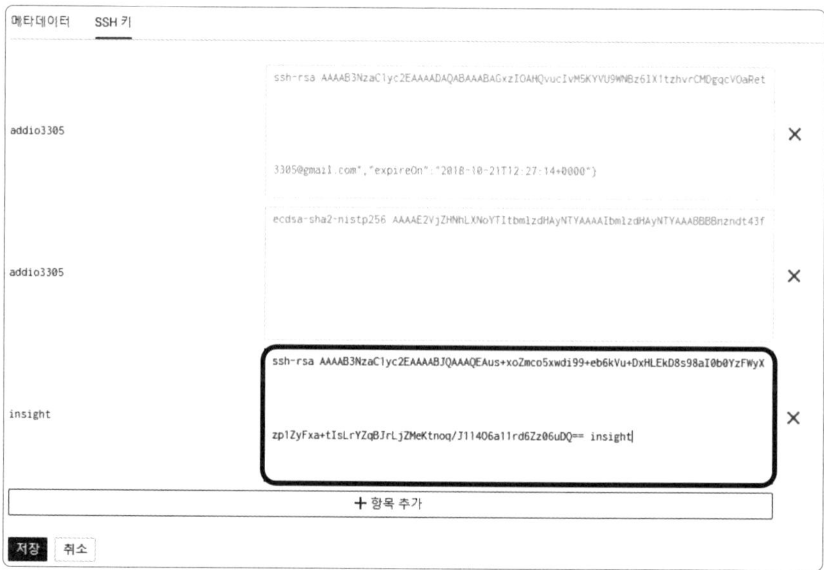

키가 정상적으로 추가되면 다음과 같이 키 목록에 표시됩니다.

C.3 PuTTY를 이용해서 VM 인스턴스에 접속하기

이제 PuTTY를 이용해서 VM 인스턴스에 접속하겠습니다. `putty.exe` 파일을 실행해서 PuTTY를 실행합니다.

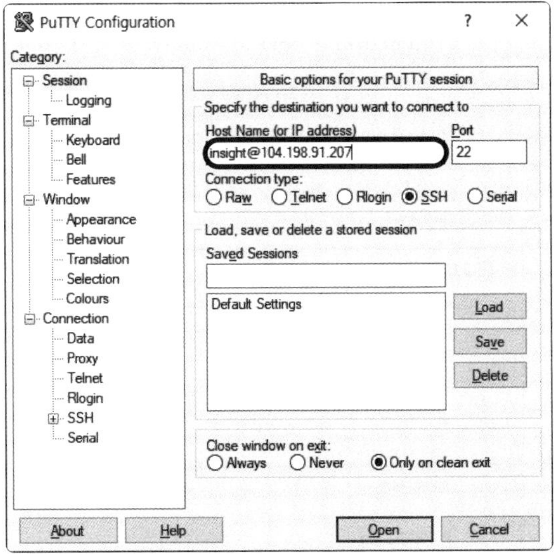

Host Name에 '사용자아이디@접속할 IP 주소' 형식으로 값을 입력합니다. 앞에서 만든 키의 사용자 아이디는 insight였고 IP 주소는 각자 GCP 콘솔에서 확인할 수 있습니다. 필자의 VM 인스턴스의 IP 주소는 104.198.91.207입니다. 이는 각자 다르니 자신의 환경에 맞게 입력하세요.

앞에서 만든 비밀키를 지정할 차례입니다.

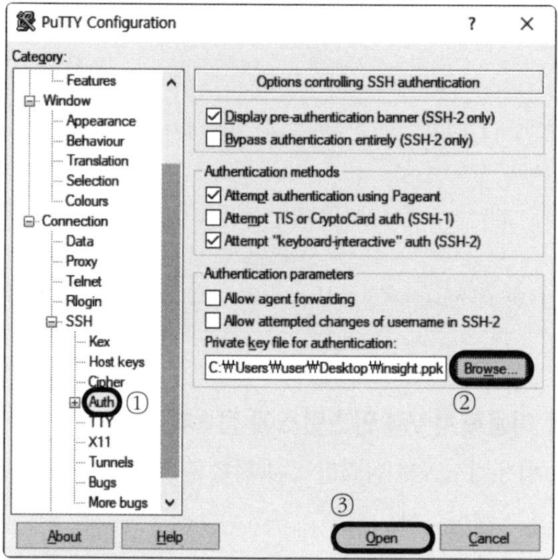

① 왼쪽 카테고리에서 Connection 〉 SSH 〉 Auth를 선택합니다. ② [Browse…] 버튼을 클릭해서 앞에서 만든 비밀키(`insight.ppk`)를 선택합니다. ③ 오른쪽 하단의 [Open] 버튼을 클릭하면 VM 인스턴스에 접속됩니다. 처음 접속할 때는 다음과 같은 알림창이 뜨는데 [예(Y)] 버튼을 클릭하세요.

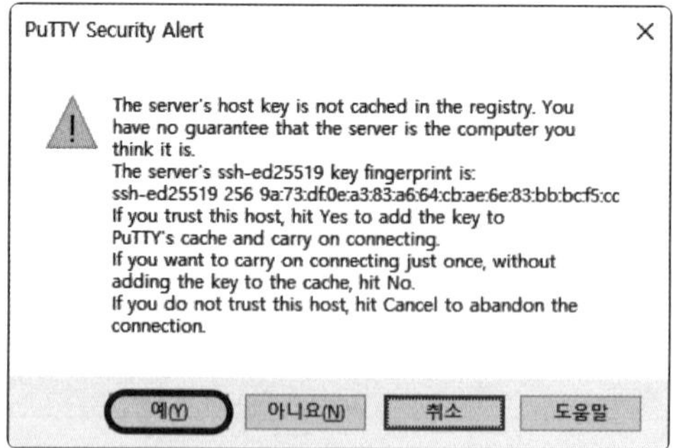

그러면 다음과 같이 서버에 접속됩니다.

```
insight@instance-1:~
Using username "insight".
Authenticating with public key "insight"
Last login: Sun Nov  4 12:26:24 2018 from 115.137.90.220
[insight@instance-1 ~]$
```

C.4 PuTTY 설정 저장하기

PuTTY를 이용해서 정상적으로 VM 인스턴스에 접속하였다면 이제 설정을 저장할 차례입니다. (물론 서버에 접속할 때마다 접속할 서버 IP를 입력하고 비밀키를 선택해야 하는 귀찮음을 감수할 수 있다면 PuTTY 설정을 따로 저장할 필요는 없습니다.)

먼저 PuTTY를 실행한 후 Host Name과 비밀키를 선택하는 과정을 앞에서와 동일하게 진행합니다.

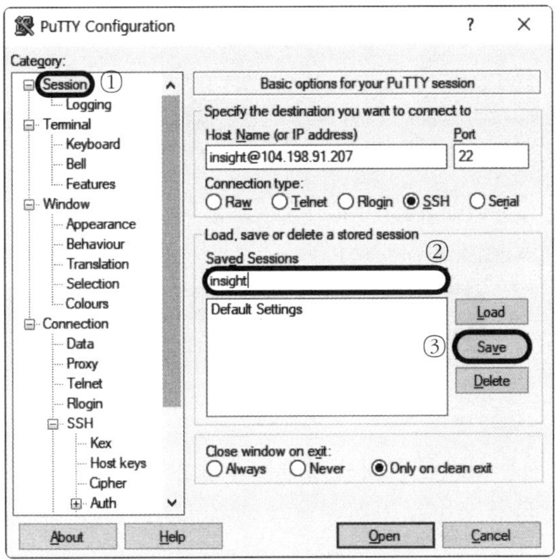

① Session 영역을 선택 후 ② Saved Sessions에 자신이 알아볼 수 있는 이름을 입력합니다. 여기서는 insight라는 이름을 사용하겠습니다. ③ 이름을 입력한 후 [Save] 버튼을 클릭합니다.

이제는 저장된 설정을 이용해서 언제라도 서버에 바로 접속할 수 있습니다.

C.5 파일질라 접속 설정하기

파일질라(Filezilla)는 무료로 사용할 수 있는 FTP 프로그램입니다. FTP를 이용한 서버와의 파일 업로드, 다운로드는 파일질라와 같은 FTP 프로그램을 이용하는 게 편합니다. 앞에서 만든 비밀키를 이용해서 파일질라로 서버에 접속하는 방법을 살펴보겠습니다.

먼저 파일질라 홈페이지[2]에 접속해서 FileZilla Client를 다운로드해서 설치합니다.

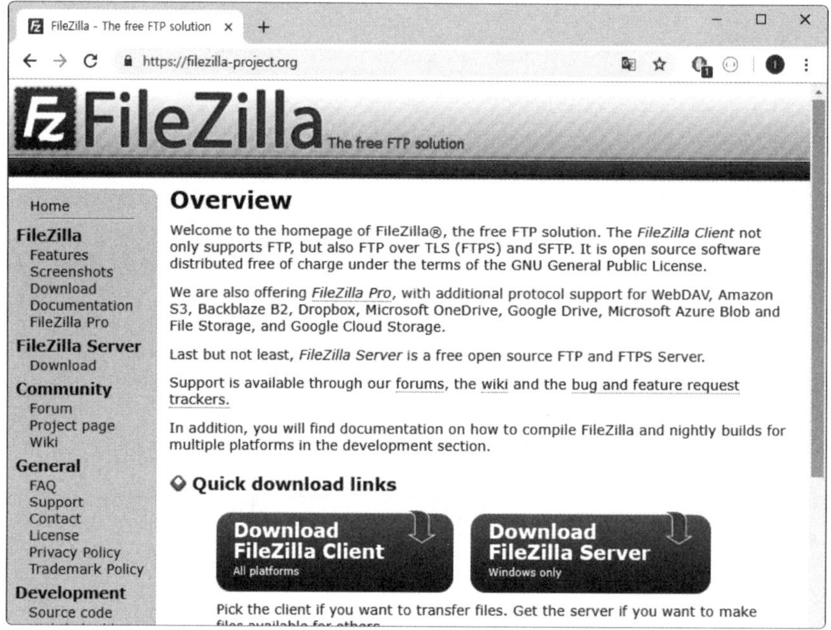

파일질라 역시 기본 설정을 그대로 사용하기 때문에 설치 시 [Next] 버튼만 클릭하면 됩니다. 따라서 설치 과정은 설명을 생략합니다. 설치 후 파일질라를 실행하면 다음과 같은 화면을 볼 수 있습니다.

파일질라의 왼쪽은 현재 내 컴퓨터를 의미하고 오른쪽은 접속할 또는 접속한 서버를 나타냅니다. 아직은 서버에 접속하지 않았기 때문에 오른쪽에 아무런 내용이 표시되지 않습니다.

2 *https://filezilla-project.org/*

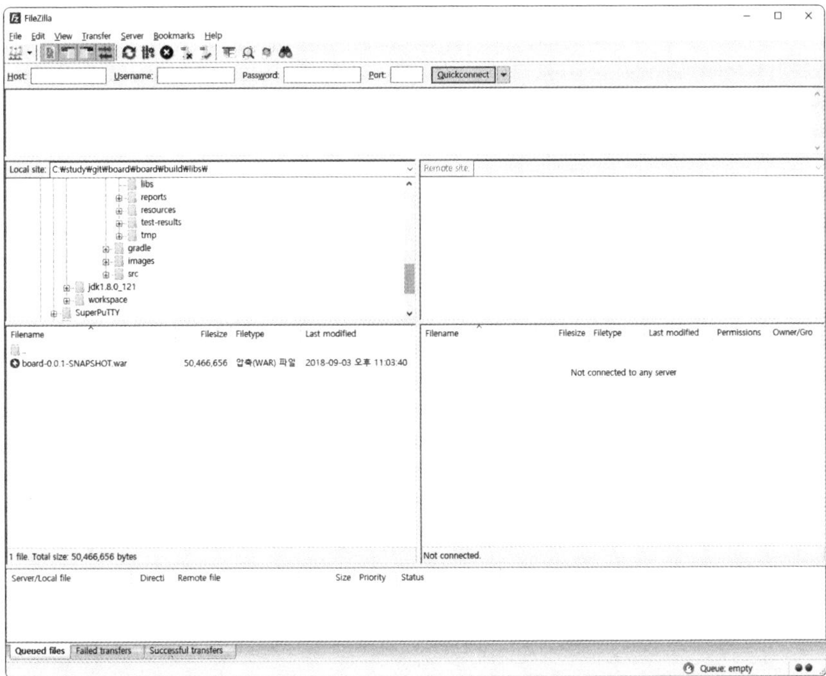

이제 파일질라의 접속을 설정할 차례입니다. 화면 왼쪽 상단의 File 〉 Site Manager…를 클릭합니다.

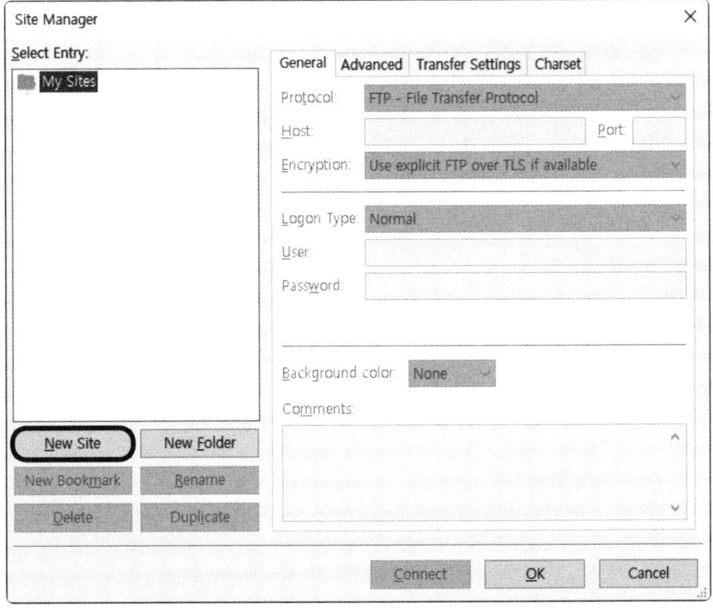

[New Site]를 클릭해서 새로운 설정을 추가합니다. 저장할 설정 이름부터 입력하는데, 독자분들은 자신이 관리하기 쉬운 이름을 쓰면 됩니다. 여기서는 '아이디(IP주소)' 형식으로 입력했습니다.

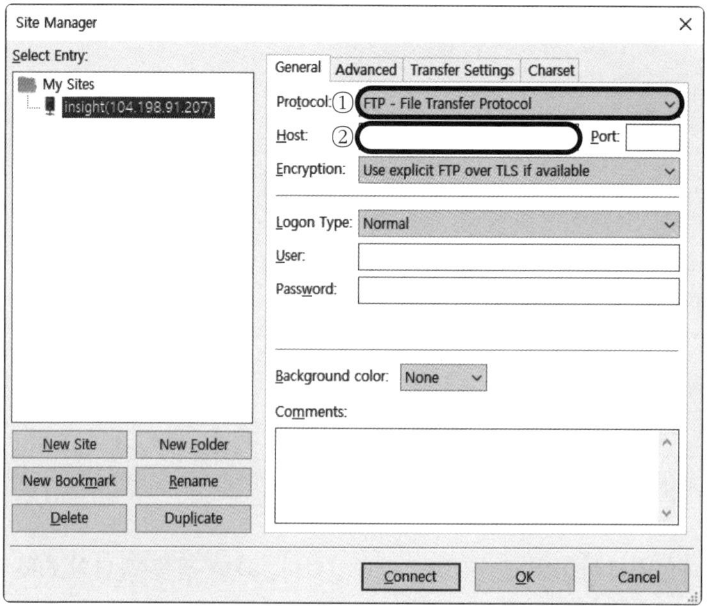

몇 가지 설정을 변경하겠습니다. ① Protocol은 SFTP - SSH File Transfer Protocol를 선택하고 ② Host에는 접속할 서버의 IP 주소를 입력합니다.

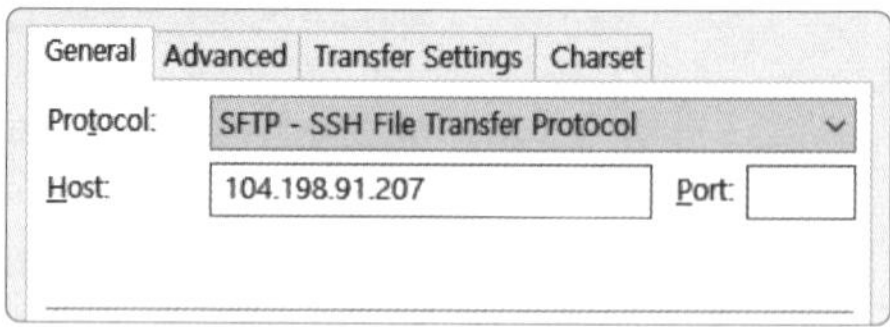

Protocol을 SFTP로 변경하면 Encryption 선택창은 사라집니다.

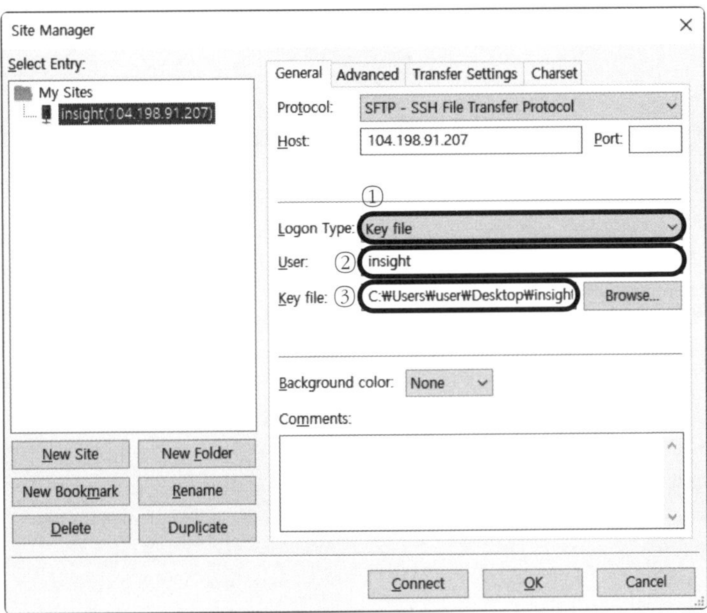

① Logon Type은 Key file로 선택합니다. Key file을 선택하면 Password 항목은 사라지고 Key file 항목이 새로 생깁니다. ② User 항목에는 사용자 아이디를, ③ Key file 항목에는 앞에서 만든 비밀키 파일을 선택 후 설정을 저장합니다.

이제 서버에 접속할 차례입니다. 아까와 동일하게 File 〉 Site Manager...를 클릭합니다. 앞에서 저장한 접속 설정이 보일 겁니다. insight(104.198.91.207)을 선택하고 [Connect] 버튼을 클릭하면 서버에 접속됩니다.

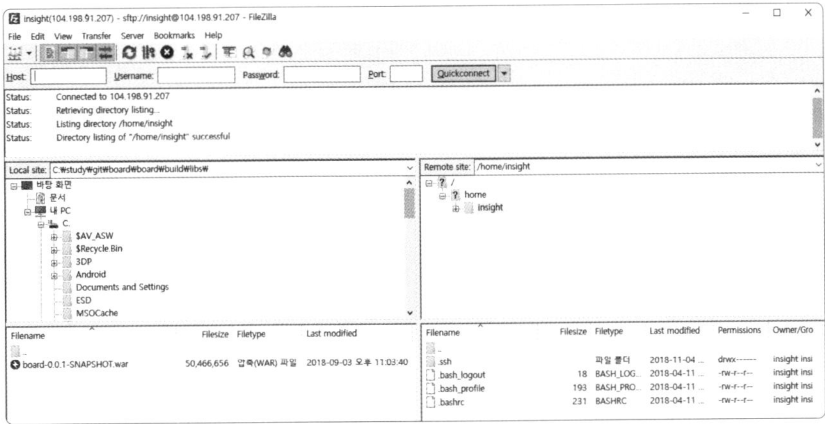

찾아보기

기호

A

B

C

D

E

F

G

H

I

J

K

L

M

N

ㄷ

ㄹ

ㅁ

ㅂ

ㅅ

ㅇ

ㅈ

ㅋ

ㅌ

ㅍ

ㅎ